Heiner Newe
Heiderose Thomsen-Newe

MIT DEM WOHNMOBIL IN DIE LÜNEBURGER HEIDE UND IN DIE ELBTALAUE

Die Anleitung für einen Erlebnisurlaub

DER WOHNMOBIL-VERLAG
D-36452 Kaltennordheim
OT Mittelsdorf

Die Deutsche Bibliothek – CIP-Einheitsaufnahme

Bibliografische Information der Deutschen Bibliothek

Die Deutsche Bibliothek verzeichnet diese Publikation in der Deutschen Nationalbibliografie.
Detaillierte bibliografische Daten sind im Internet über <http://dnb.ddb.de> abrufbar.

Titelbild: Schwindebecker Heide, Tour 5
Bild in vorderer Klappe: Elbtalaue bei Damnatz, Tour 11

Karten: Heiner Newe, Stadtpläne unter Verwendung der Daten von © OpenStreetMap contributors
Fotos: Bildnachweis Seite 355

1. Auflage - 2021

Druck:
Louis Hofmann
Druck- und Verlagshaus, 96242 Sonnefeld

Vertrieb:
GeoCenter GmbH, 70794 Filderstadt

Herausgeber:
WOMO-Verlag, OT Mittelsdorf, 36452 Kaltennordheim
GPS: N 50°36'38.2" E 10°07'55.6"

Fon: 0049 (0) 36946-20691
Fax: 0049 (0) 36946-20692
eMail: verlag@womo.de
Internet: www.womo.de

Autoren-eMail: Newe@womo.de

ISBN 978-3-86903-631-1

Jede Tour und jeder Stellplatz sind von uns meist mehrfach überprüft worden, wir können jedoch inhaltliche Fehler nie ganz ausschließen. Bitte achten Sie selbst auf Hochwasser, Brandgefahr, Steinschlag und Erdrutsch!

Verlag und Autoren übernehmen keine Verantwortung für die Legalität der veröffentlichten Stellplätze und allen anderen Angaben. Unsere Haftung ist, soweit ein Schaden nicht an Leben, Körper oder Gesundheit eingetreten ist, ausgeschlossen, es sei denn, unsere Verantwortung beruht auf Vorsatz oder grober Fahrlässigkeit.

EINLADUNG

Liebe Leser,

die Lüneburger Heide ist eine alte, weiträumige Kulturlandschaft, wie sie in Europa mit ihren großen zusammenhängenden Heidekrautflächen kein zweites Mal anzutreffen ist.
Diese einzigartige Landschaft liegt zwischen der Weser im Westen, der Elbe im Osten, beginnt im Süden im Norden Hannovers und endet vor den Toren Hamburgs. Wir durchfahren sie nicht nur mit dem Wohnmobil, sondern auch mit dem Rad und gehen einige Strecken zu Fuß. Die erhaltenen und gepflegten Heideflächen sind durch ein weitverzweigtes Wegenetz gut erschlossen und allein dadurch lassen sich die drei "Hs" (Heidekraut, Heidschnucken und Hermann Löns) am schönsten Erleben. An den Rändern der Heideflächen gibt es eine große Auswahl an Stell- und Campingplätzen, die wir selbstverständlich aufführen und eingehend beschreiben.

Neben der Heide führen wir Sie in malerische Fachwerkstädte und Städtchen, die den Besuch dieser Kulturlandschaft in angenehmer Weise abrunden. Museen und interessante Freilichtmuseen zeigen, wie der Mensch in den vergangenen Jahrhunderten in dieser Region gelebt und gewirtschaftet hat. Wir haben die Interessantesten für Sie herausgesucht.

Da die Tiere in der freien Wildbahn der Heide zumeist nur schwer und nur mit sehr viel Geduld zu beobachten sind, bieten die zahlreichen Wildparks in der Heide eine willkommene Gelegenheit, die heimische Tierwelt näher kennenzulernen, ja sogar mit ihnen im wahrsten Sinne des Wortes auf Tuchfühlung zu gehen. Es gibt aber auch Parks, in denen eine exotische Tier- und Vogelwelt nur aus einer sicheren Distanz beobachtet werden kann. Wir haben diese Parks besucht. Mit unseren Beschreibungen können Sie einen ersten Eindruck gewinnen, ob sich ein Besuch für Sie lohnt oder nicht.

Auch das Umland der Heidelandschaft kommt in diesem Buch nicht zu kurz. Wir beginnen an der Weser, begleiten Sie dort bis ins "Alte Land" vor den Toren Hamburgs. Wir führen Sie ins Wendland mit seinen faszinierenden Rundlingsdörfern. Durch das Biosphärenreservat Elbtalaue geht es die Elbe flussaufwärts entlang bis nach Magdeburg. Entlang des Mittellandkanals arbeiten wir uns dann wieder bis in die Südheide vor, die mit der Autostadt in Wolfsburg ein außergewöhnliches technisches und sehr modernes Automuseum vorzuweisen hat.

Heiner Newe und Heiderose Thomsen-Newe.

Wildpark Schwarze Berge

Hier grunzt und quiekt es, Waschbären putzen ihr Futter, der Hirsch röhrt in der Brunftzeit und Seeadler zeigen ihr Flugkünste. Der Park ist an 365 Tagen im Jahr geöffnet. Ab Seite 67.

Vogelpark Walsrode

Majestätische Flamingos, klappernde Störche, Paradiesvögel, Loris, Kormorane und Pinguine. Die Vögel der Welt geben sich hier ein Stelldichein.
Ab Seite 77.

Pietzmoor

Abgestorbene Bäume, große Wasserflächen, schwingender Boden. Eine amphibische Sumpflandschaft in unmittelbarer Nähe der Osterheide.
Ab Seite 89.

Wilsede

Rund um Wilsede besteht die größte zusammenhängende Heidefläche Europas. Mit Wacholdersträuchern durchsetzt, ist sie ein beliebtes Wanderrevier.
Ab Seite 97.

Großer Garten

Ein Gartendenkmal erster Güte ist die Anlage, die Kurfürstin Sophie in Hannover Herrenhausen anlegen ließ. Blühende barocke Pracht in Perfektion.
Ab Seite 149.

Celle

Wie ein überdimensionales Museumsdorf wirkt die reichhaltige Fachwerkkulisse dieser eng bebauten Stadt, die zudem ein malerisches Schloss aufweisen kann.
Ab Seite 161.

Autostadt Wolfsburg

Faszination Automobil. Von den ersten Motorfahrzeugen bis zum modernen Elektrofahrzeug ist hier alles ausgestellt, was einen Motor und Räder hat.
Ab Seite 226.

Mühlenmuseum Gifhorn

Mühlen aus aller Welt in einer lieblichen Parklandschaft. Dazu eine russisch-orthodoxe Kirche, einen Glocken-Palast und eine Freiheitsglocke.
Ab Seite 233.

Elbtalaue

Faszinierende Landschaft, ein träge dahinfließendes Gewässer, Störche, die am Ufer nach Nahrung suchen. Idyllisch ist es in der Elbtalaue so wie hier bei Wittenberge.
Ab Seite 268.

Rundlingsdörfer

Eine besondere Siedlungsform, die es in dieser Fülle nur im Wendland gibt. Über 100 sind es. Wir haben die schönsten für Sie rausgesucht.
Ab Seite 286.

Inhaltsverzeichnis

Gebrauchsanweisung

Reisegebiet

Das Gebiet, das wir in diesem Buch bereisen, umfasst den Osten Niedersachsens und den Norden Sachsen-Anhalts. Die Fläche, die wir dabei durchfahren, ist mit rund 22.000 Quadratkilometern deutlich größer als die Landesfläche von Schleswig-Holstein, die 15.800 Quadratkilometer aufzuweisen hat. Wir haben die Reise in 14 Touren aufgeteilt.

Wir beginnen im Westen. Nahezu ausnahmslos schließen die Touren aneinander an. Das Ende einer Tour ist in der Regel auch der Startpunkt einer anderen. Schauen Sie sich dazu bitte die Übersichtskarte in der hinteren Klappe an, damit wird es verständlicher. Da wir auch die Bücher über Schleswig-Holstein und den Harz verfasst haben, sind Start- und Endpunkte auch bücherübergreifend. Dort, wo der Harz aufhört, geht es nahtlos mit der Lüneburger Heide weiter. Das trifft für Schleswig-Holstein genauso zu. Wir stellen die Touren dieses Buches nun kurz vor.

Tour 1, Windmühle in Petershagen.

Die **Tour 1** startet in Minden an der Weser, macht eine Schleife um das Steinhuder Meer und endet in Nienburg an der Weser. Unterwegs steht eine Mühlentour mit dem Fahrrad auf dem Programm. Wir schauen uns den Geburtsort Wilhelm Buschs an und tauchen ein in die Welt der Dinosaurier, die in der Nähe des Steinhuder Meeres ihre Spuren hinterlassen haben.

Tour 2 führt von Nienburg entlang der Weser nach Norden und endet in Rotenburg an der Wümme. Mit dem Wolfcenter in Dörverden-Barme haben wir einen besonderen Tierpark in das Besuchsprogramm aufgenommen. Mit Verden an der Aller besuchen wir eine der Pferdehauptstädte Deutschlands.

Tour 3, LandPark Lauenbrück.

Mit der **Tour 3** geht es noch weiter nach Norden. Mit dem LandPark Lauenbrück besuchen wir einen außergewöhnlichen Tierpark, in dem wir der heimischen Tierwelt sehr nahekommen. Im Tister Bauernmoor erleben wir eine ursprüngliche und eine wiederhergestellte Moorlandschaft mit einer großen Kranichkolonie.

Nach einem Besuch des Alten Landes an der Elbe und der Hansestadt Buxtehude endet die Tour in Rosengarten mit einem spektakulären Blick auf Hamburg.

Die **Tour 4** starten wir in Nienburg an der Weser. Wir führen Sie in den Weltvogelpark nach Walsrode und nehmen Sie mit in eine wunderbare Heide- und nicht minder schöne Moorlandschaft, die sich in der Nähe von Schneverdingen befinden, wo diese Tour endet. Vorher besuchen wir noch das Grab von Hermann Löns.

Von Schneverdingen geht es in der **Tour 5** kreuz und quer durch den Kernbereich der Lüneburger Heide. Heidelandschaften stehen hier auf dem Programm und mit dem Wilseder Berg auch der höchste Punkt auf dieser Reise. Es ist das umfangreichste Kapitel in diesem Buch. Ein besonderer Höhepunkt dieser Tour ist der Besuch der Stadt Lüneburg, die im Mittelalter durch die Gewinnung von Salz zu großem Reichtum gelangte und eine bedeutende Hansestadt war. In Scharnebeck schauen wir ein gewaltiges Schiffshebewerk an und in Lauenburg an der Elbe lassen wir diese Tour enden.

Tour 5, Mitten in der Lüneburger Heide.

Tour 6 beginnt in Hildesheim mit den UNESCO-Welterbestätten. Es folgt das Märchenschloss Marienburg und über Hannover mit den phantastischen Herrenhäuser Gärten geht es nach Celle, einem außergewöhnlichen Fachwerkort mit einem grandiosen Schloss.

Tour 6, Mitten in Celle.

Tour 7 endet ebenfalls in Celle, wird aber in Nienburg an der Weser gestartet. In diesem Kapitel besuchen wir mit dem Wohnmobil unter anderem die afrikanische Tierwelt, die im Serengeti-Park in Hodenhagen zu sehen ist. Nach der Safari lassen wir uns eine besondere Geschichte im Erdölmuseum in Wietze erzählen, als in dieser Region noch Erdöl gefördert wurde. Eine entsetzliche Geschichte ist in der Gedenkstätte Bergen-Belsen zu sehen.

Tour 8, Angelbecksteich.

Die **Tour 8** startet in Celle, führt durch die Südheide und endet in Uelzen. Auf dieser Reise lernen wir Tiere kennen, die in Filmen und in Shows Rollen gespielt haben. Außerdem stehen einige Heidelandschaften und ein Feuerlöschteich auf dem Programm. Darüber hinaus wartet ein Museumsdorf auf unseren Besuch, das abseits, ruhig und von Wald umgeben in einer verschwiegenen Ecke der Lüneburger Heide liegt. In Ebstorf tauchen wir mit der nach dem Kloster benannten Weltkarte in die mittelalterliche Gedankenwelt ein. Wir beenden die Tour an einem malerischen See.

Von Uelzen geht es in der **Tour 9** kurz zu zwei Schleusenbauwerken am Elbe-Seitenkanal, danach zu einem Handwerksmuseum. Es folgt mit Bad Bodenteich ein kleiner Kurort. Mit dem Otterzentrum in Hankensbüttel haben wir zum wiederholten Male ein Tiergehege in unserem Reiseprogramm aufgenommen und mit dem Besuch von Diesdorf zum wiederholten Male ein Freilichtmuseum. Am Ende dieser Tour besuchen wir die Autostadt, das Automuseum des Volkswagenkonzerns in Wolfsburg.

Tour 10, im Mühlenmuseum.

Mit der **Tour 10** geht es von Wolfsburg weiter über den Tankumsee und Gifhorn nach Celle. Die Stadt ist ein Knotenpunkt in unserem Buch. In Gifhorn ist das Internationale Mühlenmuseum der Besuchermagnet, das Windmühlen aus aller Welt zeigt und mit einer russisch-orthodoxen Kirche und dem Glocken-Palast zwei weitere ungewöhnliche Bauwerke aufzuweisen hat.

Die **Tour 11** geht entlang der Elbe von Lauenburg nach Wittenberge. Hier stehen mit dem ersten Teil des Biosphärenreservats Elbe sehr viele ruhige und beschauliche Orte auf dem Programm. Naturbeobachtung und Naturerlebnis stehen in diesem Bereich der Elbe im Vordergrund. Es ist eine weitgehend unberührte Landschaft, die wir hier vorfinden.

Tour 12 startet in Uelzen. Vom Osten der Lüneburger Heide machen wir uns auf den Weg, das Grenzgebiet zwischen Niedersachsen und Sachsen-Anhalt zu durchstreifen. Wir pendeln zwischen dem Wendland und der Altmark hin und her und überqueren dabei mehrfach die Grenze, die lange Zeit "Zonengrenze" oder "Eiserner Vorhang" genannt wurde. Mit den Rundlingsdörfern im Wendland besuchen wir eine charakteristische Siedlungsform dieser Region, die sich in ihren Strukturen durch die jahrzehntelange Abgeschiedenheit in diesem Grenzgebiet erhalten hat. Nachdem wir das Blaulichtmuseum in Beuster besucht haben, fahren wir weiter nach Wittenberge und lassen dort diese Tour enden.

Tour 13, Magdeburg.

Die **Tour 13** führt uns von Wittenberge mit einigen Schlenkern entlang der Elbe nach Magdeburg. Als ersten Ort haben wir Bad Wilsnack auf dem Programm, es folgen Havelberg und später Stendal und Tangermünde sowie Schönhausen, die Geburtsstadt Otto von Bismarcks. Mit dem Wasserstraßenkreuz bei Magdeburg haben wir noch ein neuzeitliches Monumentalbauwerk auf dem Programm, bevor wir diese Tour in der Ottostadt Magdeburg beenden.

Von Magdeburg führen wir Sie in der **Tour 14** unter anderem zu zwei sehenswerten Schlossanlagen, bevor wir die Tour und das Buch in Wolfsburg enden lassen.

Zum Aufbau des Buches

Kommen wir nun zum Aufbau des Buches. Jedes Kapitel jeder Tour beginnt mit einer Karte auf der linken Seite. In diesen Karten ist der Verlauf der Route mit einer roten Linie gekennzeichnet. Neben diesen roten Linien sind in den Karten natürlich die Ortsnamen, Sehenswürdigkeiten und Symbole verzeichnet, die in der Zeichenerklärung auf der hinteren Umschlagklappe erläutert werden. In einem leichteren Rot sind auch die benachbarten Touren auf den Karten zu sehen. Das soll Ihnen die individuelle Reiseplanung erleichtern. Tipp: Machen Sie sich vertraut mit den Symbolen und den Farben der Stellplätze, das erleichtert die Orientierung in den Karten erheblich.

Die Stell- und Campingplätze sind in den Karten durchnummeriert. Die Beschreibungen der Stell- und Campingplätze im Text nehmen diese Nummern wieder auf.

WOMO-Stellplätze

Die Stellplatzkästen sind orange-gelblich eingefärbt. Wir unterscheiden dabei zwischen den offiziellen und den nicht offiziellen Plätzen. Offiziell ist ein Stellplatz immer dann, wenn ein WOMO-Schild am Parkplatz zu sehen ist. Er muss keinerlei wohnmobilspezifische Einrichtungen haben. Die anderen, nicht offiziellen Stellplätze sind in der Regel Parkplatzareale, auf denen wir mit einem Wohnmobil stehen bleiben können. Das sind die Parkplätze, die einfach nur mit einem weißen P auf blauen Grund markiert sind.

Offizieller Wohnmobilstellplatz.

Die Stellplatzbeschreibungen erfolgen immer nach demselben Schema. Zunächst werden die GPS-Koordinaten genannt, dann folgt die Adresse. Da nicht jeder Stellplatz eine genaue Postadresse hat, müssen Sie damit rechnen, wenn Sie in ihr Navi die Adresse eingegeben haben, dass Sie nur näherungsweise zu dem Platz geführt werden. Eine zielgenaue Führung erreichen Sie nur mit den geografischen Koordinaten. Aber auch diese zielgenaue Führung kann problematisch sein, wenn Sie kein spezielles für Wohnmobile eingerichtetes Navigationsgerät benutzen. Deshalb achten Sie bitte auch auf die Beschreibung der Zufahrt, die am Ende einer Stellplatzbeschreibung immer aufgeführt ist. Diese Beschreibungen berücksichtigen Straßenbreiten, Durchfahrtshöhen und Gewichtsbeschränkungen, auf die ihr Navi unter Umständen keine Rücksicht nimmt. Nicht immer ist der kürzeste Weg auch der beste. Tipp: Über die Homepage des Verlages können Sie die GPS-Koordinaten dieses Buches als GPX-Datei bestellen und anschließend auf Ihr Navi kopieren. Damit ersparen Sie sich das lästige Abtippen der Koordinaten oder der Adresse.

Zurück zu den Stellplatzkästen. Nach den GPS-Koordinaten und der Adresse folgt die Angabe, wie viele Wohnmobile maximal auf dem Stellplatz geparkt werden können. Wir geben ebenfalls an, wie lang das Fahrzeug maximal sein kann. Bei dieser Angabe ist nicht davon auszugehen, dass alle Stellflächen des Platzes die maximale Länge zulassen. Soweit wir es in Erfahrung bringen konnten, haben wir auch vermerkt, wie lange Sie auf diesen Stellplätzen verweilen dürfen.

In der Beschreibung führen wir auch auf, welche Ausstattungsmerkmale die Anlagen haben. Wir beschreiben, wie der Untergrund des Stellplatzes beschaffen ist, sagen, ob Sie Keile benötigen, um ihr Fahrzeug waagerecht zu stellen, führen auf, ob Sie Wasser tanken können, ob Sie entsorgen können und ob eine Stromversorgung möglich ist. Wenn es sich um einen hochmodernen neuzeitlichen Stellplatz handelt, der in Servicegebäuden Waschmaschine, Wäschetrockner oder einige andere Serviceeinrichtungen anbietet, so führen wir diese ebenfalls auf. Wir gehen auch auf die Umgebungsgeräusche der Stellplätze ein. Wir sagen Ihnen, ob Sie in der Nacht mit Ruhe rechnen können oder ob es wahrscheinlich laut sein wird. Natürlich haben wir nicht auf allen Stellplätzen übernachtet, die wir beschrieben haben. Wir trauen uns aber aufgrund unserer langjährigen Erfahrung zu, die Lage einigermaßen richtig einschätzen zu können. Natürlich sagen wir Ihnen auch, ob der Stellplatz schattig ist oder nicht. Ist er schattig, so müssen Sie mit eingeschränktem Satellitenempfang rechnen. Die Entfernung von den Stellplätzen zu den jeweiligen Sehenswürdigkeiten der Stadt oder der Region ist in der Regel immer angegeben.

Wir nennen Ihnen alle Preise, die auf den Stellplätzen für die angebotenen Leistungen bezahlt werden müssen. Wir weisen auch an dieser Stelle darauf hin, dass es für die Stellplätze in Deutschland allgemein sehr sinnvoll ist, eine größere Menge an Münzen, insbesondere 50-Cent und 1-Euro-Münzen mitzuführen. Kartenzahlung für die Stellplatzgebühr, für die Wasserentnahme oder für die Entsorgung ist immer noch die Ausnahme. Wir haben die Preise so angegeben, wie wir sie im Jahre 2020 vor Ort vorgefunden haben.

Unser Fotomodell.

Als Fotomodell verwenden wir, soweit es freie Plätze gibt, unseren Dethleffs Fortero auf der Basis eines Ford-Transit, der Ihnen auf unseren Stellplatzfotos oft begegnen wird.

Gern wird immer wieder in den Verkaufsprospekten von Wohnmobilen das Fahrzeug am Meeresstrand oder am Seeufer mit freundlich und glücklich dreinblickenden Menschen gezeigt. Auch im Verlag galt und gilt immer noch das „freie Stehen“ als das Nonplusultra des

Wohnmobilurlaubs. Das ist in der Lüneburger Heide und an der Elbe auch kein Problem. Sie werden an vielerlei Orten Wanderparkplätze finden, die dies möglich machen. Nur sind nicht alle optimal geeignet, was an einer vorbeiführenden verkehrsreichen und damit lauten Straße oder einer Hanglage liegen kann. Respektieren Sie bitte, dass eine Übernachtung in den Grenzen des Naturschutzgebietes Lüneburger Heide auf den Wanderparkplätzen grundsätzlich verboten ist. Es sei denn, es ist ausdrücklich erlaubt.

WOMO-Badeplätze

Die WOMO-Badeplätze erscheinen in blauer Farbe. Auch hier unterscheiden wir zwischen offiziellen und inoffiziellen Plätzen. Stellplätze an Thermen oder Freibädern werden von uns als Badeplätze definiert. Wir verweisen in diesem Buch auch auf Naturbadeseen und Flussbadestrände, in dessen Nähe sich häufig Stellplätze befinden. Die Beschreibungen folgen dem Schema der gelb-orangenen Kästen.

WOMO-Wander- und Picknickplätze

Dies trifft auch für die Wanderparkplätze zu, die in grüner Farbe erscheinen und für die Picknickplätze, die violett dargestellt sind. Hier ist zumeist davon auszugehen, dass eine Infrastruktur für Wohnmobile nicht vorhanden ist. Meistens sind es aber gute und vor allem kostenlose Übernachtungsplätze abseits der Durchgangsstraßen, wenn die Einsamkeit nicht stört.

WOMO-Campingplätze

Campingplätze, die in einem hellen Grün erscheinen, nehmen in diesem Buch einen breiten Raum ein. Die Ausstattungsmerkmale dieser Plätze sind bei den Beschreibungen aufgeführt. Dies soll Ihnen die Wahl erleichtern, den für Sie passenden Ort zu finden. Wir haben aus Platzgründen nicht alle Campingplätze aufnehmen können. Aufgenommen haben wir nur die, die wir uns auch angeschaut haben. Nicht von allen zeigen wir ein Foto. Hier sind wir etwas zurückhaltender, weil wir nicht Personen ungefragt in diesem Buch abbilden möchten. Dort, wo ein aussagekräftiges Bild aus größerer Distanz möglich war, haben wir es berücksichtigt. Um Ihnen den Buchungsvorgang eines Cam-

Tour 13, Campingplatz Barleber See.

pingplatzes zu erleichtern, haben wir sowohl die Homepage als auch die Telefonnummer des jeweiligen Campingplatzbetreibers aufgeführt.

WOMO-Gasthöfe/Bauernhöfe

Bleiben zum Schluss noch die Gasthöfe, die eine Übernachtung auf ihren Gästeparkplätzen zulassen. Fast immer werden diese Plätze kostenlos angeboten und es versteht sich eigentlich von selbst, dass dies mit der Einkehr in den jeweiligen Gasthof verbunden ist. Eine sehr gute Gelegenheit, die regionale Küche und die regionalen Biere kennenzulernen. Als Besonderheit sind in der Lüneburger Heide Bauernhöfe zu nennen, die den Wohnmobilisten eine Fläche auf dem Hof zur Verfügung stellen. Sie sind kostenpflichtig und machen "Ferien auf dem Bauernhof" möglich.

Sehenswürdigkeiten

Nicht alle Sehenswürdigkeiten haben wir ausführlich beschrieben. Vielfach haben wir es dabei belassen, sie nur stichwortartig aufzuführen. Wenn wir uns aber einer Sehenswürdigkeit ausführlicher gewidmet haben, so haben wir auch immer die Öffnungszeiten und die Eintrittspreise dazu geschrieben. Bei den Eintrittspreisen haben wir nicht immer alle Rabatte und Vergünstigungen notiert. Wir haben den Eintrittspreis eines normalen Erwachsenen angegeben. Um die aktuellen Preise und Öffnungszeiten zu erfahren, gehen Sie bitte auf die jeweilige Homepage der Sehenswürdigkeit, die wir in der Regel der Beschreibung hinzugefügt haben. Die ausführlichen Beschreibungen erscheinen in einem hellgelben Kasten.

Wanderungen und Radtouren

Etwas ausführlicher dargestellte Wanderungen und Radtouren erscheinen in einem grünen Kasten. Nicht immer verweisen wir dabei auf eine Wanderkarte. Häufig ist die Beschilderung vor Ort so gut, dass man auch ohne eine Wanderkarte zurechtkommt. Für die Orientierung vor Ort nutzen wir unser Smartphone und Google Maps. Damit kommt man in der Regel sehr gut aus. Wir verweisen vielfach auf Internetadressen, von denen Sie

Mit dem Rad unterwegs.

gpx-Daten für Ihr Wandernavigerät herunterladen können. Oft helfen auch schon die ebenfalls im Downloadbereich angebotenen Karten und Beschreibungen, die Ihnen eine Orientierung auf Ihren Wanderungen erleichtern.

Restaurants

Einen Gourmetführer haben wir nicht geschrieben. Eine Übersicht zu den Restaurantqualitäten unseres Reisegebietes können wir nicht liefern, dafür haben wir zu wenige aufgesucht. Wir erwähnen nur die Restaurants, die wir in guter Erinnerung haben und in denen wir auch selbst zugegen gewesen sind. Negative Restaurantkritiken werden Sie in diesem Buch nicht finden, das überlassen wir anderen. Für die Auswahl eines Restaurants gibt es mittlerweile sehr viele tools und Bewertungsportale, die Sie online abrufen können.

Radarkontrollen

In unserem Buch über Baden-Württemberg haben wir vor der höchsten Blitzerdichte in Deutschland gewarnt. Mit der Intensität wie in Baden-Württemberg wird in Niedersachsen und Sachsen-Anhalt nicht kontrolliert. Gleichwohl gibt es auch hier eine große Zahl fest installierter Radarstationen, vorzugsweise an Ortsein- und ausgängen.

Landkarten und Navigation

Wir gehen davon aus, dass heute kaum mehr ein Wohnmobilfahrer ohne Navigationssystem unterwegs ist. Mit den GPS-Angaben und den Beschreibungen sowie den Tourenkarten in diesem Buch könnten Sie die Reise direkt starten. Auf die zeichnerische Qualität und Lagegenauigkeit der Tourenkarten in diesem Buch legen wir besonders großen Wert. Ich habe fast mein gesamtes Berufsleben damit verbracht, Autoreisebücher und Atlanten zu erstellen. Für die bessere Orientierung in den Städten oder in Ballungsräumen haben wir deshalb auch Stadtpläne eingefügt, um die Beschreibungen im Text besser nachvollziehen zu können.

Allerdings fehlt Ihnen der Überblick über das gesamte Reisegebiet, deshalb halten wir es für sinnvoll, eine Reisekarte mitzuführen. Die ADAC Regionalkarte Hamburg, Hannover, Magdeburg (Blatt 5) im Maßstab 1:150 000 ist da hilfreich. Natürlich sind auch die klassischen Autoatlanten vom ADAC für die Reiseplanung gut zu verwenden. Landkarten erscheinen uns nach wie vor notwendig, insbesondere dann, wenn Vollsperrungen dazu führen, dass man eine neue Route wählen muss. Natürlich berücksichtigen die neuen Navigationssysteme auch Vollsperrungen auf Bundes- und Landesstraßen sowie Autobahnen und wählen automatisch neue Routen. Dies funktioniert jedoch nicht immer, besonders dann nicht, wenn es sich um kurzfristige Sperrungen handelt oder die Straßen zur untersten Kategorie gehören. Wir haben dies bei unseren Erkundungen immer wieder erlebt.

Dieselfahrverbote

Über den Sinn oder Unsinn der Fahrverbote lässt sich trefflich streiten, nur werden wir das in diesem Buch nicht tun. Dafür gibt es genug Foren, in denen ein reger Austausch stattfindet. Dort, wo wir in der Wahl des Weges durch die Fahrverbote auf einzelnen Straßen oder gar flächenhaft eingeschränkt werden, weisen wir in den Stadtplänen oder Karten darauf hin und zeigen Alternativen auf. Die Lüneburger Heide und die Elbtalaue sind bislang nicht betroffen.

Aktualität und Resonanz der Leser

Ein gedrucktes Buch verliert im Laufe der Zeit seine Aktualität. Stellplätze kommen hinzu oder werden geschlossen, die Preise und Öffnungszeiten verändern sich, Straßen werden verlegt oder in Ihrer Nummerierung geändert. Sobald wir von wesentlichen Veränderungen in unserem Reisegebiet erfahren, teilen wir dies in dem Forum des WOMO-Verlages mit. Schauen Sie hier www.forum.womoverlag.de nach, bevor Sie sich mit diesem Buch auf die Reise begeben, ob es zwischenzeitlich Veränderungen oder Aktualisierungen zu diesem Buch gegeben hat.

Sollten Ihnen bei der Nutzung dieses Buches Fehler auffallen oder sollten Sie feststellen, dass getroffene Aussagen in diesem Buch nicht mehr aktuell sind, so teilen Sie uns das bitte mit. Am liebsten ist uns hier eine E-Mail, die Sie an diese Adresse senden können: newe@womo.de.

Erstaunlicherweise bekommen wir von unseren Lesern recht wenig Resonanz. Nicht gemeckert ist gelobt genug, sagt der Schwabe. Ob diese Sichtweise so zutrifft, wissen wir nicht. Hinweise auf Fehler in unseren Büchern sind sehr selten. Das ist natürlich schön, noch schöner ist es, wenn ein positives Feedback kommt, so wie sie bei unserem Buch über die französischen Alpen in den Amazon-Rezensionen zu lesen sind.

Wie auch immer, trauen Sie sich uns eine kurze Notiz zu schreiben, und teilen Sie uns mit, wie Sie mit diesem Buch zurechtgekommen sind, ob Veränderungen vorgenommen werden sollten oder was Sie besser machen würden. Wir werden es für die nächste Auflage berücksichtigen.

Für Ihre Mühe danken wir, wollen es nun mit dieser Gebrauchsanweisung belassen und endlich die Reise starten.

Haßbergen
Weser
B215
Gadesbünden
Balge
36
B209
Heemsen
Holtorfer Moor
Lichtenheide
Suderbruch
098
Rodewald
097
Tour 2
Drakenburg
Wassarium
L351
Mehlbergen
Holtorf
Tour 7
B214
Steimbke
Laderholz
B6
Tour 4
Krähenmoor
016
Stöckse
Marklohe
Nienburg/
Weser
Giebichenstein
B214
B6
Europas schönster
Wochenmarkt
015
B215
Naturpark
Estorf
Leine
Husum
B6
007
014
Schneeren
Neustadt
a. Rübenberge
Steinhuder Meer
Steyerberg
Landesbergen
09
08
NSG Totes Moor
Steinhuder Meer
Rundweg (32 km)
010
013
Dino-Tour
(30 km)
Mardorf
Steinhuder Meer
Leese
Steinhude
Stolzenau
Wilhelmstein
006
WC
Rehburg
B441
012
011
005
B441
Schlüsselburg
B482
B441
004
Wunstorf
Hagenburg
Dinopark
Heimsen
Loccum
Kloster
Bad
Rehburg
B442
Heringsmuseum
Münchehagen
Mühlentour
(64 km)
Großenheerse
Döhren
Sachsen-
hagen
Glissen
Neuenknick
Windheim
Wassermühle
Storchenmuseum
Industriemuseum
Glashütte Gernheim
Wiedensahl
Bad Nenndorf
Gernheim
Wilhelm-Busch-Museum
Kurpark, Süntelbuchenallee
003
Peters-
hagen
Bierde
B65
Rodenberg
Lahde
Stadthagen
Mittellandkanal
Hespe
Lauenau
Tropicana
Frille
B61
Mühlen-
Infozentrum
2
B442
Weser
B482
B65
Naturpark
Bückeberg
Wasserstraßenkreuz
Obernkirchen
Dinosaurierspuren
002
Weserbergland
Dom
Bückeburg
Fort C
Schloss
Band 66:
Mit dem Wohnmobil
in den Harz, in das Weserbergland,
an die untere Saale und an die Elbe
Minden
Bad Eilsen
001
Schaumburg
Burg Schaumburg
Porta Westfalica
Hessisch
Oldendorf
B83
Kaiser-Wilhelm-
Denkmal
2
B238
Westendorf
F
Rinteln
Großenwieden
Weser
N
Kloster Möllenbeck
Krankenhagen
Varenholz
Möllenbeck
B238
5 km

TOUR 1 (ca. 130 km)

Porta Westfalica – Minden – Petershagen – Wiedensahl – Münchehagen – Hagenburg – Steinhude – Neustadt am Rübenberge – Mardorf – Rehburg-Loccum – Stolzenau – Nienburg/Weser

Stellplätze:	Porta Westfalica, Minden, Petershagen, Münchehagen, Hagenburg, Steinhude, Neustadt am Rübenberge, Mardorf, Rehburg-Loccum, Lesse, Stolzenau, Landesbergen, Nienburg/Weser.
Campingplätze:	Mardorf.
Ver-/Entsorgung:	Minden, Petershagen, Steinhude, Mardorf, Rehburg, Lesse, Stolzenau, Nienburg/Weser.
Besichtigungen:	Porta Westfalica (Kaiser-Wilhelm-Denkmal), Minden (Altstadt, Dom, Wasserstraßenkreuz, Fort C), Petershagen (Mühlen-Infozentrum), Wiedensahl (Wilhelm-Busch-Museum), Münchehagen (Dinopark), Steinhude (Festung Wilhelmstein), Neustadt (Schlosspark), Loccum (Kloster), Nienburg/Weser (Altstadt).
Wandern/Radtour:	Mühlentour mit dem Rad (54 km), Rundweg ums Steinhuder Meer (32 km), Dino-Tour (30 km), Weserradweg, Spaziergang durch den Klostergarten in Loccum, Spaziergang durch die Lesser Seenplatte.
Baden/Wellness:	Weserstrandbad in Minden, Badeinsel in Steinhude, Strand am Nordrand des Steinhuder Meeres.

Auf dieser Reise geht es zunächst entlang der Weser nach Petershagen. Hier absolvieren wir mit dem Rad ein "Mühlenprogramm". Die weitere Reise führt uns in die Geburtsstadt Wilhelm Buschs, dem Schöpfer von Max und Moritz, der Frommen Helene und vielen weiteren Werken. In dem Dinopark betreten wir eine andere Welt, wir tauchen ein in die Paläontologie und schauen uns die Spuren der Urzeitwesen an. Ganz anders wiederum ist die Freizeitwelt rund um das Steinhuder Meer mit seinen zahlreichen Bade- und Wassersportmöglichkeiten, das wir einmal umradeln. Kirchengeschichte erwartet uns in Loccum, dem alten Zisterzienserkloster, das heute eine Bildungsakademie der evangelischen Kirche ist. Auch hier lockt ein weiterer, bequem zu fahrender Radweg. In Leese und Stolzenau begeben wir uns in eine vom Menschen geschaffene Seenlandschaft und sehen, wie sich die Natur die Seen für ihre Zwecke zurückholt. Nach einem Stopp an einer weiteren Windmühle beenden wir diese Tour in Nienburg, der Stadt mit Europas schönstem Wochenmarkt.

Kaiser-Wilhelm-Denkmal in Porta Westfalica.

Kaum das wir die Autobahn verlassen haben, steuern wir gleich an der Kaiserstraße in Porta Westfalica ein außergewöhnliches Denkmal an. Es ist das erste Highlight auf unserem Weg in die Lüneburger Heide. Auf dem Parkplatz sind für Wohnmobile zwei Plätze reserviert. Sie erreichen diese exakt mit diesen Koordinaten [**001:** N52°14'49.5" E8°53'57.2"]. Für 5,00 € dürfen Sie hier 24 Stunden stehen.

Es gibt einige Denkmäler in Deutschland, die den ersten Kaiser des 1871 gegründeten Deutschen Reiches huldigen.

Die Kaiser-Wilhem-Statue.

Kein anderes ist so groß und steht an so exponierter Stelle wie dieses hier auf dem Wittekindsberg, wo das Weserbergland endet und die Norddeutsche Tiefebene beginnt. Das Nationalgefühl sollte mit diesem Denkmal gestärkt werden. Aus heutiger Sicht mag das fragwürdig klingen, aber Deutschland stand nach 1871 vor einer ganz neuen Epoche. Aus den vielen Fürsten- und Herzogtümern war erstmals ein Staat entstanden. Das gab es vorher auf deutschem Boden nicht. Aber wir wollen hier nicht in eine Geschichtsstunde abdriften. In dem frei zugänglichen Besucherzentrum, das sich unter der großen Aussichtsterrasse befindet, erfahren Sie mehr. Nicht nur zum alten "Willem", sonder auch über die Geologie und die Geschichte dieses Raumes. In jedem Fall ein lohnenswertes Reiseziel. Hier lassen sich die Kenntnisse über die deutsche Geschichte gut auffrischen.

Minden ist die nächste Station dieser Reise, die einen sehr großen Stellplatz an der Weser aufzuweisen hat, den wir anfahren, um die Stadt anzuschauen.

(002) Offizieller WOMO-Stellplatz: Minden – Kanzlers Weide

GPS: N52°17'13.1" E8°55'29.5"; Uferstraße, 32423 Minden.
Max. WOMOs: 70, maximale Länge 12 m.
Ausstattung: Frischwasserversorgung, Abwasserentsorgung mit Bodeneinlass, Kassettenentleerung, Stromanschlüsse, Behälter für die Müllentsorgung, WLAN, WC, ganzjährig geöffnet.

Beschreibung: Große sonnige Stellflächen auf Rasengittersteinen direkt an der Weser mit Strand, Beach-Volleyball-Anlage und Disc-Golf-Parcours. WLAN funktioniert nur gut in der Nähe der Sani-Station an der Einfahrt des Platzes neben dem Kiosk. Über eine Fußgängerbrücke ist die Innenstadt (Marktplatz) nach 700 Metern erreicht.
Preise: 5,00 € für ein Fahrzeug, Frischwasser 1,00 € (ca. 100 Liter) und Strom 0,50 € pro kWh. Abwasserentsorgung und Entleerung der Bordtoilette ist kostenfrei.
Zufahrt: In Minden hineinfahren und der Wegweisung zur Kanzlers Weide folgen.

Die Schiffmühle in Minden.

Der Marktplatz in Minden.

Wer vom Stellplatz über die Brücke in die Innenstadt geht, dem fällt das Wasserrad in der Weser auf, das Sie auf der vorangegangenen Seite sehen können. Es ist eine rekonstruierte schwimmende Mühle aus dem 18. Jahrhundert, wie sie an der Weser und anderen großen Flüssen vom Mittelalter bis in die Neuzeit vielfach in Betrieb waren. Sie hatten den Vorteil, dauerhaft in Funktion sein zu können, solange der Fluss genug Wasser führte. Die **Wassermühle** ist in den Sommermonaten frei zugänglich. Direkt daneben befindet sich ein schöner Biergarten.

Alte Brücke des Wasserstraßenkreuzes in Minden.

Die Innenstadt bietet kein geschlossenes "Altstadtambiente" einheitlichen Stils, wie wir es in vielen anderen Städten dieser Region vorfinden. Sehr viel historische Bausubstanz ging in den Jahren des Zweiten Weltkrieges durch Bombenangriffe verloren. Hauptziel der Angriffe war das **Wasserstraßenkreuz** im Norden der Stadt. Hier überquert der Mittellandkanal die Weser. Es ist mit der **Schachtschleuse** nicht nur eine wichtige Infrastruktureinrichtung für die Schifffahrt, sondern auch gleichzeitig eine der wesentlichen Sehenswürdigkeiten der Stadt. Der Schiffsverkehr verläuft seit 1998 über eine neue, breiter angelegte Brücke, die parallel zur alten angelegt wurde. Im Informationszentrum an der Schleuse finden Sie viele Informationen über dieses Bauwerk und über das Wasserstraßennetz in Deutschland.

Öffnungszeiten: 1. April bis 31. Oktober: Informationszentrum und Schachtschleuse täglich von 9:00 bis 17:00 Uhr, an Sonn- und Feiertagen bis 18:00 Uhr. Eintrittspreise: Erwachsene: 2,00 €, Kinder: 1,00 €.

Auch der **Dom** in der Innenstadt blieb von den Bombenangriffen nicht verschont. So ist das Gebäude mit dem schildmauerartigen romanischen Eingang und dem gotischen Langhaus im Wesentlichen eine Rekonstruktion, die in den 50er-Jahren erfolgte.

Der Dom in Minden.

Preußen und Minden haben eine besondere Beziehung zueinander. Nach dem Westfälischen Frieden von 1648 wurde Minden preußische Festungs- und Garnisonsstadt. Mit einer großen Festungsanlage wurde die Stadt gegen das damalige Königreich Hannover abgesichert. Nach der Gründung des Deutschen Reiches im Jahre 1871 verlor die Festung ihre Bedeutung, sie wurde weitgehend abgerissen. Das **Fort C** in der Nähe des Stellplatzes ist ein Relikt dieser Anlage. Im **Preußen-Museum** in der ehemaligen Defensionskaserne finden Sie mehr über die preußische Garnisonsstadt Minden, siehe hier: www.lwl-preussenmuseum.de.

Genug der Geschichte. Wir fahren mit dem WOMO weiter entlang der Weser nach **Petershagen**. Die Stadt mit rund 25.000 Einwohnern besteht aus mehreren Ortschaften. Die Kernstadt selbst hat nur rund 4000 Bewohner. Innerhalb des Stadtgebietes gibt es eine ganze Reihe interessanter Museen zu verzeichnen. So zum Beispiel das **Heringsfängermuseum** in Heimsen. Auf dem ersten Blick erscheint es abwegig, das Petershagen hier an der Mittelweser etwas mit Heringsfang zu tun hat. Dann gibt es ein Museum in **Gernheim**, das sich der Kunst des Glasmachens widmet, des Weiteren ein **Storchenmuseum** in Windheim und ein **Technik-Fahrzeug-Requisiten Museum** in Neuenknick.

(003) Offizieller WOMO-Stellplatz: Petershagen – Am Sportplatz

GPS: N52°22'31.5" E8°58'07.5"; Hohoffstraße, 32469 Petershagen.
Max. WOMOs: 10, maximale Länge 8 m, max. Aufenthalt 3 Tage.
Ausstattung: Frischwasserversorgung, Abwasserentsorgung mit Bodeneinlass, Kassettenentleerung, Stromanschlüsse, keine Behälter für die Müllentsorgung. Der Platz ist ganzjährig geöffnet.

Beschreibung: Große sonnige, eng beieinanderliegende Stellflächen auf feinem Schotter. Nachts sehr ruhig, tagsüber lebendig, wenn auf den Sportplätzen gekickt wird. Bis in die Innenstadt sind es nur 400 Meter.
Preise: Kostenlos, Frischwasser 1,00 €, Strom 0,50 € pro kWh. Abwasserentsorgung und Entleerung der Bordtoilette 1,00 €.
Zufahrt: Auf der B61 in Richtung Petershagen, nach Verlassen des Waldes in die erste Straße rechts abbiegen (Brandhorststraße), dieser mit ihren Kreisverkehren bis zum Ende folgen, dann links in die Sparkassenstraße abbiegen (Minikreisverkehr) und bei der nächsten Möglichkeit rechts abbiegen.

Holländermühle in Petershagen.

Genug Gründe also, den Stellplatz in Petershagen aufzusuchen und sich den einzelnen Museen zu widmen, die allerdings recht unterschiedliche Öffnungszeiten haben. Das Schöne ist, dass sie mit der **Petershäger Mühlentour** alle erreichbar sind. Wenn Sie sich also auf den Weg machen und diese 54 Kilometer lange Tour abradeln, dann kommen Sie nicht nur an 11 Mühlen vorbei, sondern auch an den bereits genannten Museen. Die Mühlen wurden in den letzten Jahren alle restauriert. Es sind neun Holländerwindmühlen zu sehen, eine Bockwindmühle und eine Wassermühle.

Im **Mühlen–Infozentrum Frille** erfahren Sie alles über das Mühlenwesen in dieser Region. Sie sehen, wie die Techniken sich entwickelt haben und können an Funktionsmodellen die technischen Abläufe studieren. Darüber hinaus werden Sie multimedial auf die Westfälische Mühlenstraße eingestimmt und das Wichtigste: Sie können an den Mahl- und Backtagen sehen, wie die Technik funktioniert und in der Backstube frisches Landbrot, Waffeln oder was sonst gerade gebacken wird, verkosten. Wenn Sie diese Seite www.muehlenverein-minden-luebbecke.de aufrufen, können Sie erfahren, wann diese Mühl- und Backtage stattfinden. Auf dieser Seite www.petershagen.de finden Sie unter "Tourismus" einen Flyer zur Petershäger Mühlentour, in dem die Mühlen kurz beschrieben sind. Das Radwegenetz ist gut ausgeschildert. Nennenswerte Steigungen und Gefällstrecken gibt es hier nicht. Nur bei der Überquerung des Wehres in Petershagen muss das Rad einmal hochgeschoben werden, sonst ist das alles unkompliziert zu fahren.

Holländermühle in Bierde.

Weil es so schön passt, ein Gedicht von Wilhelm Busch:

Ärgerlich

Aus der Mühle schaut der Müller,
Der so gerne mahlen will.
Stiller wird der Wind und stiller,
Und die Mühle stehet still.

So gehts immer, wie ich finde,
Rief der Müller voller Zorn.
Hat man Korn, so fehlts am Winde,
Hat man Wind, so fehlt das Korn.

Wie kommen wir da jetzt drauf? Das wird gleich verständlich, wenn Sie uns folgen und mit **Wiedensahl** die nächste

Busch-Denkmal in Wiedensahl.

Station auf unserer Reise ansteuern. In diesem kleinen Nest, das heute rund 900 Einwohner hat, wurde **Wilhelm Busch** am 15. April 1832 als ältestes von sieben Kindern geboren. Er hat im südlichen Niedersachsen auf vielfältige Weise Spuren hinterlassen. Auf unserer Reise durch das Weserbergland und das nördliche Eichsfeld sind wir ihm schon begegnet. Hier, in seinem Heimatdorf verbrachte der Humorist, Dichter und Zeichner gut die Hälfte seines Lebens.

In seinem Geburtshaus ist ein Museum eingerichtet, das sich mit vielerlei Exponaten dem Leben und den Werken dieses Schöpfers von Max und Moritz widmet. Es sind unter anderem Originalzeichnungen und Gemälde ausgestellt. Hinzu kommen Werke, die keinen großen Bekanntheitsgrad erlangt haben.

Busch Museum in Wiedensahl.

Wenn Sie auf diese Seite gehen www.wilhelm-busch-land.de, erfahren Sie, welche zusätzlichen Ausstellungen gerade präsentiert werden und Sie können sich über die Eintrittspreise, Öffnungszeiten sowie Führungen informieren.

Einen gesonderten Parkplatz gibt es für das Museum nicht. Die Parkbuchten entlang der Straße sind groß genug, um ein WOMO abzustellen.

Wechseln wir das Thema. Begeben wir uns von dem Erfinder der abgründigsten Kindergeschichten zu einer großen Parkanlage, in der wir Saurierspuren folgen können. Dazu fahren wir nach **Münchehagen** und stellen das WOMO in der Alten Zollstraße vor dem Eingang des **Dinosaurier-Parks** ab [**004:** N52°26'32.7" E9°11'56.9"].

Bis zu 20 t. wog der Diplodocus.

Jurassic Parc war ein erfolgreicher Spielfilm von Steven Spielberg, in dem mit ausgeklügeltster Gentechnologie einige Dinosaurier auf einer Insel zum Leben erweckt wurden, was für einige Menschen fatale Folgen hatte.

Der Tyrannosaurus Rex konnte ordentlich zubeißen. Von allen Dinosauriern der Kreidezeit hatte er die größten Zähne und den stärksten Biss.

In Münchehagen brauchen Sie keine Angst zu haben, von einem Dino angefallen zu werden, auch wenn es beim Gang durch die Anlage schon mal verdächtig knurrt und brüllt oder es im Gebüsch knackende Geräusche gibt. Rund 230 lebensgroße Modelle sind in diesem Park zu sehen und jährlich kommt mindestens ein neuer Saurier hinzu.

Nun ist diese Anlage nicht nur ein Ausstellungsgelände für die Kunstharzfiguren, sondern hat auch einen paläontologisch-wissenschaftlichen Hintergrund.

Begonnen hat es mit einem Steinbruch. Sandstein wurde hier für verschiedene Bauzwecke gewonnen. Ende der Siebzigerjahre wurden bei dem Abbau schüsselförmige Vertiefungen entdeckt, die recht schnell als Fährten von Dinosauriern identifiziert werden konnten. Weitere Spuren wurden freigelegt und in den Achtzigerjahren wurde die erste Überdachung angelegt, um diese vor Witterungseinflüssen zu schützen. In den Neunzigerjahren wurden weitere aufgedeckt. Die Halle wurde erweitert, das gesamte Areal eingezäunt und als **"Naturdenkmal Saurierspuren"** unter Schutz gestellt. Auch

Saurierspuren im Museumsbereich des Dinoparks in Münchehagen.

heute findet man in dem benachbarten Steinbruch immer wieder spektakuläre Spuren. So wurden 2015 Sauropodenspuren aus der unteren Kreidezeit vor etwa 135 bis 145 Millionen Jahren entdeckt. Die Abdrücke haben jeweils einen Durchmesser von bis zu 1,20 Metern und konnten auf einer Länge von mehr als 50 Metern freigelegt werden. Auch fand man dreizehige Fußabdrücke eines Raubsauriers, dessen längster Zeh mindestens einen halben Meter lang gewesen sein muss.

Die Halle mit den Fußspuren kann man auf einem Podest durchschreiten. Rund 250 Tapser sind hier zu sehen, die phasenweise in Schrittgeschwindigkeit angeleuchtet werden.

Zu Beginn der Neunzigerjahre wurde die Idee geboren, aus dem Naturdenkmal einen spezialisierten Themenpark zu entwickeln, der die wissenschaftlichen Erkenntnisse erlebnisreich in Szene setzt und spielerisch über die Erdgeschichte informiert. Die Idee wurde umgesetzt und so wandern Sie hier auf einem 2,5 Kilometer langen Weg vom Kambrium über Karbon, Trias, Jura, Kreide und Tertiär in das Quartär, in die heute geltende Zeit, wie Geo- und Paläontologen die erdgeschichtlichen Epochen definiert haben. Sie begeben sich hier auf eine Zeitreise, die rund 550 Millionen Jahre umfasst.

Es ist also kein Freizeitpark im herkömmlichen Sinn mit drehenden Karussells und Achterbahnen, sondern ein lehrreicher Park, der für Kinder wie für Erwachsene ein umfangreiches Programm bietet. Das **Schau-Präparationslabor** sei hier besonders hervorgehoben, bei denen Sie den Mitarbeitern über die Schulter schauen können, wie sie die Funde fachgerecht bearbeiten und konservieren. Wesentlich mehr erfahren Sie, wenn Sie diese Seite www.dinopark.de aufrufen. Hier können Sie auch die aktuellen Öffnungszeiten und die Eintrittspreise einsehen. In den Wintermonaten ist der Park geschlossen.

Nach diesem Spaziergang durch die Erdgeschichte fahren wir weiter zum Steinhuder Meer.

Das **Steinhuder Meer** ist mit rund 29 Quadratkilometern der größte See in Niedersachsen. Das Meer ist ein Relikt der letzten Eiszeit. Mit dem Abtauen der Gletscher entstand dieser große See, der zu Beginn etwa dreimal größer war, als er heute noch ist. Die heutigen Moor- und Feuchtgebiete standen zu dieser Zeit vollständig unter Wasser und das Mammut, das wir soeben noch im Dinopark gesehen haben, graste in dieser Landschaft, die sich in einem Übergang von einer Kalt- zu einer Warmzeit befand.

Es ist ein sehr flacher See, seine durchschnittliche Tiefe liegt nur etwas über einen Meter. An der tiefsten Stelle misst der See keine drei Meter.

Touristisch ist er stark erschlossen. Allein für uns WOMO-Fahrer stehen drei Stell- und zwei Campingplätze in unmittelbarer Nähe des Sees zur Verfügung.

Beginnen wir mit dem ersten Stellplatz, den wir in **Hagenburg** mit diesen Koordinaten [**005:** N52°26'11.6" E9°19'21.7"] finden. Er befindet sich am Nordrand des fast 5000 Einwohner zählenden Fleckens.

Flecken? Hört sich komisch an, ist aber die offizielle Bezeichnung des Ortes und hat nichts mit Schmutz zu tun. Flecken ist die norddeutsche Bezeichnung einer sogenannten Minderstadt, die mehr Rechte besaß als ein Dorf, zum Beispiel das Marktrecht, aber weniger Rechte als eine Stadt. Ein Zwischending also. In Niedersachsen gibt es noch 50 Orte, die den **"Flecken"** offiziell dem Ortsnamen vorangestellt haben.

Wanderparkplatz in Hagenburg.

Neben dem kleinen Findlingsgarten ist der **Moorgarten** einen Besuch wert, nicht nur wegen des Cafés, das sich genau nebenan befindet.

Moorgarten in Hagenburg.

Vor dem Schloss, das nicht frei zugänglich ist, führt eine 400 Meter lange **Rhododendron-Allee** durch den offen stehenden Schlosspark, die im Frühjahr (Mai bis Mitte Juni) in voller Blütenpracht steht.

Der Radweg rund um das Steinhuder Meer ist bequem zu fahren. Er ist etwa 32 Kilometer lang. Sie können in Hagenburg starten oder auch von diesem Stellplatz in Steinhude.

(006) Offizieller WOMO-Stellplatz: Steinhude

GPS: N52°26'56.3" E9°21'16.2"; Bruchdamm 2, 31515 Wunstorf.
Max. WOMOs: 164, maximale Länge 10 m, max. Aufenthalt 5 Tage.
Ausstattung: Frischwasserversorgung, Abwasserentsorgung mit Bodeneinlass, Kassettenentleerung, Stromanschlüsse, Behälter für die Müllentsorgung, Brötchenservice in den Sommermonaten. Im Servicegebäude gibt es Duschen, WCs, Waschmaschinen und Trockner. Der Platz ist ganzjährig geöffnet.

Beschreibung: Überwiegend schattenlose Stellflächen auf Schotterrasen. Die Parzellen sind von ausreichender Größe. Bis zur Uferpromenade am Steinhuder Meer sind es rund 1000 Meter. Der Platz befindet sich am südlichen Ortsrand von Steinhude und ist recht ruhig.
Preise: 15,00 € für ein Fahrzeug, Frischwasser 1,00 € und Strom 0,60 € pro kWh. Abwasserentsorgung und Entleerung der Bordtoilette ist kostenfrei. Dusche 1,00 € (5 Min.). Waschmaschine und Trockner jeweils 2,50 €.
Zufahrt: Vor der Einfahrt nach Steinhude auf der linken Seite deutlich sichtbar, nicht zu verfehlen.

Mit diesem Schiff geht es auf die Insel Wilhelmstein.

Paddeln auf dem Steinhuder Meer.

Steinhude ist mit etwas mehr als 5000 Einwohnern der größte Ort, der an diesem See liegt. Er ist ein Stadtteil von Wunstorf.

Dieser Ort bietet alles, was man von einem Ausflugsort an einem Binnensee erwarten kann. Er unterscheidet sich da nicht wesentlich von anderen Orten an Binnengewässern wie Waren an der Müritz oder Prien am Chiemsee. Wenn Sie diese Orte schon kennen, dann wissen Sie, was Sie erwartet, also eine bunte Mischung aus Restaurants, Cafés und Souvenirshops.

Natürlich gibt es hier auch einen Bootsverleih, der Elektro-, Tret- und Ruderboote anbietet. Mit dem Elektroboot kommen Sie bequem und leise zur Insel Wilhelmstein, mit dem Ruderboot ist es schon ein wenig anstrengender. Das Eiland ist rund drei Kilometer von Steinhude entfernt.

Insel Wilhelmstein

In den Jahren zwischen 1761 und 1765 ließ **Graf Wilhelm von Schaumburg-Lippe** eine etwa 1,4 Hektar großen Insel im Steinhuder Meer aufschütten, um darauf eine **Stern-Festung** zu errichten. Sie gehört auch heute noch dem Haus Schaumburg-Lippe. Die kleine Grafschaft sah sich immer wieder der Gefahr ausgesetzt, von feindlichen Aggressoren annektiert zu werden. Als Standort für die Festung wählte er taktisch klug die westliche Lage in dem Meer. Im Westen und Süden war das Ufer morastig und konnte damit von Angreifern mit Kanonen nicht genutzt werden. Von den anderen festen Uferbereichen, wo die Geschütze problemlos aufgestellt werden konnten, reichte die Feuerkraft der damaligen Geschütze nicht, um die Festung zu erreichen. Um die Insel aufschütten zu können, wurde vom Schloss Hardenberg eigens ein Kanal gegraben, um ihn für den Transport des notwendigen Materials auf Booten zu nutzen.

Heute ist die Festung in erster Linie ein touristsches Ziel. Die Festung kann besichtigt werden und es gibt ein gastronomisches Angebot in Form von einem Restaurant und Café.

Die Festung Wilhelmstein im Steinhuder Meer.

Sie können die Insel mit einem Schiff der Steinhuder Personenschifffahrt erreichen. Abfahrtszeiten finden Sie am Hafen in Steinhude oder auch hier www.steinhuder-meer.de. Die Seite müssen Sie ein wenig durchsuchen, um zur Personenschifffahrt zu kommen.

Eine Bademöglichkeit gibt es in Steinhude nur auf der Badeinsel. Sie befindet sich im Norden des Ortes rund zwei Kilometer vom Stellplatz entfernt. Um dorthin zu gelangen,

Ein Entenschwarm startet am Ostufer des Steinhuder Meeres.

müssen Sie also die Innenstadt durchqueren oder den etwas längeren Weg über die Uferpromenade nehmen.

Wir schwingen uns jetzt auf den Drahtesel und umrunden die Insel.

Steinhuder Meer Rundweg

Der Weg lässt sich ausnahmslos gut fahren, er zumeist asphaltiert. Nur im Osten der Insel ist ein geschotterter Waldweg zu verzeichnen.

Bis dieser erreicht ist, geht es zunächst scheinbar endlos an Ferien- und Wochenendhäusern vorbei, die hier in Ufernähe dicht gedrängt stehen. Es dauert also eine Weile, bis die freie Landschaft sichtbar wird, dann ist der kleine Fahrradstellplatz am Ostufer aber auch schnell erreicht. Um zu dem **Großenheidorner Turm** am Ostufer zu gelangen, muss man hier das Rad abstellen und zu Fuß rund 400 Meter über einen Bohlenweg durch dichten Wald weitergehen.

Radweg im Osten des Steinhuder Meeres.

Der Turm ist nicht sonderlich hoch, aber um die Vogelwelt zu beobachten vollkommen ausreichend.

Die Distanz zum Ufer ist relativ groß. Man braucht also schon ein Fernglas. Wer aussagekräftige Fotos machen möchte, benötigt eine Kamera mit einem Teleobjektiv.

Zurück zum Radweg der durch ein Waldgelände weiterführt und so dann und wann auch bereits die ersten Heideflächen sichtbar werden lässt.

Der Badestrand der Campingplätze.

Am Nordufer angekommen ist bald der Badestrand der beiden großen Campingplätze zu sehen und es geht auf einem breit ausgebauten Weg weiter, den sich die Radler mit Fußgängern, Inlineskatern und Rollstuhlfahrern teilen müssen. Hier muss man die Geschwindigkeit ein wenig reduzieren. Der weitere Weg führt auf asphaltierten Feldwegen durch Wiesen und Äcker. Es gibt noch einmal in den Meerbruchwiesen Beobachtungshütten, bevor man dann irgendwann wieder in einem großen Bogen abseits des Sees in Hagenburg ankommt, dort den Stichkanal zum Schloss überquert und wieder direkt an das Ufer des Steinhuder Meeres gelangt. Von hier hat man die Festung Wilhelmstein im Blick und dann geht es entlang des Ufers zum Ausgangspunkt zurück.

Radweg in Mardorf in Höhe der Liegeplätze für Segelboote.

Was das Nordufer zu bieten hat, wissen wir ja nun schon durch die Radtour. Was uns noch fehlt, ist die Beschreibung der Stell- und Campingplätze. Das holen wir jetzt nach und fahren, um in unserer geplanten Route zu bleiben, zunächst nach **Neustadt am Rübenberge** und kehren dann zum Steinhuder Meer zurück.

Viel gibt es in Neustadt nicht zu sehen. Der Stellplatz am Freibad ist spartanisch, er befindet an der Suttorfer Straße, die zu einem Industriegebiet führt. Sie finden ihn mit diesen Koordinaten [**007:** N52°30'27.5" E9°28'00.2"]. Auf der anderen Straßenseite befindet sich das Freibad und in 800 Metern Entfernung das **Schloss Landestrost**, eine Anlage im Stil der Weserrenaissance, das aber nur von außen besichtigt werden kann. Schön ist der dahinterliegende **Amtsgarten** mit einem Laubengang aus Hainbuchen und dem **Schlosspark**, in dem noch Reste der einstigen Festung zu sehen sind.

Schlossgarten mit Resten der Festung in Neustadt am Rübenberge.

Ansonsten sieht die Stadt mit ihren 44.000 Einwohnern so aus wie viele norddeutsche Städte in dieser Größenordnung. Nichts Hässliches, viele Klinkerhäuser, aber auch nichts, was man nun unbedingt gesehen haben muss. Deshalb halten wir uns hier nicht lange auf und fahren zurück an das Steinhuder Meer, nur diesmal an das Nordufer.

Hier haben wir noch die Camping- und Stellplätze zu beschreiben, was wir jetzt in direkter Reihenfolge tun wollen.

(008) WOMO-Campingplatz: NorduferCamping

GPS: N52°29'49.5" E9°19'48.1";
Pferdeweg 5, 31535 Neustadt am Rübenberge.
Max. WOMOs: >20, maximale Länge 12 m.
Ausstattung: Frischwasserversorgung, Abwasserentsorgung mit Bodeneinlass, Kassettenentleerung, Stromanschlüsse, Behälter für die Müllentsorgung, WLAN, Brötchenservice, Kiosk, Imbiss, Spielplätze. Im Servicegebäude gibt es Duschen, WCs, Waschmaschinen und Trockner. Der Platz ist ganzjährig geöffnet.
Beschreibung: Große sonnige, teilweise auch schattige Rasenplätze. Etwa 150 Meter vom öffentlich zugänglichen Strand am Steinhuder Meer entfernt. Zahlreiche Wassersportmöglichkeiten.
Preise: Erwachsene Person 7,00 €, Kinder bis 11 Jahre 3,00 €, Wohnmobil 8,00 €, Strom pro Tag 3,00 €, Dusche 0,50 € (5 Min.).
Zufahrt: Von Neustadt am Rübenberge in Richtung Rehburg fahren. Nach ca. 10 Kilometern ist der Platz auf der linken Seite erreicht.
Reservierung/Kontakt: Tel.: 05036/2361
E-Mail: info@nordufercamping.de, Web: https://nordufercamping.de.

(009) WOMO-Campingplatz: Mardorf

GPS: N52°29'26.4" E9°19'13.4";
Weidenbruchsweg, 31535 Neustadt am Rübenberge.
Max. WOMOs: >10, maximale Länge 12 m.
Ausstattung: Frischwasserversorgung, Abwasserentsorgung mit Bodeneinlass, Kassettenentleerung, Stromanschlüsse, Behälter für die Müllentsorgung, Gasflaschentausch, WLAN, Brötchenservice. Im Servicegebäude gibt es Duschen, WCs, Waschmaschinen und Trockner. Der Platz ist ganzjährig geöffnet.
Beschreibung: Überwiegend schattige Rasenplätze direkt am Steinhuder Meer, Fahrradverleih, Stand Up Paddling, Strandgymnastik, Kunstscheune, Spielplatz.
Preise: Erwachsene zwischen Person je nach Saison zwischen 4,50 € und 7,50 €, Kinder 3-14 Jahre zwischen 2,50 € und 4,50 €, Hund zwischen 2,50 € und 4,50 €, Wohnmobil zwischen 6,00 € und 12,00 € (je nach Saison und Größe des Platzes) 10,50 €, Strom pro Tag 3,00 €, Waschmaschine 3,50 €, Trockner 4,50 €. Quickstopp-Übernachtung zwischen 19:00 und 9:00 Uhr für ein Fahrzeug mit zwei Personen zwischen 9,00 und 17,00 €.
Zufahrt: Von Neustadt am Rübenberge in Richtung Rehburg fahren. Nach ca. 9 Kilometern links in die Meerstraße abbiegen, nach 1,3 Kilometern auf dieser Straße links abbiegen in den Weidenbruchsweg.
Reservierung/Kontakt: Tel.: 05036/529
E-Mail: info@camping-steinhuder-meer.de,
Web: www.camping-steinhuder-meer.de.

(010) Offizieller WOMO-Stellplatz: Mardorf – Steinhuder Meer

GPS: N52°29'11.5" E9°18'03.1";
Rote-Kreuz-Straße 16, 31535 Neustadt am Rübenberge.
Max. WOMOs: 48, maximale Länge 12 m, max. Aufenthalt 3 Tage.
Ausstattung: Frischwasserversorgung, Abwasserentsorgung mit Bodeneinlass, Kassettenentleerung, Stromanschlüsse, Behälter für die Müllentsorgung. Der Platz ist ganzjährig geöffnet.
Beschreibung: 14 Stellplätze á 47 qm, 39 Stellplätze á 50 qm, 10 Stellplätze á 72qm, 7 Stellplätze mit mehr als 85qm. Ortsmitte mit Einkaufsmöglichkeiten und Restaurants nur wenige Meter entfernt. Bis zum Meer sind es 300 Meter, bis zum Badestrand fast 3 Kilometer.

Preise: 9,00 € für ein Fahrzeug, Frischwasser 1,00 € und Strom 3,00 € pro Tag. Abwasserentsorgung und Entleerung der Bordtoilette ist kostenfrei.

Zufahrt: Von Neustadt am Rübenberge in Richtung Rehburg fahren. Nach neun Kilometern links in die Meerstraße abbiegen, nach weiteren drei Kilometern auf dieser Straße links in die Rote-Kreuz-Straße abbiegen.

(011) Offizieller WOMO-Stellplatz: Rehburg

GPS: N52°28'24.9" E9°13'58.1"; Auf der Bleiche 14, 31547 Rehburg-Loccum.

Max. WOMOs: 8, maximale Länge 10 m.

Ausstattung: Frischwasserversorgung, Abwasserentsorgung ohne Bodeneinlass, Kassettenentleerung, Stromanschlüsse, Behälter für die Müllentsorgung, ganzjährig geöffnet.

Beschreibung: Schattenlose parzellierte geschotterte Stellflächen 5 Gehminuten von der Ortsmitte Rehburgs entfernt, die einige Restaurants und Einkaufsmöglichkeiten bietet.

Preise: 5,00 € für ein Fahrzeug, Frischwasser 1,00 € und Strom 1,00 € für 12 Stunden. Abwasserentsorgung und Entleerung der Bordtoilette ist kostenfrei.

Zufahrt: Aus Mardorf kommend die Straße nach Rehburg bis zum Ende durchfahren, dann links abbiegen in die Heidtorstraße. Dieser Straße bis zum Kreisverkehr folgen, dort die zweite Ausfahrt nehmen, beim nächsten Kreisverkehr die erste Ausfahrt und dann ist der Stellplatz auch schon erreicht.

Der Stellplatz in **Rehburg** liegt schon ein wenig abseits vom See und ist deshalb auch nicht so stark frequentiert. Um das **Kloster** in Loccum zu besuchen, kann man das Rad nehmen oder mit dem WOMO dorthin fahren, denn der Parkplatz am Markt in Loccum bietet genug Raum, um das Fahrzeug abzustellen [N52°27'11.4" E9°08'49.5"].

Wer das Rad wählt, kann den Besuch des Klosters auch gleich mit einer weiteren Rundtour durch die lieblich flache Landschaft westlich des Steinhuder Meeres kombinieren. Folgen Sie einfach dem radelnden Dino auf seiner **Dino-Tour**, die über acht Stationen von Bad Rehburg zum Steinhuder Meer, dann über Rehburg, Loccum und Münchehagen mit dem Dinopark wieder nach Bad Rehburg führt. Der Weg ist 30 Kilometer lang. Einen Flyer mit der Routenbeschreibung finden Sie am Stellplatz in Rehburg, Sie können sich aber auch die notwendigen Daten inkl. eines gpx-downloads hier anschauen www.dino-tour.de.

Die Klosterkirche in Loccum.

Der Reliquienschrein in der Klosterkirche.

Blick in den Kapitelsaal des Klosters.

Kloster Loccum

Neben dem Kloster Maulbronn in Baden Württemberg gilt das Kloster Loccum als das am besten erhaltene Zisterzienserkloster in Deutschland. Es wurde 1163 gegründet. Um 1600 wurde es lutherisch und dient heute als Predigerseminar der evangelischen Kirche. Hier werden Vikare und Pastoren ausgebildet.

Der Kirche sieht man die strenge zisterziensische Formensprache an. Kein hoher Kirchturm, keine prahlerische Ausschmückung, weder innen noch Außen. Der Anspruch der Mönche war in Demut, Askese und Bescheidenheit zu leben, was sich auch in der Architektur ihrer Gotteshäuser widerspiegeln sollte. Nicht alle Zisterzienser haben sich an diese hohen moralischen Werte gehalten. Es gibt auch Beispiele, an denen sehr wohl erkennbar ist, dass ein wenig Prunk ganz nett sein kann. Hier war das aber nicht so.

Besichtigt werden können die Kirche, der Kreuzgang, der Innenhof und der alte Kapitelsaal. Hier diskutierten einst die Mönche über ihre Arbeitsprogramme.

Der Reliquienschrein stammt aus der Mitte des 13. Jahrhunderts. Er war ursprünglich der Hauptaltar. Mit dem Übergang zur Reformation hat er seine Bedeutung verloren.

Erstaunlich ist, dass seit mehr als 850 Jahren täglich um 18:00 Uhr eine Andacht stattfindet, ganz gleich, welche äußeren Umstände es gab.

Über die Öffnungszeiten der Kirche informiert diese Seite www.kloster-loccum.de. Hier erfahren Sie auch, welche Möglichkeiten es gibt, an einer Führung durch die Anlage teilzunehmen.

Neben dem Besuch des Klosters lohnt ein Gang durch den Klostergarten, den die Mönche einst anlegten. Hier sind auch die Reste der **Luccaburg** zu sehen, die namensgebend für das Kloster war.

Von Loccum begeben wir uns zurück an die Weser. Wir suchen einen Stellplatz auf, der versteckt und idyllisch in der Nähe von Baggerseen liegt, die **Leeser Seenplatte** genannt wird.

(012) Offizieller WOMO-Stellplatz: Leeser See

GPS: N52°30'20.2" E9°06'13.0"; Mühlenberg, 31633 Leese.
Max. WOMOs: 8, maximale Länge 12 m.

Ausstattung: Frischwasserversorgung, Abwasserentsorgung mit Bodeneinlass, Kassettenentleerung, Stromanschlüsse, Behälter für die Müllentsorgung, ganzjährig geöffnet.
Beschreibung: Ausreichend große, schattenlose und ruhige Plätze in der Leeser Seenplatte. Leese und Stolzenau sind mit dem Rad für Einkäufe schnell zu erreichen.
Preise: 4,00 € für ein Fahrzeug, Frischwasser 1,00 € und Strom 1,00 € für 6 Stunden. Abwasserentsorgung und Entleerung der Bordtoilette ist kostenfrei. Die Gebühren werden am Abend am Fahrzeug kassiert.
Zufahrt: Von Leese in Richtung Stolzenau fahren und rund 150 Meter hinter der Eisenbahnunterführung links abbiegen.

In der Leeser Seenplatte.

Wer mit Hunden unterwegs ist, wird sich schnell in diesen Platz verlieben. Er lädt zu ausgedehnten Spaziergängen zwischen den Baggerseen ein. Inzwischen wurde entlang des Weges im Süden des Stellplatzes eine kleine Aussichtsplattform aufgestellt, die einen Blick auf die Seenlandschaft gewährt. Es gibt noch einige aktive Gruben, in denen Kies und Sand abgebaut wird. Die meisten Seen aber befinden sich in der Renaturierung und sind in einem Naturschutzgebiet zusammengefasst. Es entwickelt sich zu einem naturnahen Stillgewässer-Ökosystem mit amphibischen Zonen, Röhrichtgürteln, Hochstaudenfluren und Auenwäldern. Es dient bereits jetzt zahlreichen Vogelpopulationen als Nist- und Rastplatz, wie man bei einem Spaziergang durch dieses Seengebiet sehen kann.

Fährt man über die Brücke auf die andere Seite der Weser, kommt man zu einem Stellplatz, der sich größter Beliebtheit erfreut.

(013) Offizieller WOMO-Stellplatz: Stolzenau – Reisemobilhafen

GPS: N52°30'37.0" E9°04'50.9"; Weserstraße 11a, 31592 Stolzenau.
Max. WOMOs: 24, maximale Länge 10 m.

Ausstattung: Frischwasserversorgung, Abwasserentsorgung mit Auffangvorrichtungs, Kassettenentleerung, Stromanschlüsse, Behälter für die Müllentsorgung, ganzjährig geöffnet.
Beschreibung: Große, weitgehend schattenlose Plätze auf Schotterrasen. Freier Blick auf die Weser. Verkehr von der Brücke deutlich hörbar. 500 Meter bis zur Innenstadt.
Preise: 5,00 € für ein Fahrzeug, Frischwasser 1,00 € (60 Liter), Strom 1,00 € für 6 Stunden. Abwasserentsorgung und Entleerung der Bordtoilette ist kostenfrei.
Zufahrt: Über die Weserbrücke in Richtung Stolzenau fahren und sogleich hinter der Brücke rechts abbiegen.

Der Stellplatz befindet sich fast direkt am Weserradweg. Von hier ist man auf leichten 22 Kilometern nach Nienburg geradelt, nach Minden sind es rund 32 Kilometer. Entfernungen, die bequem an einem Tag hin- und hergefahren werden können.

Stellplatz in Landesbergen.

In Stolzenau gibt es nichts Außergewöhnliches zu sehen, außer vielleicht dem Freihof des Barons von Münchhausen, der sich im Privatbesitz befindet und von einem Nachfahren des 'Lügenbarons' bewohnt wird. Ein Fachwerkhaus, das nicht besichtigt werden kann.

Wir fahren weiter nach **Landesbergen** und stellen unser WOMO direkt neben der Windmühle ab [**014:** N52°33'36.6" E9°07'30.1"].

Die Mühle wurde 1872 als Galerieholländer gebaut und dient heute unter anderem als '**Hochzeitsmühle**' festlichen Anlässen. Der Mühlenplatz, auf dem unser WOMO steht, wird auch gelegentlich für Veranstaltungen genutzt. Dann kann er nicht angefahren werden und man muss unter Umständen auf eine Einkehr in den Gasthof verzichten, dessen Speisekarte Sie hier einsehen können https://muehlengasthof.de.

Wenn dem so ist, dann geht es eben weiter nach **Nienburg**, dem letzten Ort auf dieser Tour. Hier haben wir in der Innenstadt mit seinen zahlreichen historischen Häusern eine große Auswahl an Restaurants. Prächtig ist das Rathaus, das im Stil der Weserrenaissance erbaut wurde. Es bildet mit den umliegenden Fachwerkhäusern ein malerisches Altstadtensemble.

Altes Rathaus in Nienburg/Weser.

Besonders stolz ist man in Nienburg auf den Titel **"Europas schönster Wochenmarkt"**, den sie 2008 von der Stiftung Lebendige Stadt verliehen bekommen hat. Er findet mittwochs und samstags vormittags statt. Um alle Sehenswürdigkeiten der Stadt zu besuchen, folgen Sie der Bärenspur. Einen Flyer,

(015) Offizieller WOMO-Stellplatz: Nienburg/Weser

GPS: N52°38'32.3" E9°12'04.1"; Oyler Str. 9, 31582 Nienburg/Weser.
Max. WOMOs: 30, maximale Länge 8 m, max. Aufenthalt 5 Tage.
Ausstattung: Frischwasserversorgung, Abwasserentsorgung mit Bodeneinlass, Kassettenentleerung, Stromanschlüsse, Behälter für die Müllentsorgung, ganzjährig geöffnet.
Beschreibung: Eng beieinanderliegende Stellflächen. In der ersten Reihe hat man einen freien Blick auf die Weser. Nachts ruhig. Der Weg in die Innenstadt führt über eine Fußgängerbrücke. Auf Ausweichflächen wird hingewiesen, sollte der Platz belegt sein.

Preise: 5,00 € für ein Fahrzeug, Frischwasser 1,00 € und Strom 0,50 € pro kWh. Abwasserentsorgung und Entleerung der Bordtoilette ist kostenfrei.
Zufahrt: Nienburg auf den Bundesstraßen in Richtung Syke und Sulingen umfahren. Hinter der Weserbrücke die erste Abfahrt nehmen, der Straße in Richtung Nienburg folgen. Im ersten Kreisverkehr die zweite Ausfahrt wählen, links an einer Tankstelle vorbeifahren und der Straße bis zum Ende folgen, dann rechts abbiegen.

in dem alle 30 bedeutenden und weniger bedeutenden Stationen aufgelistet sind, bekommen Sie bei der Tourist-Information unweit des Rathauses und er hängt auch am Stellplatz aus.

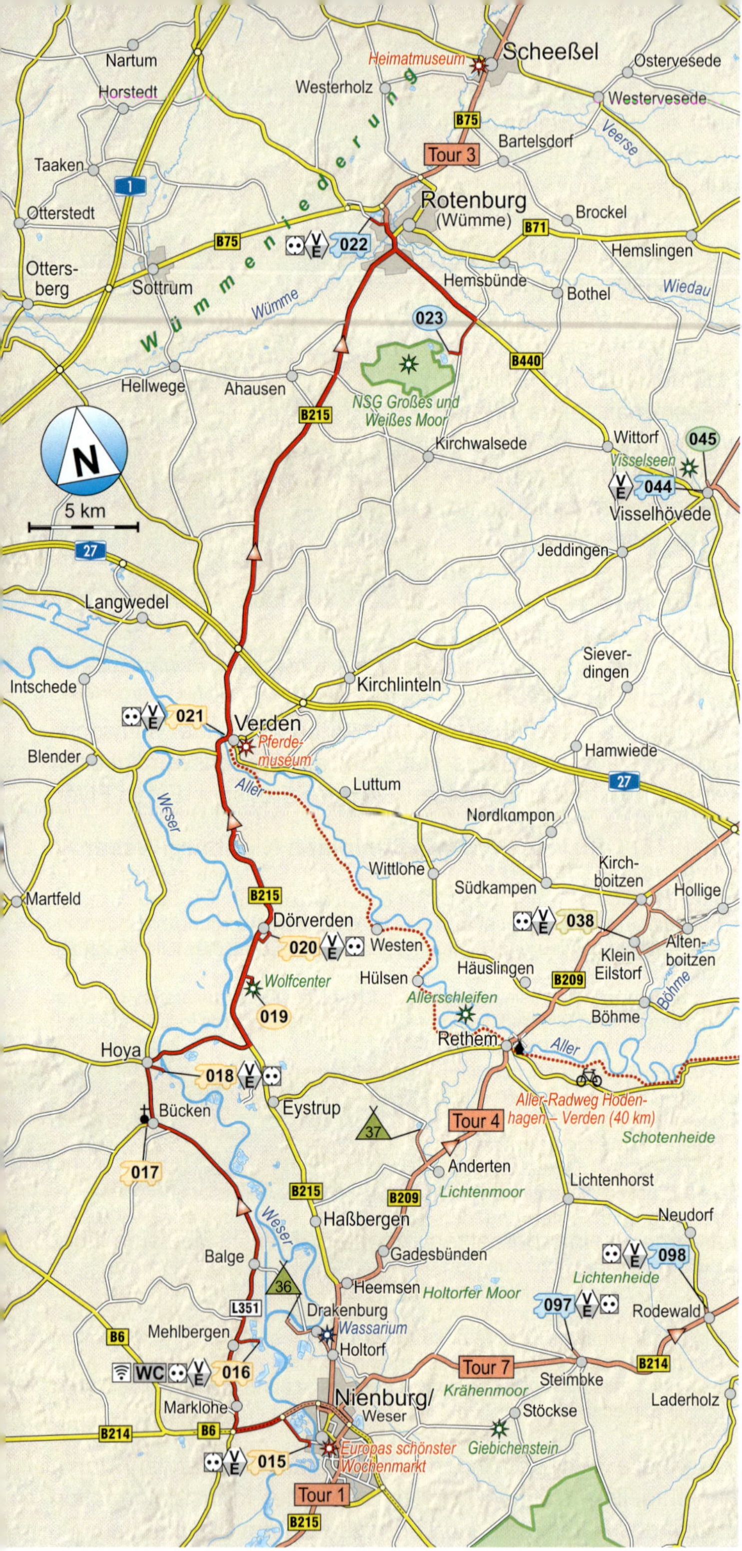
Scheeßel
Heimatmuseum
Nartum
Horstedt
Westerholz
Ostervesede
Westervesede
B75
Veerse
Bartelsdorf
Tour 3
Taaken
1
Otterstedt
Rotenburg
(Wümme)
Brockel
B71
Hemslingen
B75
022
Otters-
berg
Sottrum
Wümmeniederung
Wümme
Hemsbünde
Bothel
Wiedau
023
B440
Hellwege
Ahausen
NSG Großes und
Weißes Moor
B215
Kirchwalsede
Wittorf
045
Visselseen
044
Visselhövede
N
5 km
27
Jeddingen
Langwedel
Sieverdingen
Intschede
Kirchlinteln
021
Verden
Pferde-
museum
Blender
Hamwiede
Aller
Luttum
27
Weser
Nordkampen
Wittlohe
Kirch-
boitzen
Südkampen
Hollige
Martfeld
B215
038
Dörverden
020
Westen
Alten-
boitzen
Klein
Eilstorf
Häuslingen
Hülsen
B209
Wolfcenter
Böhme
Allerschleifen
019
Böhme
Rethem
Aller
Hoya
018
Eystrup
Aller-Radweg Hoden-
hagen – Verden (40 km)
Bücken
37
Tour 4
Schotenheide
017
Anderten
Lichtenmoor
Lichtenhorst
B215
B209
Weser
Neudorf
Haßbergen
098
Balge
Gadesbünden
Lichtenheide
36
Heemsen
Holtorfer Moor
L351
097
Drakenburg
Rodewald
Wassarium
B6
Mehlbergen
Holtorf
B214
WC
016
Tour 7
Steimbke
Krähenmoor
Nienburg/
Weser
Laderholz
Marklohe
Stöckse
B214
B6
Europas schönster
Wochenmarkt
Giebichenstein
015
Tour 1
B215

TOUR 2 (ca. 90 km)

Mehlbergen – Bücken – Hoya – Dörverden – Verden – Rotenburg (Wümme)

Stellplätze:	Mehlbergen, Bücken, Hoya, Dörverden, Verden, Rotenburg (Wümme).
Campingplätze:	Keine.
Ver-/Entsorgung:	Mehlbergen, Hoya, Dörverden, Verden, Rotenburg (Wümme).
Besichtigungen:	Dörverden (Wolfcenter, Kulturgut Ehmken Hoff), Bücken (Dom), Verden (Altstadt, Pferdemuseum), Rotenburg (Altstadt).
Wandern/Radtour:	Entlang der Weser, Rotenburg (Kanutour auf der Wümme, NSG Großes und Weißes Moor)
Baden/Wellness:	Rotenburg (Weichelsee, Bullensee).

Wenn Sie von Nienburg direkt in die Lüneburger Heide fahren möchten, dann blättern Sie bitte weiter auf die Seite 72, dort geht es nach Walsrode und über Soltau nach Schneverdingen in das Herz der Heide. In dieser und in der nächsten Tour touchieren wir den westlichen Rand der Heide und arbeiten uns bis an den Stadtrand von Hamburg vor. Wir fahren dabei einige sehr interessante Orte an, die wir Ihnen nicht vorenthalten wollen und die zur Abrundung dieses Buches und dieser Region einfach dazugehören. Manche Stationen durchschreiten wir dabei im Sauseschritt, anderen widmen wir etwas mehr Aufmerksamkeit.

In dieser Tour haben wir zunächst einige Stellplätze direkt oder in der Nähe der Weser, die gern aufgesucht werden, zum einen wegen ihrer Lage am Fluss, zum anderen wegen ihrer Lage für Ausflüge auf dem Weserradweg.

Mit dem Wolfcenter in Dörverden-Barme haben wir dann ein besonderes Highlight für all diejenigen, die sich mit dem Isegrim auseinandersetzen möchten. Die Diskusssion über die Wiederansiedlung dieses Tieres in unseren Wildbahnen ist ja im vollen Gange. Hier können Sie sich ein eigenes Bild machen. Wenige Kilometer entfernt besuchen wir mit Verden an der Aller eine der Pferdehauptstädte in Deutschland. Enden lassen wir diese Tour in Rotenburg an der Wümme am Bullensee am Rande eines Naturschutzgebietes. Dieser Platz lädt zu ausgedehnten Wanderungen und zu einem kleinen Badeaufenthalt ein. Beginnen wollen wir in Mehlbergen mit einem großen und beliebten Stellplatz an der Weser.

(016) Offizieller WOMO-Stellplatz: Bootshafen Marina Mehlbergen

GPS: N52°41'13.9" E9°10'38.3"; Werderstraße 31609 Balge.
Max. WOMOs: 20, maximale Länge 12 m, max. Aufenthalt 5 Tage.

Ausstattung: Frischwasserversorgung, Abwasserentsorgung ohne Bodeneinlass, Kassettenentleerung, Stromanschlüsse, Behälter für die Müllentsorgung, Badestrand an einem der Seen. Ein Snack-Point (Imbisswagen) dient der kulinarischen Versorgung mit einfachen Gerichten. Im Servicegebäude gibt es Duschen, WCs, Waschmaschine und einen Trockner. Der Platz ist von Mitte März bis Ende September geöffnet.
Beschreibung: Große sonnige Rasenplätze mit Blick auf das Hafenbecken.
Preise: 12,00 € für ein Fahrzeug, Frischwasser, Abwasserentsorgung und Entleerung der Bordtoilette ist im Preis enthalten. Strom 0,50 € pro kWh, Waschmaschine und Trockner jeweils 3,00 €.
Zufahrt: Mehlbergen auf der L351 durchfahren, am Ende des Ortes rechts abbiegen und der Beschilderung zur Marina folgen.

Mit rund 2000 Einwohnern ist der Flecken **Bücken** ein kleiner Ort. Was ein Flecken ist, hatten wir schon auf Seite 29 geklärt. Und Bücken? Ja, der Ort heißt so und hat tatsächlich etwas mit der Körperhaltung zu tun. Der Legende nach haben sich die Mönche, die den Standort der Kirche bestimmen sollten, ein Zeichen Gottes erbeten. Dort, wo der mitgeführte Esel sich „bücken" und niederlassen würde, sollte das Gotteshaus errichtet werden. Eine Bronzeplastik des Bildhauers F. Müller-Belecke auf dem Marktplatz erinnert an diese Legende. In dem Flecken gibt es in der Bruchstraße einen sehr einfachen, sehr ruhigen und kostenlosen Übernachtungsplatz, den Sie mit diesen Koordinaten [**017:** N52°46'46.7" E9°07'38.5"] erreichen können.

Der Stellplatz in Bücken.

Im Volksmund wird die **Stiftskirche St. Materniani et St. Nicolai**, wie sie offiziell heißt, einfach nur **Bücker Dom** genannt. Für den kleinen Ort erscheint diese große Basilika, die im romanischen Stil gebaut wurde, doch sehr überdimensioniert. Das hat etwas mit der Gründungsgeschichte zu tun, die Sie bei einer Führung erläutert bekommen, für die eine

Anmeldung erforderlich ist, die Sie über diese Seite https://stiftskirche-buecken.wir-e.de vornehmen können.

Um sich die reiche Innengestaltung mit all ihren Kunstwerken anzuschauen, können Sie die Kirche in den Sommermonaten zwischen 09:00 und 18:00 Uhr betreten, in den Wintermonaten zwischen 10:00 und 16:00 Uhr. Als Eingang steht die Tür zur Verfügung, die Sie auf dem Foto sehen können.

Der Bücker Dom.

Berühmtester Sohn des Fleckens ist Kapitän Carl Christian Koldewey. Er war der Leiter der ersten und zweiten Deutschen Nordpolar-Expedition, die 1868 und 1869 stattfanden. Die Vorstellung, in ein offenes Polarmeer vordringen zu können, scheiterten bei beiden Expeditionen an der Dichte des Packeises.

Von Bücken fahren wir weiter nach **Hoya** und steuern diesen Stellplatz an.

(018) Offizieller WOMO-Stellplatz: Hoya – Weserblick

GPS: N52°47'59.4" E9°08'44.1"; Stettiner Str. 39, 27318 Hoya.
Max. WOMOs: 12, maximale Länge 10 m.
Ausstattung: Frischwasserversorgung, Abwasserentsorgung mit Bodeneinlass, Kassettenentleerung, Behälter für die Müllentsorgung, ganzjährig geöffnet.
Beschreibung: Sonnige Plätze, teilweise mit freiem Blick auf die Weser. Den meisten WOMO-Besatzungen bleibt jedoch der Blick auf den Fluss durch den Deich verwehrt. Die Ver- und Entsorgungsstation befindet sich an der Zufahrt zum eigentlichen Stellplatz. Sie ist ausgezeichnet anfahrbar, auch dann, wenn Sie den Stellplatz gar nicht nutzen wollen. Bis in die Innenstadt mit einigen kleinen Restaurants und Einkaufsmöglichkeiten sind es nur 700 Meter.

Preise: 5,00 € für ein Fahrzeug, Frischwasser 1,00 €.
Zufahrt: In Hoya vor dem ersten Kreisverkehr auf Höhe des Hagebaumarktes nach rechts abbiegen in die Stettiner Straße und bis zur Weser fahren.

Wegweisung am Stellplatz in Hoya.

Hoya ist wieder eine dieser klassischen norddeutschen Städte mit vielen Klinkerhäusern. Aufregende Sehenswürdigkeiten gibt es hier in der geographischen Mitte Niedersachsens nicht zu verzeichnen. Es ist ein weiterer Start- und Zielort, der für Touren auf dem Weserradweg und anderen ausgewiesenen Strecken genutzt werden kann. Die Radfahrmöglichkeiten sind fast unbegrenzt.

Auch das Wolfcenter können Sie mit dem Rad von Hoya erreichen, es sind nur rund acht Kilometer. Sie können aber auch direkt mit dem WOMO vorfahren, der Parkplatz an diesem alten Kasernengelände ist groß genug. Wenn Sie diese Koordinaten [**019:** N52°49'34.3" E9°12'51.0" Kasernenstr. 2, 27313 Dörverden] verwenden, kommen Sie genau dort hin.

Wolfcenter Dörverden

Diesen Wildpark, der sich schwerpunktmäßig dem Wolf widmet, gibt es seit 2010. Er wurde in einem Teilbereich einer aufgegebenen Kaserne eingerichtet und hat eine Fläche von etwas mehr als fünf Hektar.

Ein sehr aufmerksamer Beobachter.

Einfach knuffig, dieses Alpaka.

Es gibt fünf Wolfs- und ein Präriehundgehege sowie eine Alpakafarm. Wenn Sie mit einem Hund unterwegs sind, so kann er in diesen Wildpark nicht mitgenommen werden. Die nachvollziehbare Begründung dazu können Sie auf der website des Wolfcenters nachlesen.

Bevor es zu den Tiergehegen geht, kann man sich die Ausstellungen im Eingangsbereich betrachten oder im Filmraum einen Dokumentationsfilm über Wölfe anschauen.

Innerhalb des Wildparks kann man sich frei auf den Wegen bewegen und von einem der beiden Aussichtstürme die Wölfe in den Gehegen beobachten.

Der erste Lernerfolg stellt sich rasch ein. Die Wölfe verkriechen sich, liegen schläfrig versteckt unter Bäumen oder im Gebüsch und wollen sich dem Besucher gar nicht zeigen. Sie werden einfach ignoriert.

Spannend sind die Fütterungen. Jetzt sind sie hellwach. Jede Bewegung des Herrn oder der Dame mit dem Futtereimer wird aufmerksam beobachtet, die Ohren sind gespitzt und sie sind ganz auf den nächsten Happen fokussiert.

Die Fleischbrocken werden nicht einfach nur ins Gehege geworfen und die Fütterung ist abgeschlossen, sondern mit begleitenden Kommentaren versehen, die die Reaktionen und Verhaltensweise der Wölfe eingehend und kurzweilig erklären. Wer aufmerksam zuhört, wird eine Menge über diese Tiere lernen können und die Geschichte vom "Bösen Wolf", eine Urangst, die durch Märchen wohl bei fast jedem schon in Kindertagen angelegt wird, zu einer rationaleren Betrachtung des Themas "Wolf" führen. Die Ansiedlung oder besser Wiederansiedlung des Wolfes in unseren Wäldern wird ja zuweilen recht emotional geführt.

Hirsch und Wolf in der Ausstellung.

Blauäugig geht man mit der Diskussion im Wolfcenter nicht um, wie die aufgeführten Dokumentationen auf deren website zeigen.

Neben den Wölfen werden noch etliche Alpakas in einer kleinen Farm präsentiert, die knuffig wie überdimensionale Stofftiere wirken. Eine weitere Attraktion sind die Greifvogelshows. Natürlich gibt es auch ein gutes Restaurant, in dem Sie sich nach einem längeren Aufenthalt in diesem Gelände stärken können, bevor die Reise weitergeht.

Das gesamte Programm, Öffnungszeiten und Eintrittspreise können Sie hier nachlesen www.wolfcenter.de.

Vom Wolfcenter setzen wir die Reise weiter fort und sind nach drei Kilometern schon an unserem nächsten Ziel in Dörverden, am **Kulturgut Ehmken Hoff**.

(020) Offizieller WOMO-Stellplatz: Dörverden

GPS: N52°50'43.5" E9°13'35.3"; In der Worth, 27313 Dörverden.
Max. WOMOs: 6, maximale Länge 8 m, max. Aufenthalt 5 Tage.
Ausstattung: Frischwasserversorgung, Abwasserentsorgung mit Bodeneinlass, Kassettenentleerung, Stromanschlüsse, Behälter für die Müllentsorgung, ganzjährig geöffnet.
Beschreibung: Kleiner Platz hinter dem Feuerwehrgebäude. Ver- und Entsorgung neben dem Ehmken Hoff. Einkaufsmöglichkeiten in fußläufiger Entfernung (Edeka, Aldi).

Preise: Kostenlos, Frischwasser 1,00 € und Strom 1,00 € für 6 Stunden. Die Entsorgung ist kostenfrei.
Zufahrt: In Dörverden 350 Meter hinter der Classic-Tankstelle rechts abbiegen, 70 Meter danach links abbiegen und noch 100 Meter bis zum Stellplatz fahren.

Niederdeutsches Hallenhaus Ehmken Hoff.

Bei diesem Kulturgut handelt es sich im Wesentlichen um zwei dislozierte Bauernhäuser mit ihren Nebengebäuden, die vor dem Verfall gerettet und in vorbildlicher Weise restauriert wurden. Umgeben sind diese Bauernhäuser von einer Obstwiese. Der Stellplatz liegt in Sichtweite.

Die Häuser und das Areal werden in erster Linie für Veranstaltungen genutzt. Außerdem finden hier Kunstausstellungen statt und es dient als Café. Über das Programm informiert diese Seite www.ehmken-hoff.de.

Kommen wir nun zu einer Stadt, die mit dem Pferdesport untrennbar verbunden ist. Mit dem Besuch von **Verden** an der Aller verlassen wir die Weser und arbeiten uns weiter Richtung Hamburg vor.

(021) Offizieller WOMO-Stellplatz: Verden (Aller)

GPS: N52°55'32.8" E 9°13'36.8"; Conrad-Wode-Straße, 27283 Verden (Aller).
Max. WOMOs: 15, maximale Länge 12 m, max. Aufenthalt 24 Stunden.

Ausstattung: Frischwasserversorgung, Abwasserentsorgung mit Bodeneinlass, Kassettenentleerung, Stromanschlüsse, keine Behälter für die Müllentsorgung, ganzjährig geöffnet.
Beschreibung: Schattenlose Stellflächen zwischen einem Friedhof und einem Elektronikmarkt. Die Ver- und Entsorgungsstelle ist optimal gelöst. Innenstadtnah, bis zum Marktplatz sind es rund 600 Meter, bis zum Dom 1,3 Kilometer.
Preise: Parkgebühr für jede angefangene Stunde 1,00 €, für 24 Stunden 6,00 €, Frischwasser 1,00 € (ca. 90 Liter), Strom 1,00 € für 8 Stunden. Abwasserentsorgung und Entleerung der Bordtoilette ist kostenfrei.
Zufahrt: In Verden über die Allerbrücke fahren, danach im Kreisverkehr die dritte Ausfahrt nehmen, dann in die nächste Straße links abbiegen.

Eine Furt an der Aller gab der Stadt ihren Namen, denn Verden lässt sich aus der altsächsischen Sprache für diesen Flussübergang ableiten. An dieser Furt sammelten sich Händler, wurden Waren getauscht und bildeten letztlich die Keimzelle der Stadt. Genauer gesagt zweier Städte, denn Verden ist aus zwei Siedlungen hervorgegangen. Rund um das heutige Rathaus und der Johanniskirche war der Handelsplatz rund um Dom und dem angrenzenden Fischerviertel das geistige Zentrum. Beide Siedlungen hatten jeweils ihren eigenen Herrschaftsbereich und lebten keineswegs in einer guten Nachbarschaft zusammen. Beide wurden erst durch die Schweden, die hier nach dem Ende des Dreißigjährigen Krieges das Sagen hatten, unter Zwang miteinander vereinigt.

Das Rathaus in Verden.

Nachdem wir das WOMO auf dem einfach zu findenden Stellplatz abgestellt haben, machen wir uns auch gleich ans Werk, die Stadt zu erkunden. Parallel zur Aller, in einem Abstand von rund 200 Metern verläuft die Große Straße, die Verden von Nord nach Süd, vom Kreisverkehr an der B215 bis zum Dom über eine Länge von etwa 800 Metern mit einer Fußgängerzone durchquert. Sie ist die Flaniermeile, die Hauptgeschäftsstraße, der wir jetzt folgen.

Eine Bronzepferd als "Hundehalter"

Die Johanniskirche und das Rathaus sind schnell erreicht. Beim Rathaus fällt der Stilmix zwischen Fassade und Turm ins Auge. Auf Schritt und Tritt sind Pferde als Skulpturen oder als Silhouetten in der Stadt zu sehen und können auch schon mal dazu dienen, einen Hund anzuleinen. Die Pferdeleidenschaft der

Der Dom in Verden an der Aller.

Einwohner führt auch bei den Schokolatiers und Konditoren dieser Stadt zu kreativen Ideen. So können Sie zum Beispiel in der Konditorei Erasmie **"Verdener Pferdeäpfel"** probieren. Eine Schokoladenkreation, die ähnlich aussieht wie echte Pferdeäpfel. Sie finden diese Konditorei unweit des Domes.

Etwas abseits der Großen Straße befindet sich im **Domherrenhaus** das Historische Museum, das dem geschichtsinteressierten Besucher die Entwicklung des Raumes zwischen Aller und Weser von der Altsteinzeit bis in die Gegenwart präsentiert. Hier sind auch die Fehden dokumentiert, die die beiden ursprünglichen Stadtgebiete miteinander ausgefochten haben.

Hinter dem Domherrenhaus befindet sich das Fischerviertel und auf dem Weg von diesem Viertel zum Dom kommt man an dem sicherlich schönsten Fachwerkhaus in Verden vorbei. Das **Ackerbürgerhaus** wurde im 16. Jahrhundert errichtet und besticht durch die aufwendig geschnitzte und bunt bemalte Fassade.

Das Ackerbürgerhaus in der Nähe des Domes.

Der **Dom** wirkt ein wenig unförmig. Der romanische Turm passt architektonisch nicht zu dem wuchtigen gotischen Kirchenschiff. Für einen zweiten Turm haben die Mittel des Bistums in der Bauphase zwischen 1290 und 1490 offensichtlich nicht gereicht. Mit der Reformation wurde die Kirche lutherisch.

Reiterstadt Verden

In den vier Pferdegangarten Schritt, Trab, Galopp und Renngalopp führt der Weg von der Fußgängerzone über die Herrlichkeit und Ostertorstraße zum Holzmarkt. Die Gangarten erkennen Sie an den 500 in den Straßenbelag eingelegten Hufeisen, die jeweils den Namen der Spender tragen, die sich an diesem "Hufeisenprojekt" beteiligt haben. Darunter eine ganze Reihe prominenter Persönlichkeiten aus dem Reitsport. Der Weg führt zu dem Deutschen Pferdemuseum, das in einem Flügel einer ehemaligen Kavalleriekaserne untergebracht ist.

Auf einer Ausstellungsfläche von 1600 Quadratmetern wird die Entwicklung vom Urpferd bis in unsere Zeit veranschaulicht. Dabei steht fast immer die Beziehung des Menschen zu dem Huftier im Vordergrund der es als Arbeitstier, für Streitwagen, für mittelalterliche Ritterturniere, für die Repräsentation, für den Galopp- und Turniersport, der Dressur oder für den Zirkus sowie für viele andere Dinge mehr eingesetzt hat oder immer noch einsetzt.

Eingang des Deutschen Pferdemuseums.

Dabei erfahren Sie auch sehr viel über die Anatomie des Pferdes und Sie lernen die Berufe kennen, die mit Pferden zu tun haben. Das sind nicht nur die Sattler und Hufschmiede. Spannend und erlebnisreich wird es, wenn Sie noch nie auf einem Pferderücken gesessen oder eine Kutsche gelenkt haben. Hier stehen Simulatoren zur Verfügung, mit denen Sie Ihr Talent, mit Pferden umzugehen, einmal ausprobieren können.

Über die Öffnungszeiten und Eintrittspreise informiert diese Seite www.dpm-verden.info.

Nachdem wir nun zu Pferdekennern mutiert sind, setzen wir unsere Reise fort und fahren nach **Rotenburg** an der Wümme weiter und suchen dort zunächst diesen Stellplatz auf.

(022) Offizieller WOMO-Badeplatz: Rotenburg (Wümme) – Weichelsee

GPS: N53°07'09.6" E9°22'56.8"; Bremer Str. 48, 27356 Rotenburg (Wümme).
Max. WOMOs: 20, maximale Länge 12 m.

Ausstattung: Frischwasserversorgung, Abwasserentsorgung mit Bodeneinlass, Kassettenentleerung, Stromanschlüsse, Behälter für die Müllentsorgung, ganzjährig geöffnet.
Beschreibung: Sonnige und schattige Sandplätze am Seeufer. Das Restaurant mit Biergarten und der Badestrand sind nur wenige Meter entfernt.
Preise: 10,00 € für ein Fahrzeug mit 2 Personen. Anmeldung und Bezahlung erfolgt im StrandHouse. Die Entsorgung ist kostenlos, Strom kostet 3,00 € pro Tag, für eine Dusche müssen 2,00 € gezahlt werden.
Zufahrt: In Rotenburg der Beschilderung zur Lent-Kaserne folgen.

Ein bisschen Karibikfeeling wird hier am Weichelsee mit Palmen, Liegestühlen und Sonnenschirmen an einer Strandbar vermittelt. Der Badestrand ist zwar nicht groß, aber wo kann man schon so nah mit dem WOMO am Wasser stehen und hat gleichzeitig ein Restaurant dabei, das eine große Auswahl an Gerichten auf der Karte hat. Für die morgendliche Joggingrunde oder den Hundespaziergang eignet sich der zwei Kilometer lange Weg rund um den See in hervorragender Weise. Allein die Geräusche des Verkehrs auf der vorbeiführenden B71 trüben ein wenig den positiven Gesamteindruck, den dieser Ort auf uns gemacht hat.

Strandbar am Weichelsee.

Die Stadt mit rund 22.000 Einwohnern erscheint als gemütliche Kleinstadt mit einigen Fachwerkhäusern. Es gibt keine außergewöhnlichen Bauwerke zu verzeichnen, keine Objekte, die man unbedingt gesehen haben muss. Ein Kulturpfad mit 35 Einzelobjekten, Kunstwerken, Denkmälern und Gebäuden wurde eingerichtet. Amüsant ist dabei, wie Knolli, das Maskottchen des Kartoffelmarktes, Glück verspricht, wenn man die Nase der Bronze-Figur streichelt. Die Brunnenplastik "Paaroh-die" scheint auf den ersten Blick unverständlich, die Skulptur "Drei Generationen" ist dagegen mit Großmutter, Mutter und Kind einfacher zu verstehen. Zwischen diesen Kunstwerken gibt es einige schöne Restaurants, von denen wir allerdings nur den "Stadtspeicher" ausprobiert haben, der neben einem ausgezeichneten Essen auch noch eine schöne Lage an einem

Das Rudolf-Schäfer-Haus in Rotenburg.

kleinen Park und dem Stadtstreek, einem schmalen, künstlich angelegten Flusslauf hat. Apropos Flusslauf. Die Wümme eignet sich hervorragend für eine Fahrt mit dem Kanu. In Rotenburg gibt es einen Kanuverleih, der Sie an die vereinbarten Ein- und Ausstiegsstellen bringt. Details können Sie hier einsehen und auch gleichzeitig eine Buchung vornehmen www.kanuverleih-mielke.de.

Wir beenden den Besuch in Rotenburg, wie wir ihn begonnen haben an einem See. Nur stehen wir diesmal ein wenig entfernter vom Ufer und müssen ohne Ver- und Entsorgungseinrichtungen auskommen. Der **Bullensee** liegt acht Kilometer von Rotenburg entfernt. Sie erreichen den Parkplatz mit diesen Koordinaten [**023:** N53°03'31.5" E9°25'18.0"].

Parkplatz am Bullensee.

Der Große Bullensee ist ein etwa 10 Hektar großer naturbelassener Moorsee, der mit seinem flachen Uferbereich besonders für Kinder ein idealer Badesee ist. Das angrenzende Naturschutzgebiet ist mit Wanderwegen erschlossen. **Dör't Moor** geht es auf Wegen zwischen einer Länge von 1,5 und 11,5 Kilometern. Sie sind gut zu gehen. Nasse Stellen und Wasserläufe sind mit Bohlenwegen überbrückt, feuchte Bereiche mit Holzhackschnitzel befestigt. Da kommt man trockenen Fußes zurück.

Der Bullensee am Naturschutzgebiet Großes und Weißes Moor.

Band 4:
Mit dem Wohnmobil nach Schleswig-Holstein und Hamburg
HAMBURG
Malerische Altstadt
Stade
Twielenfleth
Hollern-
Grünendeich
Steinkirchen
Lühe
Wedel
Neuenschleuse
Borstel
Jork
Groß Flottbeck
Altona
Elbe
Finkenwerder
Altes Land
Horneburg
Neukloster
Buxtehude
Neu Wulmstorf
Elbblickturm
Ehestorf
Wildpark Schwarze Berge
Freilichtmuseum am Kiekeberg
Vahrendorf
Harburger Berge
Rosengarten
Nenndorf
Barg-stedt
Klosterpark
Harsefeld
NSG Braken, Harselah, Kahles und Wildes Moor
Apensen
Beckdorf
Moisburg
Este
Ahler-stedt
Kammerbusch
Wiegersen
Sauensiek
Hollenstedt
Mienenbüttel
Otten-dorf
Ahrenswohlde
Wohnste
Wangersen
Buchholz in der Nordheide
Ramshausen
Heidenau
Museumsdorf Seppensen
Seppensen
Alaris Schmetterlingspark
Holm-Seppensen
Klein Meckelsen
Tiste
Oste
Tostedt
Büsenbachtal
Tour 5
Sittensen
Moorbahn
Tister Bauernmoor
Wistedt
Handeloh
Naturpark Lüneburger Heide
Hamersen
Wümme
Welle
Wümmeniederung
Stemmen
Sothel
LandPark Lauenbrück
Lauenbrück
Wintermoor an der Chaussee
Wesseloh
Vahlde
Fintau
Hetzwege
Benkeloh
Fintel
Barrl
Heimatmuseum
Scheeßel
Naturblicke Camp Reinsehlen
Westerholz
Ostervesede
Westervesede
Heidegarten
Veerse
Bartelsdorf
Schneverdingen
Lünzen
Rotenburg (Wümme)
Grauen
Pietzmoor-Rundwanderweg
Brockel
Hemslingen
Hemsbünde
Heber
Tour 2
Schwallingen
Sprengel
Bothel
Wiedau
Tewel
Böhme
Wolter-dingen
NSG Großes und Weißes Moor
Neuenkirchen
Neuenkirchener Draisinenbahn
Tour 4
Kamelfarm
Kirchwalsede
5 km
Hiddingen
N

TOUR 3 (ca. 140 km)

Scheeßel – Lauenbrück – Sittensen – Harsefeld – Neukloster – Jork – Buxtehude – Rosengarten-Ehestorf

Stellplätze:	Tister Moor, Sittensen, Harsefeld, Neukloster, Jork, Buxtehude, Rosengarten-Ehestorf.
Campingplätze:	Lauenbrück, Harsefeld.
Ver-/Entsorgung:	Lauenbrück, Neukloster, Jork, Buxtehude, Rosengarten-Ehestorf.
Besichtigungen:	Scheeßel (Heimatmuseum), Lauenbrück (LandPark), Sittensen (Wassermühle), Harsefeld (Klosterpark), Jork-Borstel (Windmühle), Buxtehude (Altstadt), Rosengarten-Ehestorf (Wildpark Schwarze Berge, Elbblickturm, Freilichtmuseum Kiekeberg).
Wandern:	Tister Moor, NSG Braken, Klosterpark Harsefeld, Mit dem Fahrrad durch das Alte Land.
Baden/Wellness:	Freibad in Harsefeld.

Diese Tour führt uns zunächst durch die Wümmeniederung nach Scheeßel. Hier suchen wir das Heimatmuseum und den Meyerhof auf. Alte Fachwerkgebäude, in denen traditionelles Handwerk und die Arbeits- und Lebenswelten vergangener Zeiten präsentiert werden. Der LandPark Lauenbrück ist ein außergewöhnlicher Tierpark, in dem wir der heimischen Tierwelt sehr nahekommen. Das Tister Bauernmoor, das als Nächstes auf dieser Reise folgt, zeigt eine ursprüngliche und eine wiederhergestellte Moorlandschaft und ist als Kranichkolonie von besonderer Bedeutung. Mühlenhandwerk steht in Sittensen auf dem Programm und in Harsefeld schauen wir uns die Reste eines ehemaligen sehr bedeutenden Klosters an. Mit Jork haben wir das Zentrum des Alten Landes erreicht. Der Ort bietet sich für Radtouren durch die Obstbaulandschaft an, die vor allem im Frühjahr, wenn die Bäume in voller Blüte stehen, besonders reizvoll sind. In Buxtehude, der alten Hanse- und Märchenstadt sehen wir malerische Winkel in der Altstadt und am Fleth, dem ehemaligen Umschlaghafen der Stadt. Hier bietet sich auch eine Barkassenfahrt nach Hamburg an. Die große Hansestadt an der Elbe ist ebenfalls ein Thema im Wildpark Schwarze Berge, dem letzten Programmpunkt dieser Tour. Der Elbblickturm gewährt uns eine phantastische Sicht auf das Hafengelände in Hamburg-Altenwerder, den Michel und die Elbphilharmonie.

Wir fahren zunächst nach **Scheeßel** und besuchen dort das **Heimatmuseum** auf dem **Meyerhof** und das **Heimathaus** an der Zevener Straße. Dort kann auch geparkt werden [N53°10'17.7" E9°28'39.0"] sollte dieser Parkplatz belegt sein, kann alternativ dieser Platz [N53°10'08.1" E9°28'49.1"] in der Nähe der Gemeindeverwaltung angefahren werden. Die beiden Gebäudekomplexe sind rund 300 Meter voneinander entfernt.

Betrachtet werden können insgesamt 13 historische Gebäude, die in Fachwerkbauweise errichtet wurden. Auf dem Meyerhof liegt der Schwerpunkt in der Präsentation alten Handwerks wie zum Beispiel Weberei und Blaudruck. Auf dem Heimathausgelände liegt der Schwerpunkt in der Darstellung der Wohn- und Arbeitswelt des 19. Jahrhunderts.

Über das Jahr gesehen finden viele Veranstaltungen in den Räumlichkeiten und auf dem Gelände des Meyerhofes statt. Den Veranstaltungskalender finden Sie auf dieser Seite www.heimatmuseum-scheessel.de. Hier können Sie auch die Öffnungszeiten und Eintrittspreise einsehen.

Der Meyerhof in Scheeßel.

Wenige Kilometer von Scheeßel entfernt befindet sich der **LandPark Lauenbrück**, den Sie mit diesen Koordinaten erreichen [N53°12'25.3" E9°31'59.6"]. Es ist eine gemeinnützige Anlage, die sich dem Tier- und Artenschutz, der naturkundlichen Bildung sowie der Förderung von Kunst und Kultur verschrieben hat. Dieser Park präsentiert auf einer Fläche von etwas mehr als 20 Hektar mehr als 200 Wildtiere in artgerechter Haltung. Einige Gehege sind begehbar, das heißt Sie gehen durch die Koppel oder Weide und können direkt mit den Tieren in Kontakt treten. Dies ist natürlich nur möglich bei Tieren, von denen für den Menschen keine Gefahr ausgeht. Dies ist zum Beispiel beim Rehwild der Fall. Wenn Sie glauben, die Tiere traben schnell davon, wenn Sie die Koppel betreten, so können wir versichern, das Gegenteil tritt ein. Sie sind sehr zutraulich und stupsen Sie auch an: "Hey, hast Du mir nichts mitgebracht?" heißt das dann übersetzt. Es ist also schon gut, am Eingang einen kleinen Futtervorrat zu kaufen, den Sie auf einem Spaziergang durch die Anlage an Rehen, Ziegen, Eseln und anderen Tieren verfüttern können. Wir haben gesehen, wie Familien mit Kindern umringt waren von Damwild, das begierig das Futter aufnahm, das Ihnen von ausgestreckten Kinderhänden entgegengehalten wurde. Für die Kleinen ist das ein besonderes Erlebnis, wenn sie die Scheu überwinden und sich trauen. Neben all den Tiergehegen gibt es noch mehrere Spielplätze, auf denen sich die Kinder austoben können. Der Bewegungsdrang der Kleinen kann logischerweise in den Gehegen nicht ausgelebt werden. Dort ist ein behutsames Verhalten und Rücksichtnahme auf die Tiere angesagt. Wenn Sie hier einen halben Tag verbracht haben und der Hunger quält, dann können Sie zum Abschluss im Restaurant oder im Kaffeegarten etwas für das leibliche Wohl tun.

Zutrauliche Wildtiere im LandPark Lauenbrück.

Über die Öffnungszeiten, die Veranstaltungen und Eintrittspreise informiert diese Seite www.landpark.de.

Wer einen längeren Aufenthalt an diesem Ort nebst Kanutour auf der Wümme in Erwägung zieht, der kann sich den **Campingplatz alte Löweninsel** einmal näher anschauen. Er befindet sich am Ortseingang von Lauenbrück auf der rechten Seite. Diese Koordinaten [**024:** N53°12'09.0" E9°32'49.6"] führen Sie hin. Hier www.campingplatz-lauenbrueck.de können Sie sich das Angebot des Campingplatzes anschauen und sich auch gleich anmelden.

Die nächste Wanderung durch ein Feuchtgebiet steht auf dem Programm. Das **Tister Bauernmoor** befindet sich in der **Wümmeniederung** zwischen der noch jungen Wümme und der ebenso jungen Oste. Den Parkplatz finden Sie mit diesen Koordinaten [**025:** N53°16'46.5" E9°34'00.8"].

In dieser Moorlandschaft wurde bis 1999 Torf abgebaut. Mit Wiedervernässungsmaßnahmen gewann diese Landschaft schnell an Bedeutung für die Vogelwelt, insbesondere Kraniche haben die großen Wasserflächen und die Uferzonen für sich entdeckt, nisten hier und ziehen ihre Jungen auf. Große Populationen sind vor allem im Herbst zu beobachten. Es gibt zwei Beobachtungstürme am Ende des Wanderweges, der in das Moor führt und dort endet, wo die großen Wasserflächen beginnen. Wie bei der Vo-

Kraniche im Flug.

Im Tister Bauernmoor.

gelbeobachtungsstation am Steinhuder Meer ist es natürlich auch hier ratsam, für die Beobachtung ein Fernglas oder eine Kamera mit einem Teleobjektiv dabei zu haben. Auf der Strecke zu diesen Türmen bietet ein schmaler Weg durch das Moor das besondere Erlebnis, sich schwungvoll durch dieses Feuchtbiotop zu begeben. Auf dem Schwingrasenweg betritt man schwankenden Boden. Hier ist der Untergrund so vernässt, dass der Oberboden durch die eigenen Schritte in Bewegung gebracht wird. Bei etwas größerer Leibesfülle natürlich mehr als bei Leichtgewichten. Wer sich lieber durch das Moor fahren lassen möchte, der nimmt die Bahn und

Mühle und Mühlteich an der Oste in Sittensen

bekommt dabei auch gleich eine Menge Informationen über das Bauernmoor und die Vogelwelt. Wenn Sie noch einige eindrucksvolle Bilder von der Vogelwelt anschauen möchten, dann schauen Sie bitte hier nach www.moorbahn.de.

Sittensen ist ein recht idyllischer Ort. Der kleine Stellplatz mit sechs eng beieinanderliegenden Stellflächen befinden sich direkt neben einer alten Wassermühle, die zu einem **Handwerkermuseum** umgebaut wurde [**026:** N53°16'35.6" E9°30'26.4"]. Der benachbarte Parkplatz bietet keine Ausweichmöglichkeit, wenn der Stellplatz belegt ist. Er ist mit einer Höhenbeschränkung versehen.

Stellplatz in Sittensen.

Wald im NSG Braken.

Wessen Fahrzeug höher ist als 2,2 Meter, kann ihn nicht nutzen.

Das Handwerkermuseum und die Wassermühle können in den Sommermonaten nur samstags und sonntags nachmittags besichtigt werden. Die Ausstellungen widmen sich mit originalgetreuen Werkstätten der Geschichte des Handwerks im ländlichen Raum. Rund um den Mühlenteich gibt es eine reizvolle kleine Parkanlage mit einer Wasserfontäne. Im Ort sind einige Einkehrmöglichkeiten zu verzeichnen. Das war es dann aber auch schon für uns in diesem Städtchen und wir fahren weiter Richtung Harsefeld.

Im Klosterpark Harsefeld.

Das nächste Ziel ist wieder ein Naturschutzgebiet, das auf den Namen **NSG Braken, Harselah, Kahles und Wildes Moor** hört. Den kleinen Wanderparkplatz im Wald finden Sie mit diesen Koordinaten [**027:** N53°25'06.5" E9°27'45.2"] an der L124. Er ist in der Nacht angenehm ruhig, trotzdem er sehr dicht an der Landstraße liegt. Nur am Morgen wurde es ein wenig unruhig, als Jogger und Gassigeher den Parkplatz ein wenig füllten. 583 Hektar ist dieses Naturschutzgebiet groß, das überwiegend aus Hainbuchen und Eichen besteht. Nur vereinzelt sind Nadelbäume anzutreffen. Für einen langen und weitgehend einsamen Waldspaziergang ein idealer Ort zum Durchatmen.

Grundmauern des Klosters in Harsefeld.

Den nächsten Spaziergang haben wir gleich im **Klosterpark** in **Harsefeld** auf dem Programm. Eine malerische Parkanlage, die sich neben den Grundmauern der alten Klosteranlage befindet. Die Anlage ist etwa fünf Hektar groß und in zwei Ebenen angelegt. Der Spazierweg durch diese Anlage ist etwa zwei Kilometer lang. Das WOMO lässt sich in der Nähe der alten Klostergebäude abstellen [**028:** N53°27'13.7" E9°30'12.5"] oder auf dem Parkplatz der Eissporthalle [**029:** N53°27'23.9" E9°29'40.7"]. Letzterer ist geräumiger, der Erste relativ eng. Von beiden Plätzen hat man einen direkten Zugang zu der Parkanlage, beide Plätze sind kostenlos zu nutzen. Darüber hinaus gibt es einen kleinen Campingplatz in der Nähe der Eissporthalle und des Freibades, der auch eine Versorgungsstation für Wohnmobile hat. [**030:** N53°27'24.6" E9°29'30.0"; Quellenweg 3, 21698 Harsefeld].

Von dem Kloster sind nur noch die Grundmauern erhalten. Es war während der Reformation eines der letzten Bollwerke des Katholizismus in Norddeutschland. Es unterstand direkt dem Papst. Der letzte Erzabt sitzt heute als Bronzefigur in der Nähe der Kirche. Ein Jahr bevor der Dreißigjährige Krieg 1648 mit dem Westfälischen Frieden beendet wurde, wurde das Kloster aufgelöst und verfiel in der Folgezeit. Als Wirtschaftsunternehmen war das Kloster lange Zeit erfolgreich. Land- und Teichwirtschaft wurde betrieben. Heute sind die Teiche ein Teil des Klosterparks. Einige Tafeln entlang der Wege erläutern die Anlage. Es kann auch eine Führung durch den Park gebucht werden. Wer das möchte, kann über diese Seite www.harsefeld.de Kontakt aufnehmen und sich informieren.

Stellplatz in Neukloster.

Von Harsefeld geht die Fahrt weiter nach **Neukloster**. In dem Ort gibt es einen Stellplatz mit dem Charme eines LKW-Parkplatzes [**031:** N53°28'48.1" E9°38'08.6"]. Zwei Vorteile sind aber nicht von der Hand zu weisen. Erstens gibt es eine leicht zugängliche Ver- und Entsorgungsstation und zweitens ein kleines Restaurant mit einer guten und preiswerten Qualität. Für einen längeren Aufenthalt eignet sich dieser Platz nicht

(032) Offizieller WOMO-Stellplatz: Jork – Festplatz

GPS: N53°31'48.5" E9°40'48.9"; Jorkerfelde 2, 21635 Jork.
Max. WOMOs: 80, maximale Länge 12 m.

Ausstattung: Wasserver- und Abwasserentsorgung, Kassettenentleerung, Stromanschlüsse, Behälter für die Müllentsorgung. Im Servicegebäude gibt es Dusche und WC. Der Platz ist ganzjährig geöffnet.
Beschreibung: Gepflasteter sonniger Platz am Ortsrand und trotzdem zentrumsnah, relativ ruhig.
Preise: Einen Parkschein gibt es am Kassenautomaten für 7,00 €. Die Nutzung der Dusche und des WCs ist im Preis enthalten, Frischwasser ist kostenlos. Über Münzautomaten gibt es Strom für 0,50 € pro kWh.
Zufahrt: Am Ortseingang von Jork in einer rechtwinkeligen Rechtskurve links abbiegen, der Straße ca. 500 Meter folgen und dann rechts abbiegen.

und übernachten möchten wir hier schon gar nicht. Dafür machen wir lieber ein Abstecher in das Zentrum des Alten Landes und fahren nach Jork.

Wenn Sie unser Buch über Schleswig-Holstein und Hamburg haben, dann werden Sie diesen Platz vielleicht schon kennen. In dem Band geht es von Jork nach Stade weiter und danach über die Fähre Glücksburg an die Nordsee. Jetzt halten wir uns nur kurz in Jork auf, um dann nach Buxtehude weiterzufahren. Wenn wir hier schon im Alten Land sind, dann wollen wir Ihnen den Besuch dieses Ortes an dieser Stelle nicht vorenthalten.

Jork und das **Alte Land** lassen sich unserer Ansicht nach am besten mit dem Fahrrad erkunden. Die zahlreichen Radwege, die mal entlang des Elbdeiches führen oder sich an den Flüsschen Schwinge oder Este entlang schlängeln, mitunter auch geradewegs durch die Obstbaumplantagen gehen, fordern einfach dazu heraus. Besonders im Frühjahr, wenn die Bäume blühen, bietet sich ein fantastischer Anblick. Ende April geht es mit der Kirschblüte los und wenig später, Anfang Mai folgen die Apfelbäume. Dieses Blütenmeer ist besonders spektakulär, weil es einfach sehr viel mehr Apfel- als Kirschbäume gibt. Ein Schmaus für die Augen und ein Früh-

Fachwerkhäuser in Jork.

lingsduft für die Nase. Aber auch der Herbst hat seinen Reiz, wenn an den Bäumen übervoll die Äpfel hängen und rot in der Sonne leuchten. Besonders in dieser Zeit werden Ihnen in den schönen Gasthöfen allerlei Apfelgerichte angeboten. Neben verschiedenen Kuchenarten gibt es Apfelaufläufe oder eine deftige Apfelpfanne, Apfel-Cordon bleu, Apfelchips, Apfelkonfitüren, Apfelgummibärchen, frische Apfelsäfte und natürlich gibt es auch hochprozentiges aus dem Apfel. Die **Altländer Apfeltage** zwischen September und November sind jedes Jahr ein Höhepunkt im Kalender der Gastronomiebetriebe und der vielen Hofläden, die ihre Produkte in allen Variationen anbieten und mit ihren Hinweisschildern sowie Auslagen Radfahrer und Wanderer zu einem Zwischenstopp animieren.

Holländerwindmühle Aurora mit umlaufender Galerie in Borstel.

Eine besondere Route wollen wir für Ihre Rad- oder Wandertour nicht vorschlagen. Wenn Sie jedoch eine Routenführung wünschen, so empfehlen

Altes Land

Etwa 450 Erzeuger produzieren zwischen dem Fluss Schwinge im Westen und der Süderelbe im Osten in jedem Jahr rund 300.000 Tonnen Äpfel, Birnen, Süß- und Sauerkirschen sowie Pflaumen und Zwetschen. Äpfel in den unterschiedlichsten Sorten machen dabei rund 90% der Produktion aus. Vor allem Elstar und Jonagold stehen ganz oben auf der Liste der meistangebauten Äpfel. Diese beiden Sorten machen allein rund zwei Drittel der Produktion aus. Das knackige Rot der Äpfel ist dabei das besondere Markenzeichen. Mit rund 1200 Quadratkilometern ist das Alte Land das größte geschlossene Obstanbaugebiet Nordeuropas.

Seinen Namen bekam das Alte Land durch die holländischen Siedler, die bereits im 12. Jahrhundert verstanden haben, durch ein System von Gräben und Entwässerungskanälen den fruchtbaren Marschboden dieser Region trocken zu legen und urbar zu machen. Die Flächen, die sie in mühevoller Handarbeit für die Landwirtschaft aufbereitet hatten, nannten sie das alte Land, während die Flächen, die noch zu bearbeiten waren, das neue Land genannt wurden. Irgendwann gab es kein neues Land mehr, so blieb nur das Alte Land übrig.

Die Eindeichung und Trockenlegung wurde systematisch durchgeführt und in drei Einheiten, den sogenannten Meilen, aufgeteilt. Begonnen wurde mit den Flächen zwischen der Schwinge und der Lühe, das ist der Bereich zwischen Stade und Steinkirchen. Danach ging es weiter und das Gebiet zwischen der Lühe und der Este wurde in Angriff genommen, in dessen Zentrum heute Jork liegt. Ganz zum Schluss erfolgte die Trockenlegung zwischen der Este und der Süderelbe, diese wurde erst im 15. Jahrhundert abgeschlossen.

wir Ihnen die App **Altes Land am Elbstrom**, die Sie auf ihr Smartphone kostenlos installieren können. Hier finden Sie eine ganze Reihe von Radtouren und Wandervorschlägen.

Wenn Sie mit ihrem Drahtesel durch das Alte Land kreuzen, sind natürlich die vielen kleinen Orte mit ihren markanten Fachwerkhäusern mit weiß gestrichenem Holz und roten Ziegelmauerwerk von besonderem Interesse. Jork ist dafür ein schönes Beispiel. Steinkirchen zeigt mit seiner alten Zugbrücke den holländischen Einfluss in dieser Landschaft und die **Holländerwindmühle Aurora** in Borstel mit der umlaufenden Galerie könnte genauso gut in den Niederlanden stehen. Heute können Sie in dieser Mühle am Nachmittag mit Kaffee und Kuchen eine Pause einlegen und am Abend sehr fein zubereitete Menüs genießen.

Von Jork geht die Fahrt weiter in die Hanse- und Märchenstadt **Buxtehude**. Der Sage nach fand hier der Wettlauf zwischen Hase und Igel statt, dass bekanntlich der schlaue Igel mit einer List gewann, während der Hase sich zu Tode lief. Der Spruch des Igels **"Ick bün al dor!"** werden Sie des Öfteren in Buxtehude finden und natürlich auch eine Skulptur, das dieses Märchen zum Thema hat.

Skulptur Hase und Igel in der Innenstadt.

(033) Offizieller WOMO-Stellplatz: Buxtehude – Yachthafen

GPS: N53°28'44.3" E9°42'13.2"; Am Hafen 3, 21614 Buxtehude.
Max. WOMOs: 7, maximale Länge 10 m, max. Aufenthalt 5 Tage.
Ausstattung: Frischwasserversorgung, Abwasserentsorgung mit Bodeneinlass, Kassettenentleerung, Stromanschlüsse, Behälter für die Müllentsorgung, WLAN. Im Servicegebäude gibt es Duschen und WCs. Der Platz ist ganzjährig geöffnet.
Beschreibung: Kleine Stellflächen neben den Anlagen des Buxtehuder Wassersportvereins mit Blick auf die Hafenbecken. Entfernung zum Marktplatz in der Stadtmitte etwa 500 Meter.

Preise: 11,00 € für ein Fahrzeug mit zwei Personen inkl. aller Leistungen.
Zufahrt: In die Stadtmitte fahren und der Beschilderung zum Yachthafen folgen.

(034) Offizieller WOMO-Stellplatz: Buxtehude – Schützenplatz

GPS: N53°28'17.7" E9°41'39.6"; Genslerweg, 21614 Buxtehude.
Max. WOMOs: 30, maximale Länge 12 m, max. Aufenthalt 5 Tage.
Ausstattung: Frischwasserversorgung, Abwasserentsorgung mit Bodeneinlass, Kassettenentleerung, Stromanschlüsse, Behälter für die Müllentsorgung, ganzjährig geöffnet.
Beschreibung: Der Platz ist von hohen Bäumen umgeben und liegt an der Este. Trotzdem sind die Stellflächen überwiegend schattenlos. Ruhig ist es hier. Wenn es in der nahen Festhalle eine Veranstaltung gibt, kann es aber am Abend auch schon mal etwas lauter werden. Entfernung zum Marktplatz in der Stadtmitte etwa 700 Meter. Der Platz ist ganzjährig geöffnet.
Preise: 5,00 € für ein Fahrzeug, Frischwasser 1,00 €, Strom 1,00 € pro kWh. Abwasserentsorgung und Entleerung der Bordtoilette ist kostenfrei.
Zufahrt: In Richtung Stadtmitte fahren und der Beschilderung zum Schützenplatz folgen.

Das Fleth in Buxtehude. Im Hintergrund der Ewer Margareta.

Zwei Stellplätze hat die Stadt zu bieten. Der erste ist sehr leicht zu finden, wenn man von Jork kommend entlang der Este in die Stadt fährt.

Die historische Altstadt von Buxtehude hat mit der Flethanlage einen besonderen Reiz. Nach niederländischem Vorbild wurde sie bereits Ende des 13. Jahrhunderts als innerstädtischer Hafen angelegt und war bis 1962 in Betrieb. Der **Ewer Margareta**, ein typisches plattbodiges Frachtschiff, wie es an der Niederelbe eingesetzt wurde, liegt an der Flethmühle vor Anker und erinnert an die Zeit, als der Hafen noch als Umschlagplatz für Waren eine Funktion hatte. Heute ist es ein malerischer Ort, wo der Kaffeeduft von den Straßencafés am Ufer im vorbeigehen durch die Nase zieht. Vor hundert Jahren war das anders, denn das Fleth wurde auch als Abwasserkanal benutzt. In der Mühle am Ende des Hafenbeckens, das die Wasserkraft der hier aufgestauten Este nutzte, wird schon lange kein Korn mehr gemahlen. Der große Klinkerbau wurde Ende der Siebzigerjahre zu einem Hotel und Geschäftsgebäude umgebaut.

Der Marschtorzwinger in Buxtehude.

Das Buxtehude im Mittelalter auch eine die Stadt umlaufende Befestigungsanlage hatte, ist noch am **Marschtorzwinger** am Beginn des Fleths erkennbar. Er ist der einzig verbliebene Zwinger der ehemaligen Stadtmauer. Die mit Schießscharten versehenen Mauern sind fast zwei Meter dick. Er wird heute hauptsächlich für Ausstellungen genutzt.

Eine weitere wesentliche Sehenswürdigkeit ist die gotische **St. Petri-Kirche**, deren Baubeginn in das 13. Jahrhundert zurückreicht. Damit ist die Stadt auch eine Station auf der **Europäischen Route der Backsteingotik**, die mehr als hundert Klöster, Kirchen, Rat- und Bürgerhäuser sowie Stadtbefestigungen in Dänemark, Norddeutschland und dem nördlichen Polen miteinander verbindet.

St. Petri-Kirche in Buxtehude.

Sehenswert ist auch das **Rathaus** in der Innenstadt, das mit Jugendstilelementen zu glänzen weiß.

Es sei noch darauf hingewiesen, dass die Tourist-Information eine ganze Reihe interessanter Führungen anbietet. Neben einer klassischen Stadtführung, in der Sie unter anderem erfahren, warum in Buxtehude der Schwanz mit dem Hund bellt, werden auch thematische geführte Rundgänge durch die Hansestadt angeboten. Darin geht es um die Hexenverfolgung, die Märchen, die Hanse und anderes mehr. Hier können Sie nachschauen www.buxtehude.de.

Zum Schluss noch der Hinweis, dass auch **Barkassenfahrten** nach Hamburg angeboten werden. Die Fahrt startet und endet zwar in Hamburg, Sie können aber auch "oneway" von Buxtehude nach Hamburg buchen und von Hamburg mit der S-Bahn (S3) HH-Landungsbrücken – Bahnhof Buxtehude auf direktem Wege (ca. 45 Min.) zurückfahren. Die Barkassenfahrt dauert etwa drei Stunden. Mehr darüber erfahren Sie hier www.barkassen-meyer.de.

Wir verlassen nunmehr Buxtehude und streben dem Ende dieser Tour zu. Durch Neu Wulmsdorf und die Außenbezirke von Harburg geht es in die Gemeinde Rosengarten. Wir verlassen auf diesen wenigen Kilometern die topfebenen Flächen des Alten Landes und fahren in die hügelige Landschaft der **Harburger Berge**. Überraschend steile Anstiege und enge Täler sind zu verzeichnen. Bis zu 155 Metern reichen die Berge in die Höhe. Das ist für jemanden, der in einem Mittelgebirge oder am Alpenrand zu Hause ist, natürlich wenig

Hof Meyn aus Marschacht an der Elbe, nördlich von Lüneburg.

und kaum der Rede wert. Für norddeutsche Verhältnisse ist das aber sehr beachtlich.

Geomorphologisch betrachtet handelt es sich hier um Endmoränen aus der Saale-Eiszeit, die vor zirka 130.000 Jahren ihr Ende fand. In diesem Gebiet, das stark bewaldet ist und landwirtschaftlich nur wenig genutzt werden kann, sind zahlreiche Findlinge anzutreffen, die von den Eismassen aus Skandinavien hierher transportiert wurden.

Das gesamte Gebiet ist von Wanderwegen und Radfahrrouten durchzogen. Damit wollen wir uns aber nicht näher beschäftigen. Wer über alle Freizeitmöglichkeiten in dieser Region informiert werden möchte, der schaue bitte hier nach www.regionalpark-rosengarten.de.

Wir wollen uns nur dem Freilichtmuseum am Kiekeberg und dem Wildpark Schwarze Berge widmen, den beiden attraktivsten Zielen dieser Region. Zunächst geht es zum **Freilichtmuseum am Kiekeberg**.

Den Parkplatz des Museums erreichen Sie mit diesen Angaben [N53°26'22.8" E9°54'22.0", Am Kiekeberg 1, 21224 Rosengarten].

Löffelschnitzer bei der Arbeit.

Das Museum zeigt neun Gebäude aus den Marschlandschaften und 19 Gebäude aus den Heidelandschaften. Darüber hinaus widmet es sich der Arbeitswelt auf dem Lande und baut mit der Königsberger Straße ein Bau- und Forschungsprojekt auf, das sich mit dem

Siedlungsprogramm zur Wohnraumversorgung und Integration von etwa 1,85 Millionen Menschen aus den ehemaligen deutschen Ostgebieten beschäftigt. In diesem Zusammenhang werden Siedlungshäuser aus den fünfziger und sechziger Jahren errichtet. Ein interessantes zeitgeschichtliches Projekt.

Pringens Hof aus Kakenstorf am Nordrand der Lüneburger Heide.

Es ist ein lebendiges Museum, das den Besuchern nicht nur alte Handwerkstechniken präsentiert, sondern auch zum Mitmachen einlädt. Es gibt ein umfangreiches Programm, das verschiedene Themen behandelt. So wie die Herren auf dem Foto Löffel schnitzen, sind andere mit der Schmiedekunst beschäftigt, flechten Körbe oder drechseln Stuhlbeine. Es werden Getreide und Feldfrüchte angebaut, im Koben grunzen die Schweine und einige Schafe meckern im Heidedorf. Es wird selbstverständlich auch gekocht und gebrutzelt.

In dem gemütlichen Gasthaus **Stoof Mudders Kroog** werden Sie bewirtet. Was es dort gibt, sehen Sie hier www.stoof-mudders-kroog.de. Dor gift og wat to drinken, wo keen Sprit in is. Das ist ein kleiner Hinweis darauf, dass Sie die Speisekarte auch auf Plattdüütsch vorfinden.

Das gesamte Programm des Museums inklusive der Öffnungszeiten und Eintrittspreise finden Sie hier www.kiekeberg-museum.de.

Wir fahren nun zum letzten Programmpunkt dieser Tour, zum **Wildpark Schwarze Berge**, der einen Stellplatz vorzuweisen hat, den wir auf der folgenden Seite vorstellen.

Der Wildpark ist eine über 50 Hektar große Anlage, in der über 1.000 Tiere anzutreffen sind. Er wurde 1969 eröffnet und in den Folgejahren stets weiter ausgebaut und weiterentwickelt. Der Park kennt keine Ruhetage, er ist an 365 Tagen im Jahr geöffnet. In den Wintermonaten ist nur in den Abendstunden früher Schluss. Die Tiere haben sehr viel Raum, die Gehege sind den in der frei-

Waschbär im Wildpark Schwarze Berge.

(035) Offizieller WOMO-Stellplatz: Wildpark-Camping Schwarze Berge

GPS: N53°26'32.1" E9°53'25.9"; Am Wildpark, 21224 Rosengarten.
Max. WOMOs: 72, maximale Länge 12 m.
Ausstattung: Frischwasserversorgung, Abwasserentsorgung mit Bodeneinlass, Kassettenentleerung, Stromanschlüsse, Behälter für die Müllentsorgung, Waschhaus mit Duschen, WC, Waschmaschine und Trockner, Brötchenservice, Aufenthaltsraum.

Beschreibung: Die Stellflächen sind mit Hecken parzelliert. Waldrand, sehr ruhig, nur wenige Meter vom Wildpark entfernt. Von April bis Oktober ist der Platz von montags bis samstags geöffnet und sonntags geschlossen. Nur in den deutschen Sommerferien kann er auch sonntags angefahren werden. Die Rezeption ist von 8:00 bis 10:00 Uhr und von 17:00 bis 20:00 Uhr besetzt. In der Zwischenzeit wird der Einlass über die Schranke geregelt.
Preise: Pauschal 24,00 € pro Tag für ein Fahrzeug inkl. aller Leistungen unabhängig von der Personenzahl. Auf den Eintritt in den Wildpark gibt es 3,00 € Nachlass. Die Bezahlung erfolgt am Abend beim Platzwart.
Zufahrt: Der Beschilderung zum Wildpark folgen.

en Natur vorzufindenden Gegebenheiten nachempfunden. Der Park ist zu allen Jahreszeiten attraktiv. Im Frühjahr sind es die vielen geborenen Jungtiere, die es zu beobachten gibt. In den Sommermonaten ist neben der Tierwelt besonders der Abenteuerspielplatz im Eingangsbereich die Attraktion für Kinder und Erwachsene. Im Herbst hallt das Röhren der Hirsche während der Brunftzeit laut und vernehmlich durch den Park. Im Winter ist es dagegen still, besonders dann, wenn tatsächlich einmal Schnee liegt.

Hirsch mit mächtigem Geweih.

Wer den Park betritt, wird hinter dem Eingang von einem Rudel frei laufender Hängebauchschweinchen begrüßt, die einer Futtergabe nicht abgeneigt sind. Folgt man dem Hauptrundweg des weitverzweigten Wegesystems der Anlage, hat man als Nächstes die Zwergotter im Blick, die sich in ihrem feuchten Element sichtlich wohl fühlen. Weiter geht es vorbei an den Gehegen mit Steinböcken, Muffelwild und Dybowskihirschen. Bald sind Dachse, Füchse und Luchse zu sehen und das Feuchtbiotop mit Fischottern, Störchen und Enten wird erreicht. Dahinter befindet sich die Kunsthandwerkerhalle, in der man, wie der Name vermuten lässt, kunsthandwerkliche Dinge betrachten, aber auch kaufen kann. Weiter führt der Weg an kleineren Tieren vorbei zur Falknerei. Hier offenbart sich mit einem tief im Tal liegenden See eine außerordentlich schöne Kulisse für die Greifvogelflugschauen, die in den Sommermonaten zweimal täglich (12:00 und 15:00 Uhr) und in den Wintermonaten einmal täglich um 14:00 Uhr präsentiert werden. Es ist immer wieder ein Erlebnis den Vögeln bei den Flugkünsten zuzuschauen und den Falknern und Falknerinnen bei den Erläuterungen zuzuhören. Dass man ab und an den Kopf einziehen muss, weil einer der Greifvögel im Tiefflug über das Publikum zischt, gehört zum Standardprogramm der Falkner.

Wie im LandPark Lauenbrück, gibt es auch hier ein Freigehege, nur ist es größer und weitläufiger. Auch hier können Sie mit Damwild und Hängebauchschweinen auf Tuchfühlung gehen.

Der Elbblickturm im Wildpark.

Wenn Sie dieses Freigehege verlassen haben, sind Sie beim **Elbblickturm** angekommen. Über 288 Stufen geht es auf 45 Meter Höhe. Das Foto, das auf dieser Doppelseite abgebildet ist, beantwortet die Frage, ob sich ein Aufstieg lohnt. Wie bei jedem Aussichtsturm ist es auch hier natürlich ratsam, ein Fernglas oder eine Kamera mit Teleobjektiv dabei zu haben. Deutlich sind von hier oben die Containeranlagen in Hamburg-Altenwerder, der Michel und die Elbphilharmonie zu sehen, die rund 12 Kilometer entfernt sind.

Wieder unten angekommen, geht es in den Waldhaus-Imbiss. Es ist eine von vier Möglichkeiten, in dieser Anlage etwas für das leibliche Wohl zu tun. Hier gibt es kleine Gerichte wie Wraps, Burger und die klassische Currywurst mit Pommes.

Danach geht es weiter durch die Parkanlage. Jetzt steht Großwild auf dem Programm. Es folgen Elche, Braunbären, Wisente, Alpakas, Rot- und Damwild und mächtige Rothirsche. Ziemlich zum Schluss geht es nach an zwei Rudel Wölfen vorbei, an Wildkatzen und an einem Teich mit Störchen, Enten sowie Schildkröten. Am Ende sind noch Eulen und Raben zu betrachten, bevor der Abenteuerspielplatz im Eingangsbereich wieder erreicht wird.

Wer mit Kindern unterwegs ist, der wird hier nicht einfach vorbeigehen können. Klettertürme, Trampoline, Seilbrücken, Rutschen. Hier sind einige Spielgeräte auszuprobieren, auch eine große Wasserrutsche und eine Seilbahn sind dabei und die werden nicht nur von Kindern genutzt.

Alles in allem ein außerordentlicher Park, der sich nicht nur als reiner Freizeitpark versteht. Mit dem Natur-Erlebnis-Zentrum ist er auch im Tier- und Artenschutz, dem Natur- und Umweltschutz, der Umweltpädagogik und der wissenschaftlichen Forschung aktiv.

Sehr viel mehr Informationen über den Park inklusive der Öffnungszeiten und Eintrittspreise sowie speziellen Veranstaltungen bekommen Sie auf dieser Seite www.wildpark-schwarze-berge.de.

Damit wollen wir diese Tour beenden. Sie haben nun die Möglichkeit, sich unser Schleswig-Holstein-Buch zu schnappen und in Hamburg die Reise durch den hohen Norden zu starten. Wenn Sie in der Lüneburger Heide bleiben möchten, dann blättern Sie doch auf die Seite 114. Hier sind Sie am Nordrand des Naturschutzparks Lüneburger Heide und haben es nicht weit bis nach Undeloh und dem Wilseder Berg, dem Zentrum des Naturschutzparks. Vom Wildpark Schwarze Berge bis nach Holm-Seppensen sind es 21 Kilometer, bis nach Undeloh 40 Kilometer.

Wir machen jetzt einen Sprung zurück nach Nienburg an der Weser und starten dort die Tour 4, die uns über Walsrode und Soltau nach Schneverdingen führt. Lassen dann die Tour 5 folgen, die kreuz und quer durch den Naturschutzpark Lüneburger Heide geht, den Besuch Lüneburgs einschließt und in Lauenburg an der Elbe endet. Die großflächigen Heidelandschaften stehen in diesen beiden Touren dabei im Vordergrund.

Blick vom Elbblickturm auf Hamburg.

Schneverdingen
Naturpark Lüneburger Heide
Heidegarten
Osterheide
Pietzmoor-Rundwanderweg
Heidepark Soltau
Böhmewald
Wacholderpark
Soltau Therme
Soltau
Neuenkirchen
Neuenkirchener Draisinenbahn
Kamelfarm
Visselseen
Visselhövede
Dorfmark
Bad Fallingbostel
Truppenübungsplatz
Lönsgrab
Weltvogelpark Walsrode
Walsrode
Böhmetal Kleinbahn
Tour 7
Serengeti Park Hodenhagen
Allerschleifen
Rethem
Aller-Radweg Hodenhagen – Verden (40 km)
Aller-Radweg Hodenhagen – Celle (46 km)
Schotenheide
Lichtenmoor
Lichtenheide
Holtorfer Moor
Krähenmoor
Wassarium
Giebichenstein
Nienburg/Weser
Europas schönster Wochenmarkt
Tour 2
5 km

TOUR 4 (ca. 150 km)

Drakenburg – Kirchboitzen – Altenboitzen – Walsrode – Bad Fallingbostel – Dorfmark – Visselhövede – Neuenkirchen – Soltau – Schneverdingen

Stellplätze:	Kirchboitzen, Walsrode, Dorfmark, Visselhövede, Neuenkirchen, Soltau, Heber, Schneverdingen.
Campingplätze:	Drakenburg, Heemsen, Soltau.
Ver-/Entsorgung:	Drakenburg, Kirchboitzen, Walsrode, Dorfmark, Visselhövede, Neuenkirchen, Soltau, Heber, Schneverdingen.
Besichtigungen:	Drakenburg (Wassarium), Altenboitzen (Böhmetal Kleinbahn), Walsrode (Vogelpark), Bad Fallingbostel (Lönsgrab), Hiddingen (Kamelfarm), Neuenkirchen (Draisinenenbahn), Soltau (Heidepark) Schneverdingen (Heidegarten).
Wandern:	Bad Fallingbostel (Lönsgrab), Visselhövede (Visselseen), Soltau (Böhmewald, Wacholderpark) Schneverdingen (Pietzmoor-Rundwanderweg, Osterheide, Rundwanderwege).
Baden/Wellness:	Dorfmark (Naturbad), Visselhövede (Hallenbad), Neuenkirchen (Freibad), Soltau (Soltau Therme), Schneverdingen (Heidjer Quellenbad).

Von der Weser machen wir uns nun auf in die Lüneburger Heide. In Rethem überqueren wir die Aller und schauen uns kurz danach zwei Stellplätze an, die für Familien mit kleinen Kindern einige Vorzüge bieten. Mit dem Weltvogelpark in Walsrode haben wir dann auch bald einen der Höhepunkte in der Lüneburger Heide auf dem Programm. Sowohl die Parkanlage wie die Vogelwelt mit ihrer Flugshow begeistert. Wer in die Lüneburger Heide fährt, kommt um Hermann Löns nicht herum. Seine Gebeine sind hier unter einem Stein begraben. Mit einer kleinen Wanderung durch die Heidelandschaft schauen wir uns diesen Ort an. Die nächsten drei Orte, die wir dann aufsuchen, bieten Bademöglichkeiten an, kommen aber an die Qualität und Vielfalt der Therme in Soltau nicht heran. Für Liebhaber komfortabler Wellnesseinrichtungen ein toller Ort, an dem man mit dem WOMO direkt davor stehen kann. Näher geht nicht. Für die Fans der Freizeitparks gibt es den Heidepark Soltau und für die Wander- und Radtourenfreunde ist die Region rund um Schneverdingen ein Eldorado. Hier lassen sich auf vielfältige Weise Moor- und Heidelandschaften durchstreifen und im Heidegarten botanische Studien betreiben.

Bei so einem Sonnenaufgang am Ufer der Weser wacht man doch gerne auf. Es ist ein schöner Auftakt für die Tour hier auf dem Campingplatz in **Drakenburg**.

(036) WOMO-Campingplatz: Drakenburg

GPS: N52°41'40.8" E9°12'03.0"; Zum Campingplatz 1, 31623 Drakenburg.
Max. WOMOs: 25, maximale Länge 12 m.

Ausstattung: Frischwasserversorgung, Abwasserentsorgung mit Bodeneinlass, Kassettenentleerung, Stromanschlüsse, Behälter für die Müllentsorgung, WLAN. Im Servicegebäude gibt es Duschen, WCs, Waschmaschinen und Trockner. Der Platz ist vom 1.4. bis 15.10. geöffnet.
Beschreibung: Große ebene und schattenlose Rasenplätze. Einige davon direkt an der Weser, andere etwas abseits vom Fluss.
Preise: Erwachsene Person 7,00 €, Kinder 6-14 Jahre 2,00 €, Waschmaschine und Trockner jeweils 2,50 €.
Zufahrt: Ab der Ortsmitte von Drakenburg der Beschilderung zum Campingplatz folgen.
Reservierung/Kontakt: Tel.: 01525/2844546
E-Mail: reservierung@wassersport-weser.de,
Web: www.wassersport-weser.de.

Drakenburg eignet sich gut als Standort für Radtouren auf dem Weserradweg. Bis nach Nienburg sind es nur sieben und bis nach Verden an der Aller rund 40 Kilometer. Natürlich eignet sich dieser Campingplatz für den Wassersport. Wasser ist auch das Thema des **Wassariums**, einem Lehrpfad, der sich des Lebensmittels Nr. 1 ausführlich und ausschließlich widmet und nur drei Kilometer vom Campingplatz entfernt ist.

Nass geht es weiter auf dem Rittergut Hämelsee. Der fasst kreisrunde Erdfallsee ist zwischen sechs und acht Meter tief und rund sechs Hektar groß. Er ist vollständig von dem Campingplatz umgeben, den wir hier beschrieben haben. Der See ist ein beliebtes Badegewässer und eignet sich zum Paddeln und das Stand-Up-Paddling.

(037) WOMO-Campingplatz: Rittergut Hämelsee

GPS: N52°45'27.0" E9°18'33.9"; Anderten-Hämelsee 33, 31622 Heemsen.
Max. WOMOs: >20, maximale Länge 12 m.
Ausstattung: Frischwasserversorgung, Abwasserentsorgung mit Bodeneinlass, Kassettenentleerung, Stromanschlüsse, Behälter für die Müllentsorgung, WLAN. In drei Wasch- und Toilettenanlagen gibt es Duschen, WCs, Waschmaschinen und Trockner. In einem kleinen Markt sind Lebensmittel und Campingartikel zu haben. Der Imbiss "Strandkorb" bietet preiswerte Gerichte an. Für sportliche Aktivitäten stehen Basket- Beachvolleyball und Badmintonplätze zur Verfügung. Bademöglichkeiten und Kinderspielplätze runden das Angebot ab. Der Platz ist ganzjährig geöffnet.

Beschreibung: Die Stellflächen befinden sich rund um den See. Große alte Bäume spenden sehr viel Schatten. Die meisten Plätze sind durch Dauercamper belegt.
Preise: Erwachsene Person 7,00 €, Kinder bis 14 Jahre 3,50 €, Hund 3,50 €, Wohnmobil 7,00 €, Strom 1,00 € pro kWh.
Zufahrt: Auf der B209 in Richtung Rethem auf der Höhe von Anderten nach einem Waldstück links abbiegen.
Reservierung/Kontakt: Tel.: 04254/92123
E-Mail: mail@haemelsee.de, Web: www.haemelsee.de.

Nach dem Besuch dieses Campingplatzes fahren wir nach **Rethem** an der Aller weiter. Hier gibt es im Londypark eine Bockwindmühle von 1593 und einen Skulpturenpark, die wir uns aber beide nicht angeschaut haben.

Wir fahren weiter und suchen hintereinander zwei Höfe, oder besser gesagt ehemalige Bauernhöfe auf, die ihre Hofgelände mit Stallungen und großen freien Flächen Wohnmobilurlaubern mit Kindern anbieten. Familiär, ruhig und beschaulich geht es auf diesen Höfen zu, auf denen die Kinder sich frei bewegen können und einen großen Fuhrpark an

(038) Offizieller WOMO-Bauernhofstellplatz Kirchboitzen – Sonnenhof

GPS: N52°49'48.4" E9°29'32.1"; Kirchboitzen 56, 29664 Walsrode.
Max. WOMOs: 15, maximale Länge 12 m.

Ausstattung: Frischwasserversorgung, Abwasserentsorgung mit Bodeneinlass, Kassettenentleerung, Stromanschlüsse, Behälter für die Müllentsorgung. Im Servicegebäude gibt es Duschen, Sauna, Whirlpool, WCs, Waschmaschinen und Trockner. Für die Kleinen gibt es einen Spielplatz mit einem echtem Segelschiff und eine große Sandspielkiste mit Rutsche. Der Platz ist ganzjährig geöffnet.
Beschreibung: Große schattenlose Plätze auf einem ehemaligen Bauernhof am Ortsrand. Restaurant und Bäcker in fußläufiger Entfernung.
Preise: 11,00 € für ein Fahrzeug mit 2 Personen, Frischwasser und Entsorgung sind im Preis enthalten, Strom 0,50 € pro kWh. Jede weitere Person 2,00 € pro Tag. Für den Wellnessbereich und das Familienbad fallen weitere Kosten an.
Zufahrt: In der Ortsmitte von Kirchboitzen in Richtung Altenboitzen fahren und dann in die zweite Straße links abbiegen.
Reservierung/Kontakt:
Es empfiehlt sich einen Platz zu reservieren oder vor der Anfahrt anzufragen.
Tel.: 0171 3613751
E-Mail: info@sonnenhof-ferien.de, Web: https://sonnenhof-ferien.de.

Fuhrpark auf dem Sonnenhof.

Kinderfahrzeugen vorfinden, auf dem Dettmershof auch viele Tiere. Shetlandponys stehen für einen Ausritt bereit, ein Lagerfeuerplatz und viele lauschige Ecken machen den Aufenthalt angenehm. Hier kann man die Kinder fast unbeobachtet auf dem Gelände herumtollen

(039) Offizieller WOMO-Bauernhofstellplatz: Dettmershof
GPS: N52°48'51.2" E9°28'40.2"; Klein Eilstorf 6, 29664 Klein Eilstorf.
Max. WOMOs: 5, maximale Länge 12 m.

Ausstattung: Frischwasserversorgung, Abwasserentsorgung über einen Kanalstutzen, Kassettenentleerung, Stromanschlüsse, Behälter für die Müllentsorgung. Im Servicegebäude gibt es Duschen, WCs, Waschmaschinen und Trockner. Der Platz ist ganzjährig geöffnet.
Beschreibung: Ferien auf einem Bauernhof, der im Nebenerwerb betrieben wird. Wahlweise stehen Wiesenplätze oder Stellflächen unter großen Eichenbäumen auf dem großräumigen Hofgelände zur Verfügung. "Das Shetlandpony Axel sowie die beiden Ponys Mona und Lisa freuen sich auf einen Ausritt und auch auf Streicheleinheiten. Auch die Katzen, Meerschweinchen, Gänse, Ziegen und Schaf Klara freuen sich auf unsere Gäste. Die Hühner im Hühnerhof sind ständig bemüht, für frischen Eiernachschub zu sorgen." So steht es auf der homepage der Betreiberfamilie. Ein etwas anderer Stellplatz also, ideal mit Kindern.
Preise: 15,00 € für ein Fahrzeug inklusive aller Leistungen.
Zufahrt: In Klein Eilsdorf an der Hauptdurchgangsstraße nicht zu verfehlen.
Reservierung/Kontakt:
Es empfiehlt sich, einen Platz zu reservieren oder vor der Anfahrt anzufragen.
Tel.: 05166/230 oder 0163 7743714
E-Mail: ferienhof.wiechers@web.de, Web: www.ferienhof-wiechers.de.

lassen. Die nächste Hauptverkehrsstraße ist weit genug weg und der Abwechslungsreichtum so groß, dass auf elektronische Spielzeuge gut verzichtet werden kann.

Wenn es denn tatsächlich etwas langweilig werden sollte, dann bietet sich eine Fahrt mit der **Böhmetal Kleinbahn** an, eine Schmalspurbahn, die von Altenboitzen nach Hollige führt und in 2021 bis nach Walsrode erweitert werden soll. Die **"Wilde Erika"** und der **"Willem"** ziehen die Waggons und ab 2021 auch zwei neu erworbene alte Dampfloks. Sie können auch mit einer Draisine fahren. Das gesamte Angebot, die

Fahrpläne und Fahrpreise können Sie hier einsehen www.böhmetal-kleinbahn.de. Das Parkplatzangebot am Bahnhof in Altenboitzen ist sehr beschränkt. Da empfiehlt es sich, wenn man auf einem der beiden Ferienhöfe ist, das WOMO stehen zu lassen und sich mit dem Rad auf dem Weg zu machen. In einem Fall sind es rund zwei Kilometer, im anderen etwa drei.

Bis zum **Weltvogelpark Walsrode** sind zehn Kilometer zurückzulegen. Hier kann man gut mit dem WOMO herfahren, der Stellplatz ist groß genug.

(040) Offizieller WOMO-Stellplatz: Vogelpark Walsrode

GPS: N52°53'00.7" E9°35'47.0"; Am Vogelpark 2b, 29699 Bomlitz.
Max. WOMOs: 50, maximale Länge 12 m, max. Aufenthalt 2 Tage.

Ausstattung: Frischwasserversorgung, Abwasserentsorgung mit Bodeneinlass, Kassettenentleerung, Stromanschlüsse, Behälter für die Müllentsorgung. Der Platz ist ganzjährig geöffnet.
Beschreibung: Große schattige Rasenplätze neben dem Vogelpark.
Preise: Kostenlos, Frischwasser 1,00 € und Strom 3,00 € pro Tag. Abwasserentsorgung und Entleerung der Bordtoilette ist kostenfrei.
Zufahrt: Der Beschilderung zum Vogelpark folgen.

Dieser weltweit größte Vogelpark wurde 1962 eröffnet. Auf einer Fläche von rund 24 Hektar sind hier etwa 4000 Vögel aus allen Kontinenten und aus allen Klimazonen der Erde zu

Pelikan und Kormoran im Weltvogelpark Walsrode.

sehen. Die Vögel werden in naturnahen Gartenlandschaften präsentiert. Es gibt einige Seen, Teiche und Feuchtgebiete, dazu blühende Gärten mit vielen Stauden, Rhododendren, Rosen, Freiflächen und einige Vogelhäuser. Kurzum eine bunte und facettenreiche Parklandschaft, in der die Vögel die Hauptrolle spielen.

Wenn Sie mit Hunden unterwegs sind, dann müssen Sie ihn für die Zeit des Aufenthaltes im Vogelpark im WOMO lassen, denn mit ihrem Tier können Sie nicht in den Park hinein. Da der Stellplatz recht schattig ist, ist das für eine begrenzte Zeit auch kein Problem.

Flamingos im Weltvogelpark Walsrode.

Informationstafeln an jedem Vogelareal oder an den Volieren erläutern, welche Tiere Sie sehen und wo sie herkommen. Das erleichtert natürlich die Zuordnung der Vögel zu ihren ursprünglichen Lebensräumen. Bei einem Spaziergang durch die Anlage wandern Sie gleichsam durch die Kontinente und die unterschiedlichen Klimazonen. Sie sehen Pinguine, Pelikane, Kormorane, Flamingos, Störche, gehen durch eine Uhu-Burg, treffen auf Paradiesvögel und erblicken in der 3.000 Quadratmeter großen Freiflughalle allerlei heimische und exotische Vogelarten, die Sie oder Ihre Kinder füttern dürfen. Wenn Sie ein Fan von Papageien sind, dann werden Sie vom **Toowoomba-Haus** begeistert sein. Hier werden Sie umschwärmt von frei fliegenden Loris, das sind farbenprächtige, baumbewohnende Papageien, die in Australien, Neuguinea und Indonesien zu Hause sind.

Höhepunkt des Besuches im Vogelpark ist die spektakuläre Flugshow, die in Walsrode **"Bewegende Vogelwelt"** genannt wird und täglich um 11:30 und 15:00 Uhr stattfindet.

Wir haben aufgehört zu zählen, wie viele Flugshows wir schon besucht haben. Jeder Greifvogelpark bietet sie an, in fast jedem unserer Bücher kommen Sie vor. Und doch ist es jedes Mal ein wenig anders. In Walsrode treten nicht nur die bekannten Weißkopfseeadler, europäische Seeadler, Bussarde, Falken oder andere an, die natürlich auch hier dicht über die Köpfe der Besucher hinwegfliegen. Hier treten zum Beispiel Pelikane auf, deren Lebensweise und Physiognomie eingehend erläutert wird. Auch ein Marabu ist neuerdings zu sehen, ein Vogel, der mit seinem Schnabel ordentlich zupacken kann. Er ist wie der Condor ein Aasfresser und hat in freier Wildbahn eine äußerst nützliche Funktion, wie in der Flugshow eingehend erläutert wird. Sie erfahren viele Details über die verschiedenen Vögel, die man leider auch teilweise schnell wieder vergisst. Was bleibt, ist der Eindruck. Allein deshalb lohnt es sich schon herzukommen, sich das anzuschauen und zu erleben. Wenn Sie mit Kindern unterwegs sind sowieso. Auf die wartet zum Abschluss noch ein großer Abenteu-

Dottertukan.

Blauflügelpitta.

Bussard.

Pelikane.

erspielplatz mit Klettertürmen, Riesenrutschen, Wasserspielplatz, Baumhausdorf und vielen weiteren Spielgeräten.

Da die Parkbetreiber sich immer wieder neue Attraktionen einfallen lassen, sollten Sie einmal die website des Vogelparks nach 'Meet & Greet' durchsuchen. Hier können Sie für einen begrenzten Zeitraum ihren eigenen Vogel buchen.

Das gesamte Programm des Parks mit Öffnungszeiten und Eintrittspreisen finden Sie hier www.weltvogelpark.de.

Natürlich gibt es im Vogelpark auch ein kulinarisches Angebot. Aber für ein candle-light-dinner ist ein Restaurant wie der Forellenhof, von dem Sie es nicht weit zum eigenen Bett haben, die schönere Alternative.

(041) Offizieller WOMO-Gasthof-Stellplatz: Walsrode – Forellenhof

GPS: N52°53'51.0" E9°35'20.0"; Hünzingen 3, 29664 Walsrode.
Max. WOMOs: 17, maximale Länge 12 m.
Ausstattung: Frischwasserversorgung, Abwasserentsorgung mit Bodeneinlass, Stromanschlüsse, Behälter für die Müllentsorgung, WLAN und Frühstücksservice im Hotel. Dusche, WC und Sauna können im Hotel genutzt werden. Der Platz ist ganzjährig geöffnet. Das Restaurant serviert traditionelle deutsche Küche und genießt einen guten Ruf.

Beschreibung: Stellflächen auf einer Wiese unter Bäumen 100 Meter vom Restaurant entfernt.
Preise: Kostenlos bei einem Verzehr im Restaurant von mindestens 15,00 €. Reichhaltiges Frühstücksbuffet pro Person: 16,50 €. Strom, Frisch- und Abwasser pauschal 5,00 € pro Fahrzeug und Tag. Anmeldung und Abrechnung erfolgt an der Rezeption des Hotels.
Zufahrt: In der Mitte des Dorfes Hünzingen. Es gibt keine Hinweisschilder für Wohnmobile. Folgen Sie der Beschilderung zum Forellenhof und melden Sie sich nach der Ankunft bei der Rezeption an.

Lenken wir nun unsere Aufmerksamkeit auf die Lüneburger Heide und schauen uns die Landschaft, die Vegetation und die darin lebenden Menschen genauer an. Von dem schönen Gasthof machen wir uns auf den Weg, das Grab des Mannes aufzusuchen, der wie kein anderer mit der Heide verbunden ist. Die Rede ist von **Hermann Löns**, dem Heimatdichter, der Zeit seines Lebens mit dieser Region eine besondere Verbindung hatte.

Wir fahren zu dem Parkplatz am Tietlinger Weg in Walsrode in der Nähe des kleinen Hotels Sanssouci, den wir mit diesen Koordinaten erreichen [**042:** N52°52'03.1" E9°39'38.8"]. Von diesem Platz führt ein Weg entlang eines Golfplatzes in den Wacholderhain Tietlingen. Bis zum Grab sind es etwa 1,5 Ki-

In der Tietlinger Wacholderheide.

lometer. Nun ist es Zeit, sich nicht nur mit dem Heimatdichter, sondern auch mit der Entstehung der Heide zu beschäftigen.

Wie die Lüneburger Heide entstand

Gletscher modellierten einst die Landschaft. Sie hinterließen Grund- und Endmoränen, schoben Sand- und Gesteinsmassen vor sich her und schufen damit diese teilweise wellige, teilweise ebene Oberfläche, auf der wir heute die Heide, die Moore und die vielen Wälder antreffen. Nachdem die Gletscher sich zurückgezogen hatten, entstand eine Mischvegetation aus Eichen- und Birkenwäldern. In der Jungsteinzeit nutzten Siedler diese Wälder als Viehweiden und schlugen das Holz, um es als Brennmaterial und für den Bau der Häuser zu verwenden. Auf den freigewordenen Flächen wurde Ackerbau betrieben. Doch die Böden aus Geröll und Sand, die die Gletscher hinterlassen haben, sind nicht besonders fruchtbar, sondern nährstoffarm. Nach ein- oder zweimaligen Anbau von Getreide wurden die ausgelaugten Böden aufgegeben und das nächste Areal urbar gemacht. Der verlassene Boden wurde der Natur überlassen. Die Besenheide kommt mit diesem geringen Nährstoffangebot der Böden bestens aus, sie eroberte diese Flächen. So wurden die Heideflächen größer und größer.

Im Mittelalter änderte der Mensch seine Wirtschaftsweise. Jetzt kommen die Heidschnucken dazu, die als Fleisch- und Wolllieferanten ihre Dienste versehen und auch noch als Düngerproduzenten fungieren. Der Dünger reicht allerdings nicht aus, um den wachsenden Bedarf für den Anbau landwirtschaftlicher Produkte gerecht zu werden. So kam man auf die Idee, den Dünger zu strecken. Die Heide wurde samt Wurzelschicht dem Boden entrissen und als Einstreu in die Ställe und umzäunten Weiden verwendet und so mit dem Kot der Heidschnucken vermengt und danach auf die Felder gebracht. „Plaggen“ nannte man diesen Vorgang, der eine sehr schwere körperliche Arbeit darstellt. Wer einmal versucht hat, einen Heidestrauch, der schon einige Jahre im Garten steht und fest verwurzelt ist, mal eben kurz auszureißen, weiß was gemeint ist und versteht, warum „Plackerei“ von plaggen kommt.

Auch auf den abgeplaggten Böden ließ sich die Besenheide erneut nieder.

Ein weiterer Umstand, der die Ausdehnung der Heide vorantrieb, war die Saline in Lüneburg. Der enorme Bedarf an Feuerholz der Salzsieder führte zu einer weitflächigen Abholzung der umliegenden Wälder, die nicht wieder aufgeforstet, sondern der natürlichen Sukzession überlassen wurden, was das flächenhafte Wachstum der Heide begünstigte.

In der zweiten Hälfte des 19. Jahrhunderts wurde damit begonnen, weite Flächen mit Kiefern aufzuforsten, um die Heide zurückzudrängen. Damit entstanden große Waldgebiete.

Hermann Löns

In diese letztlich vom Menschen geschaffene Kulturlandschaft hielt sich der 1866 in Westpommern geborene Hermann Löns oft auf. Er hatte keinen festen Wohnsitz in der Lüneburger Heide, sondern lebte hauptsächlich in Hannover und Bückeburg. In Walsrode, im Westenholzer Bruch hatte er eine Jagdhütte, in der er sich gern aufhielt und seine Gedichte über die Lüneburger Heide niederschrieb. Er war einer der Begründer des Naturschutzparks Lüneburger Heide und kann durchaus als ein Wegbereiter des heutigen Umweltschutzes betrachtet werden. Freiwillig meldete er sich 1914 zum Kriegsdienst, obwohl er zu diesem Zeitpunkt bereits 48 Jahre alt war. Er wollte unbedingt an die Front, wo er im Oktober, drei Monate nach Ausbruch des Krieges in der Nähe von Reims tödlich getroffen wurde. Danach begann eine Odyssee oder auch Tragikomödie um seinen Leichnam, die Sie am Grabstein des Heidedichters auf einer Tafel nachlesen können. Das alles wiederzugeben ist zu lang, zu komplex und je nach Quelle auch widersprüchlich. Der Text auf der Tafel ist unvollständig, denn ob es tatsächlich seine Gebeine sind, die hier unter dem Felsblock liegen, ist umstritten. Aber an einer Klärung des Sachverhaltes durch eine DNA-Analyse scheint niemand ernsthaftes Interesse zu haben.

Hermann Löns-Grab in der Tietlinger Heide.

Wir fahren weiter über **Bad Fallingbostel**, dessen Funktion als "Bad" 2015 eingezogen wurde, den Titel als schmückenden Beinamen aber behalten durfte, nach **Dorfmark**. Dort gibt es einen kleinen, aber feinen Naturbadesee und einen Stellplatz für sechs Wohnmobile, der fünf Euro pro Tag kostet und dafür eine freie Abwasser- und Frischwasserversorgung bietet. Sie sehen den Bodeneinlass auf dem Foto, das lässt es sich bequem drüberfahren. Der Frischwasserhahn ist unter dem Schild sichtbar. Sie finden den Platz am Strandbad in der Nähe der Autobahn mit diesen Koordinaten

Stellplatz in Dorfmark.

[**043:** N52°53'42.3" E9°46'08.7"]. Eine Entsorgungsstation für die Bordtoilette gibt es hier leider nicht. Am Badesee befindet sich kleiner Kiosk und eine Toilettenanlage. Frischwasser gibt es nur, solange der Badesee in den Sommermonaten in Betrieb ist. Die Autobahn ist hörbar, aber nicht unerträglich.

Stellplatz am Hallenbad in Visselhövede.

Von Dorfmark geht es weiter nach **Visselhövede**. Neben dem Parkplatz am Hallenbad verbirgt sich unter einem Kanaldeckel eine Entsorgungsmöglichkeit für das Bord-WC und das Grauwasser. Die Entsorgung kostet nichts, der Parkplatz ist ebenfalls kostenlos, nur Frischwasser gibt es hier nicht. Sie erreichen den Platz mit diesen Angaben [**044:** N52°59'07.9" E9°34'40.1"].

Auf diesem Platz [**045:** N52°59'19.5" E9°34'48.6"] unweit des Hallenbades finden Sie am Waldweg am Stadtrand von Visselhövede einen einfachen ruhigen Übernachtungsplatz, der schöne Hundespaziergänge zu den **Visselseen** zulässt, an dem es sogar eine Hundespielwiese gibt.

Kamel in Hiddingen.

Wenn Sie eine Runde auf einem Kamel durch die Lüneburger Heide reiten möchten, dann geht auch das. Auf der **Kamelfarm Marquard** können Sie außerdem noch Kamelmilch kaufen. Beides ist jedoch nur nach vorheriger Anmeldung bzw. Terminvereinbarung möglich, die Sie über diese Seite www.kamelfarm.de vornehmen können. Sie finden die Farm mit dieser Adresse Hiddinger Str.48; 27374 Visselhövede - Hiddingen; Tel.: 0171 9840576.

Den nächsten Stellplatz mit einer Bademöglichkeit finden wir in **Neuenkirchen** am Freibad. Sie können die Beschreibung des Platzes auf der folgenden Seite lesen. In unmittelbarer Nähe des Stellplatzes befindet sich ein **Draisinenbahnhof**. Auf einer Länge von 1060 Metern wird an einigen Tagen des Jahres die Strecke mit Schienenfahrrädern und einer Handhebeldraisine betrieben. Wer Spaß daran hat, findet hier die Betriebs- bzw. Öffnungszeiten www.soltau-neuenkirchener-kleinbahn.de.

(046) Offizieller WOMO-Badeplatz: Neuenkirchen – Freibad

GPS: N53°02'15.0" E9°42'33.6"; Am Freibad 1, 29643 Neuenkirchen.
Max. WOMOs: 4, maximale Länge 10 m.

Ausstattung: Frischwasserversorgung, Abwasserentsorgung mit Bodeneinlass, Kassettenentleerung, Stromanschlüsse, Behälter für die Müllentsorgung, ganzjährig geöffnet.
Beschreibung: Eng beieinanderliegende Stellflächen auf ebenem festem Untergrund. Ver- und Entsorgungsanlage ist umzäunt und kann durch ein Tor geöffnet werden.
Preise: 1,00 € für 3 Stunden. Der Zugang zur Frischwasserversorgung und dem Abwassereinlass wird durch den Einwurf einer 2,00 €-Münze am Tor erzielt. Strom kostet 1,00 € für 3 Stunden.
Zufahrt: Die B71 in Richtung Rotenburg (Wümme) fahren und 200 Meter hinter der Hoyer-Tankstelle rechts abbiegen.

Mit dem Rundweg – **Kunstlandschaft Neuenkirchen** wollte die Gemeinde dem Fremdenverkehr im Schnuckendorf, wie es sich selbst nennt, einen neuen Impuls geben. Mit diesen Angaben [N53°01'47.6" E9°43'19.8"] kommen Sie direkt zu dem Wanderparkplatz an der B71 am Ortsausgang in Richtung Soltau. Über eine Länge von zehn Kilometern führt diese Wanderweg an verschiedenen Kunstobjekten vorbei. Eine große Installation ist dabei ein in dem Boden eingelassener Spiegel, der die "Kunstwerke des Himmels" auf der Erde sichtbar machen sollte. Wer dorthin geht, sieht allerdings ganz irdische Kunst, ausgeübt durch Vandalismus und Witterungseinflüsse, hat das Kunstwerk schon sehr gelitten. Aber vielleicht ist ja auch dies Teil der Kunstinstallation und wir haben das nur nicht richtig verstanden.

Das Kunstwerk »Himmel und Erde« auf dem Rundweg.

Weiter führt der Weg hauptsächlich durch eine Waldlandschaft, die am Schäferhof ein wenig Abwechslung durch eine Heidschnuckenherde bietet. Eine klassische Heidelandschaft sehen wir hier nicht, deshalb fahren wir weiter.

Soltau haben wir uns als nächsten Programmpunkt vorgenommen. An der Therme lässt es sich gut parken, auch wenn man mit einem größeren Fahrzeug "quer" auf der Parkfläche stehen muss [**047:** N52°59'34.5" E9°50'38.5"]. Für eine Nacht darf man hier kostenlos stehen. Der Informationstafel am Rande des Platzes entnehmen wir, dass wir bei Bedarf am Klärwerk der Stadt zu den üblichen Öffnungszeiten kostenlos entsorgen können.

Stellplatz an der Therme in Soltau.

Die **Soltau Therme** hat ein sehr umfangreiches Angebot mit Innen- und Außenbecken, Solebädern, Kinderbereich, Rutschen und obendrauf einen Wellnessbereich mit Massagen und Saunen. Auch die Gastronomie kommt nicht zu kurz. Diese Seite www.soltau-therme-online.de zeigt das vollständige Angebot und Sie erfahren alles Notwendige über die Öffnungszeiten und Eintrittspreise.

In der Innenstadt von Soltau.

In der Innenstadt gibt es nur wenige Häuser, die nicht verklinkert sind. Der rote Backstein dominiert die Architektur, ganz gleich ob Stützmauern, Haus- oder ehemalige Fabrikfassaden oder gar der Straßenbelag in der Fußgängerzone. Der rote Ziegelstein ist das Universalbauelement, das sich für alles einsetzen lässt und wo man in diesem Ort, der aus dem Hof an der Salzaue, woraus Soltau wurde, offensichtlich gut umzugehen weiß. In der sauber herausgeputzten Stadt gibt es nicht das eine architektonische Highlight, das man unbedingt besucht haben muss. Die Gesamtkomposition der norddeutschen Klinkerstadt macht den Charme dieses etwas mehr als 20.000 Einwohner zählenden Ortes aus.

Für einen längeren Aufenthalt in Soltau empfiehlt sich dieser Campingplatz.

(048) WOMO-Campingplatz: Röders' Park - Premium Camping Lüneburger Heide

GPS: N53°00'02.6" E9°50'07.8"; Ebsmoor 8, 29614 Soltau.

Max. WOMOs: >20, maximale Länge 12 m, 5 Plätze vor der Schranke.

Ausstattung: Frischwasserversorgung, Abwasserentsorgung mit Bodeneinlass, Kassettenentleerung, Stromanschlüsse, Behälter für die Müllentsorgung,

WLAN, Brötchenservice. Im Servicegebäude gibt es Duschen, WCs, Familienbäder, Hundedusche, Waschmaschinen und Trockner. Darüber hinaus einen Minimarkt mit frischen Brötchen, Gasflaschentausch, Gasthaus (gutbürgerliche Küche) mit Wintergarten und Terrasse sowie einem Kaminzimmer. Der Platz ist ganzjährig geöffnet.

Beschreibung: "Die parkähnliche Anlage liegt am Rand des Ebsmoors. Ein Zierteich durchzieht das gesamte Gelände, das durch alte Bäume, gepflegte Hecken und Rhododendren aufgelockert wird." So lautet die eigene Beschreibung des Platzes, die wir bestätigen können.

Preise: Erwachsene Person und Jugendliche 9,00 €, Kinder 3-13 Jahre 4,00 €, Hund 3,00 €, Wohnmobil 15,00 €, Strom 0,50 pro kWh. Es gibt Rabatte für längere Aufenthalte. Der Übernachtungsplatz vor der Schranke kostet für zwei Personen inkl. Vollversorgung, Strom und Nutzung der Sanitärgebäude 19,00 €.

Zufahrt: In Soltau die Harburger Straße in Richtung Schneverdingen fahren und am Ortsausgang hinter den Gebäuden der Feuerwehr und des DRK links abbiegen.

Reservierung/Kontakt: Tel.: 05191/2141
E-Mail: info@roeders-park.de, Web: www.roeders-park.de.

Eine Heidschnucke döst im Schatten eines Kiefernwaldes am Wacholderpark vor sich hin.

Von dem Campingplatz wie vom Stellplatz an der Therme lassen sich eine Reihe von Wanderungen durch den **Böhmewald** nördlich von Soltau oder durch den **Wacholderpark** unternehmen. Wenn Sie "Wanderweg Eichhörnchen Soltau" in ihre Suchmaschine eingeben, stoßen Sie auf eine Wan-

Der Wacholderpark nördlich von Soltau.

derbeschreibung, die beides miteinander verbindet. Es ist eine attraktive und leichte Route, die rund acht Kilometer lang ist. Sie finden auf der Seite zu dieser Wanderung auch einen gpx-download und die Möglichkeit, sich die Tourbeschreibung nebst Karte im PDF-Format auf ihr Smartphone oder Tablet zu laden. Der Wacholderpark ist die erste etwas größere Heidelandschaft mit einem Schafstall, die wir auf dieser Reise besuchen. Wir werden die Summe dieser Landschaften und die Größe der Flächen jetzt sukzessive steigern.

Der Heidepark in Soltau.

Zwischendurch machen wir Station in einem großen Freizeitpark besser gesagt, wir weisen darauf hin. Angeschaut haben wir uns den **Heidepark** mit all seinen Attraktionen wie Big Loop, Bobbahn, Desert Race, Panoramaturm und was es sonst noch so alles gibt, nicht. Wir können Ihnen aber mitteilen, dass Sie auf diesem Platz **[049: N53°01'18.0" E9°52'27.2"]** gut übernachten können, auch wenn es durch die vorbeiführende Straße nicht ganz ruhig ist.

Besser aufgehoben ist man allerdings auf einem der beiden folgenden Plätze, die wir jetzt präsentieren wollen. Sie sind sehr viel komfortabler und ruhiger. Der zweite Platz liegt nah an einer spektakulären Heidelandschaft, die wir gleich aufsuchen werden. Ihr gegenüber befindet sich eine nicht minder spektakuläre Moorlandschaft. Beide sind von dem Camping-Parke Lüneburger Heide in Schneverdingen mit dem Fahrrad gut zu erreichen.

(050) WOMO-Campingplatz: Soltau – Auf dem Simpel

GPS: N53°01'30.3" E9°51'33.4"; Auf dem Simpel, 29614 Soltau.
Max. WOMOs: >100, maximale Länge 15 m, 5 Plätze vor der Schranke.
Ausstattung: Frischwasserversorgung, Abwasserentsorgung mit Bodeneinlass, Kassettenentleerung, Stromanschlüsse, Behälter für die Müllentsorgung, WLAN, Brötchenservice. Im Servicegebäude gibt es Duschen, WCs, Waschmaschinen und Trockner. Der Platz ist ganzjährig geöffnet.

Beschreibung: Große und kleine Komfortplätze, sonnige und schattige Stellflächen. Solang er nicht voll belegt ist, ist die Auswahl auf dem Campingplatz groß. Der Platz umfasst eine Fläche von 90.000 Quadratmetern, verfügt über 3 Waschhäuser mit Wasch- und Duschkabinen, Waschmaschinen und Trockner, 6 Koch- und 9 Spülmöglichkeiten, Wohnmobil Ver- und Entsorgungsstation, SB-Laden mit täglich frische Brötchen und Gütern des täglichen Bedarfs, Verkauf und Tausch von 5 kg und 11 kg Gasflaschen, Restaurant mit Biergarten, Frühstücksservice nach Anmeldung am Vortag, Freibad mit Babybecken, Bolzplatz, Fahrradverleih/E-Bikeverleih. Diese Aufzählung ist noch unvollständig.
Preise: Je nach Saison sind für erwachsene Personen zwischen 7,50 € und 8,50 €, für Kinder von 4-13 Jahre 4,50 €, Jugendliche 14-18 Jahre zwischen 7,50 € und 8,50 €, Hund 2,00 €, Wohnmobil zwischen 10,50 € und 13,50 €, Strom 0,60 pro kWh. Übernachtungsplatz vor der Schranke inkl. aller Personen, Strom (6 A), Toilettennutzung, sowie Ver- und Entsorgung 17,00 €.
Zufahrt: Vom Heidepark in Richtung Schneverdingen fahren. Nach einem Kilometer ist die Einfahrt zum Campingplatz auf der linken Seite erreicht.
Reservierung/Kontakt: Tel.: 05191/3651
E-Mail: info@auf-dem-simpel.de, Web: https://auf-dem-simpel.de.

(051) Offizieller WOMO-Stellplatz: Camping-Park Lüneburger Heide – Wohnmobil-Hafen

GPS: N53°04'17.1" E9°51'48.1"; Badeweg, 29640 Schneverdingen.
Max. WOMOs: 44, maximale Länge 15 m.
Ausstattung: Frischwasserversorgung, Abwasserentsorgung mit Bodeneinlass, Kassettenentleerung, Stromanschlüsse, Behälter für die Müllentsorgung, WLAN, Brötchenservice. Im Servicegebäude des angrenzenden Campingplatzes gibt es Duschen, WCs, Waschmaschinen und Trockner. Der Platz ist von Anfang April bis Ende Oktober geöffnet.

Beschreibung: Große sonnige Rasenplätze vor der Schranke des Campingplatzes. Vor Ort werden angeboten: Mini-Markt, Restaurant, House of Beauty, Spielplatz, StreichelZoo, Natur-Badeweiher, PKW- und Fahrradverleih. Kostenloser Heide-Shuttle fährt in der Zeit vom 15.7. bis 15.10. mit Fahrradanhänger zu den schönsten und größten Heideflächen der Region. Die Haltestelle ist ca. 1 km vom Platz entfernt.

Preise: Je nach Saison zwischen 14,00 € und 18,00 € für ein Fahrzeug mit 2 Personen inkl. Waschhausnutzung Nostalgiebad, Strom, WLAN (Basiszugang) und Entsorgung. Für die Nutzung des Campingplatzes gelten andere Preise.
Zufahrt: Von Soltau nach Heber fahren. Der Platz befindet sich am Ortseingang auf der rechten Seite.
Reservierung/Kontakt: Tel.: 05199/275
E-Mail: info@camping-lh.de, Web: www.camping-lh.de.

Heide-Shuttle

Mit vier Ringlinien werden zwischen dem 15. Juli und dem 15. Oktober die Heideorte mit Buslinien miteinander verbunden. Jeder Omnibus führt einen Anhänger für den Fahrradtransport mit. Es ist ein kostenloses Angebot, das längere Rad- oder Wandertouren durch die Lüneburger Heide vereinfacht. Die Busse verkehren zwischen Buchholz in der Nordheide im Norden und Soltau im Süden. Unter Umständen muss die Linie auch einmal gewechselt werden, um eine größere Distanz zu überbrücken. Diese Seite www.heide-shuttle.de gibt Auskunft über die Routen und die Fahrzeiten. An jeder beliebigen Haltestelle ist ein Zu- oder Ausstieg möglich.

Mit dem Heide-Shuttle verlieren die größeren Distanzen ihren Schrecken. So können Sie zum Beispiel von dem Campingplatz auf dem Simpel direkt zu dem rund elf Kilometer entfernten Wanderparkplatz am Pietzmoor fahren und dort Ihre Wanderung oder die Radtour starten.

Bohlenweg durch das Pietzmoor.

Ein faszinierendes Zusammenspiel von Vegetation und Wasser im Pietzmoor.

Im Pietzmoor bei Schneverdingen.

Wer mit dem WOMO diesen Wanderparkplatz anfahren möchte, kommt mit diesen Koordinaten hin [**052:** N53°06'24.0" E9°49'08.7"].

Hier treffen Sie auf zwei Landschaftstypen in unmittelbarer Nachbarschaft, die gegensätzlicher kaum sein könnten. Auf der einen Seite der Straße das **Pietzmoor** mit großen Wasserflächen, auf der anderen Seite die knochentrockene **Osterheide**.

Rad- und Kutschenweg in der Osterheide bei Schneverdingen.

Das Pietzmoor ist rund vier Quadratkilometer groß. Um Torf zu gewinnen, wurde das Moor bis Mitte des 19. Jahrhunderts systematisch trockengelegt. Mit Beginn der sechziger Jahre wurde die Torfgewinnung eingestellt und in den Siebzigerjahren wurde begonnen, die Moorlandschaft wieder zu vernässen, um so den moortypischen Pflanzengesellschaften neuen Raum zu geben. Das führt dazu, dass Bäume, die sich in dem trockengelegten Moor bereits stark ausgebreitet hatten, absterben. So gibt es bizarre Bilder, wenn die kahlen Baumstümpfe aus dem Wasser ragen. Sie werden es auf Ihrem Spaziergang auf dem Bohlenweg, der durch diese Moorlandschaft führt, sehen. Neben der Umstellung der Pflanzengesellschaften stellt sich auch die Tierwelt auf die neuen Gegebenheiten ein. So ist der Kranich wieder heimisch geworden, der als Allesfresser mit Fröschen, Eidechsen, Kräutern, Beeren und anderem ein ausreichend großes Nahrungsangebot vorfindet.

In der Osterheide bei Schneverdingen.

Ein ganz anderes Landschaftsbild bietet die Osterheide. Trocken ist es hier, sehr trocken. Da wird der Weg mit dem Fahrrad manchmal etwas schwierig, wenn die Räder im Sand versinken. Nichts erinnert daran, das dieses Gelände einmal ein Truppenübungsplatz war. Bis 1994 übten hier britische und kanadische Panzerverbände für den Ernstfall und hinterließen nach dem Abzug ein verwüstetes Gebiet. Es wurde relativ schnell renaturiert und in ein Naturschutzgebiet umgewandelt. Heute ist es ein Genuss, durch dieses violette Blütenmeer zu wandern oder mit dem Rad zu durchstreifen. Birken, Wacholder und Kiefern bereichern diese Heidelandschaft, die wie ein überdimensionaler Park wirkt. Hier können Sie kilometerweit auf den naturbelassenen Wegen fahren und die Heidelandschaft rund um den Wilseder Berg mit einschließen, denn sie gehen ineinander über. An dem Wanderparkplatz finden Sie eine große Übersichtskarte, mit der Sie sich vertraut machen sollten, wenn Sie eine längere Strecke zurücklegen wollen. Die Wege in dem Heidegebiet sind oftmals nicht ausgeschildert, das macht die Orientierung gelegentlich etwas schwierig, denn es sieht alles irgendwie ähnlich aus.

Eine wichtige Frage lautet: Wann blüht die Heide eigentlich? Als Faustregel gilt hier vom 8.8. bis 9.9., das kann man sich gut merken. Dennoch gibt es unterschiedliche Heidetypen, die mit unterschiedlicher Intensität zu unterschiedlichen Zeiten ihre volle Blüte erreichen. Wenn Sie **"Heideblüten-Barometer"** in Ihre Suchmaschine eingeben, werden Sie auf eine Seite der Lüneburger Heide GmbH geleitet, die jedes Jahr aufs Neue einen Blühkalender präsentiert, in dem über den aktuellen Stand der Heideblüte in den verschiedenen Heidegebieten informiert wird.

"Gauden Dag läiwe Gäst un hartlich willkommen in us schöne Heideblütenstadt Snevern!" So werden Sie in **Snevern**, wie **Schneverdingen** auf Plattdeutsch heißt, begrüßt. Sie können es gleich am Ortseingangsschild lesen. Für so manchen gebürtigen Süddeutschen wird es so dann und wann unverständlich wirken, wenn man in niederdeutscher Sprache angesprochen wird. Eine Sprache, die hier in Snevern noch gepflegt wird. Das freut uns und ich als gebürtiges Nordlicht habe auch kein Problem damit, die Menschen dieser Region zu verstehen.

Stellplatz in Schneverdingen zwischen der Festhalle und den Sportplätzen.

Stellplatz in Schneverdingen am Heidjers Quellenbad.

Was für Soltau gilt, gilt in Schneverdingen in ähnlicher Weise. Es gibt in der Stadt kein Bauwerk, was man unbedingt besucht haben muss. Es ist eine adrette Stadt, in der wiederum der rote Backstein als bevorzugtes Baumaterial Verwendung gefunden hat. Für uns Wohnmobilisten gibt es drei Möglichkeiten, in dieser Stadt eine ruhige Nacht zu verbringen und alle drei sind jeweils ungefähr zwei Kilometer vom Zentrum entfernt. Beginnen wir mit dem Stellplatz, der sich neben der Fest-

Im Heidegarten von Schneverdingen.

halle befindet. Ihn finden Sie mit diesen Angaben [Im Osterwald; **053:** N53°07'07.5" E9°48'29.2"]. Der Platz verfügt über keinerlei Ver- und Entsorgungseinrichtungen und ist kostenlos. In unmittelbarer Nähe gibt es einen Biergarten. Der Stellplatz am Heidjers Quellenbad in der Inseler Straße finden Sie mit diesen Angaben [**054:** N53°07'52.2" E9°46'18.7"]. Er ist ebenfalls kostenlos. Hier können Sie für zwei Euro die eingezäunte Ver- und Entsorgungsanlage öffnen, entsorgen und Frischwasser aufnehmen. In dem Naturfreibad, das nur in den Sommermonaten geöffnet ist, gibt es einen Imbiss.

Wanderparkplatz in Schneverdingen am Heidegarten.

Dann haben wir noch den Wanderparkplatz am **Heidegarten**, den Sie an der Overbeckstraße mit diesen Koordinaten finden [**055:** N53°07'46.1" E9°47'52.1"]. Hier befindet sich in unmittelbarer Nähe ein kleines nettes Café, das in den Sommermonaten geöffnet hat. Der Platz verfügt über keinerlei Ver- und Entsorgungseinrichtungen und ist ebenfalls kostenlos. Er ist nur wenige Meter von dem Heidegarten entfernt, ein schön angelegter Garten, indem Sie sich mit allen Heidearten dieser Region vertraut machen können. Vor jeder Pflanzengruppe steht ein Schild, das auf die Art, den botanischen Namen und die Hauptblütezeit hinweist. Der Wanderparkplatz ist gleichzeitig ein guter Standort, um auf den markierten Rundwanderwegen durch die Heidelandschaft um Snevern spazieren zu gehen.

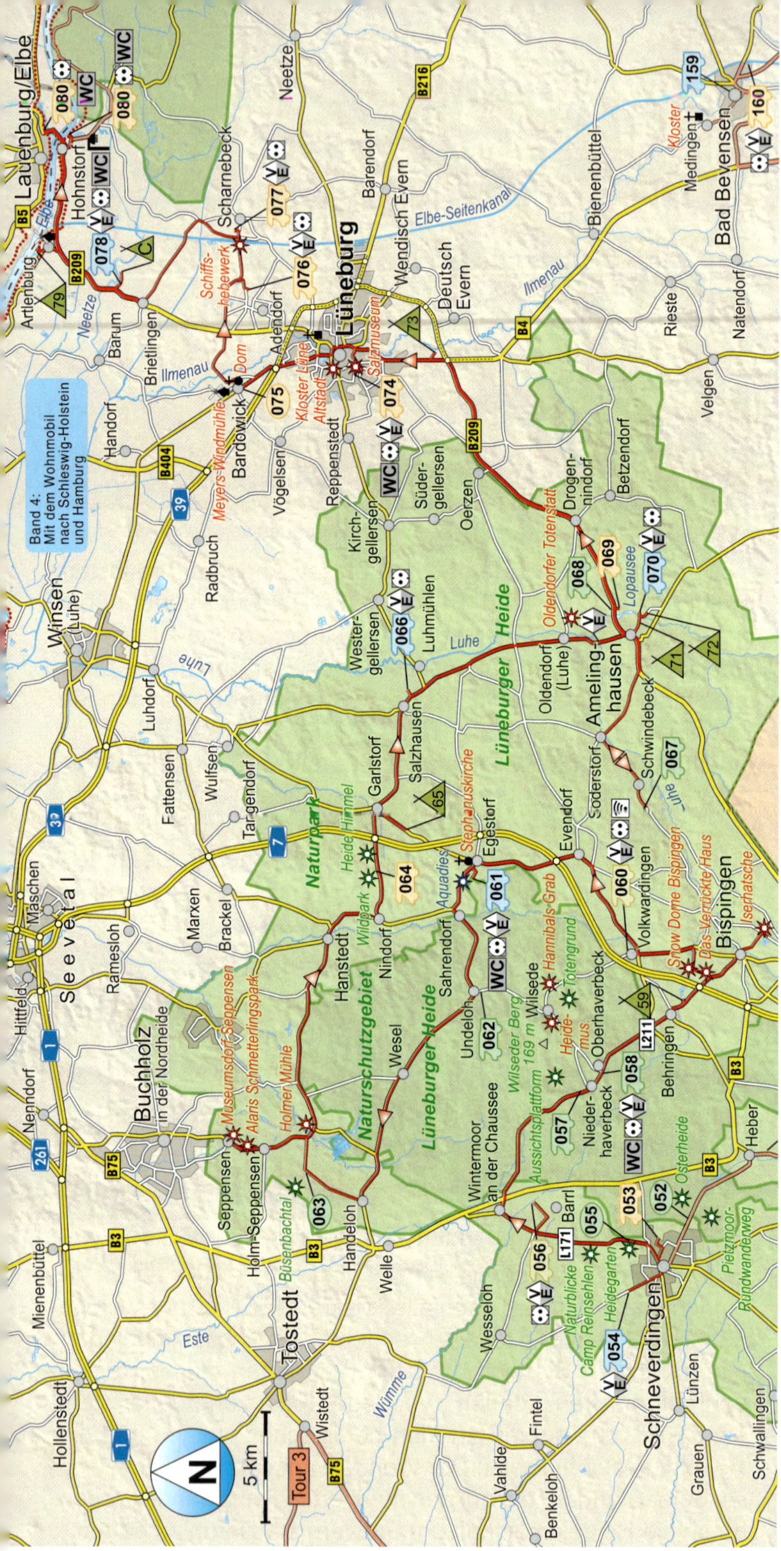
Lauenburg/Elbe
Artlenburg
Hohnstorf
Barum
Brietlingen
Handorf
Bardowick
Adendorf
Scharnebeck
Schiffshebewerk
Lüneburg
Kloster Lüne
Altstadt
Salzmuseum
Dom
Meyers Windmühle
Wendisch Evern
Deutsch Evern
Barendorf
Neetze
Elbe-Seitenkanal
Ilmenau
Bienenbüttel
Kloster Medingen
Bad Bevensen
Rieste
Natendorf
Velgen
Band 4: Mit dem Wohnmobil nach Schleswig-Holstein und Hamburg
Winsen (Luhe)
Radbruch
Vögelsen
Reppenstedt
Kirchgellersen
Südergellersen
Oerzen
Westergellersen
Luhmühlen
Luhe
Lüneburger Heide
Oldendorfer Totenstatt
Drogennindorf
Betzendorf
Lopausee
Oldendorf (Luhe)
Amelinghausen
Schwindebeck
Soderstorf
Luhdorf
Fattensen
Wulfsen
Tangendorf
Garlstorf
Salzhausen
Stephanuskirche
Egestorf
Evendorf
Volkwardingen
Snow Dome Bispingen
Das Verrückte Haus
Bispingen
Iserhatsche
Maschen
Seevetal
Hittfeld
Ramelsloh
Marxen
Brackel
Naturpark
Heide Himmel
Wildpark
Nindorf
Aquadies
Sahrendorf
Hanstedt
Naturschutzgebiet
Lüneburger Heide
Wesel
Undeloh
Wilsede
Hannibals Grab
Totengrund
Heide-mus.
Wilseder Berg 169 m
Oberhaverbeck
Niederhaverbeck
Behringen
Aussichtsplattform
Wintermoor an der Chaussee
Barrl
Osterheide
Heber
Nenndorf
Buchholz in der Nordheide
Museumsdorf Seppensen
Alaris Schmetterlingspark
Holmer Mühle
Seppensen
Holm-Seppensen
Büsenbachtal
Handeloh
Welle
Mienenbüttel
Tostedt
Este
Wistedt
Wümme
Wesseloh
Naturblicke
Camp Reinsehlen
Heidegarten
Schneverdingen
Pietzmoor-Rundwanderweg
Lünzen
Schwalingen
Grauen
Fintel
Vahlde
Benkeloh
Hollenstedt
5 km
Tour 3
N

TOUR 5 (ca. 180 km)

Wintermoor – Nieder- und Oberhaverbeck – Bispingen – Egestorf – Undeloh – Handeloh – Holm-Seppensen – Garlstorf – Salzhausen – Amelinghausen – Lüneburg – Bardowick – Scharnebeck – Artlenburg – Hohnstorf – Lauenburg

Stellplätze:	Wintermoor, Nieder- und Overhaverbeck, Volkwardingen, Egestorf, Undeloh, Handeloh, Hanstedt, Salzhausen, Amelinghausen, Lüneburg, Bardowick, Adendorf, Scharnebeck, Brietlingen, Hohnstorf, Lauenburg/Elbe.
Campingplätze:	Behringen, Garlstorf, Amelinghausen, Lüneburg, Brietlingen, Artlenburg.
Ver-/Entsorgung:	Wintermoor, Oberhaverbeck, Volkwardingen, Egestorf, Salzhausen, Amelinghausen, Lüneburg, Adendorf, Scharnebeck, Brietlingen, Hohnstorf, Lauenburg/Elbe.
Besichtigungen:	Wilsede (Heidemuseum), Bispingen (Das Verrückte Haus, RS-Kartbahn, SnowDome, Iserhatsche) Egestorf (Stephanuskirche, Barfußpfad), Holm-Seppensen (Alaris Schmetterlingspark und Museumsdorf), Hanstedt (Wildpark und Baumwipfelpfad HeideHimmel), Amelinghausen (Oldendorfer Totenstatt), Lüneburg (Altstadt, Salzmuseum), Bardowick (Meyers Windmühle und Dom St. Nikolai), Scharnebeck (Schiffshebewerk), Lauenburg (Altstadt).
Wandern:	Mehrere Wanderungen und Radtouren rund um den Wilseder Berg, im Büsenbachtal und rund um Amelinghausen.
Baden/Wellness:	Freibad in Egestorf, Freibad in Salzhausen, Freibad in Amelinghausen, Naturbadesee an der Neetze in Brietlingen.

Diese Tour hat es in sich. Wir reisen kreuz und quer durch die Lüneburger Heide und es geht von einer Heidelandschaft in die nächste. Wir befinden uns hier im Zentrum des Naturschutzgebietes und erreichen mit dem Wilseder Berg den höchsten Punkt auf unserer Reise. Neben den vielen naturlandschaftlichen Eindrücken gewinnen wir auch einen Einblick in die bäuerliche Kultur dieser Region. Ein besonderer Höhepunkt dieser Tour ist der Besuch der Stadt Lüneburg, die im Mittelalter durch die Gewinnung von Salz zu großem Reichtum gelangte und eine bedeutende Hansestadt war. In Scharnebeck schauen wir ein gewaltiges Schiffshebewerk an und in Lauenburg an der Elbe lassen wir diese Tour enden.

Wir hatten ja schon zwei bäuerliche Betriebe, die auf ihren Höfen für die Wohnmobilisten Platz geschaffen haben. Mit Mariechen's Hoff kommt nun ein weiterer hinzu.

(056) Offizieller WOMO-Bauernhofstellplatz: Mariechen's Hoff – Ferienhof Weseloh

GPS: N53°10'16.5" E9°49'59.6";
Voßbarg 15, 29640 Schneverdingen OT Reinsehlen.
Max. WOMOs: 10, maximale Länge 10 m.

Ausstattung: Frischwasserversorgung, Abwasserentsorgung mit Bodeneinlass, Kassettenentleerung, Stromanschlüsse, Behälter für die Müllentsorgung, ganzjährig geöffnet.
Beschreibung: Ferien auf dem Bauernhof. Große sonnige, teilweise auch schattige Wiesenplätze umgeben von Weiden und Wald, sehr ruhig. 7 Kilometer entfernt von Schneverdingen, 11 Radkilometer entfernt vom Wilseder Berg. Auf dem Hof gibt es Kühe, Katzen und einen zutraulichen Hund.
Preise: 10,00 € für ein Fahrzeug inkl. Frischwasser, Entsorgung und Strom.
Zufahrt: Über die L171 in Richtung Wintermoor an der Chaussee fahren und an einer Kreuzung ca. 5 Kilometer hinter dem Ortsende von Schneverdingen rechts nach Barrl abbiegen, dieser Straße ca. 1 km folgen, dann links abbiegen und den kleinen blauen WOMO-Schildern bis zum Hof folgen.
Reservierung/Kontakt: Tel.: 05198/454
E-Mail: info@bauernhofferien-weseloh.de,
Web: https://bauernhofferien-weseloh.de.

Wanderparkplatz in Niederhaverbeck.

Befinden wir uns hier noch am Rande des Naturschutzparks, sind wir zwölf Kilometer weiter schon mittendrin. In **Niederhaverbeck** ist in einem Waldstück ein großer kostenpflichtiger Wanderparkplatz zu finden. Er eignet sich bestens für eine Übernachtung und stellt auch eine gute Position dar, um die Heidelandschaften zwischen Undeloh, Wilsede bis hin nach Schneverdingen zu erkunden. Es gibt keine vorgeschriebene Höchstparkdauer. Das 24-Stunden-Ticket kostet 6,00 Euro. Der Parkautomat kann nur mit Münzen bedient werden. Sie erreichen den Parkplatz mit diesen Koordinaten **[057: N53°09'03.1" E9°54'27.8"]**. In unmittelbarer Nähe gibt es gleich drei Gasthäuser, in die Sie einkehren können. Niederhaverbeck besteht nur aus wenigen Häusern und hat zusammen mit Oberhaverbeck gerade einmal 80 Einwohner. Hier sind in den Sommermonaten deutlich mehr Touristen anzutreffen als einheimische Bewohner. Sie betreiben die Gasthäuser und bieten Kutschfahrten in die Heide an.

Muss man in Niederhaverbeck auf jedwede Versorgungseinrichtung verzichten, ist der Stellplatz in Oberhaverbeck dagegen voll ausgestattet. Hier kann es am Morgen schon mal einen Stau an der Versorgungsstation geben.

(058) WOMO-Wanderparkplatz: Oberhaverbeck

GPS: N53°08'34.6" E9°55'12.8"; L211, 29646 Bispingen.
Max. WOMOs: 100, maximale Länge 8 m.
Ausstattung: Tische und Bänke, Keine Behälter für die Müllentsorgung, WC, Kiosk, ganzjährig geöffnet.
Beschreibung: Schattige Plätze auf einem großen Parkplatz unter Bäumen, auf dem auch PKW stehen. Zwar gibt es 100 Plätze, allerdings nur 10 Stromanschlüsse in der Ecke des Platzes, die dem Kiosk am nächsten ist. Die Versorgungsstation befindet sich im Vorfeld auf einem baumfreien Areal.

Preise: 9,00 € pro Tag. Nur Münzen, Wasser 1,00 €.
Zufahrt: An der L211 in Richtung Bispingen auf der rechten Seite.

Naturschutzgebiet und Naturpark Lüneburger Heide

Wie Sie auf der Karte eingangs dieses Kapitels sehen können, ist das Naturschutzgebiet durch ein etwas intensiveres Grün hervorgehoben. Es ist vollständig vom **Naturpark Lüneburger Heide** umgeben. Wozu soll das gut sein? Naturparks gibt es viele in Deutschland. Derzeit sind es 106. Sie nehmen etwas mehr als ein Viertel der Fläche der Bundesrepublik ein. Diese Parks sind großräumige Gebiete. Sie weisen eine große Arten- und Biotopvielfalt auf und stellen eine vielfältig genutzte Landschaft dar. Natur und Landschaft sollen in ihnen bewahrt und entwickelt werden und gleichzeitig der Erholung des Menschen dienen.

Naturschutzgebiete unterliegen strengeren Regeln, die durch das Bundesnaturschutzgesetz festgelegt sind. Hier soll ein besonderer Schutz von Natur und Landschaft in ihrer Ganzheit oder in einzelnen Teilen gewährleistet werden, die zur Erhaltung, Entwicklung oder Wiederherstellung von Lebensstätten, Biotopen oder Lebensgemeinschaften bestimmter wild lebender Tier- und Pflanzenarten notwendig sind oder wegen ihrer Seltenheit besonderen Eigenart oder hervorragenden Schönheit zu schützen sind. In der Regel wird in diesen Gebieten keine Landwirtschaft betrieben und dürfen oftmals nicht betreten werden. Das ist hier in der Lüneburger Heide jedoch nicht so. Den ältesten Naturschutzpark Deutschlands kann man betreten, jedoch sind bestimmte Regeln einzuhalten, die auf den Hinweistafeln an den Zugängen aufgeführt sind.

Der Naturpark Lüneburger Heide umfasst eine Fläche von 107.000 Hektar. Das Naturschutzgebiet Lüneburger Heide ist 23.440 Hektar groß und bis auf die wenigen Zufahrtsstraßen autofrei. Hier befinden sich die größten zusammenhängenden Heideflächen Mitteleuropas.

Das Naturschutzgebiet Lüneburger Heide können Sie von den Parkplätzen an den Straßen nur zu Fuß, mit dem Fahrrad oder mit der Kutsche betreten oder befahren. Es gibt ein weitverzweigtes Wegenetz. Sie führen zu Aussichtspunkten über den höchsten Punkt, dem Wilseder Berg, in Täler und nach Wilsede, den Ort in der Mitte des Naturschutzgebietes.

Wie die Lüneburger Heide entstand, hatten wir schon auf Seite 79 beschrieben, das müssen wir hier nicht wiederholen. Wir wollen jetzt einzelne Punkte in diesem Naturschutzgebiet aufgreifen, von denen wir meinen, dass sie einen Besuch wert sind.

Südlich des Stellplatzes in Niederhaverbeck befindet sich der **Endmoränenzug Suhorn**. Er bildet eine Wasserscheide. Auf der einen Seite entspringt die Wümme, die nach Westen über die Lesum in die Weser fließt. Auf der anderen Seite geht das Wasser über die Brunau, Luhe und Ilmenau in die Elbe. Vom Stellplatz bis zu diesem Punkt sind es nur etwas mehr als zwei Kilometer.

Das Aussichtstürmchen **Fürstenkanzel** ist weniger als zwei Kilometer vom Stellplatz entfernt. Von hier aus kann man schon mal einen Blick auf den Wilseder Berg werfen. Sehr gut lassen sich von diesem Punkt die Dampfpflugrinnen erkennen. Dies sind die heute noch sichtbaren Spuren des

Versuches, durch tiefes Pflügen die Heideflächen landwirtschaftlich besser nutzen zu können. Von der Fürstenkanzel bis zum **Wilseder Berg** sind es zwei Kilometer. Der letzte Anstieg ist steinig, die Wege dorthin sandig. Das macht die Fahrt mit dem Rad zuweilen sehr schwierig, weil man in diesem losen Sand stecken bleiben oder regelrecht ins Schleudern kommen kann. Wenn es zuvor längere Zeit nicht geregnet hat. Markiert ist der höchste Punkt der Lüneburger Heide mit einem einfachen Stein, den Sie auf der folgenden Seite sehen können. Die Sicht von diesem Punkt ist ausgezeichnet, das wusste auch schon Carl Friedrich Gauß zu schätzen, der diesen Ort für seine trigonometrische Landvermessung nutzte. Ein Stein mit einer kleinen Bronzetafel erinnert daran. Im Band Harz des WOMO-Verlages gehen wir übrigens näher auf Gauß ein.

Vom Wilseder Berg bis zum **Totengrund** sind es rund drei Kilometer. Auf dem Weg dorthin ist dieses Foto entstanden. Der Totengrund ist ein Talkessel, um dessen Namensgebung sich einige Legenden ranken. Die glaubhafteste Erklärung für die Entstehung dieser Hohlform mit den vielen Wacholdersträuchern ist geomorphologischer Natur. Durch ein mit Sedimenten abgedeckter Toteisblock, der noch längere Zeit nach dem Rückzug der Gletscher hier verweilte und erst allmählich

Wilseder Berg, mit 169 Metern der höchste Punkt der Lüneburger Heide.

Die Ortsmitte von Wilsede.

Kopfsteinpflasterstraße zwischen Wilsede und Oberhaverbeck.

abtaute, dürfte dieses Trockental entstanden sein. Der Totengrund lässt sich vollständig umrunden.

Am nördlichen Rand befindet sich Hannibals Grab. Nun, der berühmte Feldherr der Antike liegt hier definitiv nicht begraben. Wie diese Gruppe aus Findlingssteinen und Wacholdersträuchern zu diesem Namen kam, finden Sie auf einer Tafel neben den Findlingen erläutert.

Wenden wir uns nun dem Heidedorf **Wilsede** zu, das aus nur wenigen Häusern besteht.

In dem Heimatmuseum **"Dat ole Hus"** wird in einer Stube mit Alltagsgegenständen gezeigt, wie die Heidebauern Mitte des 19. Jahrhunderts gelebt haben. Zum Heidemuseum gehört auch der Schafstall auf dem Emhoff, der in erster Linie für Ausstellungen genutzt wird.

Wilsede ist kein Museumsdorf, auch wenn es mit seinen reetgedeckten Fachwerkhäusern eigentlich so aussieht. Rund 40 Menschen leben und arbeiten in diesem Dorf, das im Sommer ein beliebter Ausflugsort ist. Dann hat das Personal im Restaurant **Zum Heidemuseum** und in der **Milchhalle**, einem Selbstbedienungsrestaurant mit Café alle Hände voll zu tun, die

Der Schafstall auf dem Emhoff in Wilsede.

Radler und Wanderer zu versorgen und selbstverständlich auch die, die sich mit einer Kutsche haben herfahren lassen.

Das ist eine gute Gelegenheit, die regionale Küche kennenzulernen, die natürlich vielerlei Gerichte anbietet, die mit der Heidschnucke zu tun haben. Dazu gehören Schnuckenwurscht, Heidjer Heidschnuckensülze oder eine Wilseder Heidschnuckenpfanne. Sie werden sicher Ihr Gericht finden. Allen Vegetariern sei gesagt, es gibt auch fleischlose Angebote. Sie können die Speisekarte vorab studieren, wenn Sie diese Seite www.zum-heidemuseum.eu aufrufen.

Wir machen uns nun wieder auf den Weg zum WOMO und fahren zurück zum Stellplatz in Niederhaverbeck, wo wir gestartet sind. Hier sei noch auf das Naturinformationshaus der **Stiftung Naturschutzpark Lüneburger Heide** hingewiesen, in dem Sie viele Informationen über das Naturschutzgebiet bekommen können. Ein weiteres Haus gibt es in Undeloh, die Milchhalle in Wilsede wird auch von dieser Stiftung betrieben. Über das gesamte Angebot und die Öffnungszeiten informiert diese Seite www.stiftung-naturschutzpark.de.

Bevor wir weiterfahren, möchten wir noch auf einen besonderen Premium-Wanderweg hinweisen. Wir machen es deshalb an dieser Stelle, weil Niederhaverbeck ein Etappenort dieses Wanderweges ist.

Heidschnuckenweg

Dieser Wanderweg führt über 13 Etappen von Fischbek bei Hamburg bis zum Schloss in Celle. Etappenorte sind Buchholz in der Nordheide, Handeloh, Undeloh, Niederhaverbeck, Bispingen, Soltau, Wietzendorf, Müden (Örtze), Faßberg, Oberoher Heiode, Weesen, Dehningshof und Celle. Dazu gibt es noch einige Varianten. Nun ist ein Fernwanderweg mit dem WOMO nicht so gut zu machen, aber einzelne Etappen lassen sich in die Urlaubsplanung integrieren und wenn man die Wanderungen mit der Nutzung des Heide-Shuttles, den wir auf Seite 87 beschrieben haben, kombiniert, dann wird man die eine oder andere Etappe gehen können. Wir haben mit diesem Besuch in Wilsede schon fast eine Etappe vollständig absolviert.

Den Verlauf der Route können Sie mit allen weiteren notwendigen Informationen hier herunterladen www.heidschnuckenweg.de.

Dort finden Sie auch die gpx-Daten für Ihr Navigationsgerät im download-Bereich. Fast alle genannten Etappenorte stehen auch auf unserer Agenda.

Wir fahren jetzt weiter Richtung Bispingen und verlassen dabei das Naturschutzgebiet. Wir werden im weiteren Verlauf dieser Tour dieses Gebiet aber weiter nördlich noch einmal durchfahren.

Es sind nur wenige Kilometer bis **Behringen**. Es ist ein kleiner Ort, der mit der **Behringer Heide** und dem Brunausee zwei attraktive Ziele für den naturverbundenen Touristen hat. Der Heidschnuckenweg führt unter anderem durch dieses Gebiet. Diese Heidelandschaft ist deutlich kleiner als die Heidelandschaft rund um den Wilseder Berg.

Wir steuern den Campingplatz Brunautal an, der sich in unmittelbarer Nähe des Brunausees befindet. Die Quelle der Brunau, wissen wir noch, befindet sich bei Niederhaverbeck, wo wir gerade herkommen.

(059) WOMO-Campingplatz: Bispingen – Camping Brunautal

GPS: N53°06'30.6" E9°57'55.5"; Seestraße 17, 29646 Bispingen.
Max. WOMOs: >20, maximale Länge 8 m.

Ausstattung: Frischwasserversorgung, Abwasserentsorgung mit Bodeneinlass, Kassettenentleerung, Stromanschlüsse, Behälter für die Müllentsorgung, WLAN, Brötchenservice, Shop, Gasflaschentausch, See mit Sandstrand. Im Servicegebäude gibt es Duschen, WCs, Waschmaschinen und Trockner. Der Platz ist von Mitte März bis Anfang November geöffnet.

Beschreibung: Gepflasterte Stellflächen mit Grünstreifen im Transitbereich des Campingplatzes. Große schattige Komfortplätze stehen im hinteren Bereich für einen längeren Aufenthalt zur Verfügung. Das kleine Restaurant bietet einfache Gerichte an.

Preise: Erwachsene Person 6,50 €, Kinder 3-15 Jahre 3,00 €, Hund 2,00 €, Wohnmobil je nach Saison, Größe und Komfortausstattung des Stellplatzes zwischen 7,00 € und 17,00 €, Strom 5 KW pro Tag sind im Preis enthalten, Mehrverbrauch 0,50 pro kWh.

Zufahrt: An der L211 in Richtung Bispingen 1 km vor der Autobahnauffahrt auf der linken Seite.

Reservierung/Kontakt: Tel.: 05194/4188022
E-Mail: info@camping-brunautal.de, Web: www.camping-brunautal.de.

Der Brunausee in Behringen.

Der rund 70 Hektar große Brunausee liegt recht schön am Ortsrand, man könnte es auch idyllisch nennen, wie man auf dem Foto sehen kann. Wenn man den Lärm der vorbeiführenden A7 ignoriert, ist es in der Tat ein schöner Badesee, den man auf einem rund drei Kilometer langen Wanderweg umrunden kann. Auf dem See kann man Tretboot fahren und auf der Terrasse des Restaurants gemütlich etwas essen oder einen Kaffee trinken.

Für die Freunde des Motorsports gibt es in Bispingen gleich zwei Angebote. Einmal ist es die Quadbahn am Brunausee. zum anderen Schumacher's Kart&Bowl-Center auf der anderen Seite der Autobahn.

Auf der **Quadbahn-Bispingen** können Sie mit einem dieser vierräderigen Fahrzeuge über eine 500 Meter lange hügelige Sandpiste brettern. Hier kann der Nachwuchs trainiert werden mit diesen Motorgeräten umzugehen, denn Kinder über 8 Jahre dürfen alleine fahren. Über die Öffnungszeiten und Eintrittspreise informiert diese Seite www.quadbahn-bispingen.de.

Richtiges Rennfeeling kommt auf der anderen Seite der Autobahn auf, wo der ehemalige Formel 1-Pilot Ralf Schuhmacher eine Kartbahn betreibt.

Auf der Kartbahn in Bispingen.

Hier können Sie die gemütliche Fahrweise mit dem Wohnmobil einmal verlassen und sich dem Geschwindigkeitsrausch

Erst mit mehreren Fahrern macht die Kartbahn Spaß.

hingeben, durch Kurven driften und sich Runde um Runde in den Fahrkünsten steigern. Es gibt hier eine In- und eine Outdoor-Anlage. Die Indoor-Strecke führt an Original-F1-Fahrzeugen vorbei und ist 600 Meter lang. Die Outdoorbahn ist 1000 Meter lang und kann mit Karts befahren werden, die mit leistungsoptimierten 8,5 PS oder 13-PS starken Motoren ausgestattet sind. Spitzengeschwindigkeit ist 80 km/h.

Auch an die sehr jungen Nachwuchspiloten ist gedacht, sie können in Elektroautos auf den eigens für die Kleinen vorgesehenen Pisten ihre Runden drehen. Darüber hinaus gibt es ein Restaurant und eine Bowlingbahn. Auf dieser Seite www.rs-kartcenter.de finden Sie das gesamte Angebot, die Öffnungszeiten und die Preise. Die Parkplatzeinfahrt finden Sie mit diesen Angaben [N53°06'04.4" E9°58'49.2"].

In dieser Stahlkonstruktion verbirgt sich der Heidegletscher.

Wenn Sie in der sommerlichen Hitze Abkühlung suchen und ein Fan des Wintersports sind, dann können Sie im **Snow Dome** auf dem 300 Meter langen **Heidegletscher** hinunterwedeln oder auf der daneben liegenden Rodelpiste Schlitten fahren. Die riesige Stahlkonstruktion bietet auch gleich ein Dach für eine Modelleisenbahnlandschaft, die nach Angaben des Betreibers die "größte Modelleisenbahn des Planeten" ist. Das mag zutreffen, aber wer das Miniatur-Wunderland in Hamburg kennt, wird detailtreue und Feinheiten vermissen. Sie wirkt ein wenig grob zusammengestrickt. Aber wir wollen nicht zu kritisch sein, die Größe ist schon beeindruckend.

Das "Verrückte Haus" in Bispingen.

Die Freunde edler, etwas älterer Fahrzeuge finden im automobilen Jungtimermuseum einen kleinen Augenschmaus. Es werden hauptsächlich Fahrzeuge der jüngeren Automobilgeschichte präsentiert und auch verkauft. Ein großer Spielplatz, der hier Outdoor-Abenteuerwelt heißt, sowie eine kleine Golfanlage vervollständigen diese weitläufige Freizeitanlage, die jetzt zusammengefasst unter dem Namen **Berg & Tal Abenteuerresort** seine Besucher einlädt. Ein Freizeitpark der etwas anderen Art. Machen Sie sich selbst ein Bild. Die Selbstdarstellung mit Öffnungszeiten und Eintrittspreisen finden Sie hier www.abenteuer-resort.de.

Der Gegensatz von der lieblichen Heidelandschaft mit Fachwerkhausromantik und Kutschfahrten zu dieser "modernen" Freizeitwelt ist krass. Da könnte man schon "verrückt" werden, was wenige Meter weiter dann auch gleich im **Verrückten Haus** erlebt werden kann, denn dort steht die Welt auf dem Kopf. Als wenn sie das nicht ohnehin schon täte. Die ungewohnte Perspektive kann schwindelig machen. Hier werden die Smartphones gezückt und vor allem von der etwas jüngeren Generation in allen erdenklichen Posen Bilder fabriziert und in den Socialmedia-Kanälen geteilt, wie Sie auf Instagram leicht einsehen können, wenn Sie denn diesen Kanal nutzen.

Wie immer, weisen wir auch hier auf die website hin, auf der Sie Eintrittspreise und Öffnungszeiten erfahren können www.dasverruecktehaus-bispingen.de.

Dem "Verrückten Haus" gegenüber befinden sich noch drei weitere Freizeiteinrichtungen. Eine **Trampolinhalle**, dessen Angebot Sie hier nachschauen können www.abenteuerland.de, ein 2800 Quadratmeter großes **Abenteuerlabyrinth** www.abenteuerlabyrinth.de und mit dem **BattleKart Bispingen** eine Mischung aus Kartbahn und Videospiel. Schauen Sie hier https://bispingen.battlekart.com. Das ist etwas für die Fun- und Actiongeneration. Auf relativ kleiner Fläche sind hier also eine Fülle an Spiel-, Sport- und Spaßeinrichtungen installiert, die in dieser Konzentration selten anzutreffen ist. Bleibt die Frage: Wo kommen die Besucher alle her, die diese Anlagen nutzen? Düsen die am Wochenende von Hamburg oder Hannover mal schnell über die Autobahn in diese autobahnnahen Einrichtungen? Sicher auch, aber das Gros der Besucher dürfte aus dem **Center Parcs Bispingen** kommen. Für sich genommen schon ein großer Freizeitpark mit rund 750 Wohneinheiten in Form von Ferienhäusern, Baumhäusern, Appartements und Hausbooten.

Neben all diesen Freizeitanlagen wirkt die **Iserhatsche** dagegen sehr exotisch. Hier zu versuchen, Details dieser Anlage zu beschreiben ist sinnlos. Wir könnten die Seiten bis zum Ende des Buches füllen und wären immer noch nicht fertig. Wir belassen es bei einigen Allgemeinplätzen für dieses Gesamtkunstwerk, in der **Uwe Schulz-Ebschbach** seine Sammelleidenschaft und Sinn für Kunst und Ästhetik hineingepackt hat. Man kann es kaum beschreiben, man muss es gesehen haben, den Montagnetto, den Landschaftspark, das Jagdhaus, den Philosophisch- Barocken Eisenpark mit dem Ebereschen-Eisen-Glocken-Baum, die weltgrößte Bier & Phillumenie-Sammlung mit über

Der Ebereschen-Eisen-Glocken-Baum.

Der Montagnetto, eine Mischung aus Burg, Fachwerkhaus und Vulkan.

24.000 noch original abgefüllten Bierflaschen aus 192 Ländern und ca. 250.000 Streichholzschachteln und vieles, sehr vieles mehr. Für den Besuch dieses Heide-Castells benötigen Sie Zeit, viel Zeit. Das ist keine Anlage für den schnellen Besuch.

Über die Öffnungszeiten und Eintrittspreise informiert diese Seite www.iserhatsche.de. Hier finden Sie weitere Beschreibungen über die Dinge, die es zu sehen gibt. Aber auch die sind unvollständig. Für den Besuch können Sie Ihr WOMO direkt neben der Anlage parken [N53°04'16.7" E10°00'39.1"].

Der Besuch in Bispingen hält also für jeden etwas bereit. Je nach Interessenlage können da schnell ein paar Tage Aufenthalt zusammen kommen. Der Campingplatzbetreiber in Behringen freut sich über Gäste, die einige Tage bleiben.

Wir wechseln jetzt den Standort und fahren weiter nach **Volkwardingen**. Dort suchen wir den Stellplatz auf diesem Bauernhof auf.

(060) Offizieller WOMO-Bauernhofstellplatz: Volkwardingen – Reiter- und Ferienhof Cohrs

GPS: N53°07'54.6" E10°00'04.4"; Volkwardingen 4, 29646 Volkwardingen.
Max. WOMOs: 6, maximale Länge 12 m.

Ausstattung: Frischwasserversorgung, Abwasserentsorgung mit Bodeneinlass, Kassettenentleerung, Stromanschlüsse, Behälter für die Müllentsorgung, WLAN, Hofladen, Brötchen- und Frühstücksservice, ganzjährig geöffnet.

Beschreibung: Stellflächen neben Hofgebäuden. Zum Ferienhof gehören 20 Pferde und Ponys, Ziegen, Hühner, Katzen und Kaninchen. Ausritte für Gäste in die Heide sind möglich. Stallgeruch muss man mögen. Ideal, um die Kinder auch mal im Matsch spielen zu lassen. Der Hof liegt direkt an der Grenze zum Naturschutzpark. Es gibt keinen Durchgangsverkehr, dafür sehr viel Ruhe und einen direkten Zugang zum Wander- und Radwegnetz der Lüneburger Heide.

Preise: 20,00 € für ein Fahrzeug mit 2 Personen inkl. Ver- und Entsorgung sowie Strom.

Zufahrt: Die Hofanlage befindet sich nahezu in der Mitte des kleinen Dorfes.

Reservierung/Kontakt: Tel.: 05194/7237 oder 0171 9306977
E-Mail: info@hof-cohrs.de, Web: www.hof-cohrs.de.

Hier sind wir dem Zentrum des Naturschutzgebietes wieder sehr Nahe. Bis zum Totengrund (siehe Seite 99) sind es rund vier Kilometer, bis nach Wilsede fünf und bis zum Wilseder Berg etwas mehr als sechs Kilometer. Das sind Distanzen, die mit einer Tageswanderung Hin- und Zurück bequem zu schaffen sind. Das ist gleich wieder etwas anderes als die aktionbasierten Freizeiteinrichtungen in Bispingen.

St. Stephanus-Kirche in Egestorf.

Über Evendorf fahren wir weiter nach **Egestorf**. Diese kleine Gemeinde mit rund 2500 Einwohnern licgt am Rande des Naturschutzgebietes Lüneburger Heide. Es ist ein malerisches Heidedorf mit einigen Fachwerkhäusern und der **Stephanuskirche** im Zentrum. In dem Fachwerkgebäude mit dem davorstehenden Glockenturm ist der Altar mit dem Altaraufsatz von 1659 besonders sehenswert. Er wird links und rechts flankiert von Gemälden mit den Propheten des Alten Testaments.

In dieser Kirche hielt **Pastor Bode**, der vom Volksmund einfach nur **"Heidcpastor"** genannt wird über lange Jahre seine Gottesdienste ab. Er wirkte segensreich von 1886 bis 1923 in diesem Ort, wie auf dem Gedenkstein mit seiner Büste auf dem Platz vor der Kirche zu lesen ist.

Er kaufte 1905 den Totengrund und 1910 den Wilseder Berg und trug so zu dem Erhalt der Heidelandschaft bei. Beide Flächen bildeten den Grundstock für das Naturschutzgebiet, das 1922 ausgewiesen wurde. In den Folgejahren kamen schnell

Pastor Bode-Denkmal in Egestorf.

weitere Flächen hinzu. Heute umfasst das Naturschutzgebiet eine Fläche von 23.440 Hektar (siehe auch Seite 97).

Der Heidepastor starb 1927, wunschgemäß wurde seine Asche auf dem Wilseder Berg verstreut. Vom Denkmal führt die dritte Etappe des **Pastor Bode Wanderweges** zum Wilseder Berg. Sie ist acht Kilometer lang. Die ersten beiden Etappen gehen von Lüneburg nach Salzhausen und von dort nach Egestorf.

Etwas außerhalb des Ortes auf dem Weg nach Undeloh befindet sich das **Naturerlebnisbad Aquadies**. Hier wurde ein großer Stellplatz eingerichtet, den wir kurz vorstellen wollen.

(061) Offizieller WOMO-Badeplatz: Egestorf – Naturerlebnisbad "Aquadies"

GPS: N53°11'52.1" E10°03'16.4"; Ahornweg 7, 21272 Egestorf.
Max. WOMOs: 20, maximale Länge 12 m.

Ausstattung: Frischwasserversorgung, Abwasserentsorgung mit Bodeneinlass, Kassettenentleerung, Stromanschlüsse, Brötchenservice, Behälter für die Müllentsorgung, ganzjährig geöffnet.
Beschreibung: Sandige ebene Stellflächen mit Rasenstreifen in unmittelbarer Nähe des Freibades und des Barfußparks. Die Ortsmitte ist 1000 Meter entfernt.
Preise: 8,00 € für ein Fahrzeug mit 2 Personen, die von einem freundlichen Platzwart kassiert werden. Strom gibt es für 2,00 € über einen Automaten, Frischwasser kostet 1,00 €.
Zufahrt: Egestorf in Richtung Undeloh durchfahren und hinter dem Ortsende links zum Freibad abbiegen.

Das vollbiologische Bad mit kristallklarem Wasser kommt ganz ohne Chemikalien aus. Es gibt ein Kleinkinderbecken mit Wasserrutsche, ein Planschbecken, einen Spielbach, eine Sandkiste, einen Kinderspielplatz für die Kleinen, ein Schwimmbecken und Liegewiesen für die Großen. Einziger Nachteil des Bades: Es ist relativ klein. Bei hohem Besucherandrang wird es eng.

Barfuß durch den Sand.

Doch der Weg hierher ist auch dann nicht vergeblich, wenn das Bad zu voll geworden ist. Es gibt ja noch den **Barfußpark**, eine besondere Herausforderung und Wohltat für die nackten Füße, wenn es durch Schlamm, über Glas, Tannenzapfen oder eine Hängeseilbrücke geht. 68 Stationen können besucht werden, wenn der ganze Parcours absolviert werden soll. Dabei hat man dann fast drei Kilometer in diesem rund 14 Hektar großen, mal schattigem, mal sonnigem Gelände zurückgelegt. Wer ein Fan der fernöstlichen Heilkunst ist, findet im Wald einen Yogapfad sowie verschiedene Angebote wie zum Beispiel einen Lachyoga-Kurs. Die Öffnungszeiten und Eintrittspreise des Barfußpfades sowie alle Yogaangebote können Sie unter www.barfusspark-egestorf.de entdecken und für das Naturerlebnisbad gibt es diese Seite www.aquadies.de.

Stellplatz in Undeloh.

Vom Naturerlebnisbad bis nach **Undeloh**, unserem nächsten Etappenziel, sind es nur sieben Kilometer. Wir biegen in der Mitte des Ortes nach Wilsede ab und fahren den Ort bis zum Ende durch. Kurz bevor die Kopfsteinpflasterstraße beginnt und eine Weiterfahrt verboten ist, geht es rechts ab auf einen Parkplatz, auf dem im hinteren Bereich unter hohen Bäumen das WOMO abgestellt werden kann [**062:** N53°11'33.4" E9°58'38.0"].

Von diesem Stellplatz bis nach Wilsede sind es vier Kilometer. Es gibt viele Kutschen, die in der Nähe des Stellplatzes auf Kundschaft warten. Für viele ist es ein besonderes Erlebnis, in gemächlichem Tempo durch die Heide kutschiert zu werden. Es gibt große und kleine. Ganz nach den eigenen

Mit der Kutsche durch die Lüneburger Heide.

Wünschen lassen sich die Touren gestalten. Längere Rundtouren sind genauso möglich wie der einfache Weg nach Wilsede und zurück.

Es gibt viele Anbieter für die Fahrten mit Pferd und Wagen in der Heide. Die meisten befinden sich in Undeloh. Wenn Sie hier schauen https://undeloh.de/de/kutschfahrten-lueneburger-heide, finden Sie weitere Informationen und können auch gleich buchen.

Hotel-Restaurant in Undeloh.

Es gibt einige Restaurants und Shops in Undeloh. Hier können Sie die Produkte der Heide in allen Variationen genießen oder auch kaufen. Keule oder Bratwürste von der Heidschnucke stehen hoch im Kurs und als kleines Andenken lässt sich auch ein kuscheliges Fell erwerben. Der kleine Ort ist ganz auf die Touristen eingestellt. Kulinarisch werden Sie unter anderem im **Heide-Erlebnis-Zentrum** verwöhnt. Hier ist die Buchweizen-Schmandschnitte die Spezialität des Hauses, in dem Sie ansonsten in die Geschichte der Heide eintauchen können. Es beginnt mit der Eiszeit und endet mit der Landschaftspflege durch die Heidschnucken. Eine kurzweilige Ausstellung, die es sich anzuschauen lohnt. Hier gewinnen Sie einen ersten Eindruck www.heide-erlebniszentrum.de.

Undeloh ist ein Touristenzentrum. Mit seinen Gasthöfen, Gäste- und Ferienhäusern, Tages- sowie Wohnmobiltouristen ist hier in den Sommermonaten sehr viel los.

Fährt man ein wenig weiter, dann gibt es schöne Heidelandschaften, die man fast für sich alleine hat. Natürlich zu dem Preis, dass das gastronomische Angebot dünner wird. So ist es zum Beispiel im **Büsenbachtal**, den Ort, den wir

Heidelandschaft im Büsenbachtal.

in unserer Reiseplanung als nächsten auf unserer Liste haben. Um dorthin zu gelangen, begeben wir uns zunächst nach Handeloh und biegen dort fast am Ende des Ortes in Richtung Holm-Seppensen ab. Die letzten Kilometer fährt man automatisch mit sehr reduzierter Geschwindigkeit. Die gerade Strecke ist mit unzähligen, bewusst eingebauten Bodenwellen versehen, die das Besteck in der Schublade deutlich hören lassen, wenn man zu schnell darüber hinweg saust. Es ist nur ein kleiner Parkplatz **[063: N53°16'09.5" E9°51'24.2"]**, der uns hier erwartet, aber er ist ausreichend groß und eben, um bequem stehen zu können.

Auf dem Heidschnuckenweg.

Das Büsenbachtal ist aus der Abflussrinne eines Gletschers der letzten Eiszeit entstanden. Der Bach wird mit nährstoffarmen Wasser aus einem Quellmoor gespeist. Sandige Pfade führen durch das Gelände, einer davon ist der Heidschnuckenweg, der Fernwanderweg, den wir auf Seite 101 kurz skizziert haben. Es ist ein ruhiges Tal, das zu einem längeren Spaziergang einlädt. Auf den ersten Metern wirkt es nicht sonderlich reizvoll. Doch das Tal weitet sich bald und gibt einen wunderbaren Blick auf mit Wacholdern, Birken und knorrigen Kiefern bestandene Heidelandschaft frei. Wer auf den 80 Meter hohen Pferdekopf am Ende des Weges geht, kann sich dieses von der Natur gemalte violette Landschaftsbild aus leicht erhöhter Position betrachten. Es ist ein sehr ruhiges Tal, viele Menschen werden Sie hier nicht antreffen. Auf ein kulinarisches Angebot müssen Sie aber nicht gänzlich verzichten. In der Nähe des Parkplatzes sorgt der Schafstall für die Versorgung der Wanderer und Tagestouristen www.cafeschafstall.de. Hier gibt es eine große Auswahl hausgemachter Kuchen und auch Herzhaftes von der Heidschnucke.

Wir fahren weiter. Das nächste Ziel ist **Holm-Seppensen**, ein rund 7000 Einwohner zählender Stadtteil von Buchholz in der Nordheide.

Im Alaris Schmetterlingspark.

Wenn Sie den Parkplatz mit diesen Koordinaten [N53°17'59.3" E9°52'32.0"] in der Straße zum Mühlenteich ansteuern, stehen Sie direkt am **Alaris Schmetterlingspark**, der in drei Hallen die Subtropen, den Übergang von Subtropen zu Tropen und die Tropen nachbildet. Hunderte freifliegender Schmetterlinge umschwärmen den Besucher.

Wer in knalligen Farben von rot bis lila gekleidet ist, bekommt auch gern Besuch von einem dieser fliegenden Leichtgewichte. Berührungsängste mit den Menschen haben sie nicht. Sie reagieren auf Farben und sind vermutlich enttäuscht, auf einem knallroten Hemd nichts Verwertbares zu finden. Probieren Sie es einfach mal aus. Die Öffnungszeiten und Eintrittspreise finden Sie hier www.schmetterlingspark-buchholz.de.

Schräg gegenüber des Schmetterlingsparks befindet sich das **Museumsdorf Seppensen**. Es ist ein kleines Museum, das nur sechs Gebäude vorzuweisen hat. Es ist dem ehrenamtlichen Engagement der aktiven Mitglieder des Geschichts- und Museumsvereins Buchholz zu verdanken, das diese

Im Museumsdorf Seppensen.

Häuser überhaupt noch existieren. Sie sind repräsentativ für die traditionelle ländliche Hauslandschaft der Nordheide Mitte des 19. Jahrhunderts und spiegeln die Sozialstruktur der alten Dörfer wieder. Das Museumsgelände ist frei zugänglich.

Auf verschiedenen Veranstaltungen wird traditionelles Handwerk präsentiert. Wann diese stattfinden, erfahren Sie hier www.gmv-buchholz.de.

Wem das Museum zu klein ist und die Tierwelt im Schmetterlingspark nicht umfangreich genug, dem empfehlen wir einen Besuch des **Kiekebergs** und des **Wildparks Schwarze Berge** ab der Seite 66 können Sie das einmal durchlesen. Mit diesen Angaben [N53°26'22.8" E9°54'22.0", Am Kiekeberg 1, 21224 Rosengarten] kommen Sie dort genau hin. Es sind nur 20 Kilometer.

Wir fahren nicht nach Norden weiter, sondern kehren um und schlagen die Richtung gen Osten ein. Wir begeben uns zum **Wildpark Lüneburger Heide**, der sich kurz vor der Auffahrt auf die Autobahn A7 befindet. Mit diesen Koordinaten [**064:** N53°14'09.1" E10°02'42.7"] kommen Sie zu der Einfahrt des Parkplatzes, der sich auch gut für eine Übernachtung eignet. Direkt neben dem Wildpark befindet sich ein Baumwipfelpfad mit einem Aussichtsturm.

Mit mehr als 140 Tierarten und mehr als 1200 Tieren zählt dieser Wildpark zu den größten, die man in Deutschland besuchen kann. Auf einer Fläche von rund 60 Hektar tummeln sich alle Wildtierarten, die wir in Deutschland haben. Sie teilen sich die zur Verfügung stehende Fläche mit Tieren aus den nördlichen Breiten Asiens und Amerikas. Hinzu kommen noch einige selten gewordene Haustierrassen. Wie in den anderen Wildgehegen, die wir auf dieser Reise bislang besucht haben, gibt es auch hier Freigehege, in denen die Besucher

Bisongruppe im Wildpark Lüneburger Heide.

direkt mit Wildtieren in Kontakt treten können. Selbstverständlich nur mit den Tieren, von denen für den Menschen keine Gefahr ausgeht. Die Kameraden auf dem Foto oben sind von einem sicheren Zaun umgeben.

Während in anderen Wildparks Hunde nicht hinein dürfen, hat man in diesem Park sogar extra einen Sinnespfad für die Vierbeiner eingerichtet. Durch das Damwild-Freigehege dürfen Sie natürlich nicht. Zur Kompensation dürfen sie dann auf diesem Pfad die eine oder andere besondere Duftnote erschnüffeln. Probieren Sie es doch einfach mal mit Ihrem treuen Begleiter aus.

Girgentana-Ziege.

Auf dem Foto links sehen Sie eine vom Aussterben bedrohte Hausziegenrasse. Von der **Girgentana-Ziege** mit ihren eigenwillig verzwirbelten Hörnern soll es nur noch 750 Exemplare geben, von denen rund 130 in Deutschland leben. So steht es am Zaun des Geheges.

Diese Rasse stammt ursprünglich aus der italienischen Provinz Agrigento (Sizilien). Agrigento hieß bis 1929 Girgenti, daraus wurde der Name dieser widerstandsfähigen und anspruchslosen Hausziegenrasse abgeleitet. Der Bestand war stark geschrumpft, weil sie im Vergleich zu anderen gezüchteten Ziegenrassen nicht so eine hohe Milchleistung hat. Nur durch das Engagement von Zoos und Wildparks konnte diese Art erhalten werden. Daran beteiligt sich auch dieser Wildpark, zu dessen Konzept es gehört, zur Arterhaltung beizutragen. Der Wildpark engagiert sich auch in dem Europäischen Erhaltungszuchtprogramm (EEP) für Fischotter, Mandschurenkraniche, europäische Seeadler, Luchse und viele weitere Tiere.

Aussichtsturm im "Heide-Himmel".

In den Monaten März bis Oktober finden an den Gehegen spezielle Vorträge zu den einzelnen Tierarten statt. Der Wolf ist zurzeit das große Thema. Auch hier können Sie mehr darüber erfahren. Fischotterfütterungen, Abendwanderungen und Führungen zu den Jungtieren runden das Angebot ab. Hier ist also sehr viel mehr möglich als nur Tiere gucken. Das gesamte Angebot des Wildparks können Sie auf dieser Seite nachlesen https://wild-park.de. Hier finden Sie auch die Öffnungszeiten und die Eintrittspreise.

Es lohnt sich also unserer Ansicht nach, auf der in drei Rundwegen angelegten Anlage Schneeleoparden, Braunbären, Nasenbären, Wölfen, Elchen, Luchsen, Rentieren, Wapitis, Polarfüchsen, Wildkatzen, Waschbären, Pelikanen und vielen anderen Tieren einen Besuch abzustatten.

Wenn Sie die Eintrittskarte lösen, gilt es zu überlegen, das Kombiticket mit dem Besuch des **"Heide Himmels"**, dem Baumwipfelpfad zu erwerben. Es ist ein 700 Meter langer Pfad mit vielen Informationstafeln und einem 45 Meter hohen Aussichtsturm, der auf 37 Metern Höhe eine Aussichtsplattform hat. Von hier ist auch bei gutem Wetter die Silhouette Hamburgs mit der Elbphilharmonie sichtbar, doch längst nicht so prägnant wie vom Aussichtsturm im Wildpark Schwarze Berge, wie Sie auf der Seite 71 sehen können.

Für einen längeren Aufenthalt in dieser Region bietet sich zum einen der Campingplatz in **Garlstorf** an, zum anderen der Stellplatz in **Salzhausen** am Waldbad, das über ein großes Kombibecken verfügt, das in einen großen Nichtschwimmer-, einem kleineren Schwimmer- sowie einem Sprungbereich unterteilt ist. Das Wasser wird durch eine Biogasanlage auf 24°C beheizt. Wir stellen die Plätze kurz vor.

(065) WOMO-Campingplatz: Garlstorf – Freizeit Camp Nordheide

GPS: N53°13'34.6" E10°05'18.4"; Egestorfer Landstraße 50, 21376 Garlstorf.
Max. WOMOs: >20, maximale Länge 19 m.

Ausstattung: Frischwasserversorgung, Abwasserentsorgung mit Bodeneinlass, Kassettenentleerung, Stromanschlüsse, Behälter für die Müllentsorgung, WLAN. Im Servicegebäude gibt es Duschen, WCs, Waschmaschinen und Trockner. Der Platz ist ganzjährig geöffnet.
Beschreibung: Einfach gehaltener, sehr sauberer Platz mit überwiegend schattenlosen Stellflächen. Unkomplizierter und freundlicher Platzwart. Bis zum Wildpark und dem Baumwipfelpfad Heide Himmel sind es mit dem Rad etwa 6 Kilometer.
Preise: Erwachsene Person 5,50 €, Kinder bis 12 Jahre 2,00 €, Hund 2,00 €, Wohnmobil 7,00 €, Strom 0,60 pro kWh.
Zufahrt: In die Ortsmitte von Garlsdorf fahren und dort in Richtung Egestorf abbiegen. Nach 1,6 Kilometern ist der Campingplatz erreicht.
Reservierung/Kontakt: Tel.: 04172/962448 oder 0152 284913 77
E-Mail: camping-garlstorf@t-online.de,
Web: https://freizeitcamp-nordheide.de.

(066) Offizieller WOMO-Badeplatz: Salzhausen – Waldbad

GPS: N53°13'18.2" E10°10'42.2"; Schwienbrink 2, 21376 Salzhausen.
Max. WOMOs: 8, maximale Länge 9 m.

Ausstattung: Frischwasserversorgung, Abwasserentsorgung nur mit Schlauch möglich, Kassettenentleerung, Stromanschlüsse, keine Behälter für die Müllentsorgung, ganzjährig geöffnet.
Beschreibung: Geschotterte ebene und schattige Stellflächen in unmittelbarer Nähe des Freibades, nur 4 Stromanschlüsse. Gute Einkaufsmöglichkeiten in fußläufiger Entfernung.
Preise: Kostenlos, ebenso die Entsorgung. Frischwasser 1,00 €, Strom 0,50 € pro kWh.
Zufahrt: Salzhausen durchfahren und am Ende des Ortes hinter dem REWE-Supermarkt links abbiegen.

Ist man von Garlstorf schnell im Wildpark, dem Heide Himmel oder im Aquadies bei Egestorf, so locken in Salzhausen neben dem Waldbad die Kanutouren auf der Luhe, die in Luhmühlen gestartet werden können. Wenn Sie diese Seite www.heide-kanu.de aufrufen, erhalten Sie einen umfassenden Überblick zu den Möglichkeiten auf der Luhe, der Ilmenau oder der Seeve zu paddeln.

Sehr wohnmobilfreundlich präsentiert sich **Amelinghausen**. Gleich sechs Stell- und Campingplätze gibt es auf dem Gebiet der Gemeinde.

Stellplatz in der Schwindebecker Heide.

Wir gehen sie der Reihe nach durch, dann können Sie den wählen, der Ihren Bedürfnissen am meisten entgegenkommt. Beginnen wir im Westen im Teilort Schwindebeck. Hier gibt es den Wanderparkplatz an der **Schwindebecker Heide**, den Sie mit diesen Koordinaten finden [**067:** N53°07'21.4" E10°05'57.1"]. Ein ideal gelegener Wanderparkplatz (Platz für 15 WOMOs, 5,00 € pro Tag), um den **Heide-Panorama-Weg** zu gehen. Für die Entsorgung steht Ihnen die Kläranlage am nördlichen Ortsrand von Amelinghausen zur Verfügung, die Sie mit diesen Koordinaten [N53°08'26.8" E10°12'45.8"] an der Straße zwischen Oldendorf und Amelinghausen finden. Ver- und Entsorgung ist

In der Schwindebecker Heide.

hier kostenlos. Der Wanderweg mit einer Gesamtlänge von 14 Kilometern führt durch eine Heidelandschaft, die nicht so stark von Wanderern frequentiert wird, wie die rund um den Wilseder Berg. Als Naturwunder an diesem Wanderweg ist die kleine **Schwindequelle** zu nennen. Sie soll nach der Rhumequelle im Harz die zweit wasserreichste Quelle in Niedersachsen sein. Hier lässt sich beobachten, wie das Wasser von unten durch den sandigen Untergrund drückt und dabei Sandfontänen bildet. Wir wollen mit dem Besuch dieser Quelle allerdings keine großen Erwartungen wecken. Es ist durchaus reizvoll hier, aber die Quelle ist nicht viel größer als ein Whirlpool, das sollten Sie vielleicht vorab wissen.

Stellplatz an der Kronsbergheide.

Ein weiterer offizieller Wanderparkplatz befindet sich im Osten von Amelinghausen am Rande der **Kronsbergheide,** einem der wesentlichen Orte für das jährlich stattfindende Heideblütenfest [**068:** N53°08'07.3" E10°14'01.5"]. Hier gibt es Platz für zehn Wohnmobile, auch hier sind Parkgebühren in Höhe von 5,00 € zu zahlen. Von diesem Wanderparkplatz lässt sich die **Oldendorfer Totenstatt** in einer halbstündigen Wanderung durch Kiefernwald und Heidelandschaft erreichen. Es ist ein mystischer Ort. Steingräber aus der Stein-, Bronze- und

In der Kronsbergheide.

Hünenbett IV, Grabanlage aus der Steinzeit in der Oldendorfer Totenstatt.

Eisenzeit sind an dieser Stelle anzutreffen. An jeder Grab anlage steht eine Tafel, die den Aufbau erklärt und zeitlich einordnet.

Von der Oldendorfer Totenstatt bis zum **Marxener Paradies** benötigt man zu Fuß etwa 45 Minuten. Die Wanderung geht hauptsächlich durch eine Waldlandschaft. Auf einer Wandertafel an der Totenstatt finden Sie den Weg dorthin verzeichnet.

Dieses kleine Paradies liegt in einem Kerbtal, in dem sich ein kleiner See befindet. Die Hänge sind mit Heide und einer Vielzahl von Wacholdersträuchern bewachsen, die in den Wald hinübergleiten. Von diesem kleinen Paradies geht es wieder zurück zum Stellplatz an der Kronsbergheide. Auch dafür werden rund 45 Minuten benötigt. Die Distanzen lassen sich ebenfalls sehr gut mit dem Fahrrad überbrücken. In den jeweiligen Heideflächen kann allerdings nur dort mit dem Rad gefahren werden, wo auch die entsprechenden Wege vorhanden sind.

Wanderweg im Marxener Paradies.

Der Lopausee in Amelinghausen.

Stellplatz am Lopausee.

Es findet sich aber immer eine Stelle, wo man das Rad abstellen kann, um von dort aus das Innere der Heidelandschaften zu Fuß zu erkunden.

Gegenüber des Wanderparkplatzes Kronsbergheide befindet sich noch eine weitere sehr gute Möglichkeit, das Fahrzeug zu parken [**069:** N53°07'59.6" E10°14'05.1"]. Hier am **Lopausee** finden 50 Wohnmobile Platz. Das Areal liegt abseits der Straße und ist deshalb relativ ruhig. In unmittelbarer Nähe befindet sich am See ein Café/Restaurant, das einfache Gerichte und Kuchen anbietet. Hier können Sie auch ein Tretboot mieten und damit eine Runde auf dem kleinen Stausee drehen. Rund drei Kilometer ist der Spazierweg rund um den See lang. Er ist leicht zu gehen und überwiegend schattig. Wenn Sie den See umrunden, kommen Sie auch fast an diesen beiden Campingplätzen und dem Stellplatz am Freibad vorbei, die wir Ihnen jetzt noch vorstellen möchten.

(070) Offizieller WOMO-Badeplatz: Waldbad Amelinghausen

GPS: N53°07'25.5" E10°13'48.2"; Zum Lopautal 30, 21385 Amelinghausen.
Max. WOMOs: 40, maximale Länge 12 m.
Ausstattung: Frischwasserversorgung, Abwasserentsorgung mit Bodeneinlass, Kassettenentleerung, 34 Stromanschlüsse, Behälter für die Müllentsorgung, Kiosk, Brötchenservice, ganzjährig geöffnet.
Beschreibung: Sonnige Stellflächen auf Pflastersteinen neben dem Freibad, sehr ruhig. Das Restaurant "Auszeit im Kieferneck" ist nicht weit entfernt. Bis zum Lopausee sind es 300 Meter.

Preise: 8,00 € für ein Fahrzeug mit 2 Personen inkl. Strom, Frischwasser und Entsorgung. Bezahlung im Waldbad.
Zufahrt: In der Mitte von Amelinghausen am Eiscafé Tante Adele von der B209 in die Straße "Zum Lopautal" abbiegen und der Straße bis zur Einfahrt zum Stellplatz folgen.

(071) WOMO-Campingplatz: Lopautal

GPS: N53°07'29.0" E10°13'26.2"; Zum Lopautal 31, 21385 Amelinghausen.
Max. WOMOs: 25, maximale Länge 12 m.
Ausstattung: Frischwasserversorgung, Abwasserentsorgung mit Bodeneinlass, Kassettenentleerung, Stromanschlüsse, Behälter für die Müllentsorgung, Brötchenservice, Restaurant "Auszeit im Kieferneck" mit Biergarten und Spareribs als Spezialität. Im Servicegebäude gibt es Duschen, WCs, Waschmaschinen und Trockner. Der Platz ist ganzjährig geöffnet.
Beschreibung: Große sonnige Rasenplätze in der Nähe des Lopausees und des Waldbades. Entfernung zur Ortsmitte ca. 1000 Meter
Preise: Erwachsene Person 2,00 €, Kind bis Jahre 1,00 €, Hund 1,00 €, Wohnmobil 14,00 €, Strom 0,50 pro kWh.
Zufahrt: In der Mitte von Amelinghausen am Eiscafé Tante Adele von der B209 in die Straße "Zum Lopautal" abbiegen und der Straße bis zur Einfahrt zum Campingplatz folgen, die sich gegenüber der Lopautalhalle befindet.
Reservierung/Kontakt: Tel.: 01577/2052069
E-Mail: info@campingplatz-lopautal.de,
Web: https://campingplatz-lopautal.de.

(072) WOMO-Campingplatz: Mühlenkamp

GPS: N53°07'20.1" E10°13'46.3"; Mühlenkamp 1, 21385 Amelinghausen.
Max. WOMOs: >20, maximale Länge 12 m.
Ausstattung: Frischwasserversorgung, Abwasserentsorgung mit Bodeneinlass, Kassettenentleerung, Stromanschlüsse, WLAN, Behälter für die Müllentsorgung, Brötchenservice, Gasflaschentausch, kleines Restaurant. Im Servicegebäude gibt es Duschen, WCs, Waschmaschinen und Trockner. Der Platz ist ganzjährig geöffnet.
Beschreibung: Große überwiegend sonnige Rasenplätze mit vielen Dauercampern in unmittelbarer Nähe des Freibades.
Preise: Wohnmobil 12,00 €, Strom und WLAN werden separat abgerechnet.
Zufahrt: In der Mitte von Amelinghausen am Eiscafé Tante Adele von der B209 in die Straße "Zum Lopautal" abbiegen und der Straße bis zur Einfahrt zum Campingplatz folgen.
Reservierung/Kontakt: Tel.: 04132/639 oder 0157 70214514
Web: https://muehlen-kamp.de.

Wie Sie sehen konnten, ist das Angebot groß und vielfältig, um hier eine Heidetour oder auch mehrere zu starten. Die Heidelandschaft ist reizvoll rund um Amelinghausen und die Stadt wirbt damit um Besucher, die für die örtliche Gastronomie wie für den Handel eine wichtige Einkommensquelle geworden sind. Sehenswerte Bauwerke innerhalb der Stadt sind nicht zu verzeichnen. Ein Besuchermagnet ist dagegen das Heideblütenfest, das, wenn kein Virus dazwischenkommt, jährlich stattfindet.

Heideblütenfest Amelinghausen

Was für die Münchener das Oktoberfest ist, für die Stuttgarter der Wasen und für die Hamburger der Dom, das ist für die Amelinghausener das Heideblütenfest.

Es findet jährlich in der zweiten Augusthälfte statt, wenn die Heide in voller Blüte steht. Diese Festveranstaltung gibt es seit 1949 und geht mittlerweile über neun Tage. Höhepunkte des Festes sind ein Feuerwerk am Lopausee, ein großer Festumzug mit geschmückten Wagen, die Wahl des Heidebocks, dem männlichen Pendant zur Heidekönigin, deren Wahl das besondere Highlight dieses Festes ist. Sie nimmt über ein Jahr repräsentative Aufgaben bei denn unterschiedlichsten Anlässen wahr. Den gesamten Programmablauf und die Veranstaltungszeiten informiert diese Seite www.heidebluetenfest.com.

Auch in **Schneverdingen** findet jährlich Ende August ein Heideblütenfest statt. Es geht über vier Tage und hat ähnliche Programmpunkte wie das Fest in Amelinghausen. Genaueres gibt es hier www.schneverdingen-touristik.de.

Von Amelinghausen setzen wir nun unsere Reise fort in die Stadt, die der gesamten Region den Namen gegeben hat. Vom Stellplatz am Lopausee bis zu dem Campingplatz Rote Schleuse, den wir als Erstes in dieser rund 75.000 Einwohner zählenden Stadt besuchen werden, sind etwa 17 Kilometer zu fahren.

(073) WOMO-Campingplatz: Lüneburg – Rote Schleuse

GPS: N53°12'34.5" E10°24'36.5"; Rote Schleuse 4, 21335 Lüneburg.
Max. WOMOs: >20, maximale Länge 12 m.

Ausstattung: Frischwasserversorgung, Abwasserentsorgung mit Bodeneinlass, Kassettenentleerung, Stromanschlüsse, Behälter für die Müllentsorgung, WLAN, Brötchenservice, Badesee, Kosmetikstudio, Restaurant mit Biergarten. Im Servicegebäude gibt es Duschen, WCs, Waschmaschinen und Trockner. Der Platz ist ganzjährig geöffnet.
Beschreibung: Großes sonniges, von Wald umgebenes Wiesengelände an der Ilmenau, sehr ruhig. Die Innenstadt von Lüneburg ist 5 Kilometer entfernt. Sie lässt sich mit dem Fahrrad gut erreichen. Eine Bushaltestelle befindet sich direkt vor dem Eingang des Campingplatzes. Von dort geht es in 12 Minuten in die Innenstadt.
Preise: Erwachsene Person je nach Saison zwischen 6,10 € und 7,40 €, Kinder 3-14 Jahre zwischen 4,00 € und 4,90 €, Hund 2,10 €, Wohnmobil zwischen 8,50 € und 9,80 €, Strom 0,60 pro kWh.
Zufahrt: Am Kreuz Lüneburg-Häcklingen von der B209 Richtung Stadtmitte abfahren, dann im ersten Kreisverkehr die zweite Ausfahrt nehmen und danach in die nächste Straße rechts abbiegen.
Reservierung/Kontakt: Tel.: 04131/7915 00
Um Missverständnisse auszuschließen, nehmen Sie bitte eine Reservierung über die homepage des Campingplatzes www.camproteschleuse.de vor.

Nah an der Innenstadt gibt es einen weiteren Stellplatz, wie Sie auf dem Stadtplan sehen und in dieser Beschreibung lesen können.

(074) Offizieller WOMO-Stellplatz: Lüneburg – Sülzwiesen

GPS: N53°14'44.2" E10°23'51.7"; Am Bargenturm, 21339 Lüneburg.
Max. WOMOs: 69, maximale Länge 12 m.

Ausstattung: Frischwasserversorgung, Abwasserentsorgung mit Bodeneinlass, Kassettenentleerung, Stromanschlüsse, Behälter für die Müllentsorgung, ganzjährig geöffnet.
Beschreibung: Große ebene gepflasterte schattenlose Stellflächen. 15 Gehminuten bis zum Rathaus, 20 Min. bis zum Stintmarkt.
Preise: 4 Std.-Ticket 7,00 €, Tagesticket 15,00 €, 2-Tagesticket 29,00 €, 3-Tagesticket 43,00 € jeweils inkl. Strom, Frischwasser 1,00 €. Abwasserentsorgung und Entleerung der Bordtoilette ist kostenfrei.
Zufahrt: Am Kreuz Lüneburg-Häcklingen von der B209 Richtung Stadtmitte abfahren, dann im ersten Kreisverkehr die zweite Ausfahrt nehmen und danach den Hinweisen zu den Sülzwiesen folgen.

Von diesem Stellplatz starten wir unseren Stadtrundgang durch die alte Hanse- und Salzsiederstadt.

Prachtvolle Giebelhäuser auf dem mittelalterlichen Platz "Am Sande".

Vom Stellplatz geht es über den Lambertiplatz und der Heiligengeiststraße gleich zu einem architektonischen Highlight der Stadt, zum mittelalterlichen Platz **"Am Sande"**. Hier begann die Alte Salzstraße, auf der das weiße Gold nach Lübeck gebracht und dort in den Ostseeraum verschifft wurde. Salz war für die Einlagerung des Herings von zentraler Bedeutung und eines der wichtigsten Handelsgüter der Hanse. Mit dem Handel und der Herstellung von Salz wurde so mancher Kaufmann reich, was man an den Häuserfronten in Lüneburg auch heute noch ablesen kann.

Der Wasserturm in Lüneburg.

Am Ende des breiten, leicht abschüssigen, rund 200 Meter langen Platzes steht die Johanniskirche. Sie ist eine der ältesten Gebäude in Lüneburg und zählt zu den Hauptwerken der Backsteingotik. Der Bau dieser fünfschiffigen Hallenkirche begann gegen Ende des 13. Jahrhunderts.

Von der Kirche ist es nicht weit zum **Wasserturm**. Er wurde 1907 erbaut. Heute dienen mehrere Etagen des Turmes als Ausstellungsräume. Die Aussichtsplattform des 55 Meter hohen Backsteingebäudes lässt sich bequem mit einem Aufzug erreichen. Sie gewährt einen schönen Blick über die Stadt.

Wer sich für die Regionalgeschichte Lüneburgs interessiert, der geht in das **Museum Lüneburg**, das sich in Sichtweite des Wasserturms auf der anderen Seite der Ilmenau befindet. Hier ist eine Kopie der berühmten Ebstorfer Weltkarte zu sehen, die wir uns auf der Seite 198, beim Besuch des Klosters Ebstorf noch näher anschauen werden. Über das Museum erfahren Sie mehr auf dieser Seite www.museumlueneburg.de.

Der Alte Kran in Lüneburg.

Wir gehen jetzt weiter entlang der Ilmenau zur **Abtsmühle**, dem **Alten Kran** und dem **Stintmarkt**. In diesem malerischen städtebaulichen Ensemble aus Hafen, pittoresken Giebelhäusern und Altem Kran befindet sich Lüneburgs beliebtestes Kneipen- und Restaurantviertel. Der Stint war im Mittelalter der zentrale Umschlagplatz für Salz und den Stint, einem kleinen lachsähnlichen Fisch, der hier im Mittelalter gefangen und gehandelt wurde und schließlich diesem Markt seinen Namen gab. Der Stint ist ein Meeresfisch, der zum Laichen in die Unterläufe der Flüsse kommt. Er drang über die Elbe

Der Stintmarkt mit dem Lübecker Hafen an der Ilmenau.

Das Rathaus in Lüneburg.

auch bis in die Ilmenau nach Lüneburg vor und konnte hier leicht gefangen werden. Der Alte Kran, der vom Stintmarkt gut zu sehen ist, wurde erstmals im Jahr 1346 erwähnt. Sein heutiges Aussehen geht auf Umbaumaßnahmen aus dem Jahr 1797 zurück. Die Lasten wurden mit von Menschenkraft betriebenen Treträder auf die Kähne gehievt.

Nach dem Besuch des Stintmarktes geht es zum Marktplatz, an dem das Rathaus mit seinen 259 Räumen steht. Der Bau wurde 1230 begonnen und immer wieder verändert und erweitert und zeigt damit Stilelemente der Gotik, der Renaissance und des Barock. Die große Ratsstube gehört zu den größten Renaissance-Sälen Deutschlands, der Huldigungssaal und die Marktfassade stammen aus barocker Zeit.

Alte Raths-Apotheke.

Mit einer Führung können Sie das Rathaus von innen besichtigen. Nähere Informationen dazu gibt es hier www.lueneburg.info/rathausfuehrung.

Ein weiterer Weg für uns durch die Innenstadt, die aus einer kunterbunten Mischung aus Baustilen der unterschiedlichsten Epochen aufwarten kann. Auffallend ist neben den vielen Häusern mit ihren charakteristischen Treppengiebeln das Eingangsportal der Alten Raths-Apotheke, das aus dem Jahre 1598 stammt. Noch heute dient dieses Haus als Apotheke.

Mit der **Michaeliskirche** und der **Nicolaikirche** sind in der Innenstadt von Lüneburg zwei weitere Kirchen der Backsteingotik zu sehen, die wir allerdings nicht besucht haben. Sie finden sie auf dem Stadtplan verzeichnet. Das **Kloster Lüne**, das sich außerhalb der Innenstadt befindet, ist eine mittelalterliche Anlage. Es war ein Benediktinerinnen-Kloster und wird heute von evangelischen Konventualinnen bewohnt und verwaltet. Über die Angebote dieses Klosters informiert diese Seite www.kloster-luene.de.

Zum Abschluss unseres Besuches in Lüneburg schauen wir uns noch im **Deutschen Salzmuseum** um, sehen, wie das Salz, das die Stadt im Mittelalter reich gemacht hat, gewonnen wurde und welche Handelsbeziehungen damit verknüpft wurden.

Das weiße Gold aus Lüneburg

Im Deutschen Salzmuseum in der Sülfmeisterstraße wird in einem Teil des ehemaligen Salinengebäudes die Geschichte der Salzgewinnung in Lüneburg anschaulich erzählt.

Auf der Basis der in nicht allzu großer Tiefe vorkommenden hochprozentigen (26%) Sole wurde im Mittelalter durch einen Siedevorgang das Salz gewonnen. Zunächst in einem kleinen Maßstab, in Spitzenzeiten aber gab es 54 Siedehütten mit vier Pfannen pro Hütte, die ununterbrochen Tag und Nacht in Betrieb waren. Es gab 216 offene Feuerstellen, die nicht erlöschen durften. Ein enormer Verbrauch an Brennmaterial war die Folge. Die Pfannen wurden mit Holz aus den umliegenden Wäldern und mit Torf aus den umliegenden Mooren befeuert, was einen erheblichen Eingriff in die Landschaft zur Folge hatte, wie wir schon gesehen haben. Aber auch für die Salzsieder hatte diese Arbeit erhebliche Konsequenzen. Die Pfannen bestanden aus Blei, das durch die zugeführte Hitze im Laufe des Produktionsprozesses giftige Dämpfe abgaben, denen die Salzsieder schutzlos ausgesetzt waren. Kaum einer wurde älter als 30 Jahre, aber das Salär, der Lohn des Salzsieders (jetzt wissen wir auch, wo der Begriff herkommt) war hoch und bessere Alternativen gab es für die Tagelöhner oft nicht. Wie der Vorgang funktioniert hat, wird in der Schausiederei gezeigt.

Salz war ein kostbares Gut. Eine Schaufel Salz hatte im Mittelalter den Gegenwert eines Ochsen oder eines Pferdes und wer ein Fass Salz besaß, konnte dies gegen ein Steinhaus eintauschen. Die Saline war deshalb auch mit einer doppelten Ringmauer geschützt. Diebstahl sollte vermieden werden. Bis zu 20.000 Tonnen Salz wurden im Mittelalter pro Jahr gewonnen. Das hat so manchen Händler reich gemacht.

Für die Pumpe, mit der man die Sole aus einem rund 20 Meter tiefen Schacht hochpumpte, nutzte man die Wasserkraft der Ilmenau. Da dieser Fluss aber weit entfernt ist, wurde ein Pumpgestänge konstruiert, das von 1782 bis 1865 in Betrieb war. Dieses 1300 Meter lange Gestänge übertrug die Kraft des Wassers auf die Pumpe. Im Museum sehen Sie ein Modell davon und im Außenbereich eine Rekonstruktion.

In späteren Jahren wurden die Anlagen moderner eingerichtet, auch das können Sie im Museum noch im Original sehen. 1980 wurde der Betrieb aus Gründen der Rentabilität eingestellt.

Weitere Informationen zum Salzmuseum finden Sie auf dieser Seite www.salzmuseum.de. Hier finden Sie auch die Öffnungszeiten und Eintrittspreise.

Aktive Windmühle in Bardowick.

Wir verlassen diese beeindruckende und reizvolle Stadt und fahren weiter. **Bardowick** ist das nächste Ziel. Der Parkplatz am Dom, den Sie mit diesen Koordinaten erreichen **[075:** N53°18'03.5" E10°23'11.8"] bietet beste Voraussetzungen, um die Windmühle und den Dom zu besuchen.

Bei der Windmühle fällt auf, dass die Flügel etwas anders konstruiert sind, als dies bei gewöhnlichen historischen Holländer-Windmühlen zu sehen ist. Der Grund ist technischer Natur, mit der Veränderung der Flügelform konnte eine bessere Leistung erzielt werden, denn die Mühle ist immer noch durch Windkraft in Betrieb. Sie können sich die Mühle anschauen, in dem Café dem Knarren der Flügel lauschen und im Mühlenladen ihren Mehlvorrat aufstocken. Weitere Informationen zu diesem technischen Denkmal inklusive der Öffnungszeiten finden Sie hier www.meyers-windmuehle.de.

Ein ganz anderes Baudenkmal ist der **Dom zu Bardowick St. Peter und Paul**. Es ist eine Station auf der Europäischen

Der Altar im Dom zu Bardowick.

Route der Backsteingotik. Es wird vermutet, dass Karl der Große die Kirche gründen ließ und sie zum Bischofssitz ausbauen wollte. Erfolgt ist das zwar nicht, aber das Gotteshaus wurde trotzdem Dom genannt. Nachdem Heinrich der Löwe, die Kirche zerstören ließ, wurde sie zwischen dem 13. und 15. Jahrhundert neu errichtet. Chorgestühl, Taufbecken und Altar, die aus dem 14. und 15. Jahrhundert stammen, sind die besonderen Sehenswürdigkeiten im Inneren der Kirche. Der um 1430 aus Eiche geschnitzte Flügelaltar zeigt im Mittelteil Maria mit dem Kind zwischen den zwölf Aposteln und weiteren Heiligen in den Flügeln.

Das Schiffshebewerk in Scharnebeck ist das nächste Ziel. Auf dem Weg dorthin passieren wir in **Adendorf** einen Stellplatz, der sich gut für die Ver- und Entsorgung eignet.

(076) Offizieller WOMO-Stellplatz: Adendorf

GPS: N53°17'18.6" E10°27'20.6"; Scharnebecker Weg 12, 21365 Adendorf.
Max. WOMOs: 30, maximale Länge 12 m.
Ausstattung: Frischwasserversorgung, Abwasserentsorgung mit Bodeneinlass, Kassettenentleerung, Stromanschlüsse, Behälter für die Müllentsorgung, ganzjährig geöffnet.

Beschreibung: Schattenlose Stellflächen auf Rasengittersteinen etwas abseits der Durchgangsstraße. Nachts ruhig.
Preise: 4 Std.-Ticket 4,00 €, Tagesticket 10,00 € jeweils inkl. Strom. Frischwasser, Abwasserentsorgung und Entleerung der Bordtoilette ist kostenfrei.
Zufahrt: In Adendorf in Richtung Scharnebeck fahren und ca. 1 km nach der Ortsmitte vor dem Eiscafé Mancini rechts abbiegen.

(077) Offizieller WOMO-Stellplatz: Scharnebeck – Schiffshebewerk

GPS: N53°17'30.3" E10°29'37.6"; Adendorfer Str. 44, 21379 Scharnebeck.
Max. WOMOs: 15, maximale Länge 10 m.
Ausstattung: Frischwasserversorgung, Abwasserentsorgung mit Bodeneinlass, Kassettenentleerung, Stromanschlüsse, Behälter für die Müllentsorgung, ganzjährig geöffnet.

Beschreibung: Schattenlose asphaltierte Stellflächen nah am Schiffshebewerk. Am Platz befinden sich ein Eiscafe & Pizzeria, ein Kiosk und eine Polizeistation.
Preise: 6,00 € für ein Fahrzeug, Frischwasser 1,00 € und Strom 1,00 € für 8 Stunden.
Zufahrt: Von Adendorf in Richtung Scharnebeck fahren. Nach dem Durchqueren des Schiffshebewerkes den folgenden Kreisverkehr an der zweiten Ausfahrt verlassen und wenig später in die zweite Straße links abbiegen.

Ein Schiff kurz nach der Einfahrt in den Schleusentrog.

Die mit roten Streifen gestrichenen Elemente sind die Schleusentröge des Schiffshebewerkes.

Es ist ein monströses Bauwerk, das hier am Rande der breiten Elbtalaue am **Elbe-Seitenkanal** errichtet wurde. Mit zwei überdimensionalen Fahrstühlen werden die Schiffe von der Elbmarsch auf das Niveau der Lüneburger Geest gehievt. Nur 15 Minuten dauert dieser Vorgang, um die 38 Meter Höhenunterschied zu überbrücken. Mit Gewindeschnecken werden die rund 100 Meter langen und etwa 12 Meter breiten Tröge rauf und runter geschraubt. Auf einer Aussichtsplattform an der Straße, die unter dem Kanal durchführt, können Sie diesen Vorgang verfolgen. So ein Trog wiegt "nur" 5800 Tonnen, schon verblüffend, mit welcher Leichtigkeit die Tröge an den Besuchern vorbeiziehen. Dieses **Doppelsenkrecht-Schiffshebewerk** wurde 1974 errichtet und war zumindest zu dem Zeitpunkt der Entstehung das größte dieser Art in der Welt. Ob es heute noch so ist, wissen wir nicht. Das ist auch nicht von Relevanz ein technisches Wunderwerk und ein geniales Werk der Ingenieurskunst ist es allemal. Neben dem Schiffshebewerk gibt es eine Ausstellungshalle, die das Wasserbauwerk näher erläutert. Mit diesem Bauwerk und einer weiteren Schleuse in Uelzen, zu der wir noch kommen werden, wurde mit dem 115 Kilometer langen Elbe-Seiten-Kanal eine Verbindung der Elbe mit dem Mittellandkanal geschaffen.

Wenn Sie selbst auch gern einmal diesen Lift nutzen möchten, dann schauen Sie bitte auf diese Seite www.schiffshebewerk-scharnebeck.de. Hier erfahren Sie, was Sie tun müssen, um in den Genuss zu kommen.

Die Lüneburger Heide haben wir nun verlassen. Wir befinden uns bereits in der Elbtalaue, ein breites topfebenes Tal, das von der Elbe durchflossen wird und von ihr geschaffen wurde. Unzählige kleine Fließgewässer und Gräben durchziehen diese Landschaft, die nicht weit von Hamburg entfernt ist. Ruhig ist es hier, Massentourismus gibt es in dieser von der Landwirtschaft geprägten Region nicht. Naturverbundenen Tourismus schon. Dort, wo die **Neetze** einen kleinen See ausgebildet hat, gibt es diesen idyllischen Stellplatz.

(078) Offizieller WOMO-Badeplatz: Brietlingen – Reihersee

GPS: N53°20'33.9" E10°27'34.5; Auf den Bergen 133, 21382 Brietlingen.
Max. WOMOs: 15, maximale Länge 12 m.

Ausstattung: Frischwasserversorgung, Abwasserentsorgung, WC, Dusche, Stromversorgung, geöffnet von März bis November.
Beschreibung: Große weitgehend schattenlose, teilweise auch schattige naturbelassene Wiese direkt am Naturbadestrand mit Blick auf den Fluss, Kanuverleih, Imbiss mit einfachen Gerichten.
Preise: 10,00 € für ein Fahrzeug mit 2 Personen.
Zufahrt: Auf der B209 von Lüneburg in Richtung Lauenburg fahren und rund 1 km nach dem Ortsende des Dorfes Brietlingen rechts abbiegen.

Neben diesem Stellplatz gibt es eine Reihe von Campingplätzen. Der See wird von der Neetze durchflossen und wird damit ständig mit frischem Wasser versorgt. Die Badequalität ist ausgezeichnet. Das ruhig fließende Gewässer ist darüber hinaus ideal zum Paddeln.

Artlenburg, der nächste Ort, den wir anfahren, liegt schon an der Elbe. Hier beginnt der Elbe-Seiten-Kanal. Der Flecken (siehe Seite 29) hat weniger als 2000 Einwohner und wird von Sportbootfahrern gern angefahren. Der Yachthafen ist relativ groß. Auf dem Gelände befindet sich auch der Campingplatz, den Sie auf der nächsten Seite beschrieben finden. Die Sehenswürdigkeiten des Ortes sind überschaubar. Außer der **Windmühle**, die sich in der Nähe des Elbe-Seiten-Kanales befindet, gibt es hier nichts Wesentliches zu sehen.

Beginn des Elbe-Seiten-Kanals in Artlenburg.

(079) WOMO-Campingplatz: Artlenburg – Yachthafen

GPS: N53°22'33.7" E10°29'06.8"; Hafenstr. 1, 21380 Artlenburg.
Max. WOMOs: >20, maximale Länge 12 m.

Ausstattung: Frischwasserversorgung, Abwasserentsorgung mit Bodeneinlass, Kassettenentleerung, Stromanschlüsse, Behälter für die Müllentsorgung. In den sehr einfach gehaltenen Servicecontainern gibt es Duschen, WCs, Waschmaschinen und Trockner. Der Platz ist vom 15. April bis zum 15. Oktober geöffnet.
Beschreibung: Sehr schöne Lage zwischen dem Becken des Yachthafens und der Elbe. Ebene schattenlose Wiesenflächen, sehr ruhig.
Preise: Pro Fahrzeug je nach Lage und Länge zwischen 10,00 € und 20,00 €, Strom 3,00 € pro Tag, Hund 3,00 €.
Zufahrt: Von der B209 über die Große Straße mitten in den Ort hineinfahren, den Deich überqueren und am Ende links abbiegen.
Reservierung/Kontakt: Tel.: 0171 3712143
Web: www.flecken-artlenburg.de.

Windmühle in Artlenburg.

Die Mühle ist noch in Betrieb, nur die Flügel drehen sich nicht mehr, das Mahlwerk wird heute elektrisch betrieben.

Artlenburg bietet sich als Standort für Touren auf dem Elberadweg an. Bis nach Geesthacht sind es rund 14 Kilometer, bis in die Hafen City von Hamburg etwa 53 Kilometer. Elbaufwärts sind es bis nach Lauenburg 7, bis nach Boizenburg etwa 17 und bis nach Hitzacker circa 58 Kilometer. Nennenswerte Steigungen oder Gefällstrecken gibt es auf keiner dieser Routen.

Von Artlenburg begeben wir uns nun nach Lauenburg und beenden dort diese Tour. Lauenburg liegt bereits in Schleswig-Holstein im Dreiländereck mit Mecklenburg-Vorpommern und Niedersachsen. Auf der Südseite der Elbe gibt es einen Stellplatz in **Hohnstorf** und auf der Nordseite einen in **Lauenburg/Elbe**. Wir stellen beide kurz vor.

(080) Offizieller WOMO-Stellplatz: Hohnstorf

GPS: N53°21'45.5" E10°33'44.5"; Schulstraße 1A, 21522 Hohnstorf (Elbe).
Max. WOMOs: 9, maximale Länge 12 m, max. Aufenthalt 3 Tage.
Ausstattung: Frischwasserversorgung, Abwasserentsorgung mit Bodeneinlass, Kassettenentleerung, Stromanschlüsse, Behälter für die Müllentsorgung, ganzjährig geöffnet.

Beschreibung: Gepflasterte eng beieinanderliegende Plätze mit Panoramablick auf Lauenburg, schattenlos. In einer Sackgasse am Ortsrand direkt an der Elbe, sehr ruhig. Fußweg in die Innenstadt von Lauenburg 2 Kilometer.
Preise: 8,00 € für ein Fahrzeug, Frischwasser 1,00 € für ca. 100 Liter, Strom 1,00 € für 10 Stunden. Abwasserentsorgung und Entleerung der Bordtoilette ist kostenfrei.
Zufahrt: In Hohnsdorf auf der B209 nach dem Edeka-Markt in einer lang gezogenen Linkskurve in die nächste Straße (Elbuferstraße) rechts abbiegen, der Straße rund 600 Meter folgen und dann links abbiegen.

(081) Offizieller WOMO-Stellplatz: Lauenburg – Yachthafen

GPS: N53°22'19.3" E10°33'57.8"; Hafenstraße 14, 21481 Lauenburg/Elbe.
Max. WOMOs: 18, maximale Länge 12 m.

Ausstattung: Frischwasserversorgung, Abwasserentsorgung mit Bodeneinlass, Kassettenentleerung, Stromanschlüsse, Behälter für die Müllentsorgung, WLAN, Brötchenservice. Im Servicegebäude gibt es Duschen und WCs. Der Platz ist ganzjährig geöffnet.
Beschreibung: Geschotterte schattenlos Plätze mit Blick auf den Yachthafen, Straßenlärm deutlich hörbar. Fußweg in die Innenstadt 1 Kilometer.
Preise: 12,00 € für ein Fahrzeug, Frischwasser 1,00 € und Strom 0,50 € pro kWh, Müllentsorgung 1,00 €. Abwasserentsorgung und Entleerung der Bordtoilette ist kostenfrei.
Zufahrt: Von Hohnstorf über zwei Brücken die Elbe und den Elbe-Lübeck-Kanal überqueren und danach gleich rechts zum Yachthafen abbiegen.

Vom Stellplatz am Yachthafen ist es nicht weit bis zur Elbstraße in der Altstadt. Sie kommen dabei an dem Rufer vorbei, dessen blank polierter Daumen auffällt. Das Berühren dieses Körperteils soll Glück bringen. Die Altstadt ist zweifellos ein überaus prachtvolles Gebäudeensemble aus alten

Blick auf Lauenburg an der Elbe.

Fachwerkhäusern. Zahlreiche Künstler und Kunsthandwerker haben hier ihre Ateliers oder Ausstellungsräume. In der Altstadt befindet sich auch das **Künstlerhaus Lauenburg**. Es ist eine Internationale Stipendiatenstätte des Landes Schleswig-Holstein. Es bietet Nachwuchstalenten aus aller Welt die Möglichkeit, ungestört neue Projekte zu realisieren und diese dem kunstinteressierten Publikum vorzustellen.

Gegenüber dem Künstlerhaus befindet sich das **Elbschifffahrtsmuseum**, das unter dem Motto "Mensch-Modell-Maschine" eine sehenswerte interaktive Ausstellung bietet. Es zeigt die Entwicklung der Elbe vom Fluss zur Wasserwirtschaftsstraße, zeigt, wie die Menschen auf und mit der Elbe ihr Leben verbracht haben und hat im Untergeschoss in der "Schatzkammer der Schiffsantriebe" eine einzigartige Sammlung unterschiedlicher Schiffsmotoren. Die Öffnungszeiten und Eintrittspreise finden Sie hier www.herzogtum-lauenburg.de/a-elbschifffahrtsmuseum.

Erstaunlich ist die Steigung, wenn man vom Museum hoch auf den Schlossberg geht. Hier lockt ein Turm und die Aussichtsplattform **Askanierblick**. Von oben ist der Blick über die Elbe und die Altstadt einfach grandios.

Ein Kleinod in Lauenburg ist die etwas außerhalb liegende **Palmschleuse** an der B5 Richtung Boizenburg. Sie ist die älteste Kammerschleuse Europas und wurde zwischen 1392 und 1398 gebaut. Sie war Teil des Stecknitzkanals, dem Vorläufer des Elbe-Lübeck-Kanals und war bis 1900 in Betrieb.

Am Ruferplatz, dort, wo der Rufer mit dem blank polierten Daumen steht, legen Fahrgastschiffe in alle Himmelsrichtungen ab. Auf bequemen Schiffen mit Restaurantbetrieb werden von verschiedenen Reedereien über den Elbe-Lübeck-Kanal Fahrten nach Mölln angeboten, über den Elbe-Seitenkanal Fahrten zum Schiffshebewerk Scharnebeck, über die Elbe nach Hamburg oder in die Gegenrichtung nach Boizenburg und Hitzacker. Lauter interessante Fahrten, über die Sie hier nähere Informationen bekommen können www.personenschifffahrt-wilcke.de; www.reederei-helle.de. Ein ganz besonderes Erlebnis und sehr beliebt ist eine Fahrt mit dem historischen **Raddampfer Kaiser Wilhelm**. Das Schiff versieht seit 1900 seinen Dienst auf der Elbe. Es fährt den Hamburger Hafen an und den Elbhafen in Wittenberge. Nähere Information zu diesem Schiff und den Ausflugsfahrten mit dem Dampfer finden Sie hier https://raddampfer-kaiser-wilhelm.de. Rechtzeitige Buchungen werden empfohlen, denn die Ausflugsfahrten mit diesem Schiff sind sehr beliebt.

Die Elbstraße ist ein malerisches Fachwerkensemble.

Lauenburg ist nicht nur ein Kreuzungspunkt der Wasserstraßen. Auch das Fernradwegenetz bildet an dieser Stelle einen Knotenpunkt. Hier treffen der **Elberadweg**, die **Alte Salzstraße**, der **Radweg Hamburg-Rügen** und der **Iron Curtain Trail** aufeinander. Der letzte ist in Deutschland deckungsgleich mit dem Radweg **Grünes Band Deutschland**, der entlang der ehemaligen innerdeutschen Grenze verläuft. Nördlich davon führt er bis an die Barentssee, südlich bis ans Schwarze Meer und markiert den ehemaligen "Eisernen Vorhang".

Von Lauenburg haben Sie die Möglichkeit mit der Tour 11, die auf Seite 242 beginnt die Elbe weiter hinauf zu fahren. Mit unserem Buch über Schleswig-Holstein, das ist der Band 4 der WOMO-Reihe, haben Sie die Möglichkeit, durch den hohen Norden Deutschlands zu reisen. In dem Band ist Lauenburg die letzte Station der letzten Tour.

Wir machen jetzt einen großen Sprung zurück und beginnen in Hildesheim die nächste Tour, die uns über Hannover nach Celle in die Südheide führt.

NSG Meißendorfer Teiche/Bennetzer Moor
103
Winsen (Aller)
Wolthausen
Tour 8
96
Hornbostel
B3
L180
104
Groß Hehlen
Garßen
Aller
Wietze
B214
WC 095
B191
Erdölmuseum
Ovelgönne
Lachte
Tour 7
B214
Schloss
Französischer Garten
Wieckenberg
Hambühren
Celle
094
Altencelle
139
7
Tour 10
Wienhausen
Fachwerk, Backsteingotik und Bauhaus (67 km)
093
Elze
Fuhrberg
Nienhagen
Papenhorst
Großmoor
092
Eicklingen
Wathlingen
Mellendorf
Kalibahn
Ehlershausen
Abraumhalde Kalibergbau
Bissendorf
Riedel
Wietze
B3
Hänigsen
352
Großburgwedel
136
091
B188
Altmerdingsen
7
Burgdorf
Katensen
Langenhagen
Altwarmbüchen
37
B443
2
Immensen
HANNOVER
B3
Sea Life
Erlebnis-Zoo Hannover
Sieversausen
B6
Herrenhäuser Gärten
090
Hermann-Löns-Park
Tiergarten
Ahlten
Lehrte
2
Hämelerwald
088
089
Eilenriede
B443
Ilten
Maschsee
B65
7
B217
Hemmingen
Mehrum
B65
Ronnenberg
087
B65
Sehnde
Laatzen
Arnum
Rethen
B6
Hohenhameln
Hiddestorf
Koldingen
Koldinger Seen
Calenberger Land
Pattensen
086
Algermissen
Hüpede
Sarstedt
N
Sarstedter Seenplatte
B494
B3
Bennigsen
WC 084
085
Harsum
5 km
Gestorf
Jeinsen
Leine
Innerste
Schulenburg
Burgruine Calenberg
B6
B1
Schloss Marienburg
Hildesheim
083
St. Michaelis
Ottbergen
Nordstemmen
7
Eldagsen
Dom
Burgstemmen
082 WC
B6
B3
Band 66: Mit dem Wohnmobil in den Harz, in das Weserbergland, an die untere Saale und an die Elbe
Elze
B243
Heinde

TOUR 6 (ca. 130 km)

Hildesheim – Nordstemmen – Sarstedt – Koldingen – Hannover – Burgdorf – Nienhagen – Celle

Stellplätze:	Hildesheim, Nordstemmen, Sarstedt, Koldingen, Hannover, Burgdorf, Nienhagen, Celle.
Campingplätze:	Arnum, Celle.
Ver-/Entsorgung:	Arnum, Nienhagen, Celle
Besichtigungen:	Hildesheim (Altstadt, Dom, St. Michaelis), Nordstemmen (Schloss Marienburg), Hannover (Herrenhäuser Gärten, Innenstadt), Burgdorf (Altstadt), Celle (Schloss, Bomann-Museum, Altstadt, Französischer Garten, Bauhausarchitektur).
Wandern/Radtouren:	In der Sarstedter Seenplatte, rund um die Koldinger Seen, in Hannover im Herman-Löns-Park und Stadtwald Eilenriede, zwischen Burgdorf und Celle ein Runde Fachwerk, Backsteingotik und Bauhaus.
Baden/Wellness:	Nordstemmen (Freibad), Nienhagen (Freibad), Celle (Badeland, Naturbad Silbersee).

Diese Tour ist sehr inhaltsreich. Wir beginnen mit den UNESCO-Welterbestätten in Hildesheim, fahren dann zum Märchenschloss Marienburg und durchstreifen danach die Seenlandschaften im Leinetal. In Hannover schauen wir uns zunächst die Herrenhäuser Gärten an, bevor wir in die Innenstadt aufsuchen, um danach den Herman-Löns-Park und den Stadtwald Eilenriede einen Besuch abzustatten. Im weiteren Verlauf der Reise halten wir uns kurz in Burgdorf auf und nach der Zwischenstation in Nienhagen fahren wir nach Celle und besuchen dort das Schloss und die Altstadt. Auf gehts.

Von der Autobahn bis zu diesem Stellplatz in der Südstadt von Hildesheim sind es vier Kilometer [**082:** N52°08'20.0" E9°57'14.4"; Hohnsen 28, 31134 Hildesheim]. Eine Ver- und Entsorgungsanlage hat der Platz nicht aufzuweisen, Stromanschlüsse auch nicht, nur eine Toilettenanlage ist in der Nähe. Mit einem großen, innenstadtnahen Stellplatz kann **Hildesheim** nicht dienen. Dichtgedrängt stehen die Mobile rund zwei Kilometer von der Innenstadt ent-

Stellplatz am Hohnsensee in Hildesheim.

Der Hildesheimer Dom.

Godehardschrein im Hildesheimer Dom.

Gnadenbild der Gottesmutter.

fernt auf diesem Platz am Hohnsensee. Der Weg in die Innenstadt führt durch das Tal der Innerste. Wir wollen mit dem Dom beginnen, dorthin benötigen wir zu Fuß rund 20 Minuten, mit dem Rad schafft man das in fünf Minuten.

Der **Hildesheimer Dom** wurde im 11. Jahrhundert errichtet und ist eine der ältesten Bischofskirchen in Deutschland. Im Laufe der Jahrhunderte wurde sie mehrfach umgebaut, sodass in diesem Kirchengebäude vorromanische, romanische und auch gotische Stilelemente zu sehen sind.

In den letzten Wochen des Zweiten Weltkrieges wurde die Kirche durch einen Bombenangriff nahezu vollständig zerstört. Die wertvollsten Kunstwerke, die heute unter anderem im Dommuseum zu bewundern sind, waren rechtzeitig in Sicherheit gebracht worden und überstanden den Krieg unbeschädigt.

Von 1950 bis 1960 dauerte der Neuaufbau der Kirche, der äußerlich dem zerstörten Original weitgehend gleichkommt.

Der Dom und der Domschatz wurden zusammen mit St. Michaelis 1985 in die Liste des Welterbes der UNESCO aufgenommen.

Die Öffnungszeiten des Domes, des Dommuseums sowie einen vertiefenden Überblick, was es alles in diesem Gebäudekomplex zu sehen gibt, können Sie hier www.dom-hildesheim.de nachlesen.

Gehen wir nun zum **Historischen Marktplatz**, der leicht zu finden ist, wenn man einfach auf den in den Gehsteigen eingelassenen Granitplatten folgt, auf denen alle paar Meter "Welterbeband" steht. So wurde ein rund 1,2 Kilometer langer Rundweg markiert, der zu den wesentlichen Sehenswürdigkeiten der Stadt führt. Ab und zu gibt es an diesem Weg auch noch einige Stelen, die weitere Informationen liefern.

Auf dem Weg zum Marktplatz kommt man an der **Sankt-Andreas-Kirche** vorbei, die den höchsten Kirchturm Niedersachsens hat. Über 364 Stufen geht es hinauf. Klar, dass man von diesem fast 115 Meter hohen Turm eine tolle Fernsicht hat. Wieder unten angekommen, ist es nicht mehr weit bis zum Markt und wir können aus einer Anzahl von Restaurants eines auswählen, draußen sitzen und uns an den außergewöhnlichen Fachwerkfassaden erfreuen. Nur wenig davon ist im Originalzustand. Die meisten Gebäude an diesem Platz erlitten dassel-

Fassade des Wedekindhauses.

Fassade des Knochenhaueramtshauses.

Die ehemalige Benediktinerabteikirche St. Michael.

be Schicksal wie der Dom und wurden relativ spät, erst in den Achtzigerjahren zumeist originalgetreu rekonstruiert, wieder aufgebaut.

Die Grabplatte aus dem 14. Jahrhundert zeigt einen jugendlichen Bischof Bernward, wie er seine Kirche im Arm hält. Im Hintergrund ist der Marienaltar zu sehen.

Im sogenannten **Knochenhaueramtshaus** befindet sich in den oberen Etagen das Stadtmuseum, neben dem **Wedekindhaus** bietet die Touristinfo der Stadt ihre Informationen an und hier kann man auch Führungen buchen und sich die Stadt im Detail zeigen lassen.

Gehen wir nun zur ehemaligen **Benediktinerabteikirche St. Michael,** die zu Beginn des 11. Jahrhunderts unter Bischof Bernward begonnen und unter der Leitung von Bischof Godehard fertiggestellt wurde.

Das Gebäude gilt mit seinen klaren, geometrischen Formen und seiner strengen Symmetrie als ein Meisterwerk kirchlicher Baukunst. Die Architektur dieser Kirche war wegweisend für weitere architektonische Entwicklungen von Kirchengebäuden im Mittelalter. Prunkstück im Inneren des lichtdurchfluteten Kirchenschiffes ist das einzigartige Deckengemälde aus dem 13. Jahrhundert, das im Zweiten Weltkrieg vorsorglich demontiert und in Sicherheit gebracht worden war. Eine kluge Entscheidung, denn auch diese Kirche blieb von den Bombenangriffen nicht verschont und wurde weitgehend zerstört. Nach dem Wiederaufbau der Kirche wurde das Deckengemälde wieder angebracht, das aus 1300 Eichenbohlen besteht. Es gehört neben den Holzdecken von Zillis (Schweiz) und Dädesjö (Schweden) zu den einzigen monumentalen Tafelgemälden des hohen Mittelalters, die noch erhalten sind. Das Deckengemälde zeigt den Stammbaum Jesu, der hier in acht Hauptfeldern aufgeteilt ist. Darüber hinaus sind die Engelschorschranken und Kapitelle, der Kreuzgang und die Krypta mit dem Grab Bischof Bernwards sehenswert. Einen Panoramaspaziergang durch die Kirche können Sie unternehmen, wenn Sie diese Seite https://michaelis-hildesheim.wir-e.de/meinort-imwelterbe aufrufen. Dort finden Sie auch zahlreiche Videos, sowohl religiöse als auch Beiträge, die sich mit der Architektur und der Geschichte dieses UNESCO-Welterbes beschäftigen.

Das Langhaus der Kirche St. Michael mit dem monumentalen Deckengemälde.

Wir kehren nun zum WOMO zurück, allerdings nicht ohne noch einen Gang durch das "Fachwerkviertel" der Stadt zu unternehmen, es liegt sowieso auf unserem Weg. Hier im Südosten der Stadt blieben einige Häuser vom Bombenhagel der letzten Kriegstage verschont. Darunter befindet sich auch das **Waffenschmiedehaus**, es ist das älteste Fachwerkhaus der Stadt und wurde 1548 erbaut. In dem Haus befindet sich das **Neisser Heimatmuseum**, das mit vielen Exponaten aus der oberschlesischen Neisseregion aufwarten kann. Unweit davon ist der **Kehrwiederturm** zu sehen, der letzte erhaltene Turm der ehemaligen Hildesheimer Stadtbefestigung.

Blick mit dem Teleobjektiv auf Schloss Marienburg.

Nach Hildesheim geht es zu einem weiteren Reiseziel, das wir auch schon bei unserer Harzreise aufgesucht hatten. Es ist so eine Art Neuschwanstein, nur in Niedersachsen. Wir reden vom **Schloss Marienburg**, das bei **Nordstemmen** majestätisch über der Leine thront. Einen Parkplatz finden Sie am Freibad [**083:** N52°10'02.2" E9°46'49.6"; Am Freibad 4, 31171 Nordstemmen]. Von hier sind es zu Fuß oder mit dem Rad rund 2,5 Kilometer. Es gibt auch in der Nähe des Schlosses einige Parkplätze, doch sind diese schnell belegt und für Wohnmobile nur sehr begrenzt geeignet.

Schloss Marienburg zählt zu den bedeutendsten neugotischen Baudenkmälern in Deutschland. Es ist ein Geschenk des Welfenkönigs Georg V. an seine Frau Marie.

Im Innenhof von Schloss Marienburg.

Erbaut wurde das Schloss zwischen 1858 und 1867. Genutzt hat sie es kaum, denn als es fertiggestellt war, annektierte Preußen 1866 das Königreich Hannover. Der Welfenkönig floh nach Österreich ins Exil, wenig später folgte ihm seine Gattin. Danach war das Schloss unbewohnt, was sich erst nach dem Ende des Zweiten Weltkrieges änderte, als Erbprinz Ernst August III. mit Frau und Kindern einzog, nachdem sie Schloss Blankenburg im Harz verlassen hatten. Seit 1965 wird das Schloss nicht mehr von der königlichen Familie

Die Bibliothek der Königin.

genutzt. Einen großen Teil der Kunstschätze der Marienburg ließen die Welfen 2005 versteigern, etwa 20.000 Objekte, die ein hübsches Sümmchen eingebracht haben. Mit den Welfen werden wir uns im Zusammenhang mit den Herrenhäuser Gärten in Hannover noch ein wenig beschäftigen.

Heute wird Schloss Marienburg als Museum und Restaurant genutzt sowie für Privatfeiern und Veranstaltungen vermietet.

Beeindruckend sind die Räumlichkeiten, die Sie besichtigen können. Es lohnt auch ein Aufstieg auf den Turm. Nach 160 Stufen haben Sie die Aussichtsplattform erreicht und können Ihren Blick über das Leinetal und das **Calenberger Land** schweifen lassen. Namengebend war die Festung Calenberg die sich unweit des Schlosses im Leinetal befindet. Sie ist schon seit langer Zeit eine Ruine, von der nur noch Kellergewölbe und Grundmauern sichtbar sind.

Das Schloss Marienburg ist auch heute noch im Besitz der Welfenfamilie. Öffnungszeiten, Eintrittspreise, virtuellen Rundgang, Speisekarte und noch einiges mehr finden Sie auf dieser Seite www.schloss-marienburg.de.

Von Nordstemmen fahren wir nach **Sarstedt**. Die Kleinstadt mit rund 20.000 Einwohnern liegt an der Innerste, die nordwestlich des Zentrums in die Leine fließt. Wenn Sie auf die Karte am Anfang dieses Kapitels schauen, dann fallen die vielen Seen auf, die sich links und rechts der Leine befinden. Es sind zum Teil aktive Baggerseen, zum Teil renaturierte Flächen mit Naturschutzgebieten und zu einem weiteren Teil auch Badeseen und Surfreviere.

Parkplatz am Giftener See.

Der Giftener See hat eine Fläche von rund 125 Hektar.

Der kostenlose Parkplatz am **Giftener See** am Jeinser Weg **[084:** N52°12'59.9" E9°49'42.4"] ist ein schöner Platz, der zu einem Rundgang oder Radfahren einlädt. Dazu gibt es zwei frei zugängliche Grillstellen, die ohne Anmeldung genutzt werden können. Für diejenigen, die mit einem Hund unterwegs sind, ist das hier ein idealer Platz. Einziges Manko ist die ICE-Strecke, die in hörbarer Entfernung an diesem Areal vorbeiführt.

In Sarstedt gibt es am Festplatz einen weiteren kostenlosen Stellplatz [**085:** N52°13'55.8" E9°51'32.5"]. Es ist sehr ruhig hier aber für einen längeren Aufenthalt absolut unattraktiv. In der Stadt gibt es auch nichts, was man unbedingt gesehen haben muss, deshalb fahren wir weiter.

Wegweisung am Koldinger See.

Mit den **Koldinger Seen** haben wir gleich die nächste amphibische Landschaft auf dem Programmzettel, die in der Infrastruktur für den Wanderer und Radfahrer mit den ausgewiesenen Wegen sehr viel besser erschlossen ist, als das in der Sarstedter Seenplatte der

Der Große Koldinger See.

Fall ist. Den Wanderparkplatz finden Sie mit diesen Koordinaten **[086:** N52°16'31.3" E9°48'29.7"]. Der **Koldinger-Seen-Weg** ist 13 Kilometer lang. Er lässt sich auch mit dem Rad fahren. Die Wandertafel weist auf sechs weitere Rad- und Wanderwege durch das Calenberger Land hin. Der kürzeste ist 8 Kilometer lang der längste 32 Kilometer. Der Welfenweg geht über 23 Kilometer bis zum Schloss Marienburg und führt dicht an der Ruine Calenberg vorbei.

Wie auf dem Foto vom Großen Koldinger See zu sehen ist, haben sich die ehemaligen Baggerseen zu einem Vogelparadies entwickelt. Neben dem Steinhuder Meer (siehe Seite 32) ist diese Seenlandschaft ein weiteres wichtiges Brutgebiet für durchziehende und heimische Vögel. Für einen längeren Aufenthalt in dieser Region empfiehlt sich dieser Campingplatz.

(087) WOMO-Campingplatz: Hemmingen – Arnumer See

GPS: N52°18'11.4" E9°44'49.1"; Osterbruchweg 5, 30966 Hemmingen-Arnum.
Max. WOMOs: >20, maximale Länge 12 m.
Ausstattung: Frischwasserversorgung, Abwasserentsorgung mit Bodeneinlass, Kassettenentleerung, Stromanschlüsse, Behälter für die Müllentsorgung, WLAN, Brötchenservice, Restaurant. In den Servicegebäuden gibt es Duschen, WCs, Waschmaschinen und Trockner. Der Platz ist ganzjährig geöffnet.
Beschreibung: Großer Campingplatz mit vielen Dauercampern, Appartements, Chalets, Zeltwiese und einigen Touristenplätzen, die sich allesamt um den See schmiegen. Besonders begehrt sind die Plätze direkt am Ufer.
Preise: Erwachsene Person je nach Saison zwischen 6,00 € und 7,50 €, Kinder bis 14 Jahre 3,00 €, Hund 2,50 €, Wohnmobil zwischen 9,00 € und 11,00 € (Campingbusse etwas billiger), Strom pauschal 3,00 € pro Tag oder 0,55 pro kWh, Waschmaschine 3,50 €, Trockner 2,50 €.
Zufahrt: In die Mitte von Arnum fahren und von dort der Beschilderung zum Campingplatz folgen.
Reservierung/Kontakt: Tel.: 05101/3534
E-Mail: info@camping-hannover.de, Web: www.camping-hannover.de.

Herrenhäuser Gärten

Stellplatz am Großen Garten.

Von der renaturierten Naturlandschaft rund um die Koldinger Seen, wo die Natur bewusst wieder sich selbst überlassen bleiben soll, geht es nun in eine Gartenanlage, von der man glauben könnte, hier wird der Rasen mit der Nagelschere geschnitten. Das ist natürlich maßlos übertrieben, aber den Großen Garten schauen wir gleich einmal näher an. Zunächst stellen wir das WOMO auf diesem Platz [**088:** N52°23'16.8" E9°41'32.8"] in der Straße Am Großen Garten ab. Die Parkplätze im vorderen Bereich sind gebührenpflichtig, im hinteren Bereich sind sie gebührenfrei.

Großer Garten, Berggarten, Georgengarten und Welfengarten, diese vier Parkanlagen bilden die Herrenhäuser Gärten. Von diesen vier Anlagen ist der Große Garten der prächtigste. Er zählt zu den größten und am besten erhaltenen Barockgartenanlagen Europas.

Blick vom Balkon des Schlosses in den Großen Garten.

Der Große Garten

Die Entstehung des Gartens geht zurück auf Herzog Johann Friedrich von Braunschweig-Lüneburg, der das Dorf Haringehusen unter dem Namen Herrenhausen in der zweiten Hälfte des 17. Jahrhunderts zu seiner Sommerresidenz ausbauen ließ. Er holte den Gelehrten und Philosophen **Gottfried Wilhelm Leibniz** als Bibliothekar an seinen Hof. Nach seinem Tod im Jahre 1679 übernahm sein jüngerer Bruder **Ernst August** die Herrschaft im Fürstentum Calenberg. Er war vermählt mit **Sophie von der Pfalz**, einer Tochter des Kurfürsten Friedrich V. von der Pfalz, aus dem Haus Wittelsbach und von Elisabeth Stuart, Tochter König Jakobs I./VI. von England und Schottland.

Denkmal der Kurfürstin Sophie im Großen Garten.

In erster Linie war es Sophie, die diesen Garten entstehen ließ. Von 1676 bis 1710 wurde an dieser Anlage gebaut. Bis zu Ihrem Tod 1714 wurde die ursprüngliche Gartenfläche vervierfacht. Heute umfasst der Große Garten eine Fläche von etwa 50 Hektar. Rund 30.000 Sommerblumen werden jedes Jahr in einem bestimmten System, das Höhe und Farbe der Pflanzen berücksichtigt, neu gesetzt. Rund 12.000 Quadratmeter Rasen müssen gepflegt werden, rund 20 Kilometer Hainbuchenhecken geschnitten und rund 18 Kilometer Buchsbaumsträucher in Form gehalten werden.

Die Bewässerung des Gartens und die Wasserspiele waren eine komplexe Angelegenheit, die technisch nicht einfach zu lösen war. Nach mehreren vergeblichen Versuchen kam Leibniz auf die Idee, die Leine aufstauen zu lassen und die Wasserkraft für ein Hebewerk einzusetzen. Wie das funktioniert, kann in der **Wasserkunst** betrachtet werden, die sich südlich des Großen Gartens an der Leine befindet. Die Anlage wurde in den letzten Jahren grundlegend saniert. Ab Sommer 2021 soll sie wieder zugänglich sein.

Buchsbaum, Rasen, Blumen und Figuren der griechischen Mythologie prägen die Anlage des Großen Gartens.

Nach dem Tode Sophies im Jahre 1714 blieben die Gartenanlagen lange Zeit unbeachtet, weil sich die Nachfahren mehr in England aufhielten als in Hannover. Wieso das? Nun, hier kommt der **Act of Settlement** ins Spiel. Es ist ein Gesetz, mit dem das englische Parlament 1701 die protestantische Thronfolge im Königreich England regelte. Es legte fest, dass nach dem Tod Annes, der letzten protestantischen Thronfolgerin im Haus Stuart, das Recht der Thronfolge auf ihre Cousine ersten Grades Sophie von der Pfalz bzw. deren protestantische Nachkommen übergehen sollte. So wurde Sophies Sohn Georg I. von Hannover der Thronfolger in England und es begann die Herrschaft der Welfen als Haus Hannover. Da sie ihre deutschen Territorien behielten, bestand bis zum Jahre 1837 auch eine Personalunion zwischen Großbritannien und Hannover.

Der Abwesenheit der Herrscher in Hannover ist es zu verdanken, das der Barockgarten in seiner Anlage unangetastet blieb. Viele Herrscherhäuser in dieser Zeit ließen ihre Barockgärten in Landschaftsgärten englischen Stils umwandeln. Der Große Garten blieb davon verschont. Erst mit König Georg V. der Herrenhausen 1862 zu seiner Residenz erklärte, wurde das Schloss wieder dauerhaft bewohnt und der Garten gewann wieder an Glanz. Das währte aber nicht lang, nachdem das Königreich Hannover 1866 in der Schlacht gegen die Preußen bei Langensalza kapitulieren musste. Das Königreich Hannover ist damit Geschichte, es wurde annektiert und eine preußische Provinz. König Georg V. ging ins Exil nach Österreich, seine Frau und seine Kinder folgten ihm, nachdem sie noch ein Jahr im Schloss Marienburg verbracht hatten. Der Große Garten in Herrenhausen verwahrloste erneut.

Die Stadt Hannover erwarb das Gelände im Jahre 1936 und begann ihn instand zu setzen. Dann kam der Zweite Weltkrieg, vieles wurde zerstört und erst seit 1966 ist der Garten in seinem ursprünglichen Zustand wiederhergestellt, wie ihn Kurfürstin Sophie einst anlegen ließ.

Gegenüber des Großen Gartens befindet sich der Berggarten mit einer vielfältigen Pflanzenwelt und einigen Schauhäusern. Auch finden sich in der Gestaltung der Wege noch einige Elemente der barocken Gartenbaukunst wieder. Kurfürstin

Sophie ließ auch diesen Garten anlegen und nutzt ihn in erster Linie zur Aufzucht exotischer Pflanzen. Im Freigelände sind Süntelbuchen, Stauden, ein Heidegarten, ein Eichenhain, eine Mooranlage, ein Rhododendronhain, ein Prärie-, ein Steppen- und ein Wüstengarten zu sehen. Am Ende der Anlage befindet sich das **Welfenmausoleum**. Es kann nur von außen besichtigt werden. Hier fanden mehrer Familienmitglieder der Welfen ihre letzte Ruhestätte, so auch die Kurfürstin Sophie.

Der Leibniztempel im Georgengarten.

In den Schauhäusern sind Orchideen, Kakteen und tropischen Pflanzen zu sehen. Ein Haus zeigt Pflanzen der Kanarischen Inseln und des Mittelmeerraumes. Die Pflanzen in diesem Haus blühen im Dezember und Januar und bieten den Hannoveranern eine willkommene Abwechslung für die Augen in den tristen, regnerischen und kalten Wintermonaten.

Das Welfenmausoleum im Berggarten.

Zwischen 1835 und 1841 wurde der Georgengarten im Stile eines englischen Landschaftsparkes angelegt. Zu ihm gelangt man vom Berggarten über die schnurgerade rund zwei Kilometer lange **Herrenhäuser Allee**. Sie besteht aus vier Reihen mit Lindenbäumen, die drei nebeneinanderliegende Wege begrenzen. Der mittlere und breiteste war für Kutschen vorgesehen, einer der schmalen für Reiter und der dritte für Fußgänger.

In der Herrenhäuser Allee.

Im Georgengarten, der nach König Georg IV benannt wurde, befindet sich der Leibniztempel. In dem offenen Rundtempel mit 12 ionischen Säulen steht eine Büste des bedeutendsten Universalgelehrten der Barockzeit, der Zeit seines Lebens Kurfürstin Sophie bei der Gestaltung des Großen Gartens beriet. Am Rande des Parkes befindet sich im **Georgenpalais** das **Wilhelm Busch Museum**. In der Sammlung Wilhelm Busch sind 341 Gemälde, mehr als 1.300 Zeichnungen, 51 Bildergeschichten-Handschriften, rund 900 Briefe sowie 193 Gedicht- und Prosahandschriften des Künstlers zu sehen. Daneben gibt es Ausstellungen anderer Künstler wie Loriot, Jean-Jacques Sempé, Marie Marcks, Friedrich Karl Waechter und anderen. Über die Öffnungszeiten und Eintrittspreise informiert diese Seite www.karikatur-museum.de.

Als letzter der Herrenhäuser Gärten ist noch der Welfengarten übrig. Er ist auf dem Kärtchen auf der Seite 148 nicht mehr verzeichnet. Er befindet sich östlich des Georgengartens. Es ist ein frei zugänglicher Landschaftspark, der von Gebäuden der Universität Hannover umgeben ist.

Mit der Nennung der Öffnungszeiten und Eintrittspreise wollen wir die Herrenhäuser Gärten abschließen.

Der Große Garten, der Berggarten sowie die Schauhäuser im Berggarten öffnen ganzjährig um 9:00 Uhr.

Schließzeiten: Mai bis August 20:00 Uhr, Frühjahr und Herbst 18:00 Uhr, Winter 16:30 Uhr.

Eintrittspreis: Gesamtkarte (Eintritt Großer Garten + Berggarten + Museum Schloss Herrenhausen) 8,00 € für den Erwachsenen. Der Besuch des Tropenhauses "Sea Life" ist in diesem Preis nicht enthalten. Öffnungszeiten und Eintrittspreise können Sie hier nachlesen www.visitsealife.com.

Der Georgen- und der Welfengarten sind jederzeit frei zugänglich.

Wir wechseln den Standort und fahren auf den **Schützenplatz** [**089:** N52°21'50.2" E9°43'41.8"]. Auf diesem rund zehn Hektar großen Gelände haben wir die freie Platzwahl. Solange keine große Festveranstaltung auf diesem ehemaligen Exerzierplatz stattfindet, kann er als Stellplatz genutzt werden. Er ist kostenlos, bietet allerdings keinerlei Ver- und Entsorgungseinrichtungen und auch keine Stromanschlüsse. Um die Innenstadt zu besuchen, ist er der ideale Parkplatz, selbst für die allergrößten Wohnmobile.

Stellplatz auf dem Schützenplatz.

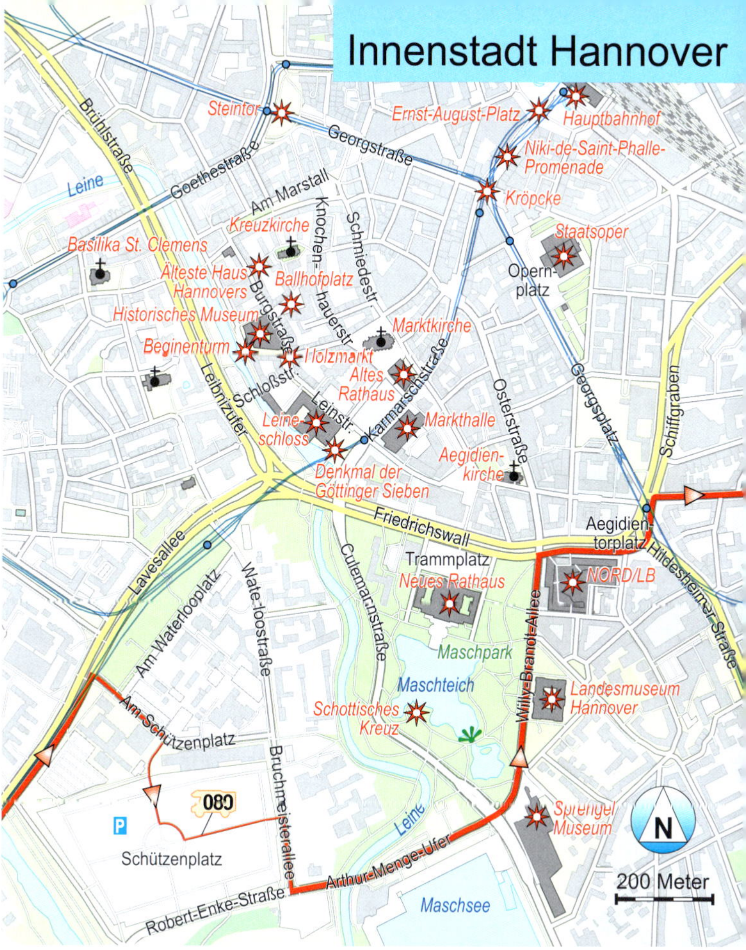

Das Neue Rathaus am Maschteich.

Das Verwaltungsgebäude der Nord/LB.

Die Aegidienkirche.

Wir starten unseren kleinen Rundgang durch die Stadt mit einem Spaziergang durch den Maschpark. Hier fallen eine Reihe von Kunstinstallationen auf. Beeindruckend ist immer wieder der Blick über den Maschteich auf das "Neue Rathaus", den man von vielen Stellen rund um den Maschteich hat. Ganz so neu ist das schlossähnliche Gebäude nun auch nicht mehr, es ist schon über 100 Jahre alt.

Die Kuppel des Rathauses verbirgt einen Bogenaufzug, mit dem Sie die Aussichtsplattform in fast 100 Metern Höhe erreichen können. Dieser Aufzug ist eine technische Besonderheit und weltweit einzigartig. Von oben haben Sie einen schönen Blick auf den **Maschsee**, die Innenstadt und den großen Stadtwald Eilenriede. Wenn das Wetter gut und die Luft klar ist, kann man in der Ferne auch den Harz erkennen. Die Auffahrt kostet für den Erwachsenen 3,50 €. Mit Wartezeiten muss gerechnet werden, da nur maximal fünf Personen gleichzeitig den Aufzug nutzen können.

Eine außergewöhnliche Architektur zeigt das Verwaltungsgebäude der Nord/LB, an dem wir auf dem Weg zur **Aegidienkirche** vorbeigehen. Die

Kirche aus dem 14. Jahrhundert wurde 1943 bei den Luftangriffen auf Hannover zerstört. Sie wurde nach dem Zweiten Weltkrieg nicht wieder aufgebaut. Die Ruine dient heute als Mahnmal für die Opfer von Kriegen und Gewalt. Im Turmeingang hängt eine Friedensglocke, ein Geschenk der japanischen Partnerstadt Hiroshima.

Von dieser Kirche ist es nicht weit bis zum **Alten Rathaus** und der **Marktkirche**. In schönster Backsteingotik erscheinen beide Gebäude, die nach Ende des Zweiten Weltkrieges wieder rekonstruiert wurden. Auch sie wurden, wie der größte Teil der Innenstadt in den Bombennächten der Kriegsjahre schwer getroffen und fast vollständig zerstört. Im Alten Rathaus sind heute verschiedene Geschäfte untergebracht.

Die Marktkirche ist die älteste der drei Pfarrkirchen in der Altstadt. Besonders sehenswert in der Kirche ist der aus Lindenholz geschnitzte Hochaltar aus dem 15. Jahrhundert.

Mit dem **Holzmarkt** erreichen wir einen weiteren Platz, dessen Gebäude rekonstruiert wurden. Mit dem Blick durch die Kramerstraße auf die Marktkirche bekommt man einen Eindruck davon, wie Hannover in alten Zeiten einmal ausgesehen hat. Wer der Burgstraße weiter folgt, kommt zu dem ältesten Fachwerkhaus der Stadt, das 1566 errichtet wurde. Das Historische Museum, beschäftigt sich, wie der Name vermuten lässt, mit der Geschichte Hannovers und mit der Geschichte des ehemaligen Königreichs Hannover, das bis 1866 bestand. Zurzeit kann das Museum allerdings nicht besucht werden, es wird grundlegend renoviert. Wann die Renovierungsarbeiten abgeschlossen sein werden, konnten wir

Schaufassade des Alten Rathauses.

Der Holzmarkt mit Blick auf die Marktkirche.

nicht in Erfahrung bringen. Der Beginenturm mit Resten der Stadtmauer ist in die Außenmauern des Museums integriert. Dieser Turm ist im Rahmen einer Führung begehbar.

Vom Museum geht es nun zur Schloßstraße, dann über die Leine und auf dem anderen Ufer an dem Leineschloss und der Flusswasserkunst vorbei zum **Denkmal der Göttinger Sieben**.

Das Denkmal ist den sieben Göttinger Professoren Friedrich Christoph Dahlmann, Wilhelm Eduard Albrecht, Jacob Grimm, Wilhelm Grimm, Heinrich Ewald, Georg Gottfried Gervinus und Wilhelm Weber gewidmet, die während des Hannoverschen Verfassungskonfliktes gegen König Ernst August protestierten, weil er die liberale Verfassung von 1833 zurücknahm, nachdem er die Regentschaft übernommen hatte. Er setzte die Verfassung von 1819 wieder in Kraft, um seinen Absolutheitsanspruch als Monarch durchzusetzen. Die Professoren wurden ihrer Ämter enthoben, drei sogar des Landes verwiesen. Das Denkmal zeigt die sieben Professoren

Denkmal der Göttinger Sieben.

in unterschiedlichen Positionen und den König Ernst August auf einem Pferd sitzend, in Anlehnung an das Ernst-August-Denkmal vor dem Hauptbahnhof.

Der Hauptbahnhof lässt sich von dem Denkmal schnell mit der U-Bahn erreichen. Sie finden die Bahnlinien mit den Stationen auf dem Stadtplan in blauer Farbe verzeichnet. Zwischen dem Bahnhofsgebäude und dem Kröpcke befindet sich die **Niki-de-Saint-Phalle-Promenade**, die shopping-Meile Hannovers mit zahlreichen kleinen Boutiquen, Schnellrestaurants und vielem anderem mehr.

Nun geht es wieder zurück zum WOMO und wir wechseln erneut den Standort. Wir fahren in den **Hermann-Löns-Park** und stellen unser Fahrzeug an dieser Position [**090:** N52°22'09.9" E9°48'59.1"] kostenlos ab.

Parkplatz im Hormann Löns-Park.

Der Park ist eine 86 Hektar große Anlage, der die Waldgebiete Eilenriede und Tiergarten miteinander verbindet. Er wurde in den Dreißigerjahren als Volkspark angelegt und bildet mit seiner heimischen Pflanzenwelt eine idealisierte, kleinbäuerliche niedersächsische Auenlandschaft ab. Dazu gesellt sich ein typisches niederdeutsches Hallenhaus, in dem heute das Restaurant "Alte Mühle" untergebracht ist, sowie eine Bockwindmühle. In dem Restaurant gibt es eine gute traditionelle niedersächsische Küche mit vielen Wildgerichten. Hier können Sie in der Speisekarte stöbern www.alte-muehle.de.

Bockwindmühle im Hermann-Löns-Park.

Sie können einen Hörspaziergang durch diesen Park unternehmen. Laden Sie sich von dieser Seite www.hermann-loens-park-hoeren.de dazu die Audio-

Der Annateich im Hermann-Löns-Park.

dateien herunter und lauschen Sie den Ausführungen, die zu den sechs Abschnitten gemacht werden. Dazu gibt es ein Faltblatt mit einer Karte, das ebenfalls heruntergeladen werden kann. Hier besteht aber nicht nur die Möglichkeit, diese Parklandschaft hörbar zu erkunden, es gibt auch die Gelegenheit, auf den 130 Kilometer langen Radwegenetz, das die Eilenriede durchzieht, zu radeln und das mit einem Zoobesuch zu verbinden. Was dieser Zoo bietet, können Sie auf dieser Seite lesen www.zoo-hannover.de. Der Stadtwald Hannovers ist mehr als sechs Quadratkilometer groß und besteht zu dreißig Prozent aus Urwald.

Östlich des Wanderparkplatzes befindet sich der Tiergarten. Er ist täglich von 7.00 Uhr bis zum Einbruch der Dunkelheit geöffnet. Der Eintritt ist frei. Der Tiergarten ist ein Freigehege für Dam-, Reh-, Rot- und Schwarzwild.

Wir verlassen Hannover und fahren an Lehrte vorbei nach **Burgdorf**. Hier stellen wir das WOMO auf dem großen Schützenplatz ab [**091:** N52°26'45.1" E10°00'42.1"]. Die Sehenswürdigkeiten dieser Stadt sind überschaubar. In der Innenstadt gibt es einige giebelständige Fachwerkhäuser, die ein malerisches Ensemble bilden. Am Rande der historischen Altstadt steht das Schloss, ein Fachwerkgebäude aus dem 17. Jahrhundert, das heute als Rathaus genutzt wird. Burgdorf ist bekannt für seine Pferdezucht und ein Zentrum des Spargelanbaus. Die Stadt liegt an der Nie-

Das Burgdorfer Schloss.

dersächsischen Spargelstraße, der Burgdorfer Spargelweg verbindet die sehenswerten Gebäude der Stadt miteinander.

Radtour: Fachwerk, Backsteingotik und Bauhaus

Die 67 Kilometer lange Route beginnt in Burgdorf. Zunächst geht es nach Hänigsen. Dort führt der Weg an eine Bockwindmühle aus dem Jahr 1704 vorbei. Weiter geht es über Bröckel nach Wienhausen. Hier ist das Kloster besonders interessant, das wir in der Tour 10 auf Seite 238 näher beschreiben. Von dort geht es entlang der Aller weiter nach Celle. Was es dort alles zu sehen gibt, erfahren Sie auf den nächsten Seiten. Über Großmoor und Ehlershausen geht es zurück nach Burgdorf.

Von Burgdorf fahren wir weiter nach **Nienhagen**, einem ehemaligen Zentrum der Erdölförderung und des Kalibergbaus. In Nienhagen gibt es zwei Wohnmobilstellplätze, einen am Freibad im Ortsteil **Papenhorst** [**092:** N52°32'49.3" E10°07'11.3"], der sich direkt an der Straße von **Wathlingen** nach Nienhagen befindet und einen im Zentrum des Ortes. Vor Wathlingen fällt die große Abraumhalde des ehemaligen Kalibergwerkes auf. Sie ist 86 Meter hoch. Betreten werden darf sie nicht. Der Förderturm auf dem Bergbaugelände in Riedel ist noch zu sehen. Zu einem Museum wurde diese Anlage nicht umgebaut. Der Bergbau drang bis zu einer Tiefe von 1525 Metern vor und war damit das tiefste Kalibergwerk der Welt. Bis 1997 war es in Betrieb.

Stellplatz am Freibad in Papenhorst.

(093) Offizieller WOMO-Stellplatz: Nienhagen

GPS: N52°33'23.5" E10°06'25.5"; Herzogin-Agnes-Platz, 29336 Nienhagen.
Max. WOMOs: 7, maximale Länge 8 m, max. Aufenthalt 3 Tage.
Ausstattung: Frischwasserversorgung, Abwasserentsorgung mit Bodeneinlass, aber Schlauch notwendig, Kassettenentleerung, Stromanschlüsse, keine Behälter für die Müllentsorgung, Einkaufsmöglichkeiten in fußläufiger Entfernung. Der Platz ist ganzjährig geöffnet.

Beschreibung: Schmale im Viertelkreis angeordnete Stellflächen auf Pflastersteinen mit wenig Abstand zueinander. Rasen als Zwischenflächen.
Preise: Kostenlos, Frischwasser 1,00 € und Strom 0,50 € pro kWh. Abwasserentsorgung und Entleerung der Bordtoilette ist kostenfrei.
Zufahrt: In der Mitte des Dorfes neben der Seniorenresidenz Herzogin Agnes.

Die Abraumhalde des Kalibergbaus in Wathlingen.

Die Schienen der ehemaligen Kalibahnen können heute mit Draisinen befahren werden und an bestimmten Tagen verkehrt ein alter Schienenbus aus den Fünfzigerjahren auf diesen Strecken. Unterhalten wird das Schienennetz von einem Museumsbahnverein. Über die Veranstaltungen des Vereins und über die Fahrgelegenheiten informiert diese Seite www.kalibahn.de.

Von Nienhagen ist es nicht mehr weit nach **Celle**, der letzten Station auf dieser Tour. Wir haben in dieser Fachwerkstadt mit fast 70.000 Einwohnern drei sehr gute Möglichkeiten, das WOMO abzustellen. Die erste befindet sich am **Badeland**, einem Freizeitbad, das keine Wünsche offen lässt. Schauen Sie hier https://celler-badeland.de.

(094) Offizieller WOMO-Badeplatz: Celle – Am Badeland

GPS: N52°37'03.5" E10°04'59.1"; 77er Str. 6, 29221 Celle.
Max. WOMOs: 55, maximale Länge 14 m.

Ausstattung: Winterfeste Ver- und Entsorgung mit Bodeneinlass, Kassettenentleerung, Stromanschlüsse, Behälter für die Müllentsorgung, WLAN, Brötchenservice und Getränkeverkauf, ganzjährig geöffnet.
Beschreibung: Große gepflasterte Stellflächen mit Grünstreifen neben dem Badeland. Französischer Garten 400 Meter entfernt, Schloss und Innenstadt etwa 1000 Meter.
Preise: Bargeldlose Bezahlung möglich 12,00 € für ein Fahrzeug. Entsorgung kostenlos, über Münzautomaten gibt es Frischwasser für 1,00 €, Strom für 0,50 € pro kWh.
Zufahrt: In Celle der Beschilderung zum Badeland folgen.

Die zweite Möglichkeit besteht auf dem Schützenplatz nah der Innenstadt [**095:** N52°37'37.8" E10°04'24.5"]. Hier stehen

Sie kostenlos. Dieser Platz ist besonders gut geeignet, für all diejenigen, die keinen längeren Aufenthalt planen und sich nur einmal die Sehenswürdigkeiten der Stadt anschauen wollen. Die dritte Möglichkeit ist schließlich der Campingplatz mit Naturbadestrand am Silbersee nördlich der Stadt. Der Platz ist ein wenig urwüchsig und hat einen ausgesprochen netten und zuvorkommenden Eigentümer.

(096) WOMO-Campingplatz: Silbersee

GPS: N52°39'30.6" E10°06'30.1"; Zum Silbersee 19, 29229 Celle.
Max. WOMOs: >20, maximale Länge 12 m.
Ausstattung: Frischwasserversorgung, Abwasserentsorgung mit Bodeneinlass, Kassettenentleerung, Stromanschlüsse, Behälter für die Müllentsorgung, WLAN, Restaurant, Brötchenservice. Im Servicegebäude gibt es Duschen, WCs, Waschmaschinen und Trockner, Gasflaschentausch. Der Platz ist ganzjährig geöffnet.

Beschreibung: Große sonnige, teilweise auch schattige Rasenplätze mit Grünstreifen am Naturbad Silbersee mit Sandstrand. Entfernung zum Celler Schloss 5 Kilometer.
Preise: Stellplatz am Seeufer 25,00 €, auf der Wiese abseits des Sees 21,00 €, jeweils für ein Fahrzeug mit 2 Personen inkl. Strom und Wasser. Jede weitere Person ab 4 Jahre 6,00 €.
Zufahrt: Auf der B191 von Celle in Richtung Eschede fahren und in Garßen links zum Campingplatz abbiegen.
Reservierung/Kontakt: Tel.: 05141/31223
E-Mail: info@7springs-celle.de, Web: https://7springs-celle.de.

Fachwerk und nochmal Fachwerk prägen die Häuserzeilen der Altstadt.

Wenn Sie am Badeland stehen oder sich für den Schützenplatz entschieden haben, dann haben Sie nur kurze Wege zurückzulegen, um die Altstadt und das Schloss anzuschauen. Um die Stadt zu erkunden, können Sie das Fahrrad auf dem Heckträger lassen. Sie kommen in der Innenstadt zu Fuß besser zurecht als mit dem Rad.

Beginnen wir mit dem Schloss. Es befindet sich auf einer kleinen Anhöhe am westlichen Rand der Altstadt. Es ist umgeben vom Schlossgraben und vom Schlosspark. Mehrere Wege führen durch die sanftwellige Parkanlagen. Drei Brücken stehen für die Überquerung des Wassergrabens zur Verfügung.

Das Schloss geht auf eine Wasserburg des 14. Jahrhunderts zurück, das durch viele Veränderungen im Laufe der Jahrhunderte zu dem wurde, was es heute ist. Es diente den Welfenherzögen von Braunschweig-Lüneburg als Residenz und war im 19. Jahrhundert zeitweise der Sommeraufenthalt der Könige von Hannover.

Im Residenzmuseum können Sie in die Geschichte der Welfen einsteigen und sich ein Bild der fürstlichen Welt und Lebensweise machen. Öffnungszeiten und Eintrittspreise finden Sie hier http://residenzmuseum.celle.de.

Eine Schlossführung rundet das Ganze ab. Hier werden Sie durch verschiedene Gemächer geführt und bekommen auch

Das Celler Schloss.

die kunsthistorisch bedeutsame Schlosskapelle gezeigt. Es ist das einzige Gotteshaus nördlich der Alpen mit vollständig erhaltener Renaissance-Ausstattung. Darüber hinaus können Sie sich das älteste, heute noch bespielte Barocktheater Deutschlands anschauen oder gar einer Aufführung beiwohnen. Sie können die Führungen nur über diese Seite buchen www.celle-tourismus.de/schloss-celle/schlossfuehrungen oder telefonisch erfragen 05141/909080.

Im Schlosspark fällt diese Skulptur auf. Sie erinnert an den **Hengst Wohlklang**, ein Pferd, das eine enorme Lust zum Steigen hatte, also auf den Hinterbeinen zu stehen. Das Pferd wurde weltweit in vielen Dressuren vorgestellt und trug zum Ruhme des Celler Landgestüts bei.

Der Hengst Wohlklang.

Dem Schloss gegenüber befindet sich das **Bomann-Museum**. Allein schon die Architektur des Gebäudes ist beeindruckend. Es ist ein Sammelsurium von Architekturstilen. Alle Baustile, die in Celle

Das Bomann-Museum in Celle.

anzutreffen sind, sollten in diesem Gebäude vereint werden, das wollte der Erbauer Wilhelm Bomann so. Es wurde als "Vaterländisches Museum" gegründet, in dem die bäuerliche Kultur der Heidelandschaft besondere Berücksichtigung fand. Die Halle eines Bauernhofes, die er mit dem Bau dieses Museums in das Gebäude integrieren ließ, existiert noch heute. Bomann war ein glühender Verehrer der Welfenfamilie. Dies findet unter anderem seinen Ausdruck in der „Ehrenhalle der Hannoverschen Armee“, die sich in dem Eckgebäude hinter den großen Fenstern befindet. Auch sie wurde 1892, wie der gesamte Gebäudekomplex eingerichtet, obwohl es das Königreich Hannover ja schon seit 1866 nicht mehr gab.

Das Hoppener Haus wurde 1532 erbaut.

In neuerer Zeit wurde das Museum durch Anbauten ergänzt, in denen unter anderem Gemälde regionaler Künstler zu sehen sind. Das ganze Ausstellungsprogramm mit Öffnungszeiten und Eintrittspreisen finden Sie hier www.bomann-museum.de.

Bei einem Bummel durch die Gassen der Altstadt sehen Sie ein geschlossenes Fachwerkensemble erster Güte. Es sind rund 500 Häuser, die aus unterschiedlichen Epochen stammen. Die meisten wurden zwischen 1500 und 1800 errichtet. Es ist lebendig hier. Es sind allerlei Ladengeschäfte in diesen Häusern eingerichtet. Vom Gemüsehändler über die Boutique bis zum Juwelier ist alles dabei. Dazwischen Cafés, Eisdielen und Restaurants aller Kategorien. Unter den vielen Fachwerkhäusern ist das **Hoppener Haus** an der Ecke Poststraße/Rundestraße mit seiner reichen Figurenornamentik eines der schönsten.

Erker des Alten Rathauses.

Nicht nur Fachwerk ist in der Altstadt zu sehen, auch andere Gebäudetypen fallen auf, wie das Alte Rathaus, das im Stil der Weserenaissance errichtet wurde und an einigen Gebäudeteilen Illusionsmalereien aufzuweisen hat. In diesem Gebäude, das sich neben der Stadtkirche befindet, ist die Touristinformation untergebracht, in der Sie unter anderem Führungen durch die Stadt buchen können.

Südlich der Altstadt liegt der **Französische Garten**. Neben dem Schlosspark eine weitere Gartenanlage, die unter der Welfenherrschaft angelegt wurde. Markant ist die doppelte Lindenallee, die den Park schnurgerade durchzieht. Auffallend ist auch der große kreisrunde Teich mit einer Fontäne.

Freunde der Bauhaus-Architektur gehen noch in das **Otto-Haesler-Museum**, ein kleines Museum, das sich dem renommierten Architekten widmet und sich am Rand einer von ihm geschaffenen Siedlung befindet. Weiter Informationen und Öffnungszeiten finden Sie hier www.otto-haesler-stiftung.de.

Damit sind wir am Ende dieses Kapitels angekommen. Mit der Tour 8 geht es von Celle weiter nach Uelzen. Die Beschreibung beginnt auf der Seite 180. In der folgenden Tour machen wir einen Sprung zurück nach Nienburg an der Weser und fahren über den Serengeti-Park und Bergen-Belsen wieder hierher nach Celle.

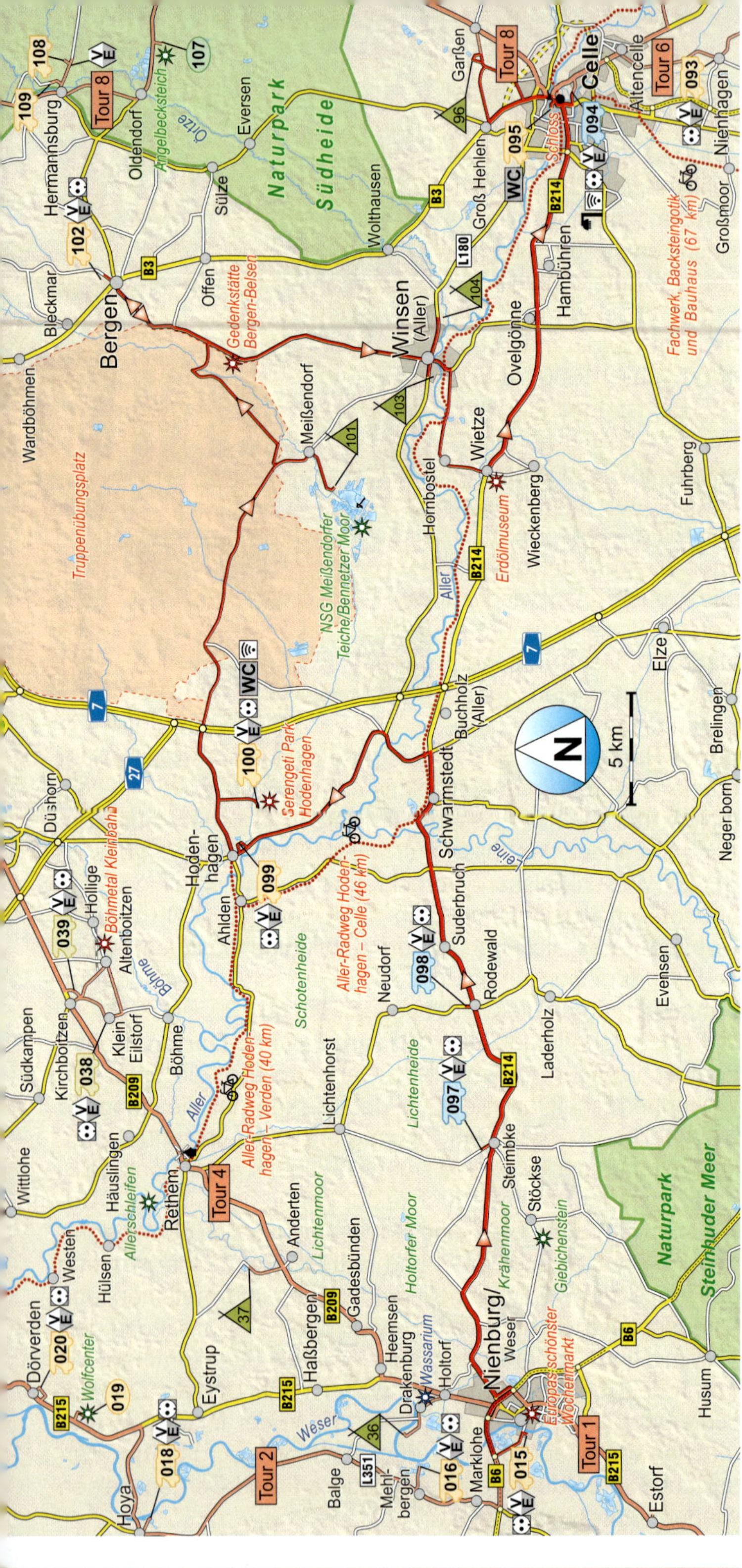
Naturpark Südheide
Truppenübungsplatz
Bergen
Gedenkstätte Bergen-Belsen
Winsen (Aller)
Celle
Schloss
Tour 8
Tour 6
Tour 4
Tour 2
Tour 1
Meißendorf
NSG Meißendorfer Teiche/Bennetzer Moor
Serengeti Park Hodenhagen
Hodenhagen
Ahlden
Schotenheide
Aller-Radweg Hodenhagen – Celle (46 km)
Aller-Radweg Hodenhagen – Verden (40 km)
Böhmetal Kleinbahn
Erdölmuseum
Wietze
Hornbostel
Buchholz (Aller)
Schwarmstedt
Suderbruch
Rodewald
Lichtenheide
Lichtenhorst
Steimbke
Nienburg/Weser
Wassarium
Europas schönster Wochenmarkt
Krähenmoor
Giebichenstein
Naturpark Steinhuder Meer
Holtorfer Moor
Lichtenmoor
Allerschleifen
Rethem
Wolfcenter
Hoya
Fachwerk, Backsteingotik und Bauhaus (67 km)
Angelbecksteich
5 km
N

TOUR 7 (ca. 165 km)

Steimbke – Rodewald – Suderbruch – Schwarmstedt – Hodenhagen – Meißendorf – Bergen – Winsen (Aller) – Wietze – Celle

Stellplätze:	Steimbke, Rodewald, Schwarmstedt, Hodenhagen, Bergen, Celle.
Campingplätze:	Meißendorf, Bergen, Winsen (Aller).
Ver-/Entsorgung:	Steimbke, Rodewald, Hodenhagen, Meißendorf, Bergen, Winsen (Aller), Celle.
Besichtigungen:	Hodenhagen (Serengeti-Park), Bergen-Belsen (Gedenkstätte), Winsen (Freilichtmuseum Ole Hus), Wietze (Erdölmuseum), Celle (Schloss, Bomann-Museum, Altstadt, Französischer Garten, Bauhausarchitektur).
Wandern/Radtouren:	Radtour zum Giebichenstein, Aller-Radweg, Wanderung Landschaftsschutzgebiet Meißendorfer Teiche/Bennetzer Moor.
Baden/Wellness:	Steimbke (NaturWaldBad), Rodewald (Naturbad), Meißendorf (Hüttensee), Winsen (Badestrand an der Aller), Celle (Badeland und Naturbad Silbersee).

Auf dieser Tour, die uns von Nienburg an der Weser über die Leine und die untere Aller nach Celle führt, betrachten wir die ersten beiden Stationen nur als Zwischenstopps. Auf Safari gehen wir in Hodenhagen im Serengeti-Park. Hier besuchen wir mit dem Wohnmobil unter anderem die afrikanische Tierwelt. Baden, Segeln und Surfen steht in Meißendorf am Hüttensee im Vordergrund, Trauer und Entsetzen in der Gedenkstätte Bergen-Belsen. In Winsen erreichen wir erneut die Aller. Hier schauen wir uns ein Freilichtmuseum an und haben die Gelegenheit, in dem Fluss zu baden. Eine besondere Geschichte erzählt das Erdölmuseum in Wietze, als in dieser Region noch dieses vielumkämpfte Schmiermittel gefördert wurde, bevor wir wieder erneut in Celle ankommen. Diese Stadt bildet schon den Schlusspunkt der Tour 6. Den Ort werden wir nicht erneut beschreiben, sondern Sie auf Seite 158 verweisen, der Seite, mit der die Beschreibung der Stadt mit ihren Stellplätzen und Sehenswürdigkeiten beginnt.

Wir fahren nun von Nienburg über die B214 in Richtung Celle. Nach rund 17 Kilometern erreichen wir den Stellplatz in **Steimbke** am NaturWaldBad. Neben den Wald und Moorlandschaften sind es vor allem die vielen großen landwirtschaftlichen Nutzflächen, die diese Region prägen. Radtou-

(097) Offizieller WOMO-Badeplatz: NaturWaldBad Steimbke

GPS: N52°39'36.3" E9°23'14.3"; Klostergarten 2, 31634 Steimbke.
Max. WOMOs: 8, maximale Länge 12 m.

Ausstattung: Frischwasserversorgung, Abwasserentsorgung mit Bodeneinlass, Kassettenentleerung, Stromanschlüsse, Keine Behälter für die Müllentsorgung, ganzjährig geöffnet.
Beschreibung: Gut verfestigte Splitflächen neben dem Naturwaldbad. Daneben gibt es einen See und ein Restaurant mit deutsch-kroatischer Küche.
Preise: Kostenlos (Spendenbox ist aufgestellt). Frischwasser 1,00 €, Strom 0,50 € pro kWh.
Zufahrt: Steimbke auf der B214 durchfahren und nach der Ortsmitte links abbiegen Richtung Lichtenhorst.

(098) Offizieller WOMO-Badeplatz: Sportpark "Im Zentrum" Rodewald

GPS: N52°39'49.0" E9°28'46.4"; Im Zentrum 3, 31637 Rodewald.
Max. WOMOs: 6, maximale Länge 8 m, max. Aufenthalt 5 Tage.

Ausstattung: Frischwasserversorgung, Abwasserentsorgung mit Bodeneinlass, Kassettenentleerung, Stromanschlüsse, Behälter für die Müllentsorgung, ganzjährig geöffnet.
Beschreibung: Große sehr gut anfahrbare Stellflächen auf Rasengittersteinen neben einem Sportgelände. Verkehr auf der Bundesstraße gut hörbar. Bis zum Naturbad sind es zu Fuß nur wenige Meter. Die Ver- und Entsorgungseinrichtung befindet sich vor dem Feuerwehrgebäude auf der rechten Seite.
Preise: Kostenlos (Spendenbox ist aufgestellt). Frischwasser 1,00 €, Strom 0,50 € pro kWh.
Zufahrt: Auf der B214 in Rodendorf links abbiegen Richtung Neudorf/Lichtenhorst und dann dem Hinweis zum Sportpark folgen.

ren lassen sich in dieser Region sehr gut unternehmen. Mit dem **Giebichenstein** gibt es in unmittelbarer Nähe auch ein nettes Ziel. Der Findling ist etwas mehr als sieben Meter lang, fast fünf Meter breit und fast drei Meter hoch und wiegt rund 207 Tonnen. Der Granitblock ist ein Relikt der Eiszeit, den die Gletscher Skandinaviens einst hierher transportierten. In unmittelbarer Nähe dieses voluminösen Brockens befindet sich noch ein jungsteinzeitliches Großsteingrab und nicht weit weg davon bronzezeitliche Hügelgräber. Ein kleiner Archäologischer Wanderpfad verbindet die Elemente miteinander.

Nach Steimbke fahren wir als nächsten Ort auf dieser Tour die Gemeinde Rodewald an. Es ist ein lang gezogenes Straßendorf, das sich über eine Länge von etwa 10 Kilometern nördlich und südlich der B214 erstreckt. Mittendrin befindet sich der Stellplatz, den wir auf der linken Seite beschrieben haben.

Weiter geht es nach **Schwarmstedt**. Hier besteht nicht weit hinter dem Ortseingang die Möglichkeit, gebündelt an einem Platz mit mehreren Discountern und einer Tankstelle die Vorräte der Bordküche bequem parkend aufzufüllen.

Von Schwarmstedt geht es nun weiter nach **Hodenhagen**, wo wir im Ort wie im Serengeti-Park Stellplätze anfahren können. Wir stellen sie kurz vor.

(099) Offizieller WOMO-Stellplatz: Hodenhagen

GPS: N52°45'38.6" E9°35'20.6"; Volksloh 4, 29693 Hodenhagen.
Max. WOMOs: 6, maximale Länge 8 m, max. Aufenthalt 5 Tage.

Ausstattung: Frischwasserversorgung, Abwasserentsorgung mit Bodeneinlass, Kassettenentleerung, Stromanschlüsse, Behälter für die Müllentsorgung, ganzjährig geöffnet.
Beschreibung: Offiziell gibt es sechs gepflasterte, eng beieinanderliegende Stellflächen auf Pflastersteinen. Für diese Stellflächen sind die Stromanschlüsse vorgesehen. Inoffiziell sind in der Regel (durch die Nähe zur A7) häufig sehr viel mehr Wohnmobile anzutreffen, die auf der angrenzenden Wiese stehen. Badesee in fußläufiger Entfernung. Einkaufsmöglichkeiten und Restaurants in der Nähe.
Preise: Kostenlos, Frischwasser 1,00 € und Strom 0,50 € pro kWh. Abwasserentsorgung und Entleerung der Bordtoilette ist kostenfrei.
Zufahrt: Am Ortseingang von Hodenhagen, wenige Meter hinter dem Hotel Michel & Friends rechts abbiegen in die Straße "Am Stege" und diese bis zum Badesee durchfahren. Der Stellplatz ist unweit des Sees zu sehen.

(100) Offizieller WOMO-Stellplatz: Hodenhagen – Masai Mara Serengeti-Park

GPS: N52°45'08.8" E9°36'55.4"; Am Safaripark 1, 29693 Hodenhagen.
Max. WOMOs: 40, maximale Länge 12 m.
Ausstattung: Frischwasserversorgung, Abwasserentsorgung mit Bodeneinlass, Kassettenentleerung, Stromanschlüsse, Behälter für die Müllentsorgung. Der Platz ist von Mitte März bis Ende Oktober geöffnet.
Beschreibung: Große schattenlose Stellflächen auf Schotterrasen am Rande des Parks.
Preise: 26,00 € für ein Fahrzeug inkl. Ver- und Entsorgung sowie Stromanschluss. Der Preis gilt für bis zu 4 Personen. Sind mehr Personen im Fahrzeug, sind 5 Euro für jede weitere Person zu zahlen. Eine online-Buchung wird empfohlen, die über den unten aufgeführten link durchgeführt werden kann. Der Eintritt in den Park ist zusätzlich zu zahlen. Vergünstigungen gibt es bei längeren Aufenthalten. Die Infos dazu finden Sie auf der angeführten website.
Zufahrt: Hodenhagen in Richtung Autobahn durchfahren und hinter dem großflächigen Distributionszentrum der BMW AG rechts abbiegen.
Reservierung/Kontakt: Tel.: 05164/979 90
E-Mail: uebernachten@serengeti-park.de, Web: www.serengeti-park.de.

Bevor wir uns auf Safari begeben noch ein Hinweis für die Radler: Auf dem **Aller-Radweg** lassen sich schöne und leichte Touren in der Flussaue fahren. Von Hodenhagen geht es dazu über den Leine-Heide-Radweg nach **Ahlden** und dann in die eine Richtung nach Verden, das sind 40 Kilometer oder in die andere Richtung nach Celle. Das sind 46 Kilometer. Auf dieser Seite www.allerradweg.de finden Sie weitere Informationen und die gpx-Daten des Radweges zum download.

Nun zum Serengeti-Park. Er ist 220 Hektar groß, in ihm leben rund 1500 Tiere aus allen Kontinenten dieser Erde. Ein größeren Safaripark in Europa als diesen gibt es nicht.

Dromedare begrüßen einen Autofahrer.

Der Park ist unterteilt in drei Bereiche. Der Bereich **Serengeti Safari** kann mit dem eigenen Fahrzeug durchfahren werden, der Bereich **Abenteuer Safari** ist ein Freizeitpark mit Fahrgeschäften und im Bereich **Dschungelsafari** befinden sich verschiedene Lodges für einen längeren Aufenthalt und der Wohnmobilstellplatz.

Den Park zu durchfahren ist einfach und gefahrlos möglich, die Tiere haben sich längst an die langsam vorbeiziehenden Fahrzeug gewöhnt. Sie fahren bis zum Kassenhaus mit ihrem WOMO vor, entrichten den Eintritt und schon geht es los. Es gibt 16 Gehege, die durch Absperrungen und Zäune voneinander getrennt sind. Damit wird sichergestellt, dass zum Beispiel Löwen und Antilopen nicht zusammen kommen. Die Gehege tragen die Namen von Kontinenten oder Teilkontinenten, so können Sie ahnen, was Sie jeweils erwartet.

Es beginnt mit Ostafrika. Antilopen, Impalas und viele andere Savannenbewohner bewegen sich behutsam durch das

Gelände und die Giraffen schauen Ihnen mit ihren treuen Augen und langen Wimpern im Vorbeirollen zu. Alle Tiere aufzuzählen, die Sie in den Gehegen sehen können, ersparen wir uns hier. Dafür reicht der Platz nicht. Dass die Besucher keinen Unfug treiben und aus dem Fahrzeug steigen, darauf achtet das Personal. Es fährt Streife und in den Löwen- und Tigergehegen bezieht es auch feste Positionen. Es ermahnt Sie sogleich über Lautsprecher das Fenster zu schließen, wenn Sie meinen, mit der Kamera bei geöffnetem Fenster fotografieren zu müssen. Man sollte die Jagdinstinkte dieser Raubtiere nicht unnötig provozieren. Wenn Sie mit dem Fahrzeug gemächlich durch das Gelände fahren, passiert nichts und wenn Sie vorher die Scheiben gründlich geputzt haben, können Sie auch durch die Frontscheibe schöne Erinnerungsfotos machen. So sind auch diese entstanden, die wir hier am rechten Bildrand zeigen. Allerdings mit einem Teleobjektiv. Nachdem wir diesen Park verlassen haben, hatten wir 600 Aufnahmen mehr auf der Speicherkarte.

Nach dieser kurvenreichen Fahrt durch den Park mit all den Tieren

Das Sengakarussell in der Abenteuer Safari.

steht danach die Möglichkeit offen, den Abenteuerpark zu besuchen. Hier wird das klassische Repertoire eines Freizeitparks geboten, mit Achterbahn, Riesenrad und vielen anderen Fahrgeschäften. Obendrauf gibt es eine Quadsafari, eine Aquasafari, eine Big-Foot-Safari und anderes mehr, in denen Sie dann mit verschiedenen Motorfahrzeugen durch das Gelände oder Wasserläufe bewegt werden, zum Beispiel mit Black Mamba Jetboats.

In der Dschungel-Safari können Sie schließlich noch ein Affengehege betreten, in der sich rund 200 dieser flinken Klettertiere darauf freuen, ihren Schabernack mit Ihnen zu treiben. Achten Sie also auf Hüte, Brillen und Smartphone, die Äffchen könnten Gefallen daran finden. Sie sollten auch keine Berührungsängste haben, denn das die kleinen Kerle auf Ihnen rumturnen, gehört zum Programm. Dass es auch noch einen klassischen Streichelzoo mit Ziegen gibt, fällt hier schon nicht mehr weiter auf.

Das angebotene Programm ist schwer an einem Tag zu bewältigen. Wer den Stellplatz in der Dschungelsafari nutzt, um zwei oder mehrere Tage in dieser Anlage bleiben zu können, der sollte reservieren. Wir haben die website bei der Stellplatzbeschreibung genannt. Natürlich gibt es hier auch gute Restaurants. Das Gefühl, am Abend oder in den Morgenstunden das Gebrüll eines Löwen oder das Trompeten eines Elefanten zu hören, lässt zumindest ansatzweise das Gefühl aufkommen, irgendwo in Afrika zu sein.

Haben wir in der Beschreibung dieses Parkes etwas vergessen? Ganz sicher! Schauen Sie auf die website, schauen Sie sich einige Youtube-Videos zu dem Park an, dann wird schon verständlich, warum der Park jährlich rund eine dreiviertel Million Besucher hat. Billig ist dieses Vergnügen allerdings nicht. Bei dem vielfältigen Angebot möchten wir aber auch nicht sagen, dass es überteuert wäre, es hat eben seinen Preis.

Ganz ohne Zaun kommt die Tierwelt in dem **Naturschutzgebiet Meißendorfer Teiche/Bannetzer Moor** aus. Es ist ein rund 800 Hektar großes Gebiet, das für den Vogelschutz eine große Bedeutung erlangt hat, nachdem eine Wiedervernässung der Moorlandschaft und des Erlenbruchwaldes stattgefunden hat. Eine artenreiche Brutvogelwelt hat sich hier niedergelassen und Zugvögel nutzen diese amphibische Landschaft als Rastgebiet. Von dem rund drei Kilometer langen Rundweg um den Hüttensee, der selbst nicht zum Naturschutzgebiet gehört, lassen sich Kraniche, Kormorane, Graugänse, Enten und viele weitere Vogelarten beobachten. Am Hüttensee befindet sich dieser große Komfortstellplatz.

Segeln auf dem Hüttensee.

(101) WOMO-Campingplatz: Meißendorf – Campingpark Hüttensee

GPS: N52°43'11.6" E9°49'30.4"; Hüttenseepark 1, 29308 Winsen (Aller).
Max. WOMOs: >20, Stellplätze auch vor der Schranke, maximale Länge 12 m.
Ausstattung: Frischwasserversorgung, Abwasserentsorgung mit Bodeneinlass, Kassettenentleerung, Stromanschlüsse, Behälter für die Müllentsorgung, WLAN, Brötchenservice, Restaurant, Badestrand, Beachvolleyball, Hundewiese mit Teich, Bolzplatz, Abenteuerspielplatz, Tischtennisplatten, Klettergarten, Indoor Spielplatz, Kettcarverleih, Trampolin, Minigolf, Angel-Tageskarten, Tretbootverleih, Fahrradverleih, Grill-Trommel und Hundedusche. Im Servicegebäude gibt es Duschen, WCs, Waschmaschinen und Trockner. Der Platz ist ganzjährig geöffnet.

Beschreibung: Sehr gepflegte große Anlage mit sonnigen und schattigen Plätzen am Rande des Naturschutzgebietes.
Preise: Stellplatz vor der Schranke inkl. 2 Personen je nach Saison zwischen 14,50 € und 17,50 €. Hinter der Schranke je nach Lage Saison, Größe und Komfort zwischen 22,00 € und 39,50 € inkl. Ver- und Entsorgung sowie Stromanschluss.
Zufahrt: In Meißendorf den Hinweisen zum Campingplatz folgen, er ist gut ausgeschildert.
Reservierung/Kontakt: Tel.: 05056/941880
E-Mail: info@campingpark-huettensee.de,
Web: www.campingpark-huettensee.de.

Der nächste Ort auf unserer Reiseliste ist **Bergen**. Er befindet sich östlich des rund 25.000 Hektar umfassenden NATO-

Schießplatzes Bergen-Hohne, einem der größten Truppenübungsplätze in Europa. In der Stadt gibt es diesen Stellplatz.

(102) Offizieller WOMO-Stellplatz: Bergen

GPS: N52°48'45.3" E9°57'52.0"; Ziegeleiweg, 29303 Bergen.
Max. WOMOs: 6, maximale Länge 9 m.

Ausstattung: Frischwasserversorgung, Abwasserentsorgung mit Bodeneinlass, Kassettenentleerung, Stromanschlüsse, Behälter für die Müllentsorgung, ganzjährig geöffnet.
Beschreibung: Halbschattige, eng beieinanderliegende geschotterte Stellflächen am Nordrand der Stadt, sehr ruhig. Das Zentrum der Stadt mit nur wenigen Cafés, Restaurants und Einkaufsmöglichkeiten ist 500 Meter entfernt.
Preise: 5,00 € für ein Fahrzeug, Frischwasser 1,00 € und Strom 0,50 € pro kWh. Abwasserentsorgung und Entleerung der Bordtoilette ist kostenfrei.
Zufahrt: In die Ortsmitte von Bergen fahren und dort den Hinweisschildern zum Hotel Schulz folgen. Der Stellplatz ist nur wenige Meter davon entfernt.

Die Summe der Sehenswürdigkeiten in dem Ort ist überschaubar. Das **Römstedthaus** im Zentrum ist ein Museumshof in Fachwerkbauweise, neben dem ein kleiner und ein großer Speicher stehen. Hier wird das Leben der Heidebauern in den vergangenen Jahrhunderten präsentiert. Darüber hinaus finden über das Jahr hinweg verschiedene Veranstaltungen statt. Nähere Auskunft gibt dazu die Tourismusseite der Stadt www.stadt-bergen.de.

Dass in der Lüneburger Heide auch ein entsetzliches Kapitel der deutschen Geschichte geschrieben wurde, sehen wir auf dem Weg von Bergen nach Winsen an der Aller.

Gedenkstätte Bergen-Belsen

Für den Bau des Truppenübungsplatzes Bergen war 1935 für die Bauarbeiter im Wald ein Barackenlager errichtet worden. Ab 1940 wurde es von der Wehrmacht zur Unterbringung von französischen und belgischen Kriegsgefangenen genutzt und ab 1941 zu einem Mannschaftsstammlager und Lazarett für sowjetische Kriegsgefangene ausgebaut. Mehr als 21.000 russische Soldaten wurden in diesem Lager gefangen gehalten. Da die Barackenkapazitäten nicht reichten, mussten viele unter freiem Himmel leben. 14.000 von ihnen starben binnen eines Jahres an Hunger, Kälte und Krankheiten.

Ab 1943 wurden hier auch Juden gefangen gehalten. Ab 1944 war es ein Konzentrationslager wie Dachau oder Neuengamme. Über 15.000 Menschen mussten unter katastrophalen hygienischen und beengten Verhältnissen in diesem überfüllten Lager leben. Tausende überlebten diese Tortur nicht, sie starben an Unterernährung oder grassierenden Krankheiten wie Fleckfieber oder Typhus. Von Januar bis April 1945 waren es 35.000. Prominentestes Opfer war Anne Frank. Ihr Grab befindet sich auf dem Gelände der Gedenkstätte.

Zentrales Mahnmal ist ein 24 Meter hoher Obelisk und eine 50 Meter lange Inschriftenwand, mit der in mehreren Sprachen an die Opfer des Konzentrationslagers Bergen-Belsen erinnert wird.

Britische Truppen konnten am 15. April 1945 das Konzentrationslager kampflos übernehmen. Die Briten ordneten auch die Errichtung eines Mahnmals und die Pflege der Grabstätten in Bergen-Belsen an. Am 30. November 1952 wurde die Gedenkstätte eingeweiht, es war die erste dieser Art im Nachkriegsdeutschland. Im Dokumentationszentrum am Rande der Anlage können Sie sich umfassend informieren. Das Außengelände und der Friedhof sind zu jederzeit frei zugänglich. Die Öffnungszeiten des Dokumentationszentrum und Veranstaltungshinweise finden Sie auf dieser Seite https://bergen-belsen.stiftung-ng.de.

Winsen an der Aller ist eine Kleinstadt mit rund 13.000 Einwohnern. Für einen Campingurlaub bietet diese Stadt viele Vorteile. Es gibt zwei gut ausgestattete Campingplätze an der Aller, das NSG Meißendorfer Teiche/Bennetzer Moor ist nicht weit und die Fachwerkstadt Celle liegt auch nur 15 Kilometer entfernt, die mit einer kleinen Tour auf dem Allerradweg verbunden werden können.

Teil des Museumshofs Winsen.

Die beiden Campingplätze stellen wir Ihnen kurz auf der nächsten Seite vor, bevor wir uns dann mit dem Museumshof in Winsen befassen wollen und zeigen, wie Sie auf der Aller und auf der Örtze eine Kanutour machen können.

(103) WOMO-Campingplatz: Winsen (Aller) – Auf der Hude

GPS: N52°40'34.0" E9°54'06.8"; Allerstraße, 29308 Winsen (Aller).
Max. WOMOs: 250, maximale Länge 12 m.

Ausstattung: Frischwasserversorgung, Abwasserentsorgung mit Bodeneinlass, Kassettenentleerung, Stromanschlüsse, Behälter für die Müllentsorgung, WLAN, Brötchenservice, Restaurant mit Terrasse und Blick auf die Aller, Abenteuerspielplatz, Badebucht mit feinem Sandstrand, Gasflaschentausch. In den beheizten Servicegebäuden gibt es Duschen, WCs, Waschmaschinen und Trockner. Der Platz ist ganzjährig geöffnet.

Beschreibung: Große sonnige Rasenplätze am Ortsrand, teilweise mit Blick auf die Aller.

Preise: Je nach Saison zwischen 26,50 € und 29,50 € für ein Fahrzeug mit 2 Personen, inkl. Ver- und Entsorgung, Stromanschluss, Dusche, WC und WLAN.

Zufahrt: Am Ortsausgang Richtung Autobahn vor dem Friedhof links abbiegen.

Reservierung/Kontakt: Tel.: 05143/93199
E-Mail: info@campingplatz-winsen.de, Web: www.campingplatz-winsen.de.

(104) WOMO-Campingplatz: Winsen (Aller) – Campingpark Südheide

GPS: N52°40'19.5" E9°56'09.7"; Im Stillen Winkel 20, 29308 Winsen (Aller).
Max. WOMOs: >20, maximale Länge 12 m.

Ausstattung: Frischwasserversorgung, Abwasserentsorgung mit Bodeneinlass, Kassettenentleerung, Stromanschlüsse, Behälter für die Müllentsorgung, WLAN, Brötchenservice, Grillplatz, Abenteuerspielplatz, Naturspielplatz, Naturschwimmteich, Sauna, Reitstall, Boulebahn, kleines Restaurant, Hundespielwiese. Im Servicegebäude gibt es Duschen, WCs, Waschmaschinen und Trockner. Der Platz ist ganzjährig geöffnet.

Beschreibung: Sehr familien- und kinderfreundliche Anlage mit sonnigen, teilweise auch schattigen Rasenplätzen am Waldrand.

Preise: Stellplatz vor der Schranke inkl. 2 Personen je nach Saison zwischen 21,00 € und 29,00 €. Hinter der Schranke je nach Lage, Saison, Größe und Komfort zwischen 29,00 € und 47,00 €. Schwimmteich, Sauna, Warmwasser-Duschen, Strom, WLAN und Ver- und Entsorgung inklusive. Kinder und Jugendliche zwischen 6 und 15 Jahren 5,00 €, Kinder unter 6 Jahren kostenlos.

Zufahrt: Die L180 in Richtung Celle fahren und am Ortsausgang den Hinweisschildern zum Campingpark folgen.

Reservierung/Kontakt: Tel.: 05143/6661803
E-Mail: info@campingpark-suedheide.de,
Web: www.campingpark-suedheide.de.

Dat Groode Hus im Museumshof Winsen.

Der **Museumshof Winsen** besteht aus insgesamt fünfzehn Gebäuden, die sich in der Mitte des Ortes in der Straße Brauckmanns Kerkstieg befinden. In den komplett ausgestatteten Gebäuden werden Einrichtungsgegenstände und Arbeitsgeräte aus dem 17. bis 19. Jahrhundert gezeigt, wie sie in der Südheide gebräuchlich waren. Keines dieser Gebäude steht an seinem ursprünglichen Standort. Sie stammen allesamt aus Orten der Umgebung, wurden dort abgetragen und hier neu aufgestellt. Nur das Backhaus mit dem Lehmbackofen ist ein Neubau, er wurde nach alten Vorbildern errichtet. Hier werden am 1. Mai und am 2. Sonntag im August die Backtage abgehalten. Dann gibt es Brot, Luffen und leckeren "Bodderkauken" (Butterkuchen) aus dem Lehmbackofen. Luffen sind eine Spezialität in der Lüneburger Heide. Es sind kleine Rosinenbrote aus Hefeteig. Spezialitäten gibt es auch im Museumsladen. Hier können Sie zum Beispiel Heidehonig, Heideliköre oder Schafsmilchseife erstehen. Über das gesamte Angebot des Museums inklusiver der Öffnungszeiten und Eintrittspreise informiert diese Seite www.winser-heimatverein.de.

Im Kalandhof ist ein Café/Restaurant untergebracht.

Die Aller, die Örtze und die Lachte sind ideale Flüsse für eine Kanutour. Während die Aller auch von Sportbooten befahren wird, ist man auf der **Örtze** und der **Lachte** auf naturnahen, fast unberührten Flussläufen allein mit dem Kanu unterwegs.

Hier müssen Sie auch schon mal mit einem umgestürzten Baum rechnen, den es zu umschiffen gilt, manchmal reicht es auch einfach nur den Kopf einzuziehen. Die Örtze ist rund 54 Kilometer lang und durchfließt das wild-romantische Örtzetal, das wir in der nächsten Tour aufsuchen werden. Etwas östlich von Winsen beim Campingpark Südheide mündet sie in die Aller. Die Lachte ist ein rund 38 Kilometer langer Nebenfluss, der in Lachtehausen, einem Stadtteil von Celle in die Aller mündet. Er ist weitgehend naturbelassen und kann nur in den Sommermonaten bei ausreichender Wasserführung befahren werden.

Besser erklären können das die Mitarbeiter oder der Chef selbst von Meyer's KANATOUR, die Ihnen alles mitteilen, was Sie für eine Tour auf einem der Flüsse wissen müssen. Für einen Kontakt oder eine Buchung nutzen Sie bitte diese Seite www.kanatour.de. Hier finden Sie auch noch sehr viel mehr Informationen über die Flüsse und sehr viel mehr Bilder der Flusslandschaften, die Sie befahren können.

Auf der Aller gibt es sechs Paddeltouren. Die Längen variieren zwischen 6,5 und fast 20 Kilometer. Auf der Örtze sind es fünf Touren mit Längen zwischen 6,5 und 24 Kilometern und auf der Lachte nur zwei mit 10 und 13 Kilometern.

Kanutour auf der Aller.

Kanutour auf der Örtze.

Auch wer mit einem Kanu in der Natur unterwegs ist, kommt ohne Öl nicht aus. Es wird nicht getankt, aber es steckt in der wasserdichten Tonne, die Sie auf dem Boot mit sich führen, in Ihrem "Ostfriesennerz" und in sehr vielen Produktverpackungen und Gebrauchsgegenständen. Öl wird in den Arabischen Ländern gefördert oder in Norwegen auf hoher See und an vielen anderen Orten. Aber wer weiß schon, dass auch in dieser Region lange Zeit Öl gefördert wurde. Das schauen wir uns nur wenige Kilometer weiter in Wietze an, das auch "Klein-Texas in der Heide" genannt wurde. Der Erdölförderung widmet sich das **Deutsche Erdölmuseum**, das sich im Schwarzen Weg auf einem alten Ölfeld befindet. Sie finden es mit diesen Koordinaten N52°39'37.3" E9°50'00.9". Sie dürfen direkt vor dem Museumsgebäude parken, auch wenn der Platz als PKW-Parkplatz ausgewiesen ist. Gelegentlich nutzen auch Omnibusse dieses Areal.

Bohrtüme in der Außenanlage des Museums.

Schon vor 350 Jahren wussten die Heidebauern die oberflächlich vorhandenen Teerkuhlen zu nutzen und verwendeten dieses Material in vielfältiger Weise. Mit einer der weltweit ersten ölfündigen Bohrungen 1858/59 wurde der Grundstock gelegt für einen Ölförderboom, der aber erst so richtig kurz vor der Jahrtausendwende losging. Innerhalb weniger Jahre veränderte sich das Heidedorf vollständig. Bis zu 52 Gesellschaften bohrten und förderten hier Öl und deckten den Bedarf Deutschlands zu fast achtzig Prozent. Die Ölförderung hielt bis in die frühen sechziger Jahren des letzten Jahrhunderts an, musste aber dann aufgrund der Erschöpfung der Lagerstätten aufgegeben werden.

Exponate im Deutschen Erdölmuseum.

Auf dieser Seite www.erdoelmuseum.de erfahren Sie mehr über das Museum, die Öffnungszeiten und die Eintrittspreise.

Wir fahren jetzt weiter nach Celle. Diese schöne Stadt bildete den Abschluss der Tour 6. Wir werden deshalb die Beschreibung nicht wiederholen, sondern verweisen auf die Seite 160, dort beginnt die Beschreibung der Stadt.

Von Celle geht es in der nächsten Tour weiter durch den Naturpark Südheide nach Uelzen.

Naturpark Lüneburger Heide
Velgen
Natendorf
Stöcken
B4
Ilmenau
Elbe-Seitenkanal
Tour 12
122 WC
118
Kirchweyhe
119
Oldenstädter See
Kloster
Ebstorf
Westerweyhe
Groß Liedern
Ebstorfer Weltkarte
Arboretum
Melzingen
Uelzen
120
WC
121
5 km
Esterholz
Gerdau
B71
Gerdau
Stederau
Groß Süstedt
Holdenstedt
123
Truppenübungsplatz
Böddenstedt
Wrestedt
B4
Bahnsen
Stadensen
B71
Suderburg
B191
Dreilingen
117
Hardausee
Aussichtsturm
Hösseringen
Breitenhees
113
Truppenübungsplatz
116
Museumsdorf Hösseringen
Faßberg
Heidesee
114
B4
L240
B191
112
Oberoher Heide
Unterlüß
Sprakensehl
111
Müden (Örtze)
115
Weyhausen
110
Wildpark
Naturpark
109
108
Misselhorner Heide
Hermannsburg
Aschauteiche
Heideflächen mittleres Lüßplateau
105
Angelbecksteich
Steinhorst
Oldendorf
107
Eschede
Scharnhorst
Örtze
Südheide
Filmtier-Park
Eldingen
Sülze
Eversen
106
Offen
Hohnhorst
B3
B191
Beedenbostel
96
Ahnsbeck
Garßen
Wolthausen
Lachendorf
Lachte
B3
Winsen (Aller)
Groß Hehlen
Celle
137
Nordburg
L180
WC
095
Kloster Wienhausen
138
104
Französischer Garten
Aller
Aller
Schloss
Schwachhausen
103
139
Wienhausen
B214
Ovelgönne
094
Altencelle
Tour 10
Hambühren
093
Eicklingen
Tour 7
B214
Papenhorst
Wathlingen
Fachwerk, Backsteingotik und Bauhaus (67 km)
Nienhagen
Bröckel
092
Kalibahn
Großmoor
Tour 6

TOUR 8 (ca. 150 km)

Eschede – Oldendorf – Hermannsburg – Müden (Örtze) – Unterlüß – Hösseringen – Ebstorf – Uelzen

Stellplätze:	Eschede, Oldendorf, Hermannsburg, Müden (Örtze), Unterlüß, Hösseringen, Uelzen.
Campingplätze:	Müden (Örtze), Hösseringen, Ebstorf, Westerweyhe.
Ver-/Entsorgung:	Eschede, Hermannsburg, Unterlüß, Uelzen.
Besichtigungen:	Eschede (Filmtier-Park), Müden (Wildpark), Hösseringen (Museumsdorf, Aussichtsturm), Ebstorf (Kloster, Ebstorfer Weltkarte).
Wandern/Radtouren:	Rund um die Aschauteiche, rund um den Angelbecksteich und den Heideflächen des mittleren Lüßplateaus, durch die Oberoher Heide, rund um den Oldenstädter See in Uelzen.
Baden/Wellness:	Unterlüß (Freibad), Hösseringen (Hardausee), Faßberg (Heidesee), Ebstorf (Waldbad), Uelzen (Oldenstädter See).

Diese Tour beginnt mit Tieren, die in Filmen und in Shows Rollen gespielt haben. Dazu fahren wir zu einem Filmtier-Park am Rande des Naturparks Südheide, in dem sie ihr Zuhause haben. Durch Waldlandschaften geht es dann weiter zu einem Teich, der von einer großen Heidefläche umgeben ist. Im wildromantischen Örtzetal finden wir eine ganze Reihe von Stell- und Campingplätzen, die zum Verweilen einladen. Es sind ideale Standorte für Rad- und Kanutouren sowie für den Besuch des Wildparks in Müden.

Abseits, ruhig und von Wald umgeben ist das Museumsdorf in Suderburg-Hösseringen, das wir nur erreichen können, in dem wir einen weiten Bogen durch das Waldgebiet schlagen. Ein Ausflug, der sich lohnt, auch wegen des Aussichtsturms in der Nähe des Museums. In Ebstorf suchen wir das Kloster auf. In diesem alten Backsteingemäuer ist mit der Ebstorfer Weltkarte eine kulturgeschichtliche Rarität zu sehen. Es ist zwar nur ein Faksimile, aber dennoch sehenswert. In Uelzen schauen wir uns die Altstadt an und besuchen den Hundertwasserbahnhof. Am Oldenstädter See beenden wir diese Tour auf einem ruhigen Wanderparkplatz in der Nähe des Seeufers.

Beginnen wir also in **Eschede**. Der Ortsname ist bekannt. Hier ereignete sich 1998 ein tragisches Unglück. Ein ICE entgleiste, prallte gegen eine Brücke und brachte diese zum Einsturz. In den verkeilten und ineinandergeschobenen Waggons verloren 101 Menschen ihr Leben. Es war der bislang schwärzeste Tag der Eisenbahngeschichte in Deutschland. Neben der wieder errichteten Brücke erinnern ein Gedenkstein und eine Gedenktafel an dieses Unglück.

Am Ortsausgang in Richtung Uelzen ist dieser Stellplatz leicht zu finden.

(105) Offizieller WOMO-Stellplatz: Eschede

GPS: N52°44'13.4" E10°14'30.1"; B191/Uelzener Str. , 29348 Eschede.
Max. WOMOs: 10, maximale Länge 12 m, max. Aufenthalt 5 Tage.

Ausstattung: Frischwasserversorgung, Abwasserentsorgung mit flexibler Auffangvorrichtung, die sich gut unter den Abfluss des Grauwassertanks schieben lässt, Kassettenentleerung, ganzjährig geöffnet.
Beschreibung: Einfache befestigte Stellflächen, die bei Nässe leicht matschig werden können. Freibad 450 Meter, Ortsmitte 750 Meter entfernt. Verkehr von der B191 hörbar.
Preise: Kostenlos, Frischwasser 1,00 €, Grauwasserentsorgung und Kassettenentleerung kostenlos.
Zufahrt: B191 in Richtung Uelzen fahren. Der Stellplatz liegt am Ortsausgang auf der rechten Seite.

Von diesem Platz führt ein etwa drei Kilometer langer Wanderweg entlang der Aschau zu den **Aschauteichen** und zu einer Fischräucherei. Hier lassen sich Aal, Forelle, Lachsforelle und andere Fische fangfrisch oder geräuchert erwerben. Für die weitere Wanderung, die auf einem ausgewiesenen Wanderweg um die Teiche führt, muss erst einmal ein Fischbrötchen reichen. Der größere Fischeinkauf erfolgt später. Dazu fährt man am besten den Parkplatz der Räucherei an, der mit diesen Koordinaten zu finden ist [N52°45'04.9" E10°15'57.0"]. Über das Angebot der Fischräucherei informiert diese Seite www.aschauteiche.de.

Ein Eisvogel nach erfolgreichem Fischfang.

Der Wanderweg rund um die Teiche wurde "Beim Hecht im Karpfenteich" getauft. Es gibt einen kurzen Weg von etwas mehr als drei Kilometern Länge und einen längeren, der

Ein Luchs beobachtet genau, was sich am Rand seines Geheges bewegt.

über fast zehn Kilometer geht. Auf dieser Route befindet sich auch ein kleiner Aussichtsturm, der am Rande eines Teiches steht. Von diesem Turm lässt sich die Vogelwelt mit ein wenig Geduld besonders gut beobachten. Wenn Sie Glück haben, sehen Sie hier Eisvögel, ganz sicher aber Grau- und Silberreiher, die in den seichten Gewässern genug Nahrung für sich und den Nachwuchs finden. Am Parkplatz bei der Fischräucherei steht eine Orientierungstafel mit einer Karte der beiden Wanderrouten, die Ihnen weitere Informationen zu den einzelnen Stationen der Wege gibt.

Wir begeben uns jetzt zu den großen Tieren in den **Filmtier-Park**. Dazu fahren wir zunächst nach Scharnhorst und folgen dort den Hinweisen zu dem Tierpark, den Sie auch einfach mit diesen Koordinaten [**106:** N52°42'05.8" E10°16'07.9"] erreichen können.

Die Polarwölfin Lyla können Sie bei einer Privataudienz kennenlernen.

Joe Bodemann, der bekannte Tiertrainer, rief diesen inzwischen zum Zoo avancierten Tierpark ins Leben. Er trainierte viele Tiere, die in Spielfilmen oder Samstagabendshows aufgetreten sind. Über 1000 Produktionen sollen es gewesen sein. Da er auch einen Platz brauchte, um die Tiere artgerecht unterzubringen, wurde die Idee des Filmtier-Parks geboren. 180 Tiere leben in diesem Park auf einer Fläche von rund 120.000 Quadratmetern. Im Unterschied zu anderen Zoos oder Wildparks können

Meister Petz gibt keine Privat-Audienzen.

die Besucher eine Privataudienz buchen. Dieser direkte Kontakt mit den Tieren dauert etwa 15 bis 25 Minuten. Dann krabbeln Wasch- und Nasenbären oder Erdmännchen auf den Besuchern umher. Sehr Mutige lassen sich eine Privataudienz bei einem Tiger oder einem Wolf geben. Diesen Tieren ganz nah zu sein, sich zu ihnen zu setzen und sie sogar zu streicheln, ist sicher nicht jedermanns Sache. Unter Aufsicht ist das hier möglich.

Wie mit Wildtieren gearbeitet wird, zeigen die Tierkontakt-Shows, die samstags, sonntags und an Feiertagen um 15:00 Uhr präsentiert werden. Während der niedersächsischen Sommerferien finden diese Veranstaltungen täglich statt.

Alle weiteren Informationen sind Sie auf dieser Seite nachzulesen http://filmtierpark.de.

Vom Filmtier-Park fahren wir zurück nach Eschede und schlagen dort den Weg nach Bergen ein. Der **Angelbecksteich** ist das nächste Ziel, der rund elf Kilometer von Eschede entfernt liegt. Den Wanderparkplatz erreichen Sie mit diesen Koordinaten [**107:** N52°47'20.1" E10°07'29.4"]. Dieser Teich ist nicht auf natürliche Weise entstanden, kein Relikt der Eiszeit und auch keine ehemalige Kiesgrube. Er wurde als Feuerlöschteich angelegt.

Wanderparkplatz am Angelbecksteich.

Die Anlage dieses Teiches ist eine der Konsequenzen, die nach der verheerenden Brandkatastrophe aus dem Jahre 1975 gezogen wurde.

Ein Feuer und die Folgen

Im heißen und trockenen Sommer 1975 wurden vermutlich durch Brandstiftung mehr als 7000 Hektar Wald vernichtet. Die trockenen Kiefern brannten wie Zunder. Totholz, das noch von den Orkanschäden des Jahres 1972 stammte, gab dem Feuer zusätzlich Nahrung. Dieses Inferno verursachte eine 250 Kilometer lange Rauchfahne. Für die Feuerwehren stand Löschwasser nur in einem unzureichenden Maße zur Verfügung. Es musste aus großer Entfernung herangeschafft werden. Auf der Eisenbahnlinie bei Eschede wurden Kesselwagen mit Wasser gefahren, die ständig durch neu gefüllte ersetzt wurden. Aber von den Kesselwagen zu den Brandherden war der Weg auch immer noch weit. Löschflugzeuge aus Frankreich wurden zur Unterstützung der Brandbekämpfung eingesetzt. Sie schöpften das Wasser aus dem Steinhuder Meer. Es war glühend heiß. Das aus speziellen Säcken aus Hubschraubern abgelassene Wasser verdampfte, bevor es überhaupt eine Löschwirkung entfalten konnte. Kompetenzwirrwarr und eine schlechte Organisation der Einsatzkräfte zu Beginn war einer effektiven Brandbekämpfung wenig dienlich. Erst durch den Einsatz von Bergepanzern der Bundeswehr, die breite Schneisen in die Wälder schoben, konnte die Feuerwalze gestoppt und die Brände gelöscht werden. Insgesamt waren 15.000 Feuerwehrleute aus dem gesamten Bundesgebiet vor Ort.

Der Angelbecksteich ist von Heide umgeben.

Was wurde daraus gelernt? An vorhandenen Gewässern wurden Löschwasserentnahmestellen eingerichtet und es wurden Löschteiche wie der Angelbecksteich angelegt sowie zahlreiche Löschwasserbrunnen gebaut. So soll sichergestellt sein, dass heute bei Bedarf genügend Wasser für Löschfahrzeuge zur Verfügung steht.

Wanderweg durch die Heide am Angelbecksteich.

Für die Wiederaufforstung der Wälder wurde an die Einrichtung eines Mischwaldes mit Buchen und Eichen gedacht. Diese Bäume wachsen auf den kargen Böden allerdings nicht oder nicht so gut. Deshalb entschieden sich die Waldbesitzer erneut für die Kiefer, die als anspruchslose Pflanze mit den Verhältnissen gut zurechtkommt.

Einige Flächen wurden nicht aufgeforstet, sondern in Heideflächen umgewandelt wie am Angelbecksteich, in der ein barrierefreier Wanderweg Naturlehrpfad angelegt wurde.

Als weitere Brandschutzmaßnahme wurde die aus Nordamerika stammende spätblühende Traubenkirsche angepflanzt. Es wurden Brandschutzstreifen damit angelegt. Für die Vogelwelt eine willkommene Abwechslung im Futterangebot, die diese Trauben gerne naschen. Es wurde nur nicht bedacht, dass die Vögel durch den ganz normalen Verdauungsvorgang die Samen dieser Pflanze weit verbreiten. Nun hat die Traubenkirsche eine große Verbreitung gefunden und wächst auch dort, wo man sie gar nicht haben will.

Lieblich und ganz natürlich wirkt die Teichanlage, die mit einem rund einen Kilometer langen Spazierweg umrundet werden kann. Ein Gedenkstein am Rande der Heidefläche erinnert an die Brandkatastrophe von 1975. Sie kommen automatisch daran vorbei wenn Sie diesen Rundweg gehen, der auch ein Teil des Heidschnuckenweges ist. Der Wanderparkplatz eignet sich ebenso gut für eine Runde mit dem Fahrrad. Zwei von zehn markierten Radwanderwegen führen hier vor-

bei. Sie wurden vom Landkreis Celle als Träger des Naturparks Südheide als Rundwege angelegt. Große Tafeln an den Wanderparkplätzen weisen auf diese Wege mit einer Karte und kurzen Beschreibungen hin. Eine Broschüre zu diesen Rad-Thementouren gibt es bei den Touristinformationen des Landkreises und auf den Campingplätzen. Am Angelbecksteich führt der 40 Kilometer lange Radweg "Durch Heide, Wald und Örtzetal" vorbei und eine 66 Kilometer langer Weg, der Gauß'sche Vermessungspunkte miteinander verbindet. Dieser geht auch durch die Heideflächen des mittleren **Lüßplateaus**, wo das Foto auf dieser Seite entstanden ist. Weite violettfarbene Flächen und Wacholdersträucher sind hier zu sehen. Von diesem Punkt lässt sich die 39 Kilometer lange "Große Heidetour" starten, die Gebiete wie Misselhorner Heide, den Schillohsberg, die Heideflächen von Oberohe, den Wacholderwald in der Dübelsheide und verschiedene kleine Orte miteinander verbindet. Wenn Sie alle zehn Touren radeln möchten, dann haben Sie 412 Kilometer vor sich. Die kleinste Rundtour ist 22 Kilometer lang, die längste ist die zu den Gauß'schen Vermessungspunkten.

Genug der Radhinweise. Wir fahren weiter nach **Hermannsburg** und suchen den Stellplatz am Schützenhaus

Heideflächen des mittleren Lüßplateaus.

Stellplatz am Schützenhaus.

auf, den Sie mit diesen Koordinaten finden **[108a:** N52°49'41.3" E10°06'34.8"]. Der Platz ist groß und bietet Stellflächen für mindestens 20 Wohnmobile. Er kostet nur 2,00 Euro pro Fahrzeug und Tag. Eine Ver- und Entsorgungsstation gibt es 250 Meter entfernt am Waldbad, die Sie mit diesen Koordinaten erreichen **[108b:** N52°49'36.3" E10°06'28.4"]. Frischwasser und Entsorgung kosten hier jeweils einen Euro. Einen weiteren Übernachtungsplatz gibt es an der Örtzetalhalle im Lutterweg **[109:** N52°50'00.6" E10°05'45.2"]. Dieser Platz ist kostenlos. Von hier sind es nur 500 Meter bis zum Restaurant "La Taverna" dem besten Haus am Platz, das eine Mischung aus mediterraner und gutbürgerlicher Heideküche hat. Die Speisekarte können Sie an dieser Stelle vorab durchstöbern www.lataverna.de.

Stellplatz an der Örtzetalhalle.

Wir fahren weiter nach **Müden (Örtze)**. Hier steuern wir zunächst den **Wildpark** an, in dessen Nähe sich ein schöner, ruhiger Stellplatz befindet **[110:** N52°52'20.5" E10°06'33.2"].

Stellplatz am Wildpark in Müden.

Der Wildpark befindet sich direkt an der Örtze. Auf einer Fläche von rund zehn Hektar sind unter anderem Sikawild, Heidschnucken. Marderhunde, Waschbären, Alpakas, Rentiere sowie Reh-, Rot- und Damwild zu sehen. Lebhaft sind die Fütterungen, wenn die putzigen Waschbären ihre heiß ersehnten Leckereien erhalten. Sehr beeindruckt waren wir von der Greifvogelvorführung, die von zwei jungen Damen präsentiert wurde. Auch wenn die Flugvorführungen immer wieder in ähnlicher Weise ablaufen, sind wir doch jedes Mal aufs Neue verblüfft, wie die Falkner und

Falknerin bei der Greifvogelvorführung im Wildpark Müden.

Falknerinnen mit diesen Vögeln umzugehen wissen. Wenn Sie mehr über die Falknerei erfahren möchten, so können Sie hier für einen Tag diesen Job mitmachen. Auf der website des Parks können Sie lesen, wie das funktioniert. Neben den Tieren gibt es einen großen Kinderspielplatz und einen Barfußpfad.

Die Waschbären sind mit ihrem Futter beschäftigt.

Der Wildpark ist ganzjährig täglich geöffnet. Die Uhrzeiten und die Eintrittspreise entnehmen Sie bitte dieser Seite www.wildparkmueden.de. Hier erfahren Sie auch, welche zusätzlichen Veranstaltungen angeboten werden.

Einen weiteren Stellplatz in Müden befindet sich auf dem Parkplatz **Heidesee** an der Ortsausgangsstraße in Richtung Faßberg/Unterlüß [**111:** N52°52'44.3" E10°07'30.7"]. Hier gibt es eine kostenlose Ver- und Entsorgungsstation. Dieser Stellplatz und der am Wildpark kosten pro Tag fünf Euro für ein Fahrzeug. Sie dürfen an drei aufeinanderfolgen Tagen genutzt werden. Die Parkgebühren werden von einem Mitarbeiter der Gemeinde

Stellplatz Heidesee in Müden (Örtze).

kassiert. Sollte dies nicht der Fall sein, wird darum gebeten, den Betrag zu überweisen. Die Bankverbindung ist in einem Schaukasten zu lesen.

Am Stellplatz wird auf die zehn Rad-Thementouren hingewiesen, die wir schon genannt hatten. Auf einer weiteren Karte werden Rundwanderwege um Müden gezeigt, die Längen zwischen drei und neunzehn Kilometer haben und entlang der wild-romantischen **Örtze** angelegt sind.

Für längere Aufenthalte an der Örtze empfehlen sich diese beiden Campingplätze.

(112) WOMO-Campingplatz: Müden (Örtze) – Camping Sonnenberg

GPS: N52°53'16.5" E10°05'56.8"; Sonnenberg 3, 29328 Müden.
Max. WOMOs: >20, maximale Länge 12 m.

Ausstattung: Frischwasserversorgung, Abwasserentsorgung mit Bodeneinlass, Kassettenentleerung, Stromanschlüsse, Behälter für die Müllentsorgung, kleinem Restaurant. Im Servicegebäude gibt es Duschen, WCs, Waschmaschinen und Trockner. Der Platz ist vom 15. April bis 15. Oktober geöffnet.
Beschreibung: Ein idyllischer, weitläufiger und parkähnlicher Platz mit sonnigen und schattigen Rasenplätzen.
Preise: Je nach Saison 19,50 € oder 22,50 € für ein Fahrzeug mit 2 Personen inkl. Ver- und Entsorgung sowie Strom, Hund 2,50 €.
Zufahrt: Müden in Richtung Munster durchfahren und den Hinweisen zum Campingplatz folgen.
Reservierung/Kontakt: Tel.: 05053/987174
E-Mail: info@campingsonnenberg.com, Web: www.campingsonnenberg.com.

(113) WOMO-Campingplatz: Zum Oertzewinkel

GPS: N52°55'07.0" E10°07'38.1"; Kreutzen 20, 29633 Munster.
Max. WOMOs: >20, maximale Länge 12 m.

Ausstattung: Komplett ausgestatteter Platz mit Frischwasserversorgung, Abwasserentsorgung mit Bodeneinlass, Kassettenentleerung, Stromanschlüssen, Behälter für die Müllentsorgung, WLAN, Brötchenservice, Restaurant, Wassertretstelle, Spielplätze, Badeteich, Pferdekoppel. In den Servicegebäuden gibt es Duschen, WCs, Waschmaschinen und Trockner, Küchen. Der Platz ist ganzjährig geöffnet.
Beschreibung: Große sonnige, teilweise auch schattige Rasenplätze im Tal links und rechts der kleinen Örtze. Die Stellflächen liegen zum Teil recht dicht beieinander.

Preise: Erwachsene Person 6,00 €, Kinder 3-15 Jahre 2,80 €, Hund 1,80 €, Wohnmobil 12,00 €, Komfortplätze 14,50 € oder 16,00 €, Strom 0,50 pro kWh. Für längere Aufenthalte gibt es einen Rabatt.
Zufahrt: An der L240 in Richtung Munster 5 km hinter Müden auf der rechten Seite.
Reservierung/Kontakt: Tel.: 05055/5549
E-Mail: info@oertzewinkel.de, Web: www.oertzewinkel.de.

Auf halber Strecke auf dem Weg nach Unterlüß befindet sich auf der linken Seite ein Ferienpark mit einem sehr umfassenden Angebot.

(114) WOMO-Campingplatz: Ferienpark Heidesee

GPS: N52°52'27.9" E10°13'37.7"; Oberohe 25, 29328 Faßberg.
Max. WOMOs: >20, maximale Länge 12 m.

Ausstattung: Frischwasserversorgung, Abwasserentsorgung mit Bodeneinlass, Kassettenentleerung, Stromanschlüsse, Behälter für die Müllentsorgung, WLAN, Brötchenservice. Im Servicegebäude gibt es Duschen, WCs, Waschmaschinen und Trockner. Der Platz ist von Ende März bis Ende Oktober geöffnet.
Beschreibung: Große, überwiegend sonnige Stellflächen am Heidesee. Im Freizeitbereich gibt es ein Freibad 10m x 25m mit Liegewiese und Riesenrutsche, separates Kinderschwimmbad, Badesee mit Spielinsel / Wasser-Trampolin, Abenteuerspielplatz, Kleinkinderspielplatz, Fußballfeld, Kinderanimation, Basketballfeld, Streichelzoo in Tiergehege, Tischtennis / Kicker, Skaterbahn, Funball-Halle, Mini-Carts, Beach-Volleyball, Indoor Spielpark, Fahrrad-Verleih, Inliner-Verleih, Go-Kart-Verleih.
Preise: Erwachsene Person je nach Saison zwischen 4,50 € und 5,50 €, Kinder 3-14 Jahre zwischen 2,50 € und 3,50 €, Hund 2,50 €, Wohnmobil zwischen 7,70 € und 9,95 €, Nebenkosten pro Person (Strom, Wasser) 2,50 €.
Zufahrt: An der Straße nach Unterlüß rund 8 km hinter Müden auf der linken Seite.
Reservierung/Kontakt: Tel.: 05827/970546
E-Mail: info@campingheidesee.com, Web: www.campingheidesee.com.

In unmittelbarer Nähe dieses Ferienparks befindet sich die **Oberoher Heide**. Den Wanderparkplatz erreichen Sie mit diesen Koordinaten [N52°52'00.2" E10°13'39.2"]. Er liegt etwas abseits der Straße und ist relativ klein.

Durch die Heidelandschaft mit vielen Wacholdern führen drei Rundwanderwege zwischen drei und fast sieben Kilometern Länge und ein Lehrpfad. Sie gehen an ehemalige **Kieselgurgruben** vorbei, die heute mit Wasser gefüllt sind. Kieselgur wurde im Tagebau gewonnen. Die Tagebauspuren sind an manchen Uferbereichen noch gut zu sehen. Kieselgur wird auch Diatomeenerde genannt und entsteht vorrangig aus den Schalen fossiler Kieselalgen. Aus geologischer Sicht

In der Oberoher Heide.

ist Kieselgur ein Sediment. Es wurde in der Lüneburger Heide in den Zwischeneiszeiten abgelagert und ist einige Hunderttausend Jahre alt. In Oberohe wurde er von 1884 bis 1970 abgebaut. Kieselgur ist ein geschätzter Rohstoff für den Bau von Filteranlagen und findet Verwendung als Biozid.

Von der Oberoher Heide fahren wir weiter nach **Unterlüß**. Von diesem Stellplatz können Sie wieder die Radtouren starten, die wir schon erwähnt haben. Mit dem **Albert-König-Museum** ist in Unterlüß ein Kunstmuseum angesiedelt. Es ist nach dem bedeutendsten Maler der Südheide benannt, der 1881 in Eschede geboren wurde, in Unterlüß lebte und dort 1944 verstarb. Das Museum befindet sich in seinem ehemaligen Wohnhaus. Es bewahrt und zeigt den Nachlass des

(115) Offizieller WOMO-Badeplatz: Unterlüß – Allwetterbad

GPS: N52°50'42.8" E10°17'06.0"; Altensothriethweg, 29345 Unterlüß.
Max. WOMOs: >20, maximale Länge 12 m.
Ausstattung: Frischwasserversorgung, Abwasserentsorgung mit flexibler Auffangvorrichtung, die sich gut unter den Abfluss des Grauwassertanks schieben lässt, Stromsäule mit 8 Steckplätzen, Behälter für die Müllentsorgung, ganzjährig geöffnet.

Beschreibung: Große sonnige, teilweise auch schattige Rasenplätze am Waldrand neben dem Allwetterbad. Die Ver- und Entsorgungsanlage befindet sich auf dem PKW-Parkplatz vor dem Allwetterbad. Sie ist sehr gut anzufahren.
Preise: Kostenlos, Entsorgung kostenlos, über Münzautomaten gibt es Frischwasser für 1,00 €, Strom für 0,50 € pro kWh.
Zufahrt: Der Beschilderung zum Allwetterbad folgen.

Künstlers, der viele Werke über die Heidelandschaften, Bäume und die Kieselgurgruben hinterlassen hat. Über die Öffnungszeiten und ergänzende Ausstellungen anderer Künstler informiert diese Seite www.albertkoenigmuseum.de.

Von dem Stellplatz in Unterlüß bis zum **Museumsdorf Hösseringen**, unserem nächsten Ziel, sind es mit dem Fahrrad rund zehn Kilometer. Es ist ein Weg, der nahezu ausschließlich über Waldwege führt. Mit dem WOMO sind es über Asphaltstraßen rund 26 Kilometer, die wir in einem großen Bogen über Dreilingen, Bahnsen und Suderburg fahren müssen, bis wir diesen Parkplatz am Museum erreichen [**116:** N52°50'37.2" E10°24'19.1"]. Es ist ein sehr ruhiger Platz im Wald im hinteren Bereich des Parkplatzes. Sollte Ihr Navi Sie über einen kürzeren Weg von etwa zwölf Kilometern Länge von Süden her durch das Waldgebiet nach Hösseringen führen wollen, so ist das zwar möglich, aber nicht zu empfehlen. Wir raten davon ab, diese Strecke zu wählen. Es ist einausgewaschener Weg. Das ist etwas für SUVs, aber nichts für Wohnmobile. Es ist kein offizieller Stellplatz. Das Museum duldet die WOMOs, solange von den Besatzungen kein Müll abgeladen oder etwas Unschönes in den Wald gekippt wird. Sie sind also hier, wie an anderen

Stellplatz am Museumsdorf Hösseringen.

Der Brümmerhof aus dem Jahre 1644 mit Hausgarten.

Gaststätte "Haus am Landtagsplatz".

Orten auch aufgefordert, nur Reifenspuren im Sandboden zu hinterlassen. Halten die WOMO-fahrer und -fahrerinnen den Platz nicht sauber, wird irgendwann ein Verbotsschild dort stehen. Das wäre sehr bedauerlich.

Das Museum wird betrieben von einem eingetragenen Verein, der sich Landwirtschaftsmuseum Lüneburger Heide am Landtagsplatz zu Hösseringen e.V. nennt.

Das Schmiedewohnhaus.

Heidschnucken im Museumsdorf.

Der **Landtagsplatz** befindet sich am Rande des Museumsdorfes. Es ist ein historischer Platz, auf dem bis 1652 die Landtagstreffen des Fürstentums Lüneburgs stattfanden. Ein großer Gedenkstein erinnert daran. Umgeben ist dieser Stein von einer Vielzahl kleiner Findlinge, die auf den ersten Blick wie Sitzkissen angeordnet sind. Auf jedem Stein ist der Name eines Ortes der Umgebung eingemeißelt.

Das ehemalige Bauernhaus aus dem Jahre 1817, in dem heute das Gasthaus untergebracht ist, stand bis 1936 noch in Bahnsen, nördlich von Suderburg. Es wurde eine Zeit lang als Jugendherberge genutzt, bis daraus eine Gaststätte wurde.

Neben diesem Haus wurde ab 1975 das Museumsdorf eingerichtet. Bislang stehen 27 Gebäude auf dem Gelände. Sie stammen aus allen Teilen der Lüneburger Heide und spiegeln damit die bäuerliche Kulturgeschichte dieser Region wieder.

Kleinbauernhaus aus Bahnsen.

In den Häusern gibt es Ausstellungen zu den Heidschnucken und den Schäfern, zur Imkerei, zum Landhandel und Genossenschaftswesen, zu den Stellmachern, zu den Schmieden, zur Schweinehaltung, zum Dreschen des Getreides, zum Backen, zum Flachs brechen und Weben und natürlich zum ländlichen Wohnen. Dazu gibt es mehrere Gärten, in denen Gemüse gezogen wird und Stauden wachsen. Der **Heide Entdeckerpfad** führt durch ein kleines hügeliges Heidegelände. Auf dem Pfad gibt es 19 Stationen. An diesen wird mit Infotafeln etwas erzählt über Heidelbeeren, Wacholder, Plaggenhauer, Heidemahd, Aufforstung und vieles andere mehr.

Auf diesen Entdeckerpfad können Sie Ihren Hund nicht mitnehmen, denn Sie kreuzen ein Gehege mit Heidschnucken. Im Freigelände des Museums dürfen die Vierbeiner an der Leine mitgeführt werden.

Das Museum bietet eine ganze Reihe von Kursen und Vorträgen an. Wenn Sie mögen, dann können Sie lernen, wie man mit Lehm eine Wand baut oder solide Holzverbindungen herstellt. Das Programm ist sehr vielfältig. Für Familien mit Kindern gibt es besondere Angebote. Es gibt einige spielerische Aktionen, wie zum Beispiel ein Tiere-Suchspiel. Damit ist der Museumsbesuch selbst für die Kleinen ein spannendes Erlebnis und keine dröge und langweilige Angelegenheit abseits von Smartphone und Computerspiel. Auf dieser Seite https://museumsdorf-hoesseringen.de finden Sie eine Übersicht dazu und natürlich auch die Eintrittspreise und Öffnungszeiten.

Wir beenden den Besuch im Museum und wollen jetzt noch einmal hoch hinaus. Mit dem Rad geht es zu einem fast 42

Aussichtsturm Hösseringen.

Meter hohen **Aussichtsturm**, der am Ortsrand von Hösseringen auf einer kleinen Anhöhe steht. Er wurde zwischen 2002 und 2003 als Sendeanlage für den Mobilfunk errichtet. Für den Bau wurden 55.000 speziell gebogene Klinkersteine gebrannt, die mit 40.000 Litern Mörtel vermauert wurden. Zu der Aussichtsplattform auf fast 32 Metern Höhe führen 180 Stufen. Von oben reicht der Blick weit über die Waldlandschaft der Südheide.

Der **Hardausee** ist ein kleiner Stausee, der 1971 als Badesee angelegt wurde. Er wurde mit einem Sandstrand, einem Hundestrand, einem kleinen Parkplatz und einem Kiosk ausgestattet. Dort können in den Sommermonaten Tretboote und Kanus ausgeliehen werden. Auf einem zwei Kilometer langen Weg kann der See umrundet werden. Das Gewässer wird vom Heidebach Hardau gespeist und hat eine Fläche von acht Hektar. Regelmäßige Prüfungen bescheinigen dem See eine ausgezeichnete Wasserqualität. Sie erreichen den Parkplatz mit diesen Koordinaten [N52°52'04.9" E10°25'29.9"]. Der Campingplatz befindet sich auf der gegenüberliegenden Seite des Parkplatzes.

(117) WOMO-Campingplatz: Suderburg – Am Hardausee

GPS: N52°52'09.7" E10°25'23.0"; Campingplatz 1, 29556 Suderburg.
Max. WOMOs: >20, maximale Länge 12 m.
Ausstattung: 5-Sterneplatz mit Frischwasserversorgung, Abwasserentsorgung mit Bodeneinlass, Kassettenentleerung mit Camper Clean Station, Stromanschlüsse, Behälter für die Müllentsorgung, Gasflaschentausch, WLAN, Brötchenservice, Gaststätte, Shop, großem Grill- und Lagerfeuerplatz, Spielplätzen, Fahrradverleih. Im Servicegebäude gibt es Duschen, WCs, Waschmaschinen und Trockner. Der Platz ist ganzjährig geöffnet.
Beschreibung: Große sonnige, teilweise auch schattige und parzellierte Rasenplätze. Sehr ruhig und sehr gepflegt.
Preise: Erwachsene Person 8,00 €, Kinder 4-14 Jahre 3,50 €, Hund 3,50 €, Wohnmobil 9,00 €, Strom 3,00 pro Tag, WLAN ab 3,00 €.
Zufahrt: In Hösseringen gut ausgeschildert und einfach zu finden.
Reservierung/Kontakt: Tel.: 05826/7676
E-Mail: info@camping-hardausee.de, Web: https://camping-hardausee.de.

Vom Hardausee geht die Reise weiter nach Ebstorf. Im Zickzack fahren wir über Suderburg, Bahnsen, Gerdau und Groß Süstedt nach Ebstorf. Das sind rund 22 Kilometer. In dem Ort gibt es am **Waldbad** für einen längeren Aufenthalt diesen Campingplatz.

(118) WOMO-Campingplatz: Ebstorf – Am Waldbad

GPS: N53°02'01.8" E10°24'10.1", Hans-Rasch-Weg, 29574 Ebstorf.
Max. WOMOs: >20, maximale Länge 12 m.
Ausstattung: Frischwasserversorgung, Abwasserentsorgung mit Bodeneinlass, Kassettenentleerung, Stromanschlüsse, Behälter für die Müllentsorgung, WLAN, Brötchenservice. Im Servicegebäude gibt es Duschen, WCs, Waschmaschinen und Trockner. Der Platz ist ganzjährig geöffnet.

Beschreibung: Große sonnige, teilweise auch schattige Rasenplätze neben dem Waldbad. Vor der Schranke werden 6 weitere Wohnmobilstellplätze angeboten.
Preise: Erwachsene Person je nach Saison zwischen 5,90 € und 6,70 €, Kinder bis 16 Jahre zwischen 3,90 € und 4,30 €, Wohnmobil zwischen 6,60 € und 7,20 €, Strom 0,60 pro kWh, Waschmaschine und Trockner jeweils 2,50 €. Stellplätze vor der Schranke 10,00 € pro Fahrzeug mit 2 Personen.
Zufahrt: In Ebstorf in Richtung Lüneburg fahren. Nach Verlassen der Ortsmitte kurz hinter einer scharfen Rechtskurve nach links in den Hans-Rasch-Weg abbiegen und dieser Straße bis zum Ende folgen.
Reservierung/Kontakt: Tel.: 05822/3251
E-Mail: info@caw-e.de, Web: www.caw-e.de.

Wer nur die Klosteranlage mit der berühmten Weltkarte besuchen möchte, der kann sein Fahrzeug auch auf dem Domänenplatz [N53°01'51.6" E10°24'52.5"] abstellen.

Kloster Ebstorf.

Hier stehen Sie mitten auf dem ehemaligen Wirtschaftshof des Klosters, das um 1160 als Marienwallfahrtskloster gegründet wurde und seit 1529 ein evangelisches Frauenkloster ist.

Die Klostergebäude im Stile der norddeutschen Backsteingotik stammen aus dem 14. Jahrhundert und sind vollständig erhalten. Auch die Hallenkirche mit der Nonnenempore wurden in dieser Zeit errichtet. Beeindruckend ist der Kreuzgang mit seinem Kreuzrippengewölbe und den Buntglasfenstern. Es gibt darüber hinaus eine große Zahl an Kunstgegenständen im Kloster und der Kirche zu bewundern. Doch die Weltkarte, die in einem eigens dafür hergerichteten Präsentationsraum gezeigt und erklärt wird, stellt alle anderen Kunstwerke in den Schatten, auch wenn es nur eine Reproduktion ist. Sie wird den Besucher ausführlich erläutert, was wir hier kurz zusammenfassen.

Die Ebstorfer Weltkarte

Mit einer Fläche von fast dreizehn Quadratmetern und über 2500 Eintragungen ist diese Karte eines der bedeutendsten und anschaulichsten Dokumente des mittelalterlichen Weltbildes. Es ist keine physischgeografische Darstellung, sondern eine Ansammlung von Orten, die für die religiöse Weltanschauung der Nonnen im Mittelalter wichtig waren.

Die Karte wurde im 13. Jahrhundert angefertigt, entweder von den Nonnen selbst oder von Künstlern, die von ihnen beauftragt worden waren. Gezeichnet wurde sie auf Pergament. Sie hing bis zur Reformation vermutlich im Nonnenchor der Klosterkirche. Die Reformation brachte gewaltige Änderungen mit sich, das Kloster wurde evangelisch. Die Karte verlor an Bedeutung, sie wurde abgehängt, zusammengelegt und auf dem Dachboden verstaut und geriet in Vergessenheit. Dort blieb sie unbeachtet liegen, bis sie 1830 beim "Aufräumen" wiederentdeckt wurde. Sie hatte einen größeren Schaden in der unteren linken Ecke, dort, wo einst Hamburg abgebildet war, und war auch sonst schon recht angegriffen. Die Nonnen waren sich darüber im Klaren, dass sie ein besonderes zeitgeschichtliches Dokument gefunden hatten und hängten dieses wieder auf. Die 1819 gegründete "Gesellschaft für ältere deutsche Geschichtskunde" bat darum, die Karte nach Hannover zu senden. Dies geschah 1834. Ziel war, die Karte zu restaurieren und besser zu sichern. Während der Aufstellung der Karte auf dem Nonnenchor war auf nicht mehr zu klärende Weise ein großes Stück aus dem rechten oberen Viertel herausgeschnitten worden. Was dort abgebildet war, weiß niemand.

Die Karte wurde in den Folgejahren restauriert und im Detail abfotografiert. In den Bombennächten des Zweiten Weltkrieges wurde auch das Archiv, in dem sich die Karte befand, zerstört und verbrannte.

Aber man hatte ja noch die Fotografien. Mit ihnen gelang es dem

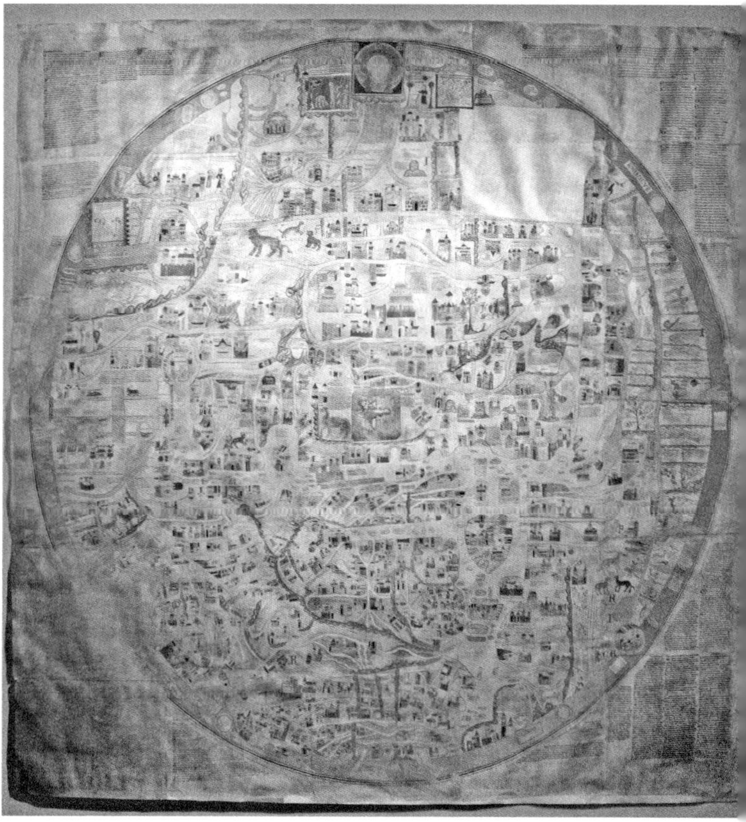

Die Ebstorfer Weltkarte.

Bispinger Künstler Rudolf Wienecke in den Fünfzigerjahren im Gerbdruckverfahren auf Ziegenlederpergament und anschließender Kolorierung vier originalgetreue Nachbildungen anzufertigen. Eine befindet sich im Kloster Ebstorf, eine im Museum Lüneburg, eine im Landschaftsmuseum auf der Plassenburg in Kulmbach und eine wurde dem griechischen Königspaar geschenkt.

Was ist nun auf der Karte zu sehen? Die Erde wird als Kreis dargestellt. Europäische Orte sind links unten zu finden, asiatische links oben und Afrika befindet sich auf der rechten Seite. Amerika und Australien fehlen. Wir befinden uns zum Zeitpunkt der Herstellung noch in der vorkolumbianischen Zeit, diese Kontinente waren noch nicht bekannt. Wir wachsen heute damit auf, in Welt- und Schulatlanten sowie in Landkarten die Kartographie "genordet" vorzufinden. Auch in unseren Tourenkarte ist immer ein Nordpfeil zu sehen und auch die Stadtpläne in diesem Buch sind immer "genordet". Die Ebstorfer

Detail der Weltkarte.

Weltkarte ist es nicht. Sie ist "geostet". Wenn Asien links oben liegt und Afrika rechts, dann liegt in dieser Karte der Orient oben. Hier ist der Kopf Christi abgebildet, gleich daneben das Paradies. Er gibt die Orientierung, worin das Wort "Orient" steckt und hält mit seinen Händen, die links und rechts (am Äquator sozusagen) zu sehen sind, die Welt zusammen. Die Füße sind am unteren Ende der Karte zu sehen. In der Mitte der Karte befindet sich Jerusalem. Für Christen die wichtigste Stadt im Mittelalter. Ebstorf und Lüneburg sind ebenso auf der Karte abgebildet wie die bedeutenden Domstädte Aachen, Worms, Goslar und andere. Auch die Plassenburg ist auf der Karte zu sehen. In Eiform von Wasser umgeben, ist die Klosterinsel Reichenau abgebildet.

Die vielen Details der Karte bekommen Sie während einer Führung durch das Kloster erläutert.

Auf dieser Seite www.leuphana.de finden Sie die Karte in digitaler Form, auf dem die Textfragmente in einer Transkription und deutscher Übersetzung zu lesen sind.

Auf dieser Seite www.kloster-ebstorf.de finden Sie die Öffnungszeiten, die Eintrittspreise und den Veranstaltungskalender des Klosters.

In Ebstorf ist nicht nur das Kloster sehenswert. Der Flecken (siehe Seite 27) hat mit dem **Domänenplatz**, an dem einige ältere Häuser stehen, dem **Apothekenmuseum** www.ebstorfer-apothekenmuseum.de, den Historischen Rundwegen und dem **Arboretum** in **Melzingen** http://homepage.arboretum-melzingen.de noch einiges mehr zu bieten.

Von Ebstorf fahren wir weiter und steuern auf Uelzen zu, der letzten Station auf dieser Tour. Auf dem Weg in die Stadt am Elbe-Seitenkanal machen wir einen kurzen Abstecher nach **Westerweyhe** und suchen dort den Campingplatz auf, den Sie auf der gegenüberliegenden Seite beschrieben finden.

Öko-Touristen werden von diesem Platz begeistert sein, denn hier wird streng nach ökologisch sinnvollen Kriterien gearbeitet und die Anlage entsprechend gepflegt. In einem neuen Holzhaus befinden sich die Sanitäranlagen, ein Laden, der ausschließlich Produkte aus biologischem Anbau anbietet, die vorzugsweise aus der Region kommen und ein Bistro, in dem Produkte von Ökohöfen verarbeitet werden. Das Natur-

(119) WOMO-Campingplatz: Uhlenköper-Camp Uelzen

GPS: N53°00'00.3" E10°30'56.0"; Festplatzweg, 29525 Uelzen.
Max. WOMOs: >20, maximale Länge 12 m.

Ausstattung: Frischwasserversorgung, Abwasserentsorgung mit Bodeneinlass, Kassettenentleerung, Stromanschlüsse, Behälter für die Müllentsorgung, WLAN, Frühstücksservice, Imbiss, Bioladen, Gasflaschentausch, NaturFreiBad, Kanuvermietung inklusive Boottransport, geführte Kanutouren. Im Servicegebäude gibt es Duschen, WCs, Waschmaschinen und Trockner. Der Platz ist ganzjährig geöffnet.
Beschreibung: Alle Stellplätze sind um die 100 Quadratmeter groß, haben einen festen, grasbewachsenen Untergrund und sind mit Büschen und Bäumen umgeben.
Preise: Person ab 14 Jahre je nach Saison zwischen 5,00 € und 7,00 €, Kinder 4-14 Jahre zwischen 2,00 € und 3,50 €, Hund zwischen 1,00 € und 3,00 €, Wohnmobil zwischen 9,00 € und 12,00 €, Strom 0,65 pro kWh.
Zufahrt: Westerweyhe in Richtung Kirchweyhe durchfahren und vor der Gaststätte "Zum Dorfkrug" rechts abbiegen.
Reservierung/Kontakt: Tel.: 0581/73044
E-Mail: info@uhlenkoeper-camp.de, Web: www.uhlenkoeper-camp.de.

FreiBad wird ohne chemische Keulen mit einer Pflanzenkläranlage gepflegt und man ist bemüht, mit Solarzellen so viel Strom wie möglich für den eigenen Bedarf zu produzieren.

Nicht nur für Campinggäste werden geführte Kanutouren auf der **Ilmenau** und der **Gerdau** angeboten. Die Gerdau ist ein rund 30 Kilometer langer, weitgehend naturbelassener

Kanutour auf der Ilmenau.

Quellfluss der Ilmenau. Die Ilmenau ist mit 109 Kilometern der längste Fluss der Lüneburger Heide. Hier ist die **Stederau**, der 35 Kilometer lange östliche Quellfluss schon berücksichtigt. Südlich von Uelzen fließen beide zur Illmenau zusammen, die dann weiter über Lüneburg und Winsen der Elbe zufließt. Über die website des Campingplatzes können Sie die Kanutouren buchen.

Für den Besuch der **Hansestadt Uelzen** können wir den Hammersteinplatz [**120:** N52°57'50.6" E10°34'00.3"] empfehlen. Hier sind vier gebührenfreie Stellflächen ausgewiesen, die auch von großen Mobilen angefahren werden können. Bis in die Innenstadt sind es nur 500 Meter, wer den Hundertwasserbahnhof anschauen möchte, muss rund 1,5 Kilometer gehen oder mit dem Rad fahren.

Parken auf dem Hammersteinplatz.

Machen wir einen kleinen Bummel durch die Innenstadt.

Vom Parkplatz geht es zunächst zum **Ratsteich**. Er entstand bereits 1643 durch das Aufstauen eines Ilmenauarmes und sollte die Verteidigungsanlagen der Stadt im Dreißigjährigen Krieg unterstützen. Später hatte er die Funktion eines Löschteiches und diente den über 50 Bierbrauern, die es mal in diesem Ort zwischen dem 16. und 18. Jahrhundert gab, zur Kühlung des Gerstensaftes.

Ratsteich mit der Außenterrasse des Restaurants Zansibar.

Giebelfront in der Lüneburger Straße.

Heute ist er mit einem kleinen Park auf der einen Seite und einem Restaurant an der Wasserfront ein Ort der Freizeitgestaltung. Wer über die Brücke, die an diesem Teich vorbeiführt geht oder die Stege nutzt, die weiter südlich über Ratsteich und Illmenau führen, der kommt schnell in die Innenstadt.

Die Lüneburger und die Veerßer Straße, die eine führt nach Norden, die andere nach Süden, sind die Flaniermeilen der Stadt. Hier findet mittwochs und samstags der Vitalmarkt statt. Er beginnt um 7:00 und endet um 14:00 Uhr. Es ist ein Wochenmarkt, auf dem die kleinbäuerlichen Betriebe der Region, Gemüsehändler, Bäcker und viele andere ihre Produkte anbieten. Wir waren überrascht, einen so großen und vielfältigen Markt vorzufinden.

Backsteingotik gibt es eine Straße weiter in der Pastorenstraße zu bewundern. Hier stehen sich die Marienkirche und die Probstei direkt gegenüber und glänzen in diesem Baustil. In einer Nische im Kirchturm ist das **Goldene Schiff,** ein Wahrzeichen der Stadt zu sehen. Auf dem Weg dorthin kann man sich das **Uhlenköper-Denkmal** anschauen, das an der Apsis der Kirche steht. Es erinnert an die Geschichte vom Uhlenköper (Eulenkäufer), einem Kaufmann, der sich narren ließ und statt Birkhähne zu kaufen Eulen erstand und sich damit zum Gespött der Bürger machte. Auch heute noch wer-

Die Gertrudenkapelle.

Hundertwasserbahnhof in Uelzen.

den die Uelzener gerne scherzhafterweise von ihren Nachbarstädten "Uhlenköper" genannt.

Neben dem Goldenen Schiff hat sich der **Hundertwasserbahnhof** zum Wahrzeichen der Stadt entwickelt. Das 1887 erstellte Gebäude wurde anläßlich der EXPO 2000 in Hannover von Hundertwasser in ein Gesamtkunstwerk umgewandelt.

Die ganze Geschichte, wie es zu dem Bau kam und wieso Uelzen etwas mit der EXPO in Hannover zu tun hat, können Sie hier nachlesen www.hundertwasserbahnhof.de.

Auf dem Weg zurück werfen wir in der Nähe des Parkplatzes noch einen Blick auf die **Gertrudenkapelle** die im 16. Jahrhundert errichtet wurde und fahren dann weiter zu dem Stellplatz am Yachtclub am Elbe-Seitenkanal, der sich für einen längeren Aufenthalt in Uelzen eignet.

(121) Offizieller WOMO-Stellplatz: Yachtclub Uelzen

GPS: N52°57'28.9" E10°35'38.7"; Riedweg 7, 29525 Uelzen.
Max. WOMOs: 8, maximale Länge 9 m, max. Aufenthalt 5 Tage.
Ausstattung: Frischwasserversorgung, Abwasserentsorgung mit Bodeneinlass, Kassettenentleerung, Stromanschlüsse, Behälter für die Müllentsorgung, WLAN, Brötchenservice, Spiel- und Grillplatz, Clubgaststätte. Im Servicegebäude gibt es Duschen, WCs, Waschmaschinen und Trockner. Der Platz ist ganzjährig geöffnet.

Beschreibung: Ruhige Lage. Umgeben von Büschen und Bäumen direkt am Elbe-Seitenkanal. Ebene gepflasterte Stellflächen.
Preise: 10,00 € für ein Fahrzeug, Frischwasser 1,00 € und Strom 0,50 € pro kWh. Abwasserentsorgung und Entleerung der Bordtoilette ist kostenfrei. Waschmaschine und Trockner jeweils 2,50 €. Anmeldung und Bezahlung erfolgt in der Clubgaststätte.
Zufahrt: Auf der B71 in Richtung Bergen (Dumme) fahren und nach der Überquerung des Elbe-Seitenkanals die erste Straße rechts abbiegen und bis zum Hafengelände vordringen.

Sehr gut für einen längeren Aufenthalt eignet sich auch der **Oldenstädter See** am Haspelweg, den Sie mit diesen Koordinaten [**122:** N52°59'07.9" E10°35'13.2"] erreichen. Noch ist es ein ganz einfacher, leicht schattiger Parkplatz. Es bestehen Pläne, ihn mit einem offiziellen Wohnmobilstellplatz aufzuwerten. Wann das geschehen soll, wissen wir nicht, kann aber schnell gehen bei dem Wohnmobilboom, den Deutschland gerade erlebt.

Parkplatz am Oldenstädter See.

Entstanden ist der See im Zusammenhang mit dem Bau des Elbe-Seitenkanals für dessen Dämme erhebliche Mengen Sand vonnöten waren, die hier abgebaggert wurden. Als dann Ende der neunziger Jahre für den Bau der Ortsumgehung erneut Unmengen Sand benötigt wurde, buddelte man an dieser Stelle weiter. Zurück blieb ein See mit rund 16 Hektar Fläche und einer maximalen Tiefe von sechs Metern, der heute als Badesee und Surfrevier genutzt wird. An einem Uferabschnitt gibt es auch einen Hundestrand. Gespeist wird der See durch Grundwasser. Auf einem etwa zwei Kilometer langen Weg lässt sich der See umrunden. In den Sommermonaten ist bei gutem Wetter ein Kiosk in Betrieb, der kühle Getränke und kleine Gerichte anbietet.

Damit sind wir am Ende dieser Tour angekommen. Die nächste Etappe führt uns nach Wolfsburg.

Der Oldenstädter See.

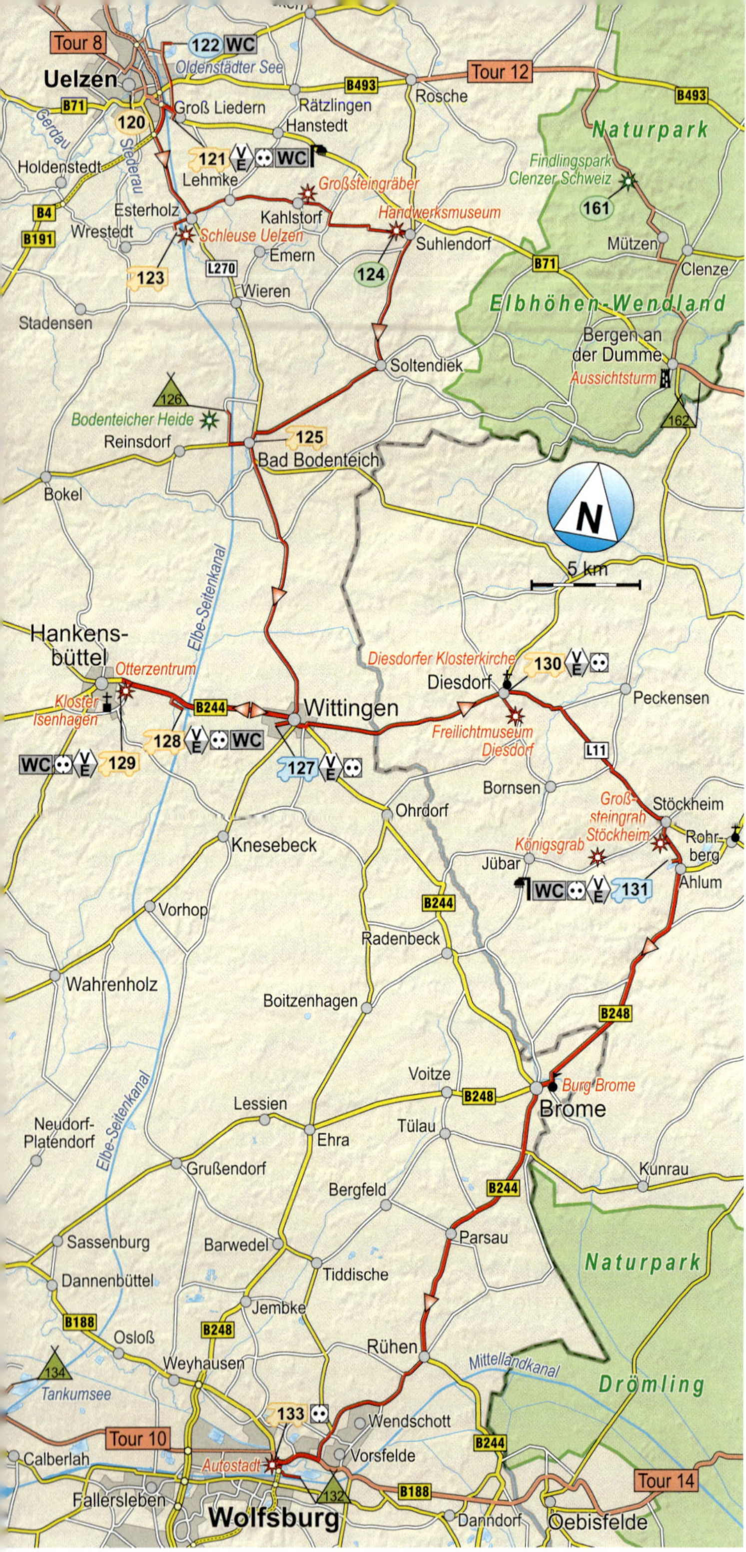
Tour 8
122 WC
Oldenstädter See
Tour 12
Uelzen
B493
Rosche
B71
Groß Liedern
Rätzlingen
B493
Gerdau
120
Stederau
Hanstedt
Naturpark
121 WC
Lehmke
Holdenstedt
Großsteingräber
Findlingspark Clenzer Schweiz
Esterholz
Kahlstorf
Handwerksmuseum
161
B4
Wrestedt
Schleuse Uelzen
Suhlendorf
Mützen
B191
Emern
B71
123
L270
124
Clenze
Wieren
Elbhöhen-Wendland
Stadensen
Bergen an der Dumme
Soltendiek
Aussichtsturm
126
Bodenteicher Heide
162
125
Reinsdorf
Bad Bodenteich
Bokel
N
5 km
Elbe-Seitenkanal
Hankensbüttel
Diesdorfer Klosterkirche
130
Otterzentrum
Diesdorf
Peckensen
Kloster Isenhagen
B244
Wittingen
Freilichtmuseum Diesdorf
L11
128 WC
WC
129
127
Bornsen
Großsteingrab Stöckheim
Stöckheim
Ohrdorf
Rohrberg
Knesebeck
Königsgrab
Jübar
Ahlum
WC
131
B244
Vorhop
Radenbeck
Wahrenholz
Boitzenhagen
B248
Voitze
Burg Brome
B248
Brome
Lessien
Neudorf-Platendorf
Tülau
Elbe-Seitenkanal
Ehra
Grußendorf
Kunrau
Bergfeld
B244
Parsau
Sassenburg
Barwedel
Naturpark
Dannenbüttel
Tiddische
Jembke
B188
B248
Oslоß
Rühen
134
Weyhausen
Mittellandkanal
Drömling
Tankumsee
133
Wendschott
Tour 10
B244
Calberlah
Vorsfelde
Autostadt
Tour 14
132
B188
Fallersleben
Wolfsburg
Danndorf
Oebisfelde

TOUR 9 (ca. 155 km)

Suhlendorf – Bad Bodenteich – Wittingen – Hankensbüttel – Diesdorf – Ahlum – Wolfsburg

Stellplätze:	Wrestedt, Suhlendorf, Bad Bodenteich, Wittingen, Hankensbüttel, Diesdorf, Ahlum, Wolfsburg.
Campingplätze:	Bad Bodenteich, Wolfsburg.
Ver-/Entsorgung:	Wittingen, Hankensbüttel, Diesdorf, Ahlum.
Besichtigungen:	Wrestedt (Schleuse am Elbe-Seitenkanal), Kahlstorf (Großsteingräber), Suhlendorf (Handwerksmuseum), Wittingen (Altstadt), Hankensbüttel (Otterzentrum, Kloster Isenhagen), Diesdorf (Klosterkirche, Freilichtmuseum), Wolfsburg (Autostadt).
Wandern:	Bad Bodenteich (Naturlehrpfad Bodenteicher Heide)
Baden/Wellness:	Wittingen (Freibad), Wolfsburg (Attersee).

In dieser Tour werden die Distanzen zwischen den einzelnen Orten, die wir aufsuchen, etwas größer, als es bisher der Fall war. Zunächst besuchen wir im Süden von Uelzen zwei Schleusenbauwerke. Danach fahren wir an abseits liegenden Großsteingräbern vorbei. Darauffolgend besuchen wir ein Handwerksmuseum in Suhlendorf. Die weitere Fahrt geht nach Bad Bodenteich, einem Kneippkurort mit einem schönen Kurpark am See und einem Naturlehrpfad, der durch eine Heidelandschaft führt. In Wittingen besuchen wir die Altstadt und fahren danach weiter nach Hankensbüttel. Hier stehen das Otterzentrum und das Kloster Isenhagen auf dem Besuchsprogramm. Über Wittingen geht es weiter. Wir überqueren die Landesgrenze zu Sachsen-Anhalt und besuchen dort die Stiftskirche in Diesdorf, die eine Station auf der Straße der Romanik in Sachsen-Anhalt ist. Darüber hinaus ist das Freilichtmuseum einen Besuch wert. Von Diesdorf geht es weiter nach Ahlum. Hier erwartet uns ein kleiner ruhiger See. Kurz vor Brome mit seiner Burg, in dem ein Museum eingerichtet ist, fahren wir wieder über die Grenze nach Niedersachsen. Von dort geht es über eine längere Strecke ohne einen weiteren Zwischenstopp nach Wolfsburg. Hier besuchen wir die Autostadt, das Automuseum des Volkswagenkonzerns.

Legen wir also los. Wir fahren auf die Uelzener Umgehungsstraße, verlassen diese aber gleich wieder und schlagen auf der L270 die Richtung nach Bad Bodenteich und Wittingen ein. Wir überqueren den Elbe-Seitenkanal und biegen in Esterholz rechts ab und haben dann rasch den großen Parkplatz an der **Schleuse Uelzen** erreicht [**123:** N52°54'50.8" E10°36'32.0"].

Parkplatz an der Schleuse Uelzen.

Neben dem Platz befindet sich auf der einen Seite eine Tennisanlage, auf der anderen Seite das Café und Restaurant "Zur Esterholzer-Schleuse", das montags und dienstags geschlossen hat. Es ist ein Restaurant mit gutbürgerlicher norddeutscher Küche, wie Sie der Speisekarte entnehmen können, die Sie auf dieser Seite www.esterholzer-schleuse.de finden.

Teilansicht der Schleuse Uelzen.

Die Besucherplattform der Schleuse war bei unserer Besichtigung der Anlage leider wegen Wartungsarbeiten geschlossen. Sie besteht aus zwei Schleusen, die eine Hubhöhe von 23 Metern haben. Sie gehören damit zu den größten Binnenschifffahrtsschleusen Deutschlands. Neben dem Schiffshebewerk bei Scharnebeck, das wir in der Tour 5 schon besucht haben (siehe Seite 132), ist diese Schleusengruppe das zweite gewaltige Auf- oder Abstiegsbauwerk für die Schifffahrt auf dem Elbe-Seitenkanal. Die erste Schleuse wurde 1976 in Betrieb genommen, die zweite 2006.

Auf großen Informationstafeln sind alle wesentlichen Daten der Schleusen aufgeführt. Auch Führungen durch die Schleusenanlagen werden angeboten, allerdings nicht sehr häufig. Erkundigen Sie sich bei Interesse bei der Kurverwaltung in Bad Bodenteich oder bei der Stadt- und Touristinformation in Uelzen. Die einfachste Variante Sie geben in ihre Suchmaschine "Führung Schleuse Uelzen" ein, dann werden Sie die notwendigen Informationen finden.

Die Schleuse lässt sich auch gut mit dem Rad von Uelzen (9 Kilometer) oder Bad Bodenteich (12 Kilometer) erreichen.

Wir machen uns nun auf den Weg nach Suhlendorf, dort wollen wir das Handwerksmuseum besuchen. Auf der Reise dorthin legen wir einen Zwischenstopp in **Kahlstorf** ein. Wir parken auf einem Feldweg am Wegesrand [N52°55'55.2" E10°41'43.9"] und gehen dann zu Fuß weiter zu einem Großsteingrab. Es liegt inmitten von Feldern und scheint kein Wander- oder Radfahrziel erster Güte zu sein. Die rund 5000 Jahre alte Anlage wirkt sehr ungepflegt und ist stark verwildert. Auf einer Schautafel sind die wesentlichen Daten dieses Grabes zu lesen. Sie kann der Trichterbecherkultur zugeordnet werden und hat eine Länge von 26 Metern und eine Breite von fünf bis sieben Metern. Es gibt in dieser Region einige weitere Grabstätten aus dem Neolithikum.

Großsteingrab bei Kahlstorf.

Von Kahlstorf ist es nicht mehr weit nach **Suhlendorf**. Hier stellen wir das WOMO auf dem Wanderparkplatz neben dem Museum ab [**124:** N52°55'28.2" E10°45'14.9"]. Von diesem Parkplatz führen mehrere Rundwege zwischen zwei und zwölf Kilometern Länge in die nähere Umgebung. Einer führt über den Ilkenberg, der als Heiliger Berg in vorchristlicher Zeit als Versammlungs- und Opferstätte diente. Ein weiteres Hünengrab lässt sich auch hier entdecken.

Wir betrachten aber jetzt das Museum, das sich, wie sein Name **Handwerksmuseum** vermuten

Die Waldmühle in Suhlendorf.

Mühle Auguste im Handwerksmuseum.

lässt, mit Handwerksberufen befasst.

Über 20 verschiedene Berufe werden hier in zehn Gebäuden vorgestellt. Dies geschieht nicht nur durch Schautafeln und Exponate, sondern durch manuelle Tätigkeit. Die Handwerke werden ausgeübt. Es wird gesponnen, es wird in der Schmiede glühendes Eisen bearbeitet, es wird gebacken, gewebt, getöpfert und vieles andere mehr. Hier lässt sich traditionelles Handwerk erleben.

Dies geschieht jedoch nicht täglich, sondern nur zu bestimmten Zeiten, die Sie bei einem Blick auf diese Seite www.handwerksmuseum-suhlendorf.de in Erfahrung bringen können. Hier erfahren Sie auch die Eintrittspreise, die Öffnungszeiten und Sie bekommen tiefer gehende Informationen über das Museum.

Vor dem Handwerksmuseum befindet sich eine Mühle, die Mitte des 19. Jahrhunderts errichtet wurde und seit 1970 als Hotel und Restaurant dient. Mit einem Lift geht es hinauf in das Turmcafé. Weitere Informationen gibt es unter www.waldmuehle-suhlendorf.de.

Damit wollen wir es mit unserem Besuch in Suhlendorf auch schon bewenden lassen und fahren über Soltendiek weiter nach **Bad Bodenteich**. Wir steuern als Erstes den Stellplatz in der Burgstraße an **[125:** N52°49'59.3" E10°40'59.6"]. Er bietet Platz für drei Fahrzeuge, hat keine Ver- und Entsorgungseinrichtung, bietet aber Stromanschlüsse. Pro Tag sind 3,50 Euro im nahe gelegenen Eiscafé Dolomiti für den Stellplatz zu zahlen. Stromkosten und Kurbeitrag sind darin bereits enthalten.

Stellplatz in Bad Bodenteich.

In unmittelbarer Nähe des Platzes befindet sich

Im Kurpark von Bad Bodenteich.

die **Burg Bodenteich**. Es ist eine ehemalige Wasserburg, an der im Laufe der Jahrhunderte viele Veränderungen vorgenommen wurden. Heute dient sie als Heimatmuseum, das in den Sommermonaten samstags und sonntags nachmittags geöffnet hat www.burgmuseum-bodenteich.de.

Bad Bodenteich ist ein kleiner Kneippkurort mit weniger als 4000 Einwohnern. Ein Wassertretbecken finden Sie im Kurpark, der unweit des Stellplatzes beginnt. Sie müssen dazu nur 300 Meter über die Brücke zurückgehen, über die Sie gekommen sind, dort geht es auf der linken Seite schon direkt in die Parkanlage hinein. Die Aue ist hier aufgestaut, drei Seen sind dadurch entstanden, die in kurzen Abständen aufeinanderfolgen. Spazierwege führen durch die Anlage. Minigolf-, Grill- und Bouleplatz, ein **dendrologischer Lehrpfad** und die Kneipptretstelle mit Armbadebecken bereichern diesen Park, in dem es natürlich auch mit der Seeparkterrasse ein kleines Restaurant gibt.

Im wildromantischen Teil des Kurparks.

Der hintere Teil des Geländes ist die wildromantische Abteilung des Kurparks. Alle drei Seen sind durch Wege erschlossen. Die hinteren beiden können jeder für sich umrundet werden. Geht man alle Wege vollständig durch, kommt man auf etwas mehr als drei Kilometer Gesamtstrecke.

Für einen längeren Aufenthalt bietet sich der Campingplatz an, den Sie auf der nächsten Seite beschrieben finden. Von

In der Bodenteicher Heide.

(126) WOMO-Campingplatz: Bad Bodenteich

GPS: N52°50'46.7" E10°39'45.0"; Campingplatz 1, 29389 Bad Bodenteich.
Max. WOMOs: >20, maximale Länge 12 m.
Ausstattung: Frischwasserversorgung, Abwasserentsorgung mit Bodeneinlass, Kassettenentleerung, Stromanschlüsse, Behälter für die Müllentsorgung, WLAN, Brötchenservice, Kinderspielplatz. Im Servicegebäude gibt es Duschen, WCs, Waschmaschinen und Trockner. Der Platz ist ganzjährig geöffnet.

Beschreibung: Großes Areal, Gesamtfläche 260.000 Quadratmeter, umgeben von einer Wald- und Heidelandschaft nah am Elbe-Seitenkanal. Die Innenstadt von Bad Bodenteich ist ca. 2,5 Kilometer entfernt.
Preise: Erwachsene Person 6,50 €, Kinder 3,00 €, Hund 2,00 €, Kurtaxe Erwachsene 1,00 €, Kinder 0,60 €, Wohnmobil 5,00 €, Strom 0,50 pro kWh.
Zufahrt: In Bad Bodenteich in Richtung Reinstorf/Bokel fahren. Nach der Überquerung des Elbe-Seitenkanals die erste Straße rechts abbiegen und der Straße bis zum Campingplatz folgen.
Reservierung/Kontakt: Tel.: 05824/1300
E-Mail: CampingplatzBadBodenteich@t-online.de,
Web: www.campingplatz-bodenteich.de.

diesem Platz hat man einen leichten und schnellen Zugang zu den Rundwanderwegen durch die etwa 40 Hektar große **Bodenteicher Heide**. Am Campingplatz führt der etwas mehr als fünf Kilometer lange Naturlehrpfad durch die Heidelandschaft rund um die **Schwarzen Berge** und die Muna. **Muna** werden von den Einheimischen immer noch die Heideflächen genannt, die 1938 bis 1945 der Heeresmunitionsanstalt als Übungsflächen dienten. Der Naturlehrpfad ist mit mehreren Informationstafeln ausgestattet und kann durch Wegvarianten auch leicht verlängert werden. Ein Spaziergang um die

Heidelandschaft des Schwarzen Berges ist nur 1,4 Kilometer lang. Er ist dem Campingplatz am nächsten, hier sehen Sie unter anderem einen für die Lüneburger Heide typischen Schafstall und die ebenso typischen Bienenkörbe.

Von Bad Bodenteich fahren wir weiter nach **Wittingen**. Der Ort mit seinen rund 11.000 Einwohnern ist als Bierbrauerstadt bekannt. Wir fahren zu diesem Stellplatz am Freibad.

(127) Offizieller WOMO-Badeplatz: Wittingen – Freibad

GPS: N52°43'27.0" E10°43'41.3"; Spörkenstraße 33, 29378 Wittingen.
Max. WOMOs: 5, maximale Länge 8 m, max. Aufenthalt 5 Tage.

Ausstattung: Frischwasserversorgung, Abwasserentsorgung mit Bodeneinlass, Kassettenentleerung, Stromanschlüsse, Behälter für die Müllentsorgung, ganzjährig geöffnet.
Beschreibung: Große sonnige, teilweise auch schattige gepflasterte Stellflächen mit Grünstreifen neben dem Freibad, die Innenstadt ist etwa einen Kilometer entfernt.
Preise: Parkgebühr und Entsorgung ist kostenlos, über Münzautomaten gibt es Frischwasser für 1,00 €, Strom 1,00 € für 4 kWh.
Zufahrt: In Wittingen Richtung Knesebeck fahren, dann am REWE-Markt rechts abbiegen in die Spörkenstraße und bis zum Freibad durchfahren.

Der Ort hat einige gut erhaltene Fachwerkhäuser. Zeigt aber bei Weitem nicht so ein geschlossenes Fachwerkensemble wie zum Beispiel Celle. Zentraler Punkt der Stadt ist der Marktplatz, auf dem jeden Donnerstag ein kleiner Wochenmarkt von 8:00 bis 13:00 Uhr stattfindet. Rund um diesen Platz finden sich einige Einkehrmöglichkeiten. Großartige Sehenswürdigkeiten, die man unbedingt gesehen haben muss, hat diese Stadt nicht anzubieten. Deshalb machen wir uns auch sogleich wieder auf den Weg und fahren weiter zum nächsten Stellplatz.

Bierbrauerdenkmal in Wittingen.

(128) Offizieller WOMO-Stellplatz: Wittingen - Sportboothafen

GPS: N52°43'37.3" E10°39'49.2"; Am Sporthafen, 29378 Wittingen.
Max. WOMOs: 20, maximale Länge 12 m, max. Aufenthalt 5 Tage.

Ausstattung: Frischwasserversorgung, Abwasserentsorgung, Kassettenentleerung, Stromanschlüsse, Behälter für die Müllentsorgung. Im Servicegebäude gibt es Duschen und WCs, Waschmaschine und Trockner. Der Platz ist von Anfang April bis Mitte Oktober geöffnet.
Beschreibung: Große sonnige Rasenplätze am Hafenbecken. Das Restaurant Hafenklause ist in den Wintermonaten geschlossen.
Preise: 12,50 € für ein Fahrzeug mit 2 Personen, Frischwasser, Strom, Abwasserentsorgung, Entleerung der Bordtoilette, Nutzung der Duschen und WCs sind im Preis enthalten.
Zufahrt: Von Wittingen auf der B244 in Richtung Hankensbüttel fahren, den Elbe-Seitenkanal überqueren und nach ca. 500 Metern links abbiegen.

Wer längere Zeit unterwegs ist und zwischendurch Waschen muss, hat hier eine gute Gelegenheit, bei einem mehrtägigen Aufenthalt diese Haushaltsarbeiten zu erledigen. Unterdessen gibt es einen Plausch auf der Terrasse der Hafenklause mit dem einen oder anderen Camperkollegen, etwas zu essen und ein Wittinger Bier und dann geht es auch schon weiter zur nächsten Attraktion. Dort stellen wir das WOMO auf diesem Stellplatz ab.

(129) Offizieller WOMO-Stellplatz: Hankensbüttel – Wiesenweg

GPS: N52°43'49.3" E10°36'51.8"; Wiesenweg 23, 29386 Hankensbüttel.
Max. WOMOs: 6, maximale Länge 12 m, max. Aufenthalt 5 Tage.

Ausstattung: Frischwasserversorgung, Abwasserentsorgung ohne Bodeneinlass, Kassettenentleerung, Behälter für die Müllentsorgung. Der Platz ist vom 1.04. bis 30.09 geöffnet.
Beschreibung: Große sonnige Rasenplätze neben Sportanlagen. Der Eingang zum Otterzentrum ist 800 Meter entfernt, bis zum Kloster Isenhagen sind es zu Fuß ebenfalls 800 Meter.
Preise: 6,00 € für ein Fahrzeug, Frischwasser und Entsorgung ist kostenlos. Die Gebühren sind zu entrichten beim Platzwart Friedrich Burghard, der am Abend eine Runde über den Platz geht.
Zufahrt: In Hankensbüttel auf der B244 an der Einfahrt zum Otterzentrum vorbeifahren und danach hinter einem Waldstück links in den Wiesenweg abbiegen, den 200 Meter fahren und dann rechts abbiegen.

Isenhagener See mit Steg am Otterzentrum in Hankensbüttel.

Bis zum Eingang des **Otterzentrums** ist es nicht sehr weit. Zwei Wege gibt es vom Stellplatz dorthin. Der eine führt zurück zur Straße und dann zur Zufahrt zu diesem amphibischen Tierpark. Der andere etwa gleich lange, aber ungleich schönere Weg geht zunächst Richtung Kloster Isenhagen, dann an einem Kinderspielplatz vorbei und danach links durch den Wald. Der Weg führt über den Steg, den Sie oben auf dem Foto sehen. Über ihn gelangt man direkt zum Eingang des Otterzentrums.

Fischotter im Wasser.

Endlich gibt es etwas zu Essen.

Dort angekommen macht es Sinn, sich mit den Zeiten und den Orten der im viertelstündigen Turnus stattfindenden Schaufütterungen vertraut zu machen und sich einem Tierpfleger oder einer Tierpflegerin an die Fersen zu heften. Es lohnt sich deshalb, weil die nachtaktiven Tiere sich in den großen Gehegen gern verstecken und tagsüber vor sich hindösen und sich dem Besucher nicht so einfach zeigen. Wenn dann jemand mit dem Futtereimer kommt, sieht es anders aus. Für eine leckere Fischmahlzeit kann man die Ruhezeit schon einmal unterbrechen und die

Im Otterzentrum Hankensbüttel.

putzigen Tiere sind sehr schnell da, um eine Portion zu erhaschen. Dies gilt in gleicher Weise für die Dachse Steinmarder, Iltisse, Nerze und Hermeline, die in diesem schattigen Gelände auch ein Zuhause haben und die nächsten Verwandten des Fischotters sind.

Der Rundweg durch dieses Gelände ist rund drei Kilometer lang. Der Park ist eine ideale Anlage für Familien mit Kindern, wird doch auf spielerische Art ein Teil der heimischen Tierwelt den Besuchern näher gebracht, die wir sonst kaum zu Gesicht bekommen. Für die Kleinen gibt es am Ende noch einen großen Abenteuerspielplatz und für das leibliche Wohl wird auch gesorgt.

Der gemeinnützige Trägerverein Aktion Fischotterschutz e.V. ist der Betreiber des Otterzentrums. Er wurde ausdrücklich mit dem Ziel gegründet, die Marderarten bekannt zu machen und für deren Schutz zu werben. Das Zentrum ist darüber hinaus in der Zucht aktiv und nimmt verwaiste Tiere auf.

Wer mit einem Hund unterwegs ist, sollte noch wissen, dass er nicht mit in den Park genommen werden kann.

Über die Eintrittspreise, Öffnungszeiten, Veranstaltungen informiert diese Seite https://otterzentrum.de. Hier finden Sie auch ausführliche Erläuterungen zu den einzelnen Marderarten. Es lohnt sich, die Seite einmal näher anzuschauen.

Vom Otterzentrum zum **Kloster Isenhagen** ist es nur ein kurzer Weg. In 15 Minuten ist das Kloster zu Fuß erreicht, wenn wieder der Weg über den Steg und den angrenzenden Wald genommen wird.

Das Kloster war ehemals ein Zisterzienserinnenkloster und ist heute ein evangelisches Damenstift. Hier leben verwitwete, geschiedene und alleinstehende Frauen evangelischen Glaubens, die unter der Leitung einer Äbtissin eine christliche

Lebensgemeinschaft mit familienähnlichen Strukturen in der Tradition eines Klosters bilden.

Das Kloster kann besichtigt werden. Da es bewohnt ist, geht es nur im Rahmen einer Führung. Diese finden vom 1. April bis 15. Oktober dienstags bis sonntags zwischen 14:30 und 17:00 Uhr statt. Gezeigt werden Kreuzgang, mittelalterliche Möbel, Altäre und zahlreiche Kunstwerke, die einen Einblick in das Klosterleben geben. Dazu kommen hochwertige Goldschmiedearbeiten, seltene Bücher und kostbare Perlenstickereien.

Der alte Wollspeicher des Klosters dient heute als Museum.

Besonders sehenswert ist der über zwei Hektar große barocke Obst- und Gemusegarten mit dem Äbtissinnen- und Altäbtissinnengarten sowie den Damengärten, die von den Konventualinnen bewirtschaftet werden. Haben wir es hier mit gotischen Bauwerken zu tun, so gehen wir bei unserem nächsten Ziel eine Baustilepoche zurück. Wir fahren von Han-

Blick auf den Ostflügel des Klosters.

kensbüttel über Wittingen nach **Diesdorf** in Sachsen-Anhalt. Hier finden wir diesen Stellplatz vor.

(130) Offizieller WOMO-Stellplatz: Diesdorf

GPS: N52°45'05.9" E10°52'40.0"; Schäfertor, 29413 Diesdorf.
Max. WOMOs: 8, maximale Länge 12 m, max. Aufenthalt 5 Tage.
Ausstattung: Frischwasserversorgung, Abwasserentsorgung mit Bodeneinlass, Kassettenentleerung, Stromanschlüsse, Keine Behälter für die Müllentsorgung. Der Platz ist ganzjährig geöffnet.

Beschreibung: Große sonnige Rasenplätze von Buschwerk umgeben. Entfernung zur Klosterkirche 250 Meter, bis in die Ortsmitte sind es 400 Meter und bis zum Freilichtmuseum und dem daneben liegenden Freibad etwas mehr als ein Kilometer.
Preise: Kostenlos, Frischwasser 1,00 € und Strom 1,00 € pro kWh. Abwasserentsorgung und Entleerung der Bordtoilette ist kostenfrei.
Zufahrt: In Diesdorf angekommen die L11 Richtung Rohrberg fahren und dann kurz hinter der mächtigen Kirche nach rechts in den Stellplatz abbiegen.

Die Klosterkirche in Diesdorf.

Die **Klosterkirche** ist ein ausdrucksstarkes Gebäude spätromanischer Baukunst. Es ist eine der Stationen auf der Straße der Romanik in Sachsen-Anhalt.

Die Kirche **St. Maria und Crucis**, wie sie offiziell heißt, wurde in der zweiten Hälfte des 12. Jahrhunderts errichtet. Das Kloster diente als Augustiner-Chorfrauenstift, wurde 1538 reformiert und dann in ein evangelisches Damenstift umgewandelt. Es bestand bis 1810, 1860 wurde das Kloster abgerissen. Die Kirche blieb bestehen und wurde umfassend renoviert. Eine Beschreibung finden Sie in dem Gebäude ausgelegt. Wir möchten Sie nicht mit Details langweilen und die Einzelheiten wiedergeben. Experten erkennen sicherlich sofort, dass der Turm mit seinen spitzbogigen Fenstern nicht romanisch sein kann. Das ist richtig, er wurde im 19. Jahrhundert auf den vorhandenen Baukörper aufgesetzt.

Öffnungszeiten: April bis September mittwochs bis sonntags von 10:00 bis 16:00 Uhr.

Da wir uns in Sachsen-Anhalt befinden und im weiteren Verlauf unserer Touren die romanische Architektur noch häufiger begegnen wird und man in diesem Bundesland eine eigene **"Touristenstraße"** dafür entwickelt hat, wollen wir kurz darstellen, was es damit auf sich hat.

Innenraum der Klosterkirche in Diesdorf.

Straße der Romanik

Der romanische Architekturstil begann um 950 und endet im Laufe des 13. Jahrhunderts. Dieser Baustil, der in ganz Europa vertreten ist, wird von der Gotik abgelöst, die in Frankreich entwickelt wurde und mit der ehemaligen Abteikirche von Saint-Denis in Paris ihren Anfang nahm.

Um die Zeit der Romanik zu verstehen, müssten wir eine historische Betrachtung der Christianisierung und der Herrschaftsverhältnisse in dieser Epoche und für diese Region vornehmen. Das werden und das wollen wir in diesem Buch nicht leisten. Das können andere besser. Wir empfehlen dazu das Buch "Auf der Straße der Romanik", das im Schmidt-Buch-Verlag erschienen ist.

In diesem Werk werden die romanischen Kirchen, Klöster, Burgen und damit verbundene Kunstwerke, die in Sachsen-Anhalt so zahlreich vertreten sind, eingehend beschrieben. Es wird die Entstehungsgeschichte dargelegt, die zu der Anlage dieser Straße geführt hat. Und es werden vor allem die 80 sehenswertesten Objekte, die in diesem Bundesland einen Besuch lohnen, ausführlich dargestellt. Das Buch enthält Karten, die eine Orientierung erleichtern.

STRASSE DER ROMANIK ®

Offizielles Logo der Straße der Romanik, wie es auf den Hinweisschildern entlang der Straßen und auf den Informationstafeln vor den Gebäuden zu sehen ist.

Ein weinrotes Logo mit drei romanischen Bögen weist auf diese Straße hin. Vor jedem dieser Objekte befindet sich eine oder mehrere Informationstafeln, die immer wieder in demselben Stil auf den Verlauf der Route hinweisen. Alle relevanten baugeschichtlichen Daten werden individuell vor dem Gebäude auf einer Schautafel präsentiert. Die Hintergrundinformationen liefert das genannte Buch, oder Sie erfahren mehr, wenn Sie an Führungen teilnehmen.

Aufgeteilt ist die Straße der Romanik in eine Nord- und eine Südroute, die in etwa die Form der Zahl acht hat. In der Mitte befindet sich Magdeburg. Nord- und Südroute passen damit auch ganz gut zu unseren beiden Büchern über den Harz und die Lüneburger Heide.

Dennoch haben wir nicht alle Objekte in diesem Buch berücksichtigt und wir haben auch darauf verzichtet, diese Straße in unseren Tourenkarten abzubilden. Wir würden sie damit überladen.

Zu der Straße der Romanik gibt es natürlich auch eine offizielle website, die Sie hiermit www.strassederromanik.de aufrufen können.

Auf dieser Seite finden Sie Panoramen der Gebäude und können das eine oder andere auch schon einmal virtuell von innen besichtigen und einen Rundgang machen.

Das **Freilichtmuseum Diesdorf** wurde bereits 1911 gegründet. Es ist eines der ältesten volkskundlichen Freilichtmuseen in Deutschland. Auf einer Fläche von rund sechs Hektar wurden mehr als zwanzig Gebäude so zusammengestellt und mit Wegen verbunden, dass die Anlage wie ein geschlossenes, malerisches Dorf wirkt. Kombiniert werden Hofanlagen, Stall- und Wohngebäude mit Gärten, die nach historischen Vorbildern angelegt sind. Obst- und Laubbäume machen die dörfliche Idylle perfekt. So kann man sich in das Landleben vergangener Jahrhunderte hineinträumen. Schön romantisch sieht das aus, wäre da nicht die harte Knochenarbeit, die Bauer, Magd und Knecht täglich zu vollführen hatten.

Niederdeutsches Hallenhaus aus Maxdorf und Schafstall aus Schmölau.

Speicher und Niederdeutsches Hallenhaus aus Winkelstedt.

Kein Traktor, keine Melkmaschine, kein Mähdrescher gab es, um die Arbeit zu erleichtern. Alle Arbeiten mussten mit einfachen Handwerkzeugen erledigt werden, tagein, tagaus. Dies wird im Museum in verschiedenen Veranstaltungen präsentiert. Dazu gehört eine Getreideernte, eine Kartoffelernte, das Schmiedehandwerk und anderes mehr.

Mit Audiogeräten können Sie sich über die einzelnen Gebäude und deren Geschichte informieren. Da die Dorflandschaft vergangene Jahrhunderte abbildet, ist auch eine Schule dabei, in der Sie eine Schulstunde zu preußischer Zeit erleben dürfen. Es ging schon ein wenig anders zu in Deutschland als noch "Zucht und Ordnung" herrschte. Immer wieder faszinierend zu beobachten, wie sich ein technologischer und sozialer Wandel in den letzten Jahrhunderten vollzogen hat.

Bockwindmühle aus Bortfeld bei Peine.

Darüber lässt sich zum Abschluss im Café/Restaurant sinnieren, dass es in diesem Museumsdorf natürlich auch gibt. Kuchenfeinschmecker werden sich über die Vielfalt in besonderer Weise freuen.

Über das gesamte Angebot des Museums informiert diese Seite www.museen-altmarkkreis.de/freilichtmuseum-diesdorf. Hier erfahren Sie auch die Öffnungszeiten und die Eintrittspreise. Der Parkplatz des Museums ist übrigens sehr groß, er dient auch gleichzeitig den Freibadbesuchern. Mit diesen Koordinaten finden Sie ihn [N52°44'46.2" E10°53'02.6"].

Das offiziell "Erlebnisbad" genannte Freibad ist zwar relativ klein, aber für eine Erfrischung allemal gut und es hat einen günstigen Eintrittspreis.

Einen sehr schönen Stellplatz hat die Gemeinde **Rohrberg** am **Ahlumer See** zu bieten.

(131) Offizieller WOMO-Badeplatz: Rohrberg – Ahlumer See

GPS: N52°41'43.9" E11°00'20.0"; Am Mühlenberg 63, 38489 Rohrberg.
Max. WOMOs: 80, maximale Länge 12 m.
Ausstattung: Frischwasserversorgung, Abwasserentsorgung, Kassettenentleerung, Stromanschlüsse, Behälter für die Müllentsorgung, ganzjährig geöffnet.

Beschreibung: Große sonnige und teilweise auch schattige Wiesenplätze, neben dem Ahlumer See. Es gibt einen kleinen Badestrand sowie mit dem Cafe und Restaurant Seestüberl-Fischerhütte auch eine Einkehrmöglichkeit.
Preise: Parkgebühr 10,00 € inkl. Frischwasser und Entsorgung, Strom 3,00 € für einen ganzen Tag.
Zufahrt: Von Diesdorf in Richtung Rohrberg fahren und in Stöckheim nach Ahlum abbiegen.

Am Ahlumer See.

Von diesem Platz lassen sich Radtouren oder Wanderungen unternehmen, zu dem Großsteingrab Stöckheim in rund zwei Kilometern Entfernung oder zum Königsgrab, das nach rund fünf Kilometern erreicht ist. Freunde der romanischen Baukunst werden die aus Feldsteinen errichtete Dorfkirche in Rohrberg sehen wollen. Auch sie ist eine der Stationen auf der Straße der Romanik.

Diesdorf, Ahlum, Rohrberg sind wahrlich keine touristischen Hotspots. Es sind Kleinode abseits des Massentourismus. Dem fügen wir jetzt noch eine weitere Station hinzu, bevor wir mit der Autostadt in Wolfsburg zu einem finale furioso auf dieser Tour kommen.

Burg Brome.

Die **Burg Brome** liegt nur wenige Meter abseits der B248 im gleichnamigen Ort [N52°36'10.2" E10°56'50.2"]. Sie ist eine der vielen Grenzfesten des ehemaligen Herzogtums Lüneburg. Das genaue Datum des Baues dieser Anlage ist unbekannt. Vermutet wird, dass das der Vorläufer dieser Burg Ende des 11. oder zu Beginn des 12. Jahrhunderts errichtet wurde. Im Laufe der Zeit wurde sie mehrfach zerstört oder beschädigt und wieder aufgebaut. Sie war in der Niederung der Ohre als Wasserburg angelegt worden. Die Gräben sind aber nicht mehr sichtbar.

In den Jahren von 2009 bis 2014 wurde sie grundlegend saniert. Der Landkreis Gifhorn betreibt darin ein Museum, dass sich dem alten Handwerk im Flecken Brome widmet. Siebzehn komplett eingerichtete Werkstätten sind zu sehen. Darunter sind eine Weberei, eine Schmiede, eine Tischler- und eine Schusterwerkstatt. Auch andere schon fast in Vergessenheit geratene Berufe wie Böttcher oder Seiler werden präsentiert.

Zweimal im Jahr findet das "Lebendige Museum" in der Burg statt. Dann demonstrieren Handwerker, wie diese Werkzeuge zu bedienen sind, wie sie funktionierten und worauf bei der Benutzung zu achten ist. Wenn Sie mögen, dann können Sie an diesen Tagen auch selbst ihr handwerkliches Geschick ausprobieren. Wann es diese Aktionstage gibt, erfahren Sie auf dieser Seite www.museen-gifhorn.de. Dort finden Sie die Öffnungszeiten und die Eintrittspreise aller Museen im Landkreis Gifhorn. Die Stadt Gifhorn besuchen wir in der nächsten Tour. Jetzt geht es nach Wolfsburg zu folgendem Campingplatz.

(132) WOMO-Campingplatz: Wolfsburg – Am Allersee

GPS: N52°25'53.7" E10°48'54.0"; In den Allerwiesen 5, 38446 Wolfsburg.
Max. WOMOs: 14, maximale Länge 8 m.
Ausstattung: Frischwasserversorgung, Abwasserentsorgung mit Bodeneinlass, Kassettenentleerung, Stromanschlüsse, Behälter für die Müllentsorgung, WLAN, Brötchenservice, Grillplatz, Kinderspielplatz, Sandstrand. Im Servicegebäude gibt es Duschen, WCs, Waschmaschinen und Trockner. Der Platz ist ganzjährig geöffnet.
Beschreibung: Große sonnige Plätze im hinteren Bereich des Areals, sehr ruhig. Die Autostadt ist etwas mehr als 1 Kilometer entfernt.
Preise: 14,00 € für eine Fahrzeug mit 2 Personen ohne Strom, 17,50 € mit Strom. Dusche (6 Min.) 0,60 €, Waschmaschine 3,50 €, Trockner 2,00 €, Hund 2,00 €.
Zufahrt: Den Hinweisen zur Volkswagen Arena folgen. Der Campingplatz befindet sich rund 750 Meter hinter dem Stadion.
Reservierung/Kontakt: https://camping-allersee.de.

Wer nur die **Autostadt** besuchen möchte, der kann auch diesen Parkplatz wählen.

(133) Offizieller WOMO-Stellplatz: Wolfsburg – Autostadt P2

GPS: N52°26'05.3" E10°47'49.1"; Parkstraße P2, 38440 Wolfsburg.
Max. WOMOs: 8, maximale Länge 12 m.

Ausstattung: Frischwasserversorgung, Abwasserentsorgung mit Bodeneinlass, Stromanschlüsse, Behälter für die Müllentsorgung, WLAN. Der Platz ist ganzjährig geöffnet.
Beschreibung: Große asphaltierte, überwiegend sonnige Stellflächen. Mit hohen Hecken von PKW-Parkplatz abgegrenzt. Der Platz ist ziemlich laut, insbesondere an Werktagen.
Preise: 9,00 € für ein Fahrzeug mit 2 Personen, Frischwasser und Strom inklusive, Abwasserentsorgung ist kostenfrei. Anmeldung am ParkingHaus 1 vor der Einfahrt auf den Stellplatz erforderlich.
Zufahrt: Die Autostadt ist sehr gut ausgeschildert.

Der Aufstieg der Stadt Wolfsburg begann mit dem Käfer. Ursprünglich als Kdf-Fahrzeug von **Ferdinand Porsche** konstruiert, entwickelte sich das Fahrzeug nach dem Zweiten Weltkrieg zu einem Bestseller, der in den Verkaufszahlen nur vom Golf übertroffen wurde. Wolfsburg war vor dem Krieg ein kleiner Ort. Erst mit der Entscheidung, hier am Mittellandkanal eine Autoproduktion zu etablieren, wurde die Stadt zum Wachstumsmotor der ganzen Region. Dass diese Entscheidung von einem Herren aus Braunau am Inn getroffen wurde, hört man nicht so gern, ist aber Teil der Geschichte.

Den Engländern ist es zu verdanken, dass die Werke in Fallersleben nach dem Krieg nicht platt gemacht wurden. Damit war eine Voraussetzung für den Siegeszug des VW-Konzerns geschaffen. Dass man mit dem Dieselskandal ins Stolpern gekommen ist, werden wir hier nicht thematisieren. Nun steht der Umbruch in die Elektromobilität an. Mal schauen, wie sich das entwickelt und wie VW sich dabei schlägt.

Die Stadt mit ihrem Freizeit- und Kulturangebot hängt von VW ab. Ganz gleich ob VFL, Badeland, Experimentierlandschaft Phaeno, Designer-Outlets, modern gestaltete Fußgängerzone oder Allerpark, alles steht und fällt mit dem wirtschaftlichen Erfolg des Autokonzerns.

Beginnen wir mit dem **Allersee**, an dessen Rand der Campingplatz liegt. Auf einem rund drei Kilometer langen Weg lässt er sich umrunden. Für alle, die mit einem Hund unterwegs sind, ein idealer Spazierweg, der zudem an einer Freilauf fläche vorbeiführt, wo der treue Gefährte auch einmal ohne Leine springen darf. An der Nordseite des Sees gibt es einige Sportflächen, einen langen Badestrand, den Sie auf dem Foto oben links erkennen können. Das **Badeland** bietet den Gästen mit elf unterschiedlichen Saunen, 3000 Quadratmeter Wasserfläche, Wellenbecken, Rutschen, Wasserspielen, Bar, Bistro und Restaurant genug Programm für einen ganzen Tag.

Heizkraftwerk Wolfsburg Nord/Süd.

Porsche Pavillon in der Autostadt.

Blick in einen der Autotürme.

Einen ganzen Tag in der Autostadt zu verbringen ist ebenfalls kein Problem, nur irgendwann ermüdend. Die Autostadt ist in der Tat eine Stadt in der Stadt. Auf 28 Hektar Fläche, die wie eine Park- und Lagunenlandschaft angelegt ist, stehen die Pavillons der verschiedenen Marken des Konzerns. Es sind zum Teil sehr futuristische Gebäude. Der außergewöhnlichste dürfte der von Porsche sein, der auf der vorangegangenen Seite abgebildet ist.

Die beiden Autotürme sind das Wahrzeichen der Autostadt. Wenn Sie eine Nacht auf dem Parkplatz P2 verbringen, dann werden Sie sie beleuchtet sehen. Jeder dieser 48 Meter hohe Türme fasst 400 Neufahrzeuge. Es ist das "Auslieferungslager" für die Selbstabholer. Sie werden direkt von dem ne-

Edler Bugatti von 1931.

benliegenden Werk automatisch mit einem Transportsystem bestückt. Laut Guinnessbuch der Rekorde das "schnellste automatische Parksystem der Welt". Auch Sie als Besucher können in den Turm hinein und sich dieses Schauspiel der wie von Geisterhand bewegten Autos anschauen und selbst erleben.

Bentley von 1930.

Im Museum sehen Sie die ganze Entwicklung der Automobilgeschichte, vom Benz-Motorwagen über Ford T5 und andere Oldtimern reicht die Palette. Dazu kommen die großen Amischlitten vergangener Jahre, die flotten Sportwagen italienischer Hersteller, ältere Renault- und Peugeot-Modelle aus den sechziger und Siebzigerjahren. Insgesamt sollen hier 60 Automarken versammelt sein. Wir können sie gar nicht alle aufzählen.

VW Bulli aus den Siebzigerjahren.

Es werden mehrere Führungen angeboten. Es gibt eine einstündige Führung, die eine Einführung in die Autostadt präsentiert. Eine andere widmet sich den Kinohelden und ihren Autos oder wie bei Herbie, dem Käfer als Filmstar. Dann gibt es eine Führung durch die Gartenanlagen und last but not least eine durch die neue Elektromobilität. Weiterhin werden Fahrsicherheitstrainings angeboten und man kann sich auf einem speziellen Gelände von der Tauglichkeit der SUVs des Volkswagenkonzerns überzeugen. Wenn Sie sehen möchten, wie im Werk die Fahrzeuge zusammengebaut werden, so geht auch das. Sie müssen sich nur rechtzeitig anmelden.

Auch für die Kulinarik ist in der Autostadt gesorgt. Es gibt acht Restaurants beziehungsweise Bistros und wenn Sie es gern edel hätten, dann gehen Sie in eines der Gourmet-Restaurants des Ritz-Carlton am Rande der Autostadt.

Das gesamte Angebot der Autostadt mit allen Preisen und Öffnungszeiten finden Sie auf dieser Seite www.autostadt.de.

Ihren Hund dürfen Sie übrigens nicht mit in die Anlage nehmen. Bello muss draußen bleiben.

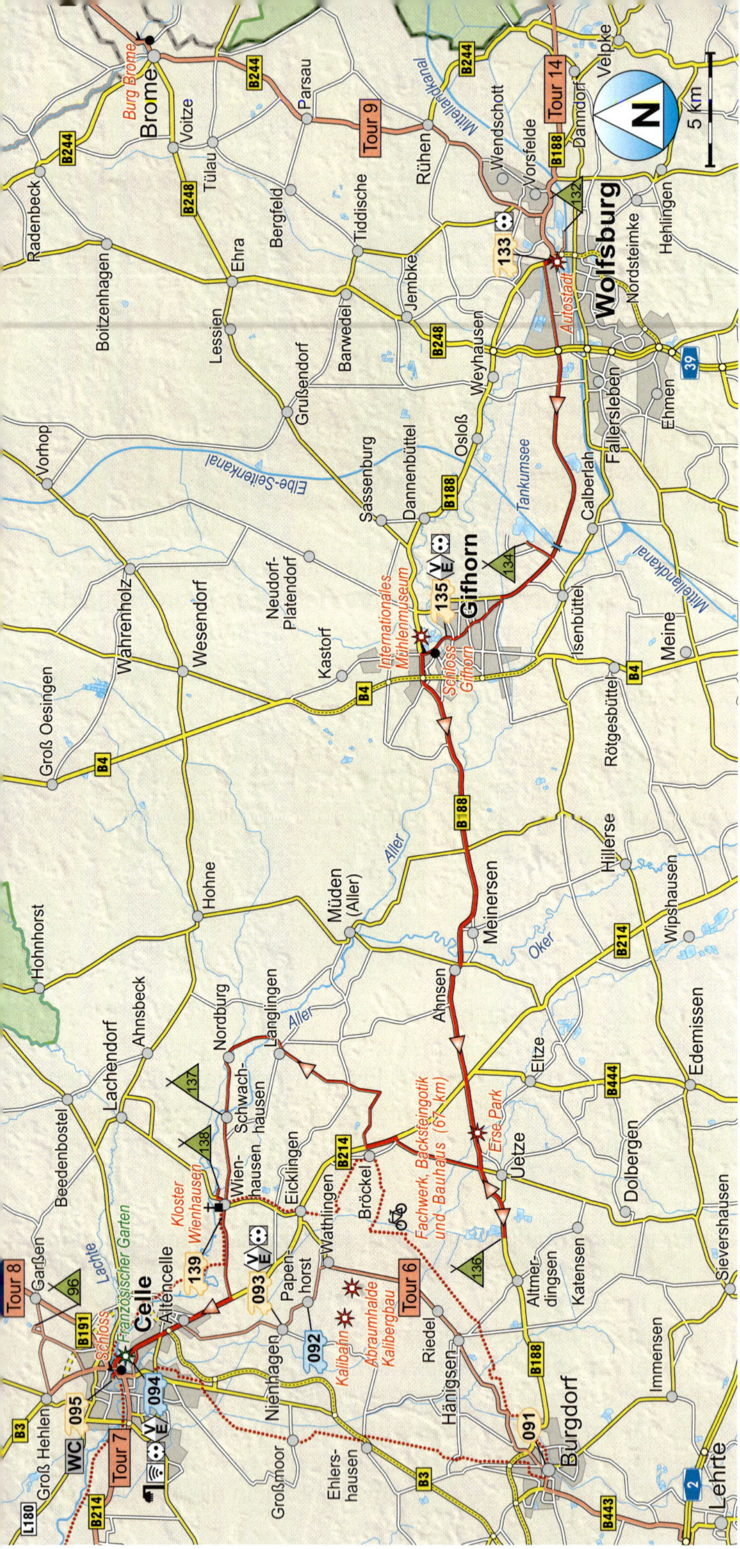

Celle
Wolfsburg
Gifhorn
Burgdorf
Lehrte
Brome
Burg Brome
Tour 6
Tour 7
Tour 8
Tour 9
Tour 14
Schloss Gifhorn
Internationales Mühlenmuseum
Autostadt
Kloster Wienhausen
Schloss
Französischer Garten
Fachwerk, Backsteingotik und Bauhaus (67 km)
Erse Park
Kalibahn
Abraumhalde Kalibergbau
Elbe-Seitenkanal
Mittellandkanal
Tankumsee
Aller
Oker
Lachte
5 km
N

TOUR 10 (ca. 100 km)

Isenbüttel-Tankumsee – Gifhorn – Uetze – Wienhausen – Celle

Stellplätze:	Gifhorn, Wienhausen, Celle.
Campingplätze:	Tankumsee, Uetze, Wienhausen, Celle.
Ver-/Entsorgung:	Gifhorn, Celle.
Besichtigungen:	Gifhorn (Altstadt, Schloss, Internationales Mühlenmuseum), Uetze (Erse Park), Wienhausen (Kloster), Celle (Schloss, Bomann-Museum, Altstadt, Französischer Garten, Bauhausarchitektur).
Wandern/Radtouren:	Fachwerk, Backsteingotik und Bauhaus
Baden/Wellness:	Tankumsee, Gifhorn (Freizeitbad Allerwelle), Irenensee, Celle (Badeland und Naturbad Silbersee).

Diese Tour ist sehr kurz. Sie führt von Wolfsburg zunächst zu einem Campingplatz am Tankumsee. Der See ist ein großes Badegewässer, Segel- und Surfparadies vor den Toren Gifhorns. Das ist die erste Stadt, die wir auf dieser Reise anfahren werden. Dort schauen wir uns das Schloss, die Altstadt und das Internationale Mühlenmuseum an. In Uetze fahren wir an dem Erse Park vorbei und sehen uns danach am Irenensee einen weiteren Campingplatz an. In Wienhausen statten wir dem Kloster einen Besuch ab, bevor wir erneut Celle aufsuchen und dort diese Reise beenden.

Liegeplätze für Segelboote am Tankumsee.

Der **Tankumsee** ist, wie der Oldenstädter See bei Uelzen, ein Baggersee, der durch den Bau des Elbe-Seitenkanals entstanden ist. Wir haben bei der Fahrt hierher den Kanal unterquert. Das Material für den Damm, auf dem der Kanal verläuft, wurde unter anderem hier ausgebaggert. Der Wasserspiegel der Schifffahrtsstraße liegt sieben Meter höher als der des Sees, der eine Fläche von etwa 62 Hektar hat. Seit 1976 gibt es den See in dieser Größe, der durch eine Planungsgesellschaft in eine Freizeitlandschaft umgewandelt wurde.

(134) WOMO-Campingplatz: Tankumsee

GPS: N52°26'59.4" E10°36'43.8"; Dannenbütteler Weg 7, 38550 Isenbüttel.
Max. WOMOs: >20, maximale Länge 12 m.

Ausstattung: Frischwasserversorgung, Abwasserentsorgung mit Bodeneinlass, Kassettenentleerung, Stromanschlüsse, Behälter für die Müllentsorgung, WLAN, Brötchenservice, ital. Restaurant. Im Servicegebäude gibt es Duschen, WCs, Waschmaschinen und Trockner. Der Platz ist ganzjährig geöffnet.
Beschreibung: Große sonnige Rasenplätze mit Büschen und kleinen Bäumen parzelliert.
Preise: Erwachsene Person 7,00 €, Kinder 3-15 Jahre 4,00 €, Hund 4,00 €, Wohnmobil 11,00 €, Strom 3,00 pro Tag.
Zufahrt: Von Wolfsburg in Richtung Gifhorn fahren und nach der Unterquerung des Elbe-Seitenkanals rechts abbiegen.
Reservierung/Kontakt: Tel.: 05374/1254
E-Mail: camping-tankumsee@t-online.de,
Web: www.camping-tankumsee.com.

Neben dem Campingplatz besteht eine Ferienhauskolonie, die sich aber inzwischen weitgehend zu einem festen Wohngebiet entwickelt hat. Es gibt an diesem See einen rund einen Kilometer langen Sandstrand und in der Nähe der Campingplatzzufahrt auch einen Hundestrand. Die Wasserqualität wird ständig überprüft. In den Sommermonaten wird der beliebte Badesee von der DLRG überwacht. Ein Kiosk und die Gaststätte Seekate sorgt für das leibliche Wohl. Surfer und Segler tummeln sich abseits des Badestrandes. Wer mag, kann in dem örtlichen Wassersportverein einen Segelkurs belegen. Wer den See umwandern will, benötigt dafür etwas weniger als eine Stunde Gehzeit.

Hundestrand am Tankumsee.

Der Weg ist vier Kilometer lang. Es ist ein kleines Sommerparadies, lässt sich zusammengefasst sagen, aus dem wir uns aber schon wieder verabschieden und nach Gifhorn weiterfahren. Dort angekommen stellen wir das WOMO an dem **Freizeitbad Allerwelle** ab.

(135) Offizieller WOMO-Badeplatz: Gifhorn – Allerwelle

GPS: N52°29'03.4" E10°33'14.0"; Konrad-Adenauer-Straße 8, 38518 Gifhorn.
Max. WOMOs: 20, maximale Länge 12 m.

Ausstattung: Frischwasserversorgung, Abwasserentsorgung mit Bodeneinlass, Kassettenentleerung, Stromanschlüsse, Behälter für die Müllentsorgung, WLAN, ganzjährig geöffnet.
Beschreibung: Große ebene sonnige Plätze an einem Nebenarm der Aller direkt neben dem Freizeitbad Allerwelle.
Preise: 5,00 € für ein Fahrzeug mit 2 Personen. Bezahlung mit EC-Karte am Automaten möglich, über Münzautomaten gibt es Frischwasser für 1,00 €, Strom kostet 1,00 € für 8 Stunden.
Zufahrt: Den Hinweisen zum Freizeitbad Allerwelle folgen.

Das sumpfige Allerurstromtal war im Mittelalter schwer zu passieren. Hier am Zusammenfluss von Aller und Ise war eine der wenigen trockenen Stellen, an der diese Sumpflandschaft gequert werden konnte. Mit der Salzstraße und der Kornstraße kreuzten sich an dieser Stelle zwei mittelalterliche Handelswege. Ein idealer Ort, um eine Zollstätte zu errichten,

Der Steinweg, die Flaniermeile in Gifhorn.

Fachwerk am Marktplatz in Gifhorn.

Das Schloss in Gifhorn.

die sich im Laufe der Zeit zu einer Siedlung entwickelte. Um diesen Ort vor Angriffen der Wenden aus dem Osten zu schützen, wurde eine Wasserburg gebaut. Sie wurde dort errichtet, wo heute das Schloss zu sehen ist. Herzog Franz ließ die Siedlung nach Süden erweitern. Die Straßenachse hat sich bis heute erhalten, heißt **Steinweg** und ist die Flaniermeile in Gifhorn, in der Sie noch einige schöne Fachwerkhäuser sehen können. Nachzulesen ist dies auf einer großen Informationstafel auf dem **Marktplatz**. Hier liest man auch, dass während der mittelalterlichen Warmzeit in Gifhorn Wein angebaut wurde und das die Temperaturen so hoch gewesen sein müssen, dass sich in dieser sumpfigen Landschaft die Anophelesmücke wohlgefühlt hat, die eine Überträgerin der Malariaerkrankung ist.

Auf diesem Marktplatz findet mittwochs und samstags zwischen 8:00 und 14:00 Uhr ein Wochenmarkt mit regionalen Produkten und klassischen Obst- und Gemüseangebot statt.

Vom Marktplatz ist es nicht weit bis zum **Schloss**, das von breiten Wassergräben umgeben ist. Es wurde im 16. Jahrhundert im Stil der Weserrenaissance errichtet. In dem Schloss ist heute das **Historische Museum** der Stadt untergebracht, das in fünf Abteilungen gegliedert ist. Eine Abteilung zeigt die Geschichte von den Jägern und Sammlern in dieser Region bis zum sesshaften Ackerbauern. Eine weitere zeigt am Beispiel dieser Stadt die Entwicklung städtischer Strukturen und in anderen Bereichen werden die Lebens-, Wohn- und Arbeitswelten vergangener Jahrhunderte präsentiert. Über die Öffnungszeiten und Eintrittspreise informiert diese Seite www.museen-gifhorn.de.

Zwischen dem Schloss und dem Mühlenmuseum befindet sich der **Mühlensee** auf der einen Seite und der **Schloss-See** auf der anderen Seite. Getrennt werden Sie durch die Ise. Rund um diese Seenlandschaft ist eine reizvolle Parklandschaft zu durchstreifen, die mit den Wasserflächen, dem Fluss und dem angrenzenden Mühlenmuseum immer wieder phantastische Blicke offenbart.

Im **Internationalen Mühlenmuseum** stehen 14 Mühlen aus sieben Ländern dieser Erde. Einige von ihnen sind historische Originale, die an ihren ursprünglichen Standorten ab- und hier wieder aufgebaut wurden. Andere wurden nach unterschiedlichen Vorlagen detailgetreu nachgebildet. Bevor die Mühlen in diesem Museum ihren Platz fanden, wurde das Gelände modelliert und der Mühlensee angelegt, der von der Ise durchflossen wird und gleichzeitig als Hochwasserrückhaltebecken dient. Auch alle anderen Wasserläufe und Teiche in diesem Gelände sind künstlicher Natur und bilden mit der hügeligen Landschaft ein malerisches Bild. Die gesamte Anlage befindet sich noch in Privatbesitz von Horst Wrobel, dem Gründer dieses Museums, das seit 1980 existiert und in Spitzenzeiten bis zu 250.000 Besucher pro Jahr anlockte.

Natascha, Windmühle aus der Ukraine.

Im Zentrum der Anlage steht eine 800 Quadratmeter großen Ausstellungshalle mit 49 Wind- und Wassermühlenmodellen

Mühlen aus Griechenland und Portugal.

aus allen Ecken der Welt. Maßstabsgerecht und naturgetreu sind sie mit allen Einzelteilen nachgebaut worden und zeigen die jeweiligen Funktionsweisen.

Sie sehen unter anderem die Moulin de la Galette vom Montmartre in Paris, Rembrandts Bockwindmühle aus Leiden und Don Quijotes Windmühle aus La Mancha. Neben den Modellen ergänzen eine Fülle weiterer Exponate die Ausstellung.

Nachbau der Mühle von Sanssouci in Potsdam.

Im Freigelände steht neben der Ausstellungshalle ein Nachbau der **Mühle von Sanssouci**. Ein mächtiger 40 Meter hohe Galerie-Holländer. IIn der Nähe der **Orthodoxen Kirche** steht die ukrainische Windmühle **Natascha**. Sie wurde 1988 eingeweiht. Das Vorbild der Mühle steht in der Partnerstadt Gifhorns in Korssun-Schewtschenkiwskij die 140 Kilometer südwestlich von Kiew liegt.

In der Ise liegt die ungarische Donau-Schiffsmühle **Julischka** fest vor Anker. Im Original navigierte die aus zwei Schiffsrümpfen bestehende Mühle auf dem Fluss. Im größeren Schiff befindet sich das

Mahlwerk. Das kleinere diente als Halterung für die Welle des Schaufelrades. Durch die Strömung des Flusses wurde das Schaufelrad angetrieben. Je nach Wasserstand und Strömungsverhältnissen konnte der Kapitän und Müller sich die beste Position auf dem Fluss aussuchen.

Mit der **Moli de Tramuntana** fühlt man sich auf die Baleareninsel Mallorca versetzt. Die Turmmühle **Alphonse Daudet** führt in die Provence und mit einem Mühlennachbau aus Portugal ist man plötzlich in der Algarve. So kommt man quer durch Europa und die Welt. Neben den genannten Mühlen gibt es noch Exemplare aus Schottland, Serbien, Russland, Taiwan, Korea, Griechenland, Tirol und zwei weitere aus Deutschland. Interessanterweise keine aus den Niederlanden. Die gibt es nur als Modell in der Ausstellungshalle.

Orthodoxe Holzkirche aus Russland.

Wassermühle Julischka. Im Hintergrund die Moli de Tramuntana.

Die Mühle aus Schottland steht außerhalb des Mühlengeländes und ist Eigentum der Stadt. Hier ist das Standesamt untergebracht. Das Original befindet sich in Dumfries, einer weiteren Partnerstadt Gifhorns. Kleiner Gag am Rande: Während sich das Paar das Ja-Wort gibt, werden die Flügel dieser Mühle in Bewegung gesetzt.

Die Eintrittspreise und Öffnungszeiten des Mühlenmuseums entnehmen Sie bitte dieser Seite www.muehlenmuseum.de. Hunde dürfen an der Leine mitgeführt werden.

Auffallend in diesem Museum ist die **russisch-orthodoxe Holzkirche** und noch auffallender der **Glocken-Palast**, den Sie auf der folgenden Seite sehen. Für den Besuch sind weitere Eintrittskarten notwendig. Hier können Sie die Eintritts-

Der Glocken-Palast in Gifhorn.

preise und Öffnungszeiten einsehen http://www.russisch-orthodoxe-holzkirche.de und http://glockenpalast.de.

Es sind gelebte Zeichen der Völkerfreundschaft und der Versöhnung, die der Eigentümer **Horst Wrobel** versucht hat zu setzen. Die Kirche wurde 1996 vom Moskauer Patriarch Aleksij II., dem Oberhaupt der russisch-orthodoxen Christen, geweiht. Im Untergeschoss der Kirche kann eine Ausstellung mit Ikonen, Öllampen, Leuchtern und vielen anderen Exponaten besichtigt werden.

Die Europäische Freiheitsglocke.

Aus Begeisterung über den Fall der Mauer und der Wiedervereinigung Deutschlands entstand der **Glocken-Palast**. Die Schirmherrschaft für den Bau dieser Anlage übernahm der letzte sowjetische Präsident und Friedensnobelpreisträger **Michail Gorbatschow**, der 1996 mit seiner Frau Raissa den Grundstein legte. Für die Fertigstellung dieses Komplexes wurden 16 Jahre benötigt.

Herzstück des im russischen Klosterstil errichteten Anlage ist eine riesige, voll funktionsfähige und mit imposanten Wandgemälden ausgestaltete Glockengießerei. Zeitgeschichtlich ist das aus dem Blickwinkel der Wiedervereinigungseuphorie, dem Fall des Eisernen Vorhangs zu betrachten. Putin hielt im Deutschen Bundestag in deutscher Sprache eine Rede, der Gedanke einer Freihandelszone von Lissabon bis Wladiwostok machte die Runde. Alles schien auf einmal möglich zu sein. Inzwischen wissen wir, wir sind meilenweit davon entfernt. Und so ist auch der Gedanke Wrobels Kunsthandwerkern aus Ost- und Westeuropa in diesem außergewöhnlichen Gebäude ein Ausstellungsforum zu bieten, erst mal zerstoben.

Auf dem Fußweg zum Glocken-Palast kommen Sie an der **Europäischen Freiheitsglocke** vorbei, die an die Teilung Europas und den Fall des Eisernen Vorhangs erinnert. Auf der Bronzeglocke sind die Portraits von Michail Gorbatschow, George Bush sen., Helmut Kohl und Gyula Horn abgebildet.

Von diesen außergewöhnlichen Anlagen in Gifhorn geht es nun weiter in einen Vergnügungspark, den wir zwar nicht besucht haben, aber auf den wir hinweisen möchten.

Dinos machen am Straßenrand auf den Erse Park aufmerksam.

Der **Erse Park** befindet sich in **Uetze** rund 23 Kilometer von Gifhorn entfernt. Sie finden den Parkplatz der Anlage mit diesen Koordinaten [N52°28'33.6" E10°13'39.1"]. Hicr gibt

Idylle pur, der Irenensee in Uetze.

es einen Märchenwald, ein Drachenland, ein Saurier-Reich, Wackelautos, eine Traktorbahn und vieles andere mehr. Am besten Sie schauen auf diese Seite www.ersepark.com. Dort sehen Sie das gesamte Angebot des Parkes und bekommen auch gleich die Öffnungszeiten und Eintrittspreise genannt.

Vom Erse Park fahren wir nun hintereinander drei Campingplätze an. Jeder der drei hat seine Vorzüge. Der erste befindet sich im Wald an einem See, der zweite erstreckt sich malerisch an der Aller und der dritte liegt idyllisch zwischen der Aller und einem alten Stauwehr.

(136) WOMO-Campingplatz: Irenensee

GPS: N52°27'55.4" E10°09'35.8"; Fritz-Meinecke-Weg 2, 31311 Uetze.
Max. WOMOs: >20, maximale Länge 12 m.

Ausstattung: Frischwasserversorgung, Abwasserentsorgung mit Bodeneinlass, Kassettenentleerung, Stromanschlüsse, Behälter für die Müllentsorgung, WLAN, Brötchenservice. Im Servicegebäude gibt es Duschen, WCs, Waschmaschinen und Trockner. Der Platz ist ganzjährig geöffnet.
Beschreibung: Es gibt Premiumplätze in direkter Strandlage mit freiem Blick auf den See und es gibt Plätze mit großer Privatsphäre, die abseits des Sees mit Bäumen und Büschen voneinander getrennt sind.
Preise: Erwachsene Person je nach Saison zwischen 7,50 € und 11,10 €, Kinder 6-14 Jahre und Senioren unabhängig von der Saison 6,50 €, Wohnmobil zwischen 5,20 € und 6,50 € für den Komfortplatz, Premiumplatz zwischen 8,60 € und 10,50 €. Strom ist in den Preisen enthalten.
Zufahrt: Auf der B188 in Richtung Burgdorf fahren und rund 2 Kilometer hinter Uetze rechts abbiegen.
Reservierung/Kontakt: Tel.: 05173/98120
E-Mail: info@irenensee.de, Web: https://irenensee.de.

(137) WOMO-Campingplatz: Allerstrand

GPS: N52°34'46.2" E10°14'45.6"; Offensener Str. 2A, 29342 Wienhausen.
Max. WOMOs: >20, maximale Länge 12 m.

Ausstattung: Frischwasserversorgung, Abwasserentsorgung mit Bodeneinlass, Kassettenentleerung, Stromanschlüsse, Behälter für die Müllentsorgung. Im Servicegebäude gibt es Duschen, WCs und eine Waschmaschine. Der Platz ist von Ende März bis Anfang November geöffnet.
Beschreibung: Große sonnige Rasenplätze in idyllischer Lage an der Aller, sehr ruhig.
Preise: Je nach Lage zwischen 13,00 € und 16,00 € für ein Fahrzeug mit 2 Personen. Freie Platzwahl. Bei Ankunft an der Schranke den bereitgelegten

Anmelde-Briefumschlag ausfüllen, Gebühren dazulegen und in den Kassenbriefkasten werfen. Strom 2,00 € pro Tag.
Zufahrt: Über Langlingen und Nordburg nach Schwachhausen fahren. Hinter der Allerbrücke gleich rechts abbiegen.
Reservierung/Kontakt: Tel.: 05082-912004 oder Mobil: 0171/1707506
E-Mail: camping-landurlaub@t-online.de, Web: www.camping-landurlaub.de.

(138) WOMO-Campingplatz: Wienhausen – Zum Alten Wehr

GPS: N52°34'51.5" E10°11'47.3"; Bockmarschweg, 29342 Wienhausen.
Max. WOMOs: >20, maximale Länge 12 m.
Ausstattung: Frischwasserversorgung, Abwasserentsorgung mit Bodeneinlass, Kassettenentleerung, Stromanschlüsse, Behälter für die Müllentsorgung. Im Servicegebäude gibt es Duschen, WCs, Waschmaschine und Trockner. Paddelboote und Stand-up-paddeling Bretter können gemietet werden. Es gibt einen Biergarten inkl. Café. Der Platz ist vom 1. April bis Mitte Oktober geöffnet, kann aber nach Anmeldung auch außerhalb dieser Zeit angefahren werden.

Beschreibung: Idyllische Anlage. Große zumeist sonnige Plätze in unmittelbarer Nähe des alten Wehres und der Aller.
Preise: 3,50 € für ein Fahrzeug bis 6 Meter Länge, alle anderen 4,50 €. Erwachsene Person 3,50 €, Kinder 3-10 Jahre 2,00 €, Hund 1,00 €, Strom und Wasser 2,00 € pro erwachsene Person, Umweltbeitrag 0,50 € pro erwachsene Person.
Zufahrt: In der Mitte von Wienhausen in Richtung Oppershausen/Lachendorf fahren, am Ortsende rechts abbiegen und der Straße bis zum Ende folgen.
Reservierung/Kontakt: Tel.: 05149/212 oder Mobil: 0151/15366068
E-Mail: campingpark-wienhausen@online.de.

Das Alte Wehr lädt zum Verweilen ein. Hier darf auch gebadet werden.

Alle drei Plätze eignen sich hervorragend zum relaxen, für Radtouren (siehe auch Seite 159) in die Umgebung, zum Baden und Paddeln auf dem See oder auf der Aller und natürlich auch zum Besuch des **Klosters in Wienhausen**, dem wir uns nun widmen wollen.

Wer keinen der Campingplätze nutzen will, sondern nur eine Parkmöglichkeit für den Besuch des Klosters sucht, der kann diesen Platz anfahren [**139:** N52°34'47.5" E10°10'49.3"]. Von

Außenansicht des Klosters Wienhausen.

diesem Parkplatz führt ein Fußweg entlang des Wienhäuser Mühlkanals zum Kloster, das nach fünf Minuten erreicht ist.

Das Kloster Wienhausen ist, wie das Kloster in Ebstorf und das Kloster in Hankensbüttel, die wir beide schon im Verlauf unserer Touren durch die Lüneburger Heide besucht haben, ein evangelisches Frauenkloster.

Als Zisterzienserinnenkloster wurde es im 13. Jahrhundert gegründet. Herzog Ernst von Braunschweig-Lüneburg führte ab 1528 die Reformation in seinem Herzogtum ein. Die Nonnen mussten sich von der katholischen Lehre abwenden. Seit dieser Zeit ist es ununterbrochen ein evangelisch-lutherischer Frauenkonvent.

Das Gebäude ist ein herausragendes Beispiel der norddeutschen Gotik und ist, wie alle anderen fünf Heideklöster, eine Station auf der Route der Europäischen Backsteingotik. Sehr beeindruckend ist der Nonnenchor im Westflügel der Anlage. Es ist überaus prächtig ausgemalt und zeigt Bilder der Schöpfungsgeschichte und aus dem Leben Jesu. Auch die Allerheiligenkapelle und der Kapitelsaal sind besonders zu nennen. Unter den Kunstschätzen des Klosters nehmen die Bildteppiche aus dem 13. bis 16. Jahrhundert eine besondere Stellung ein. Diese bunten und großformatigen gotischen Teppiche entstanden im sogenannten Klosterstich aus Wolle auf Leinen. Sie zeigen überwiegend religiöse Bilder und hatten teilweise die Funktion eines Wärmevorhangs, der die Räumlichkeiten vor der zugigen Kälte des Winters schützte. Eine Heizung, wie wir sie heute gewohnt sind, gab es in dem Kloster nicht. Zu dieser Sticktechnik werden im Kloster Kurse angeboten. Diese alte Handwerkskunst wird von den Konventualinnen weiter gepflegt. Auf dieser Seite www.kloster-wienhausen.de erfahren Sie die Kurstermine und Sie können sich über diese Seite auch zu einem Besuch anmelden. Da das Kloster noch bewohnt ist, ist ein Besuch nur im Rahmen einer Führung möglich.

Auf dem Weg vom Kloster in den Ort.

Vom Kloster ist es nicht weit bis zur Mühle, die mit einigen anderen Gebäuden den alten Kern der Gemeinde Wienhausen bildet. Hier gibt es einige Einkehrmöglichkeiten. Groß ist die Auswahl allerdings nicht.

Café Mühlengrund in Wienhausen.

Von Wienhausen fahren wir nun weiter nach Celle und lassen dort diese Tour enden. Wir hatten die Stadt schon in der Tour 6 von Hildesheim kommend beschrieben. Das müssen wir hier nicht wiederholen. Schauen Sie dazu bitte auf Seite 160 nach. Sie können von dort, wenn Sie es noch nicht gemacht haben, die Tour 8 starten, die auf Seite 180 beginnt, durch die Südheide führt und in Uelzen endet.

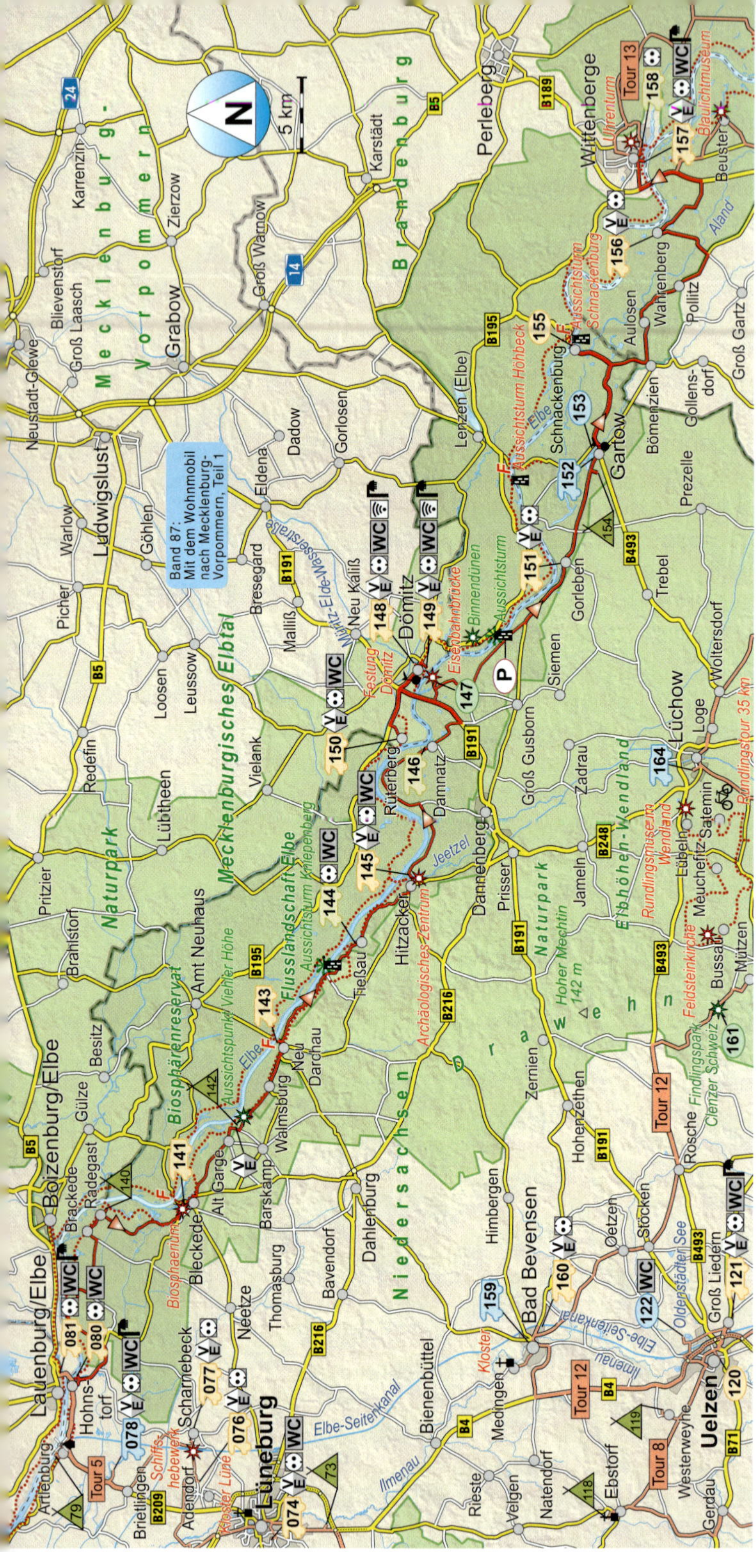
N
5 km
Mecklenburg-Vorpommern
Brandenburg
Niedersachsen
Naturpark Mecklenburgisches Elbtal
Biosphärenreservat Flusslandschaft Elbe
Naturpark Elbhöhen-Wendland
Drawehn
Band 87: Mit dem Wohnmobil nach Mecklenburg-Vorpommern, Teil 1
Lauenburg/Elbe
Boizenburg/Elbe
Ludwigslust
Grabow
Perleberg
Wittenberge
Dömitz
Hitzacker
Dannenberg
Gartow
Lüchow
Lüneburg
Bad Bevensen
Uelzen
Bleckede
Neu Darchau
Schnackenburg
Lenzen (Elbe)
Festung Dömitz
Eisenbahnbrücke
Binnendünen
Aussichtsturm
Aussichtsturm Höhbeck
Aussichtsturm Schnackenburg
Aussichtsturm Kniepenberg
Aussichtspunkt Viehler Höhe
Archäologisches Zentrum
Biosphaerium
Schiffshebewerk
Kloster Lüne
Kloster
Rundlingsmuseum Wendland
Feldsteinkirche
Findlingspark Clenzer Schweiz
Uhrenturm
Blaulichtmuseum
Hoher Mechtin 142 m
Rundlingstour 35 km
Elbe
Jeetzel
Aland
Ilmenau
Elbe-Seitenkanal
Oldenstädter See
Müritz-Elde-Wasserstraße
Tour 5
Tour 8
Tour 12
Tour 13
V E WC

TOUR 11 (ca. 170 km)

Brackede – Bleckede – Neu Darchau – Thießau – Hitzacker – Dannenberg – Dömitz – Rüterberg – Gorleben – Gartow – Schnackenburg – Wahrenberg – Wittenberge

Stellplätze:	Bleckede, Neu Darchau, Thießau, Hitzacker, Dannenberg, Dömitz, Rüterberg, Gorleben, Gartow, Wahrenberg, Wittenberge.
Campingplätze:	Brackede, Alt Garge, Dömitz, Gartow.
Ver-/Entsorgung:	Bleckede-Alt Garge, Thießau, Hitzacker, Dömitz, Rüterberg, Gorleben, Gartow, Wahrenberg, Wittenberge.
Besichtigungen:	Bleckede (Biosphaerium), Hitzacker (Altstadt), Dömitz (Eisenbahnbrücke, Festung), Schnackenburg (Altstadt), Wittenberge (Altstadt).
Wandern/Radtour:	Elberadweg
Baden/Wellness:	Gartow (Badesee), Wittenberge (Alte Ölmühle).

Mit dieser Tour und mit der Tour 13 fahren wir die Elbe hinauf bis nach Magdeburg. Nur in den Orten Hitzacker, Wittenberge, Havelberg, Tangermünde und Magdeburg haben wir in diesen beiden Touren mit einem größeren Aufkommen an Wohnmobilen zu rechnen. Alle Orte, die dazwischen liegen, sind ruhige Flecken und allesamt in der Bevölkerungszahl auch sehr klein. Ideal für all diejenigen, die Ruhe suchen und die großen touristischen Hochburgen nicht mögen. Hier gibt es ruhige Übernachtungsplätze für naturverbundene Reisende, die gern mit dem Rad, zu Fuß oder dem Padelboot unterwegs sind. Naturbeobachtung und Naturerlebnis stehen in diesem Bereich der Elbe im Vordergrund. Es ist eine weitgehend unberührte Landschaft, die wir hier vorfinden. Zwischen Lauenburg und Schnackenburg bildete die Elbe für lange Zeit die Grenze zwischen der Bundesrepublik und der DDR. Beide Seiten der Elbe waren keine bevorzugten Wohn- oder Ansiedlungsgebiete in den jeweiligen politischen Systemen. So blieb die Natur weitgehend unberührt. Das sich hier etwas Besonderes entwickelt hat in den Zeiten des Kalten Krieges, haben Naturschützer schnell erkannt und sich darum bemüht, diese einmalige amphibische Landschaft zu erhalten und zu bewahren. Es führte letztlich zum **Biosphärenreservat Elbe**, das von Wittenberg östlich von Dessau bis nach Lauenburg reicht. Es umfasst eine Fläche von 278.660 Hektar und erstreckt sich über eine Länge von 400 Flusskilometern in den Bundesländern Schleswig-Holstein, Niedersachsen, Mecklenburg-Vorpommern, Brandenburg und Sachsen-Anhalt.

Um zu erläutern, was unter einem Biosphärenreservat zu verstehen ist, zitieren wir einfach einmal die Erklärung der Deutschen UNESCO-Kommission:

"Ein Biosphärenreservat erfüllt verschiedene Aufgaben: Es fördert nachhaltige Wirtschaftsformen, Naturschutz, Forschung und Bildung für nachhaltige Entwicklung ebenso wie internationale Kooperation. Ein Biosphärenreservat ist in Zonen unterteilt, in denen unterschiedliche Regeln gelten. Es muss für einen besonderen Naturraum repräsentativ sein – noch wichtiger sind aber die Menschen im Gebiet und ihre möglichst naturschonenden Lebens- und Wirtschaftsformen. Biosphärenreservate stehen für einen Paradigmenwechsel: Naturschutz mit und durch den Menschen. Sie bieten Rahmen für langfristige Nachhaltigkeitsprozesse und halten eine Landschaft somit „lebensfähig". Sie sind ein Qualitätssiegel für Touristen, sie stehen für neue Einkommens- und Beschäftigungschancen ebenso wie für Identität und Stolz auf eine Region in einem Weltnetz. Sie tragen bei zu internationaler Zusammenarbeit und Frieden."

Das hört sich doch nicht schlecht an und damit genug der Vorrede. Starten wir in Lauenburg und fahren als ersten Ort diesen Campingplatz in **Radegast** an.

(140) WOMO-Campingplatz: Elbeling

GPS: N53°20'37.9" E10°43'51.2";
Hinter den Höfen 10, 21354 Bleckede-Radegast.
Max. WOMOs: >20, maximale Länge 12 m.

Ausstattung: Frischwasserversorgung, Abwasserentsorgung mit Bodeneinlass, Kassettenentleerung, Stromanschlüsse, Behälter für die Müllentsorgung, WLAN, Brötchenservice. Im Servicegebäude gibt es Duschen, WCs, Waschmaschinen und Trockner. Der Platz ist von Mitte März bis Anfang Oktober geöffnet.
Beschreibung: Große, zumeist sonnige ebene Rasenplätze. Stellplatzareale durch Büsche und Bäume voneinander getrennt. Entfernung zur Elbe 300 Meter.
Preise: Auf dem Platz 22,00 € für ein Fahrzeug mit 2 Personen, Hund 2,25 €, Müll 2,00 € pro Person, Strom 3,00 € pro Tag. Vor der Schranke 15,00 € für ein Fahrzeug inkl. aller Personen, Strom 3,00 €.
Zufahrt: Bis in die Ortsmitte von Radegast fahren und dort der Beschilderung zum Campingplatz folgen.
Reservierung/Kontakt: Tel.: 05857/555
E-Mail: info@elbeling.de, Web: www.elbeling.de.

In der Elbtalaue bei Radegast.

Es ist sehr ruhig hier. Unendlich lange Spaziergänge oder Radtouren lassen sich auf dem Elbdeich oder an ihm entlang machen. Das Biosphärenreservat ist kein Zoo. Auch wenn fortwährend darauf hingewiesen wird, welche Vögel und andere Tiere hier leben, zeigen sie sich nicht immer und überall. Um sie aus der Nähe zu sehen, benötigt man Geduld und Glück. Größere Populationen sieht man zumeist nur aus weiter Entfernung. Die Vögel ruhen auf den Sandbänken zwischen den Buhnen, die es an der Elbe in großer Zahl gibt. Größere Chancen, die Vogelwelt zu sehen, hat man, wenn man sich auf eines der Ausflugsschiffe begibt, die auf dem Fluss verkehren. In Lauenburg liegen einige vor Anker, das haben wir schon gesehen. Man kann aber auch in Bleckede, Hitzacker, Dömitz und Wittenberge an Bord gehen. Eine Kombination von Radtour und Schifffahrt ist dabei möglich. Auf der folgenden Seite haben wir Ihnen die Reedereien zusammengestellt, die auf diesem Abschnitt zwischen Lauenburg und Wittenberge mit ihren Schiffen verkehren. Sie sind nicht täglich unterwegs. Suchen Sie sich das passende Angebot je nach Standort aus. Die Reedereien sind nach ihren Heimathäfen elbaufwärts sortiert. Die Radkilometer zwischen den einzelnen Anlegestellen haben wir ebenso in einem Kasten für Sie aufgeschrieben, damit ist die Reiseplanung auch ohne Netzanbindung einfach. Denn je nachdem, wo Sie ge-

Vorbeiziehende Graugänse.

rade stehen, müssen Sie schon damit rechnen, keine gute Internetverbindung zu haben.

Fahrgastschiffe zwischen Lauenburg und Wittenberge

Fahrgastschiff Lüneburger Heide
Personenschifffahrt Jürgen Wilcke
Heimathafen: Artlenburg
Kosten 2,50 € pro Rad.
Tel. 04139/6285
www.personenschifffahrt-wilcke.de

Fahrgastschiff Herzog von Lauenburg
Reederei Helle
Heimathafen: Lauenburg
Kosten 2,00 € pro Rad
Tel. 04153/592848
www.reederei-helle.de

Raddampfer Kaiser Wilhelm
Heimathafen: Lauenburg
Der „Kaiser Wilhelm" ist einer der letzten noch fahrenden kohlebefeuerten Schaufelraddampfer in Deutschland.
Kosten 2,00 € pro Rad.
Tel. 04153/51086
www.raddampfer-kaiser-wilhelm.de

MS Elise Reederei
Andreas Heckert
Heimathafen: Dömitz
Maximal 20 Räder können mitgenommen werden
Tel. 05865/1055
www.elbeschiffstouren.de

MS Hecht Reederei
Andreas Heckert
Heimathafen: Dömitz
Maximal 12 Räder können mitgenommen werden
Tel. 05865/1055
www.elbeschiffstouren.de

Fahrgastschiff HERZ 2
Fahrgastschiff Wels
Freizeit Park Wittenberge GmbH
Heimathafen: Wittenberge
Fahrradtransport möglich.
Tel. 03877/56799445
www.freizeit-park-wittenberge.de

Radkilometer zwischen Lauenburg und Wittenberge

Lauenburg – Bleckede 23 km, Bleckede – Hitzacker 32 km, Hitzacker – Dömitz 21 km, Dömitz – Schnackenburg 35 km, Schnackenburg – Wittenberge 21 km.
Den kompletten Elberadweg mit allen Etappenbeschreibungen und gpx-Daten zum download finden Sie hier www.elberadweg.de.

Von Radegast fahren wir weiter nach **Bleckede**. Dieses kleine Städtchen bietet auf dem Schützenplatz vor dem Elbdeich [**141:** N53°17'42.1" E10°43'58.3"] einen Stellplatz an, auf dem ein Tag gestanden werden darf, dann muss man weiterziehen. Eine Ver- und Entsorgungsstation gibt es hier nicht, eine Stromversorgung auch nicht.

Stellplatz in Bleckede.

Von diesem Platz sind es zu Fuß bis zum Schloss rund 800 Meter. Dort ist das **Biosphaerium Elbtalaue** untergebracht. Hier können Sie Biber und Elbfische anschauen und die Vogel- und Wasserwelt der Auenlandschaft entdecken. Im Außenge-

Jacobikirche und Straßencafé in der Ortsmitte von Bleckede.

lände befindet sich eine Biberanlage. Es ist die Gelegenheit, den in der Elbtalaue wieder heimisch gewordenen Nager zu sehen. In der freien Natur werden Sie ihn kaum antreffen. Auf unserer Reise entlang der Elbe haben wir ihn nicht einmal gesehen. Vögelpopulationen dagegen viele. Auch über die gefiederten Tiere erfahren Sie eine Menge in der Ausstellung. Darüber hinaus gibt es im Schloss und im Schlosshof ein Café, das den Besucher mit leckeren Kuchen erfreut. Die Öffnungszeiten des Cafés finden Sie hier www.schlosscafe-bleckede.de, die Öffnungszeiten und Eintrittspreise des Biosphaeriums finden Sie hier www.biosphaerium.de.

Fachwerkhäuser in Bleckede.

Das Zentrum von Bleckede ist nicht groß. Es ist hübsch hergerichtet, es gibt einige kleine Cafés, in denen Radler, die auf dem Elberadweg unterwegs sind, eine Kaffeepause einlegen können. Die Auswahl an Restaurants ist begrenzt. Es ist eben ein kleines Städtchen.

Eine Attraktion für Eisenbahnfreunde ist die Fahrt mit dem **Heide-Express** auf der Bleckeder Kleinbahn nach Lüneburg. Die Strecke wird mit verschiedenen Diesellokomotiven und Dieseltriebwagen befahren. Dampfloks sind nicht im Einsatz. Fahrräder werden kostenlos mitgenommen, so lässt sich hier eine Kombination Rad/Zug gestalten. Bis Lüneburg sind es rund 24 Kilometer. Die Fahrzeiten und die Fahrpreise erfahren Sie hier www.heide-express.de.

Eine weitere Attraktion ist die **Fahrraddraisine**, mit der man in **Alt Garge** fahren kann. Einmal geht es in den Wald hinein und einmal in die Nähe des Elbstrandes. Genauere Informationen finden Sie hier www.ig-draisine-elbtalaue.de. Dort ist ein kleines Video zu sehen, damit können Sie die Strecke schon einmal virtuell abfahren. Es werden die Schienen der Bahnlinie genutzt, die einst zu dem ehemaligen **Kraftwerk Ost-Hannover** geführt haben. Das Kohlekraftwerk wurde im Zweiten Weltkrieg unter Einsatz zahlreicher Zwangsarbeiter errichtet, 1974 stillgelegt und später weitgehend abgerissen. Reste der Anlage sind noch vom Aussichtspunkt Viehler Höhe zu sehen. Eine gute Parkposition, um dorthin zu gelangen, findet man am Waldbad [N53°15'27.1" E10°48'17.4"]. Direkt daneben befindet sich dieser Campingplatz.

(142) WOMO-Campingplatz: KNAUS Campingpark Bleckede/Elbtalaue

GPS: N53°15'33.6" E10°48'17.5";
Am Waldbad 23, 21354 Bleckede OT Alt Garge.
Max. WOMOs: 142 auf dem Platz, 6 vor der Schranke, maximale Länge 12 m.

Ausstattung: Frischwasserversorgung, Abwasserentsorgung mit Bodeneinlass, Kassettenentleerung, Stromanschlüsse, Behälter für die Müllentsorgung, WLAN, Shop, Gasflaschentausch, Spiel- und Bolzplatz, Sauna, Tennis. Im Servicegebäude gibt es Duschen, WCs, Waschmaschinen und Trockner. Der Platz ist von Anfang März bis Anfang November geöffnet.
Beschreibung: Große, zumeist sonnige ebene Rasenplätze. Stellplatzareale durch Büsche und Bäume voneinander getrennt. Waldbad direkt neben dem Platz.
Preise: Vor der Schranke 11,50 € für ein Fahrzeug inkl. aller Personen, Hunde, Umweltbeitrag und Entsorgung, Strom 0,70 € pro kWh. Hinter der Schranke je nach Größe, Ausstattung und Saison zwischen 17,10 € und 25,00 € für den Stellplatz, Erwachsene Person 10,00 €, Kinder 4-15 Jahre 4,70 €, Hund 3,80 €, Waschmaschine und Wäschetrockner jeweils 3,50 €, Sauna 8,00 €, Tennis 5,00 €.
Zufahrt: An der Elbuferstraße zwischen Bleckede und Neu-Darchau gut ausgeschildert und einfach zu finden.
Reservierung/Kontakt: Tel.: 05854/311
E-Mail: elbtalaue@knauscamp.de,
Web: www.knauscamp.de/elbtalaue-bleckede.

Wichtig zu wissen: Die Ver- und Entsorgungsanlage befindet sich vor der Einfahrt zum Campingplatz und kann auch von Fahrzeugen angefahren werden, die den Platz nicht nutzen wollen. Für einen Euro gibt es etwa 45 Liter Frischwasser, die Entsorgung mit gut anfahrbarem Bodeneinlass ist kostenlos.

Umgeben ist der Campingplatz und das Waldbad von einem dichten Buchenmischwald.

Wir fahren die Elbuferstraße weiter. Leicht hügelig ist es hier in den Hinterlassenschaften der Eiszeiten, in der die Elbe durch Erosion so manches Steilufer geschaffen hat. Unser nächstes Ziel ist **Neu Darchau**. Hier gibt es einen kostenpflichtigen Stellplatz an der Fähre [**143:** N53°13'58.6" E10°53'24.8"]. Die Koordinaten geben nur die Einfahrt zu dem Gelände an. Sie können direkt bis an das Ufer heranfahren, so wie Sie es auf dem Foto sehen können. An dieser Stelle befand sich einst ein vollständig eingerichteter Stellplatz. Das Elbehochwasser von 2013 hat ihn zerstört. Er wurde nicht neu angelegt. Bei unserer Ankunft war er naturbelassen. Er soll noch hergerichtet werden, wird aber keine neue Ver- und Entsorgungsanlage bekommen und auch keine Stromanschlüsse. Die Parkgebühr in Höhe von 8,00 Euro wird von einem Bediensteten der Stadt am Abend kassiert.

Stellplatz in Neu Darchau.

Abendstimmung an der Elbe in Neu Darchau.

Neu Darchau ist ein guter Standort, um eine Radtour zu starten. Am Parkplatz vor der Fähre ist die Vogelkiekertour beschrieben, die teilweise den Elberadweg nutzt, aber auch weiter in das Hinterland auf der anderen Seite der Elbe führt. Sie ist 47 Kilometer lang, geht bei Bleckede mit der Fähre über die Elbe und dann über Amt Neuhaus zurück zur Fähre Neu Darchau.

Eine weitere Möglichkeit, die Vogelwelt der Elbe zu entdecken, bieten **Floßfahrten**. Man muss nur kurz mit der Fähre auf die andere Seite der Elbe fahren und schon ist man bei den Flössen. Es gibt keinen Fahrplan, man muss einen Termin vereinbaren. Auf dieser Seite www.elbe-flossfahrten.de finden Sie alle notwendigen Informationen und auch ein kleines Video, das eine dieser Fahrten zeigt. So bekommen Sie gleich einen Eindruck, ob das etwas für Sie ist.

Wir fahren auf der Elbuferstraße weiter Richtung Hitzacker. Es geht durch Wälder und kleine Dörfer. Nächster Stopp ist der Parkplatz am **Aussichtsturm Kniepenberg**, der mit diesen Koordinaten [N53°11'40.3" E10°57'59.8"] zu finden ist. Der Turm steht auf einer Anhöhe unweit der Elbe. Er ist nur 16 Meter hoch. Das reicht, um über die Bäume und Büsche hinweg in die weite Auenlandschaft zu sehen. Wieder stehen wir auf einer Endmoräne, die die vorletzte Eiszeit hier aufgeschoben hat. Schmelzwässer der letzten Kaltzeit haben das sogenannte Urstromtal der Elbe gebildet. Das gegenüberliegende Ufer ist weit und flach. Hier am Hang ging es für das Wasser nicht weiter und es machte das, was Wasser immer macht, es sucht sich den Weg des geringsten Widerstandes und fließt in Richtung Nordsee, nicht ohne den Hang dabei durch seine Erosionskraft noch ein wenig zu schärfen. In den flachen Uferbereichen auf der gegenüberliegenden Seite sind einige Altarme auszumachen. Amt Neuhaus heißt die flächenhaft große Gemeinde, die hier zu sehen ist und nach der Wende 1993 von Mecklenburg-Vorpommern zu Niedersachsen kam.

Aussichtsturm Kniepenberg.

Vom Kniepenberg fahren wir weiter Richtung Hitzacker. In **Thießau** ei-

Blick vom Aussichtsturm Kniepenberg in die Elbtalaue.

nem Teilort von Hitzacker finden wir diesen Stellplatz mit einem außergewöhnlichen Namen.

(144) Offizieller WOMO-Stellplatz: Thießau (Elbe) – Im Reich der Götter

GPS: N53°10'54.8" E10°59'06.6"; Am Elbufer 12, 29456 Hitzacker (Elbe).
Max. WOMOs: 10, maximale Länge 8 m.
Ausstattung: Frischwasserversorgung, Abwasserentsorgung mit Bodeneinlass, Kassettenentleerung, Stromanschlüsse, Behälter für die Müllentsorgung, WC, Dusche, Waschmaschine, Trockner, kleiner Pool, Solarium, Sauna, Biergarten, Brötchenservice, Gasflaschentausch, ganzjährig geöffnet.

Beschreibung: Kleiner, gemütlicher und ruhiger Platz mit weitgehend schattenlosen, eng beieinanderliegende Rasenschotterflächen.
Preise: 15,00 € für ein Fahrzeug mit 2 Personen inkl. Ver- und Entsorgung. Ein Hund kostenlos, jeder weitere 1,00 €, Strom 1,50 € für 2 kWh, jede weitere kWh 0,50 €, Dusche 1,50 €, Toilette 2,00 € p.P. und Tag, Waschmaschine und Trockner jeweils 4,00 €
Zufahrt: In Thießau einfach zu finden, der Platz liegt direkt an der Durchfahrtsstraße nach Hitzacker.
Reservierung/Kontakt: Tel.: 01520/9560413
E-Mail: buchung@im-reich-der-goetter.de,
Web: www.im-reich-der-goetter.de.

Von diesem Platz kann der Aussichtsturm Kniepenberg mit einer kleinen Wanderung durch Feld, Wald und Wiese sowie entlang des Elbufers erreicht werden. Das sind nur rund 3,5 Kilometer. Einen Hundestrand gibt es in etwas mehr als einem Kilometer Entfernung.

Nach einem kurzen Besuch dieses Platzes setzen wir unsere Fahrt nach **Hitzacker** fort. Hier gibt es einen großen und sehr gut gefüllten Stellplatz.

(145) Offizieller WOMO-Stellplatz:
Hitzacker (Elbe) – Parkplatz Bleichwiesen

GPS: N53°08'58.2" E11°03'03.6"; Marschtorstraße, 29456 Hitzacker (Elbe).
Max. WOMOs: 60, maximale Länge 12 m, max. Aufenthalt 5 Tage.
Ausstattung: Frischwasserversorgung, Abwasserentsorgung mit Bodeneinlass, Kassettenentleerung, Stromanschlüsse, keine Behälter für die Müllentsorgung, WC, ganzjährig geöffnet.

Beschreibung: Schattenlose, eng beieinanderliegende gepflasterte Plätze am Rande der Altstadt.
Preise: Kostenlos, Frischwasser 1,00 € und Strom 0,50 € pro kWh. Abwasserentsorgung und Entleerung der Bordtoilette ist kostenfrei.
Zufahrt: Die Zufahrt zum Stellplatz ist sehr gut ausgeschildert, der Platz leicht zu finden.

Auf diesem Platz stellen wir unser WOMO ab und machen uns auf in die Altstadt, die auf einer Insel in der Jeetzel liegt. Die Jeetzel ist ein rund 73 Kilometer langer Fluss, der in der Altmark in Sachsen-Anhalt entspringt und in Hitzacker in die Elbe mündet. Wir gehen entlang der Sperrwerke, die nach dem Jahrhunderthochwasser 2006 errichtet wurden und ihre Bewährungsprobe 2013 beim nächsten Jahrhunderthochwasser bestanden haben. So malerisch die Altstadt mit ihren Fachwerkhäusern, engen Gassen und Stockrosen auch erscheinen mag. Wenn das Hochwasser kommt, ist die Romantik schnell dahin.

Storchennest in Hitzacker.

Aber das scheint man jetzt im Griff zu haben in der Stadt, die auf ihren berühmtesten Sohn besonders Stolz ist und die Promenade mit der Hochwasserschutzwand nach ihm benannt hat. Die Rede ist von **Claus von Amsberg**, Prinz der Niederlande und Gemahl von Beatrix, die von 1980 bis 2013 Königin der Niederlande war. Sie war es auch, die in einem Festakt die nach ihrem 2006 verstorbenen Mann benannte Promenade 2014 einweihte. Auch das **Museum Hitzacker** widmet sich

Museum Hitzacker im Alten Zollhaus.

seinem Leben und Wirken. Schwerpunkt ist aber die wechselvolle Geschichte Hitzackers und das Leben mit dem Elbstrom.

Das Museum ist im **Alten Zollhaus** untergebracht. Es ist das älteste Gebäude Hitzackers und stammt aus dem Jahr 1589.

Grubenhaus im Archäologischen Zentrum Hitzacker.

Da wir gerade beim Museum sind. Das **Archäologische Zentrum Hitzacker** behauptet von sich, das erste bronzezeitliche Museum Deutschlands zu sein. Es ist ein "Mitmachmuseum", kein "Anguckmuseum" in dem Exponate in Vitrinen stehen. Hier dürfen, nein, sollen Sie mitmachen beim einbaumfahren auf der Elbe oder beim Feuer schlagen, beim mahlen von Getreide und vielen anderen Dingen.

Sie finden das Museum in 500 Metern Entfernung vom Stellplatz. Sie müssen dazu nur die Brücke überqueren, die im hinteren Bereich des Parkareals über die Jeetzel führt.

In Gifhorn haben wir gelesen, dass dort in der mittelalterlichen Warmzeit Wein angebaut wurde. In Hitzacker macht man das seit 1980 wieder. 99 Rebstöcke stehen auf dem Weinberg. Wer den kurzen Weg wählt, erklimmt den 53 Meter hohen Berg über 164 Stufen. Der längere Weg ist nicht so steil, führt in einem großen Bogen um den Berg herum zu einem Aussichtspunkt, von dem man einen schönen Blick in die Elbtalaue hat. Ein Blick in die Chronik der Stadt verrät, dass

In der Altstadt von Hitzacker.

In der Deichstraße von Hitzacker.

1521 erstmals unter Herzog Ernst dem Bekenner Wein angepflanzt worden ist. Das ging bis 1713, als ein Hagelsturm während der "kleinen Eiszeit" sämtliche Reben vernichtete. Aus den Trauben wird der **"Hidesacker Weinbergströpfchen"** gekeltert. Rund 50 Flaschen sollen es pro Jahr sein. Am zweiten Sonntag im Oktober findet die Weinlese statt, die unter der Aufsicht der Weinkönigin gestartet wird, die es hier natürlich auch gibt. Durchgeführt wird sie von dem **"Zwergenring"**. Zwerge sollen der Sage nach auf diesem Weinberg gewohnt haben, die ähnlich den Heinzelmännchen von Köln, den Menschen in Hitzacker in der Nacht die Arbeit abnahmen. Durch unglückliche Umstände, die wir jetzt hier nicht weiter ausführen können, verließen die Zwerge eines Tages den Weinberg und die Menschen mussten alle Arbeiten wieder selbst erledigen. Wenn Sie aufmerksam durch die Gassen gehen, werden Sie den einen oder anderen Zwerg in Form einer Bronzefigur entdecken. Die ganze Geschichte bekommen Sie während einer Führung durch den Ort mitgeteilt. Sie finden in den Sommermonaten von Mai bis September allabendlich ab 18:00 Uhr statt. Treffpunkt ist die Touristinformation, die sich am Marktplatz befindet.

Damit wollen wir unseren Besuch in Hitzacker beenden und fahren weiter elbaufwärts. Wir nehmen erneut die relativ schmale Elbuferstraße, die außerhalb der Waldgebiete immer wieder einen Blick auf den Fluss zulässt.

Wir fahren bis nach **Damnatz**, dort steuern wir diesen Stellplatz an. Mussten wir uns das Stellplatzgelände in Hitzacker noch mit 59 anderen Campern teilen, so ist es hier nur noch einer.

(146) Offizieller WOMO-Gasthof-Stellplatz: Damnatz – Garten-Café Elbterrasse

GPS: N53°08'08.1" E11°10'41.7"; Am Elbdeich 20, 29472 Damnatz.
Max. WOMOs: 2, maximale Länge 8 m + 1 Bulliparkplatz.

Ausstattung: Frischwasserversorgung, Stromanschlüsse, Behälter für die Müllentsorgung, WLAN, Café, Imbiss. Der Platz ist nur in den Sommermonaten geöffnet.
Beschreibung: Große sonnige, naturbelassene Plätze am Elbstrand. Am Garten-Café legt das Fahrgastschiff "Elise" an. Gäste können von hier aus nach Dömitz fahren oder zu Rundfahrten starten.
Preise: 15,00 € für ein Fahrzeug mit 2 Personen inkl. einem Verzehrgutschein in Höhe von 5,00 €.
Zufahrt: Der Platz befindet sich an einer Straße auf dem Elbdeich, die für den allgemeinen Verkehr gesperrt ist. Die GPS-Koordinaten geben die Stelle an, an der es auf den Deich hochgeht. Ihn darf man nur befahren, wenn vorher die Frage geklärt ist, ob einer der drei Plätze frei ist.
Reservierung/Kontakt: Tel.: 0172 4524999
Web: https://garten-cafe-elbterrasse.business.site.

Blick vom Deich am Garten-Café auf die Elbe.

Ja, dieser Stellplatz ist schon sehr außergewöhnlich. Der Inhaber ein unkomplizierter und freundlicher Mensch. Wenn Sie hier keinen Platz bekommen, aber trotzdem diesen Blick genießen wollen oder auch nur einen Kaffee auf der Terrasse zu sich nehmen möchten, so verwenden Sie dieselben GPS-Koordinaten, die bei der Platzbeschreibung angegeben sind und stellen Ihr Fahrzeug auf dem Parkplatz an der Kirche vor dem Deich ab. Er kann auch von größeren Mobilen angefahren werden.

Wanderparkplatz an der Eisenbahnbrücke.

Von Damnatz machen wir uns nun auf den Weg nach Dömitz, hier gibt es eine Straßenbrücke über die Elbe. Bevor wir aber die Elbe überqueren, suchen wir diesen Wanderparkplatz auf [**147:** N53°07'45.0" E11°14'25.0"], der sich am Fuße der berühmten **Dömitzer Eisenbahnbrücke** befindet.

Diese Brücke wurde in den Jahren zwischen 1870 und 1873 errichtet. Sie war ein wesentliches Element einer konzipierten Eisenbahnlinie, die in ihrem letzten Ausbauzustand Berlin mit Bremerhaven verbinden sollte und wurde deshalb zweigleisig angelegt. Da die Festung Dömitz im Süden Meck-

lenburgs seinerzeit die stärkste Landesfestung des Herzogtums war, sollte diese neue Eisenbahnlinie aus strategischen Gesichtspunkten dicht an ihr vorbeiführen. Auf beiden Ufern wurde die Brücke mit starken Bollwerken befestigt. Über der Flussmitte wurde ein drehbarer Brückenteil eingerichtet. Er sollte nicht nur der Schifffahrt die Passage erleichtern, sondern im Notfall auch die Eisenbahnlinie wirkungsvoll unterbrechen. Zusätzlich wurden in den Pfeilern, die diesen Brückenteil stützen, Sprengkammern angelegt, um heranrückenden Feinden die Nutzung dieses Bauwerks durch Sprengung zu verwehren. Insgesamt war die Brücke fast 1000 Meter lang. Ihre zugedachte infrastrukturelle Funktion hat sie nie erreicht.

Blick vom Bollwerk auf die Brücke.

Im Zweiten Weltkrieg wurde sie durch Bombenangriffe zerstört. Die Straßenbrücke rund 500 Meter flussabwärts ebenso. Nach dem Ende des Zweiten Weltkriegs bildete die Elbe die Grenze zwischen den politischen Blöcken des Westens und des Ostens. Eine Rekonstruktion stand aus diesen Gründen nicht zur Diskussion. Verbliebene Trümmer wurden

Dömitzer Eisenbahnbrücke.

weggeräumt, die Ruinen blieben bestehen. Nach der Wende wurde nur die Straßenbrücke neu errichtet. An die Rekonstruktion der Eisenbahnbrücke hatte niemand Interesse. Heute steht die Brücke unter Denkmalschutz und das verbliebene Bollwerk am Westufer wurde bereits saniert. Pläne, hier ein Café einzurichten, wurden wieder aufgegeben, allein die Verlegung von Versorgungsleitungen zu diesem Ort hätte schon mehrere Millionen verschlungen. Nun ist geplant, die Brücke als "Skywalk" umzurüsten, sie bis zum Ende begehbar zu machen. Wann das sein wird, ist derzeit noch offen.

Unser Vorhaben, von hier noch eine kleine Radtour zu machen, muss bis zur nächsten Auflage warten. Wir hatten vor, über Gorleben zum Aussichtsturm Höhbeck zu fahren. Dann mit der Fähre Pevestorf-Lenzen auf die andere Seite der Elbe hinüberzusetzen und dort die Binnendünen in Klein Schmölen aufzusuchen und weiter nach Dömitz zu radeln. Rund 50 Kilometer ist diese Tour lang. Diese Distanzen in Rundkursen abzufahren sind sehr beliebt, wie wir von anderen Wohnmobilisten erfahren haben, mit denen wir natürlich auf unseren Reisen immer wieder ins Gespräch kommen.

Radtour an der Elbe bei Dömitz.

Die Zeit drängt, wir müssen leider weiter und überqueren nun die Brücke mit dem WOMO und finden in Dömitz diese beiden Stellplätze vor.

(148) Offizieller WOMO-Stellplatz: Dömitz – WasserWanderZentrum

GPS: N53°08'26.4" E11°15'33.3"; An der Schleuse, 19303 Dömitz.
Max. WOMOs: 40, maximale Länge 12 m, max. Aufenthalt 5 Tage.
Ausstattung: Frischwasserversorgung, Abwasserentsorgung mit Bodeneinlass, Kassettenentleerung, Stromanschlüsse, Behälter für die Müllentsorgung, Gasflaschentausch. Im Servicegebäude gibt es Duschen und WCs. Geöffnet von Anfang April bis Ende Oktober.
Beschreibung: Eng beieinanderliegende schattenlose Stellflächen auf Rasengittersteinen in unmittelbarer Nähe der Schleuse und des Hafenbeckens. Hier gibt es Tretboote, Stand-Up Boards und Kanadier im Verleih. Die Elde-Müritz-Wasserstraße kann auf voller Länge bis nach Plau am See befahren werden.

Preise: 15,00 € für ein Fahrzeug, Frischwasser 1,00 € und Strom 1,00 € pro kWh, Dusche 1,00 €. Abwasserentsorgung und Entleerung der Bordtoilette ist kostenfrei.
Zufahrt: Die B195 in Richtung Lenzen fahren. Vor der Überquerung der Elde links abbiegen und dann über eine schmale Brücke fahren.

(149) Offizieller WOMO-Stellplatz: Dömitz – Am Hafen

GPS: N53°08'13.8" E11°15'27.1"; Hafenplatz 3, 19303 Dömitz.
Max. WOMOs: 30, maximale Länge 12 m, max. Aufenthalt 5 Tage.
Ausstattung: Frischwasserversorgung, Abwasserentsorgung mit Bodeneinlass, Kassettenentleerung, Stromanschlüsse, Behälter für die Müllentsorgung, ganzjährig geöffnet.
Beschreibung: Große sonnige und schattige Rasenplätze auf zwei Ebenen an der Eldemündung.
Preise: 15,00 € für ein Fahrzeug ohne Stromversorgung, 19,00 € mit Strom, Frischwasser 1,00 €. Abwasserentsorgung und Entleerung der Bordtoilette ist kostenfrei. Für die Einfahrt zum Stellplatz sind 2,00 € zu zahlen. Sonst geht die Schranke nicht auf.
Zufahrt: Die B195 in Richtung Lenzen fahren. Nach der Überquerung der Elde rechts abbiegen.

Die **Festung Dömitz** wurde in den Jahren zwischen 1559 und 1565 erbaut. Bauherr war der mecklenburgische Herzog Johann Albrecht I. Es ist die größte Festung Mecklenburgs. Sie sollte die Südwestgrenze des Herzogtums mit den Elbübergängen sichern.

Das Eingangstor der Festung Dömitz.

Durchgang zu den Kasematten und dem Innenhof der Festung.

Die Zitadelle zeigt einen regelmäßigen fünfeckigen Grundriss und hat an jeder Ecke eine Bastion. Das Prinzip dieser Verteidigungsanlage wurde im ersten Viertel des 16. Jh. in Norditalien entwickelt. Es sind pfeilförmige, aus dem Festungswall vorspringende Verteidigungswerke, die auf zwei Ebenen mit Kanonen und Handfeuerwaffen armiert wurden. Das aufgeschüttete Erdwerk enthält oft unterirdische Räume, die sogenannten Kasematten. Sie ersetzten die früheren Feuertürme und Bollwerke und hatte die Aufgabe, den Gegner zusätzlich von den Flanken bekämpfen zu können. Dieses Flankierungsprinzip mit Kurtinen führte im Laufe der Zeit zu immer komplizierteren Bastionen und Bastionssystemen, die sich gegenseitig zu decken hatten. Dieses für die damalige Zeit moderne Festungskonzept lies der Herzog von dem italienischen Baumeister Francesco a Bornau planen.

Kanonen in den Kasematten der Festung Dömitz.

Während des Dreißigjährigen Krieges hatte die Festung eine große Bedeutung in der Auseinandersetzung der Schweden, die diese Burg besetzt hielten und den Sachsen, die sich an dieser Stelle erstmals feindlich gegenüberstanden. Dieser Geschichte wollen wir hier aber nicht weiter nachgehen.

1894 wurde die militärische Nutzung der Festung beendet. Nach der Gründung des Deutschen Reiches 1871 machte eine innerdeutsche Festung für militärische Zwecke keinen Sinn mehr.

Sie wurde dann für unterschiedliche Zwecke genutzt. Nach dem Zweiten Weltkrieg wurde 1953 in dem Kommandantenhaus ein Museum eingerichtet. Aber diese Lage an der innerdeutschen Grenze war Sperrgebiet und deshalb war die Festung für auswärtige Besucher nicht zugänglich.

Das Kommandantenhaus.

Mit der Wiedervereinigung wurden diverse Instandsetzungsarbeiten durchgeführt und die Festung für Besucher wieder geöffnet. Die Räumlichkeiten werden für Ausstellungen genutzt, der Innenhof auch für Konzertveranstaltungen. Es stehen aber noch einige gewichtige Aufgaben an, so ist das **Kommandantenhaus** sehr sanierungsbedürftig. Es ist nicht das einzige sanierungsbedürftige Gebäude, das wir in Dömitz gesehen haben.

Normalerweise befindet sich im Kommandantenhaus eine Ausstellung zu **Fritz Reuter**, dem Dichter, der in niederdeutscher Sprache schrieb. Zurzeit ist sie aber in der Hauptwache untergebracht. Das wird vermutlich auch noch längere Zeit so bleiben. Fritz Reuter verbüßte in der Festung Dömitz die letzten zwei Jahre seiner siebenjährigen Haftstrafe. Die er sich wegen der Teilnahme an hochverräterischen burschenschaftlichen Verbindungen eingehandelt hatte. Das war im August 1836. Das Hambacher Fest war gerade vier Jahre her. Freiheits- und Demokratiebestrebungen hatten das ganze Land erfasst. Die Obrigkeit fürchtete um ihre Machtposition in einer Zeit, die Historiker später einmal Vormärz nennen sollten.

Die Öffnungszeiten der Festung, des Museums, die Eintrittspreise sowie die Veranstaltungshinweise finden Sie auf dieser Seite www.festung-doemitz-museum.de.

Es ist auch sehr reizvoll, einmal außen um die gesamte Anlage zu gehen. In den zugewucherten Wassergräben hat sich ein eigenständiges, vielfältiges Biotop entwickelt. Wenn Sie zwischen Mitte August und Mitte September dort unterwegs sind und Brombeeren mögen, dann sollten Sie diesen Weg in jedem Falle einmal gehen. So viele wild wachsende und Früchte tragenden Brombeersträucher sind selten zu sehen.

Das nächste Biotop ist in der Nähe dieses Stellplatzes in der **Dorfrepublik Rüterberg** zu entdecken. Der Ort befindet sich rund sieben Kilometer westlich von Dömitz.

(150) Offizieller WOMO-Stellplatz: Dömitz – Dorfrepublik Rüterberg

GPS: N53°09'06.9" E11°11'03.9"; Ringstraße 2, 19303 Dömitz.
Max. WOMOs: 10, maximale Länge 8 m.

Ausstattung: Frischwasserversorgung, Abwasserentsorgung mit Bodeneinlass, Kassettenentleerung, Stromanschlüsse, Behälter für die Müllentsorgung, Dusche, WC, Brötchenservice, ganzjährig geöffnet.
Beschreibung: Eng beieinanderliegende Rasenstellflächen in einem Hinterhof mit familiärer Atmosphäre.
Preise: 7,00 € für ein Fahrzeug mit 2 Personen, Frischwasser (ca. 50 Liter) 1,00 €, Strom 2,00 € pro Tag. Abwasserentsorgung und Entleerung der Bordtoilette jeweils 1,00 €, Dusche 1,00 €.
Zufahrt: Nach der Brücke über die Elbe die B195 in Richtung Boizenburg fahren, nach 2,5 Kilometern im Wald links abbiegen nach Rüterberg und in die Mitte des Ortes fahren.

Rüterberg war zu DDR-Zeiten ein umzäuntes Dorf. Über viele Jahre hinweg konnten die Einwohner nur stundenweise in ihren Ort gelangen. Auf Youtube finden Sie zu der Geschichte Rüterbergs einige Videos. In einem wird der ehemalige Bürgermeister interviewt. Sie finden es unter diesem Titel: "30 Jahre Mauerfall: Das eingezäunte Dorf, Meinhard Schmechel, Rüterberg". Heute erinnern noch einige Relikte an die Absperrungen, unter anderem ein Wachturm. An der Elbe gibt es auch eine kleine Aussichtsplattform, die zum wiederholten Mal einen Blick in die Elbaue gewährt.

In der ehemaligen **Rüterberger Tongrube,** in der bis in die sechziger Jahre hinein Ton für eine Ziegelei (die es nicht mehr gibt) am Ort abgebaut wurde, hat sich die Natur das Terrain zurückerobert. Hier wurde ein kleiner Naturlehrpfad eingerichtet, der rund um den See führt. Neben den grundlegenden Informationen zum Tonabbau finden Sie Informationstafeln zu Tropfenböden und Diatomeenkohle. Wenn Sie Glück haben, sehen Sie auch Eisvögel, die an diesem See heimisch sind.

Bevor wir unseren kleinen Ausflug nach Mecklenburg-Vorpommern beenden und über die Elbe wieder nach Niedersachsen zurückkehren, möchten wir noch auf das Buch " Mit dem Wohnmobil nach Mecklenburg-Vorpommern: Teil 1: Mecklenburgische Seen und Wismarer Bucht" von Stefanie Holtkamp hinweisen und empfehlen, mit dem Sie von Dömitz aus durch Mecklenburg reisen können.

Von Rüterberg geht es also jetzt wieder zurück nach Niedersachsen. Wir überqueren die Elbe und fahren erneut die Elbuferstraße entlang in Richtung Gorleben. Ein Ort, der lange Zeit in den Schlagzeilen war, wie wir alle wissen.

Auf dem Weg dorthin kommen wir an einem kleinen Parkplatz vorbei [N53°05'09.6" E11°16'54.8"], der zu einem weiteren Aussichtsturm führt. Nur wenige Meter vom Turm befindet sich eine Grillstelle, Tisch, Bänke und eine kleine Schutzhütte gibt es auch. Wenn Sie also Holzkohle dabei haben, können Sie den Grill anwerfen, hier ein Picknick machen und vorher oder nachher den 11,40 Meter hohen Turm besteigen und sich zum wiederholten Male die Elbauenlandschaft aus erhöhter Perspektive anschauen.

Aussichtsturm zwischen Dömitz und Gorleben.

Es führt auch ein Trampelpfad hinunter an die Elbe, die in einer der vielen Buhnen einen kleinen Sandstrand hat. Füße baden oder den Hund ins Wasser springen lassen, beides ist möglich.

Wir fahren weiter. Bis nach Gorleben sind es noch rund sieben Kilometer. Dort fahren wir den Stellplatz am Sportboothafen an, der nicht schwer zu finden ist.

Blick vom Aussichtsturm zwischen Dömitz und Gorleben.

(151) Offizieller WOMO-Stellplatz: Gorleben – Am Sportboothafen

GPS: N53°02'59.3" E11°21'05.0"; Ringstraße 7-9, 29475 Gorleben.
Max. WOMOs: 4, maximale Länge 12 m.

Ausstattung: Frischwasserversorgung, Abwasserentsorgung ohne Bodeneinlass, Kassettenentleerung, Stromanschlüsse, Behälter für die Müllentsorgung. Im Servicegebäude gibt es Duschen und WCs. Der Platz ist Anfang April bis Ende Oktober geöffnet.
Beschreibung: Große sonnige, weitgehend naturbelassene Stellflächen mit Blick auf den Sportboothafen.
Preise: 7,50 € für ein Fahrzeug mit 2 Personen, Frischwasser 1,00 €, Strom 1,00 € für 10 Stunden. Abwasserentsorgung und Entleerung der Bordtoilette ist kostenfrei. Die Parkgebühr wird beim Hafenmeister bezahlt.
Zufahrt: In Gorleben kurz nach dem Ortseingang vor der Spedition Heinrich Wickord u. Sohn links in die Ringstraße abbiegen und der Straße bis zum Sportboothafen folgen.

Wohnmobilstellplatz Imbiss am See in Gartow.

Der nächste Stellplatz ist nicht weit. Er befindet sich in **Gartow** am See neben einem Imbiss. Er bietet Platz für 20 Mobile. Ver- und Entsorgungseinrichtungen gibt es nicht. Der Untergrund kann bei feuchter Witterung matschig sein. Gebühr: Bei Inanspruchnahme von Müllentsorgung, einer Tagesration Frischwasser (20 Liter) oder Toilettenbenutzung (nur während der Öffnungszeiten) sind 5,00 € Gebühr pro Nacht und Mobil beim Wirt zu entrichten. Mit diesen Koordinaten finden Sie hin [**152:** N53°01'42.3" E11°27'08.8"]. Von diesem Platz führt ein Weg zu einer kleinen Badestelle am Gartower See.

Auf der anderen Seite des Sees, am Nordufer, gibt es am Ristorante Lago di Gartow eine weitere Übernachtungsmöglichkeit für kurze kompakte Mobile oder Kastenwagen [**153:** N53°01'45.2" E11°27'56.5"]. Ver- und Entsorgungsmöglichkeiten sowie Stromanschlüsse sind nicht vorhanden. Aber es gibt eine Badestelle, einen Tret- und Elektrobootverleih, einen Kinderspielplatz und einen Biergarten. Neben dem rund 67 Hektar großen **Gartower See,** für dessen Umrundung Sie bei gemütlicher Gehweise etwas mehr als eine Stunde benötigen, gibt es noch mit der **Wendland-Therme Gartow** ein großes, modernes Freizeithallen- und Erlebnisbad mit Thermalsole-Becken. Sie ist ganzjährig geöffnet, wenn kein Virus dazwischenkommt. Über das gesamte Angebot, Eintrittspreise und Öffnungszeiten gibt diese Seite Auskunft www.wendlandtherme.de. Sie befindet sich in unmittelbarer

Stellplatz am Ristorante di Gatow.

Am Nordufer des Gartower Sees.

Nähe dieses Campingplatzes, der sich anzufahren lohnt, wenn ein längerer Aufenthalt in diesem ruhigen Ferienort geplant ist.

(154) WOMO-Campingplatz: Campingpark Gartow

GPS: N53°01'36.6" E11°26'34.4"; Am Helk 3, 29471 Gartow.
Max. WOMOs: >20, maximale Länge 12 m.

Ausstattung: Frischwasserversorgung, Abwasserentsorgung mit Bodeneinlass, Kassettenentleerung, Stromanschlüsse, Behälter für die Müllentsorgung, WLAN, Kiosk mit täglich frischen Brötchen. Im Servicegebäude gibt es Duschen, WCs, Waschmaschinen und Trockner. Der Platz ist ganzjährig geöffnet.
Beschreibung: Große überwiegend sonnige Rasenplätze. Stellplatzareale durch Büsche und Bäume voneinander getrennt. Die Wendland Therme ist nur wenige Meter entfernt, die Badestelle am See rund ein Kilometer.
Preise: Erwachsene Person je nach Saison zwischen 4,70 € und 5,50 €, Kinder 2-14 Jahre zwischen 2,45 € und 3,20 €, Hund 2,50 €, Kurtaxe (nur Erwachsene) 2,80 €, Wohnmobil zwischen 14,60 € und 15,90 €, Dusche (7 Min.) 1,00 €, Waschmaschine und Trockner jeweils 4,00 €, WLAN je nach Aufenthaltsdauer ab 1,95 €.
Zufahrt: In Gartow der Beschilderung zur Therme folgen. Wenn diese erreicht ist, ist der Eingang zum Campingplatz schon fast in Sichtweite.
Reservierung/Kontakt: Tel.: 05846/979060
E-Mail: info@campingpark-gartow.de, Web: www.campingpark-gartow.de.

Von Gartow geht die Reise weiter nach **Schnackenburg**. Einen offiziellen Stellplatz gibt es nicht, aber hier an der Kaimauer stören Sie niemanden [**155:** N53°02'10.0" E11°34'00.8"].

Parkplatz in Schnackenburg.

Wenn Sie sich dafür entscheiden, diesen ruhigen Übernachtungsplatz anzusteuern, sollten Ihr Kühlschrank gut gefüllt sein, damit die Bordküche etwas hergeben kann. Es gibt nämlich in diesem kleinen charmanten Ort keine Einkehrmöglichkeit mehr. Auch ein Lebensmittelgeschäft oder Bäcker werden Sie vergeblich suchen in dieser rund 600 Einwohner zählenden Stadt mit dörflichem Charakter. Hier werden die Bürgersteige, wenn es Dunkel wird, hochgeklappt, wie man ketzerisch zu sagen pflegt. Verblüffend, eigentlich hätte dieser Ort ein großes touristisches Potenzial. In den Zeiten des Kalten Krieges war

Malerischer Blick auf Schnackenburg.

das verständlich. Schnackenburg liegt im letzten Winkel von Niedersachsen, nördlich der Elbe liegt Brandenburg, im Süden ist man gleich in Sachsen-Anhalt. Vor der Wende war hier die freie Welt zu Ende. Das Grenzlandmuseum am Hafen erinnert daran. Hier finden Sie weitere Informationen dazu www.grenzland-museum-schnackenburg.de.

Am Ende des Hafenbeckens steht ein weiterer hölzerner Aussichtsturm, der in derselben Bauweise errichtet wurde, wie alle anderen entlang der Elbe, auf die wir bislang hochgestiegen sind. Von diesem Turm hat man nicht nur einen weiten Blick in die Elbtalaue, sondern auch auf Schnackenburg, die in der Rangliste nach Einwohnerzahlen die viertkleinste Stadt Deutschlands ist.

Grenzlandmuseum in Schnackenburg.

Von Schnackenburg lässt sich eine Biber-Tour starten. Es ist eine Radtour, die wieder zurück nach Gartow führt, dann weiter über den Höhbecken an die Elbe geht, von dort über die Fähre nach Lenzen führt und danach durch die Auenlandschaft zurückführt, wo man zum guten Schluss mit der Fähre Lütkenwisch - Schnackenburg zum Ausgangsort zurückkommt. Die Tour ist rund 36 Kilometer lang. In Schnackenburg gibt es Hinweistafeln, auf denen die Tour eingehend erläutert ist und was es auf den einzelnen Etappen dieser Radtour zu sehen gibt.

Wir verlassen Schnackenburg, fahren über die Landesgrenze nach Sachsen-Anhalt und steuern als Nächstes das Storchendorf **Wahrenberg** an. Wir fahren zu diesem privat betriebenen Stellplatz.

(156) Offizieller WOMO-Stellplatz: Wahrenberg – Storchenwiese

GPS: N52°59'00.6" E11°40'25.4"; Eichenwinkel, 39615 Wahrenberg.
Max. WOMOs: 10, maximale Länge 10 m.

Ausstattung: Frischwasserversorgung, Abwasserentsorgung, Kassettenentleerung, Stromanschlüsse, Behälter für die Müllentsorgung. Der Platz ist ganzjährig geöffnet.
Beschreibung: Sonnige und schattige Plätze auf einer Wiese zwischen Bäumen und Büschen.
Preise: 7,00 € für ein Fahrzeug bis 7 Metern Länge, längere Fahrzeuge zahlen 10,00 €. Frischwasser 1,00 €, Strom 3,00 € pro Tag. Abwasserentsorgung und Entleerung der Bordtoilette 2,00 €. Der Betreiber des Platzes kassiert in Bar auf dem Stellplatz.
Zufahrt: In die Ortsmitte fahren und dann der Beschilderung zum Stellplatz folgen.

Ein Storchenpaar auf seinem Horst.

Über 20 Storchenhorste soll es in dem Ort geben und um die 80 Alt- und Jungvögel sollen sich pro Jahr hier aufhalten. In der Auenlandschaft der Elbe ist das Nahrungsangebot für diese Vögel groß.

Das Dorf mit seinen rund 300 Einwohner liegt abseits der Verkehrsströme. Und bietet damit gute Voraussetzungen Meister Adebar auch für die Zukunft ein gutes Zuhause bereitzustellen. Auf dieser Seite https://storchendorf-wahrenberg.de können Sie die Standorte der Horste sehen.

Elbauenlandschaft bei Wittenberge.

Von Wahrenberg in Sachsen-Anhalt fahren wir nun nach **Wittenberge** in Brandenburg. Es ist nicht die Stadt Luthers. Das ist Wittenberg, liegt zwar auch an der Elbe aber rund 170 Kilometer weiter südlich. Die Stadt haben wir in unserem Buch über den Harz, das auch in diesem Verlag erschienen ist, besucht. Wittenberge zählt rund 17.000 Einwohner. Die Stadt hat in den letzten Jahren offensichtlich sehr viele Mittel in die Infrastruktur des Ortes gesteckt. Damit sind auch touristische Einrichtungen gemeint, die es hier in großer Zahl gibt. Ergänzt wird dies durch ein umfangreiches kulturelles Angebot.

Das Steintor ist das älteste Gebäude in Wittenberge.

Ältestes Gebäude ist das **Steintor**, in ihm ist das Stadt- und Heimatmuseum untergebracht. Weitere Baudenkmäler sind das im Jugendstil gebaute **Haus der vier Jahreszeiten**, das imposante **Rathaus**, das **Kultur- und Festspielhaus**, das Stadtmuseum **Alte Burg** und natürlich der **Uhrenturm**. Mit der **Entdecker-Tour Nr. 22** hat der Tourismusverband ein interessantes siebenseitiges Papier he-

(157) Offizieller WOMO-Stellplatz: Wittenberge – Nedwiganger

GPS: N52°59'28.1" E11°44'37.3"; Elbstraße 65, 19322 Wittenberge.
Max. WOMOs: 15, maximale Länge 12 m.
Ausstattung: Frischwasserversorgung, Abwasserentsorgung mit Bodeneinlass, Kassettenentleerung, Stromanschlüsse, Behälter für die Müllentsorgung. Im Servicegebäude gibt es Dusch- und Waschräume. Gastronomie in der Gaststätte „Zum Fährmann". Der Platz ist von Mai bis September geöffnet.

Beschreibung: Große schattenlose Plätze in den Hafenanlagen.
Preise: 10,50 € für ein Fahrzeug, Frischwasser 0,70 € und Strom 0,70 € pro kWh. Abwasserentsorgung und Entleerung der Bordtoilette 2,60 €, Dusche 2,00 €.
Zufahrt: Von der B 198 in die Wahrenberger Straße abbiegen. Die Beschilderung mit Reisemobilsymbolen bis zum Sportboothafen Nedwiganger ist sehr gut.

(158) Offizieller WOMO-Gasthof-Stellplatz: Wittenberge – An der Alten Ölmühle

GPS: N52°59'27.0" E11°45'32.3"; Bad Wilsnacker Str. 52, 19322 Wittenberge.
Max. WOMOs: 8, maximale Länge 8 m.

Ausstattung: Stromanschlüsse, Behälter für die Müllentsorgung, WLAN, Restaurant mit eigener Bierbrauerei. Wellnessangebote im Hotel Alte Ölmühle nutzbar. Der Platz ist ganzjährig geöffnet.
Beschreibung: Schattenlose Plätze im Hof der Alten Ölmühle.
Preise: 10,00 € für ein Fahrzeug, Strom 0,50 € pro kWh. Ver- und Entsorgung am Nedwiganger möglich, es ist derselbe Betreiber.
Zufahrt: In Wittenberge hineinfahren und den Hinweisen zur "Alten Ölmühle" folgen.

rausgebracht, dass die historisch bedeutsamen Orte dieser Stadt miteinander verbindet. Dabei werden 30 Stationen besucht. Der Weg ist insgesamt 12 Kilometer lang. Mehr als zwei Drittel davon liegen dicht beieinander in der Innenstadt und an der **Stepenitz**, einem 84 Kilometer langen Fluss, der hier in die Elbe mündet.

Sie finden das Papier rasch als PDF-Dokument, wenn Sie ganz einfach "Entdecker-Tour Nr. 22" in Ihre Suchmaschine eingeben.

Zwei besondere Objekte wollen wir herausgreifen, die **Alte Ölmühle** und den **Uhrenturm**. Bei der Alten Ölmühle ist das besonders praktisch, weil wir mit dem WOMO bereits auf dem

Gebäude der Alten Ölmühle mit der Konzertbühne im Innenhof.

Hof stehen. In der Mühle wurden mit Beginn des 19. Jahrhunderts bis kurz nach der Wende Öle für technische Zwecke und Speiseöle aus Rüben, Lein und Raps hergestellt. Nach der Wende wurde die mit veralteten Produktionsanlagen betriebene Mühle geschlossen. Die historischen Gebäude blieben erhalten und wurden saniert. In ihnen wurde ein Hotel, eine Brauerei mit Restaurant und ein Indoor-Kletterturm eingerichtet. Im Innenhof befindet sich eine Konzertbühne für große kulturelle Veranstaltungen.

Der Uhrenturm war ursprünglich ein Wasserturm, der die **Singer-Nähmaschinenfabrik** mit Brauchwasser versorgte. Der Turm hat vier Uhrwerke, die Durchmesser der Zifferblätter messen jeweils 7,3 Meter. Der große Zeiger ist 3,3 Meter lang. Es ist der größte frei stehende Uhrturm auf dem europäischen Festland. Er kann von Mai bis Oktober donnerstags, freitags und samstags von 10:00 bis 16:00 Uhr besichtigt werden. Im Turm gibt es eine Ausstellung zur Geschichte des Nähmaschinenwerks.

Der Uhrenturm der Fa. Singer.

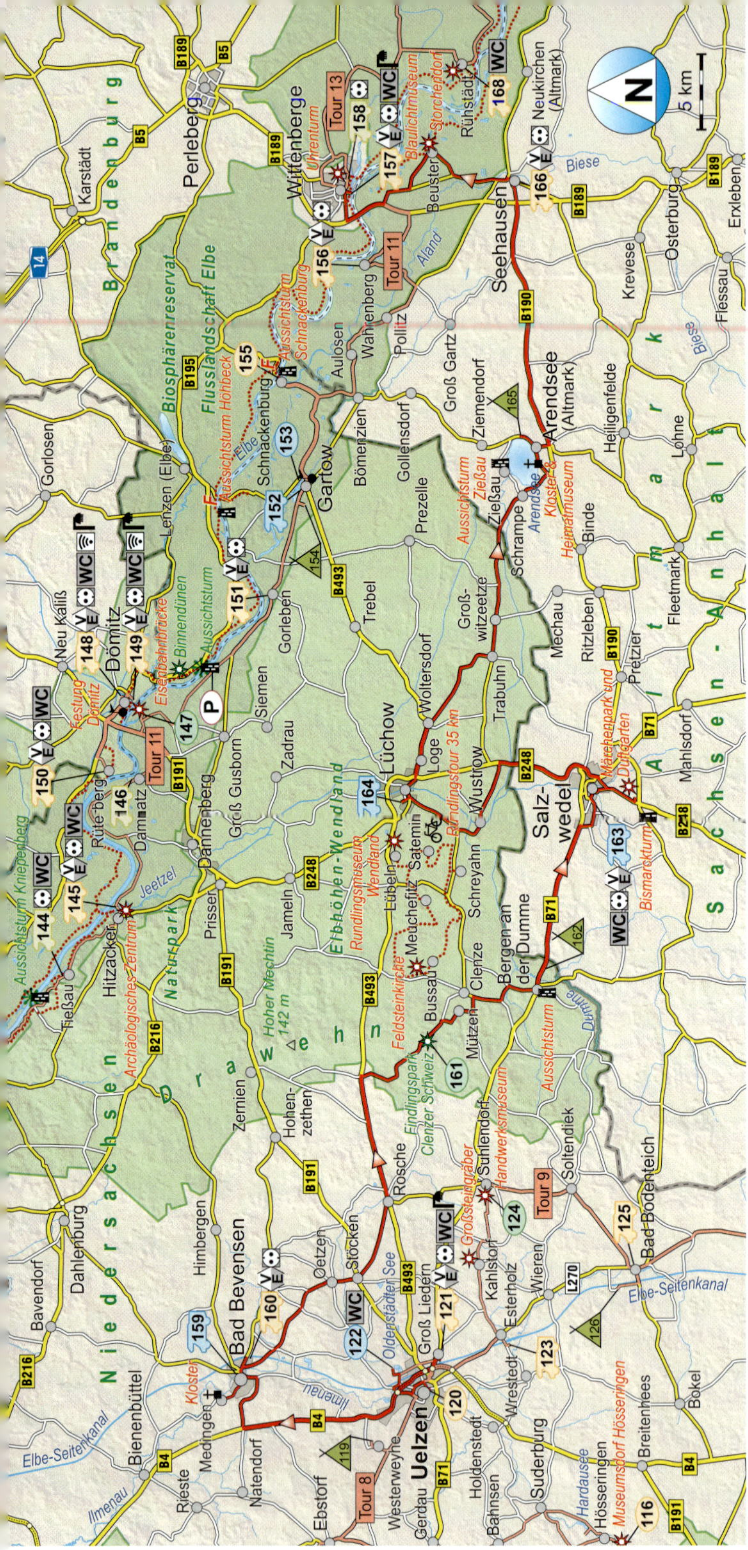

Brandenburg
Niedersachsen
Sachsen-Anhalt
Altmark
Drawehn
Naturpark
Elbhöhen-Wendland
Biosphärenreservat
Flusslandschaft Elbe
Perleberg
Wittenberge
Seehausen
Arendsee (Altmark)
Salzwedel
Lüchow
Gartow
Dömitz
Dannenberg
Hitzacker
Bad Bevensen
Uelzen
Bad Bodenteich
Osterburg
Karstädt
Lenzen (Elbe)
Schnackenburg
Gorleben
Wustrow
Clenze
Rosche
Suderburg
Ebstorf
Dahlenburg
Bienenbüttel
Medingen
Kloster
Neukirchen (Altmark)
Rühstädt
Beuster
Wahrenberg
Aulosen
Pollitz
Groß Garz
Ziemendorf
Zießau
Schrampe
Binde
Heiligenfelde
Kreuese
Flessau
Erxleben
Fleetmark
Mechau
Ritzleben
Pretzier
Mahlsdorf
Lohne
Bömenzien
Gollensdorf
Prezelle
Trebel
Woltersdorf
Loge
Trabuhn
Groß-witzeetze
Schreyahn
Satemin
Lübeln
Meuchefitz
Bussau
Mützen
Bergen an der Dumme
Soltendiek
Schnega
Suhlendorf
Kahlstorf
Esterholz
Wieren
Wrestedt
Holdenstedt
Bahnsen
Hösseringen
Breitenhees
Bokel
Gerdau
Westerweyhe
Natendorf
Rieste
Bavendorf
Himbergen
Oetzen
Stöcken
Groß Liedern
Zernien
Hohenzethen
Jameln
Prisser
Groß Gusborn
Zadrau
Siemen
Tießau
Rüterberg
Damnatz
Neu Kaliß
Gorlosen
Elbe
Aland
Biese
Jeetzel
Dumme
Ilmenau
Elbe-Seitenkanal
Hardausee
Oldenstädter See
Hoher Mechtin 142 m
Aussichtsturm Kniepenberg
Archäologisches Zentrum
Festung Dömitz
Eisenbahnbrücke
Binnendünen
Aussichtsturm
Aussichtsturm Höhbeck
Aussichtsturm Schnackenburg
Uhrenturm
Blaulichtmuseum
Storchendorf
Aussichtsturm Zießau
Kloster & Heimatmuseum
Märchenpark und Dufigarten
Bismarckturm
Rundlingsmuseum Wendland
Rundlingstour 35 km
Feldsteinkirche
Findlingspark Clenzer Schweiz
Handwerksmuseum
Großsteingräber
Museumsdorf Hösseringen
Tour 8
Tour 9
Tour 11
Tour 13
B4
B5
B71
B189
B190
B191
B195
B216
B248
B493
L270
14
5 km
N
WC

TOUR 12 (ca. 170 km)

Bad Bevensen – Bergen an der Dumme – Salzwedel – Lüchow – Arendsee – Seehausen – Beuster – Wittenberge

Stellplätze:	Bad Bevensen, Clenzer Schweiz, Salzwedel, Lüchow, Seehausen, Wittenberge.
Campingplätze:	Bergen an der Dumme, Arendsee.
Ver-/Entsorgung:	Bad Bevensen, Bergen an der Dumme, Salzwedel, Arendsee, Seehausen, Wittenberge.
Besichtigungen:	Bad Bevensen (Kurpark, Kloster Medingen), Salzwedel (Altstadt, Lorenzkirche, Märchen- und Duftgarten), Lüchow (Altstadt), Arendsee, Seehausen (Altstadt), Beuster (Sankt-Nikolaus-Kirche, Blaulichtmusem), Wittenberge (Altstadt, Uhrenturm).
Wandern/Radtour:	Im Findlingspark Clenzer Schweiz, rund um den Arendsee, Radtour durch die Rundlingsdörfer im Wendland.
Baden/Wellness:	Salzwedel (Freibad), Lüchow (Freibad), Arendsee (Strandbad).

Vom Osten der Lüneburger Heide machen wir uns auf den Weg, das Grenzgebiet zwischen Niedersachsen und Sachsen-Anhalt zu durchstreifen. Wir pendeln zwischen dem Wendland und der Altmark hin und her und überqueren dabei mehrfach die Grenze, die lange Zeit "Zonengrenze" oder "Eiserner Vorhang" genannt wurde.

Es sind alte landwirtschaftliche Kulturlandschaften, in denen wir uns hier bewegen. Sie zeichnen sich aus durch eine flachhügelige Topographie, die während der vorletzten Eiszeit geformt wurde. Im Findlingspark der Clenzer Schweiz finden wir zahlreiche Belege dafür. Größte Stadt auf dieser Reise ist Salzwedel mit gerade einmal 23.000 Einwohnern. Alle anderen Städte, Gemeinden und Dörfer in diesem Gebiet sind deutlich kleiner. Mit den Rundlingsdörfern im Wendland besuchen wir eine charakteristische Siedlungsform dieser Region, die sich in ihren Strukturen durch die jahrzehntelange Abgeschiedenheit in diesem Grenzgebiet erhalten hat. Es ist eine siedlungsgeschichtliche Rarität. Von den Rundlingsdörfern geht es zum Arendsee, einem Gewässer, das mit über fünf Quadratkilometern Fläche der größte natürliche See in Sachsen-Anhalt ist und an dessen Ufer sich ein sehr schöner Campingplatz befindet. Über Seehausen geht es dann weiter nach Beuster, das mit dem Blaulichtmuseum eine außergewöhnliche zeitgeschichtliche Einrichtung hat und unter anderem Fahrzeuge von Erich Mielke und Erich Honecker präsentiert.

Beginnen wollen wir aber mit **Bad Bevensen**, einem Kurort nördlich von Uelzen, den wir nach rund 16 Kilometern erreichen. In der Brückenstraße, in der Nähe des Kurparks und der Jod-Sole-Therme gibt es auf Asphalt einen Stellplatz am Rande eines PKW-Parkplatze [**159:** N53°04'45.8" E10°35'13.4"]. Er verfügt über keinerlei Ver- und Entsorgungseinrichtungen und ist durch die Lage am Kreuzungsbereich zweier Straßen auch nicht leise. Die Parkgebühr beträgt inkl. Kurtaxe für zwei Personen zehn Euro. Für einen längeren Aufenthalt empfiehlt sich der Stellplatz am Waagekai.

Stellplatz am Kurpark.

(160) Offizieller WOMO-Stellplatz: Bad Bevensen – Am Waagekai

GPS: N53°04'27.1" E10°36'04.3"; Waagekai, 29549 Bad Bevensen.
Max. WOMOs: 30, maximale Länge 8 m.

Ausstattung: Frischwasserversorgung, Abwasserentsorgung mit Bodeneinlass, Kassettenentleerung, Stromanschlüsse, Behälter für die Müllentsorgung, ganzjährig geöffnet.
Beschreibung: Ausreichend große, in zwei Reihen angeordnete schattenlose Plätze. Der Blick auf den Elbe-Seitenkanal wird weitgehend durch eine Baumreihe verdeckt. Die Jod-Sole-Therme ist 1,5 Kilometer entfernt.
Preise: 11,80 € für ein Fahrzeug mit zwei Personen, Frischwasser 1,00 € und Strom 0,50 € pro kWh. Abwasserentsorgung und Entleerung der Bordtoilette ist kostenfrei.
Zufahrt: In Bad Bevensen auf der L252 in Richtung Dannenberg fahren und vor dem Elbe-Seitenkanal rechts abbiegen.

Der **Kurpark Bad Bevensen** wird von der Ilmenau durchflossen. Es ist eine reizvolle Anlage, die eine Fläche von rund 18 Hektar umfasst. Der naturnah gestaltete Landschaftspark hat mit dem **Garten der Sinne** und dem **Sonnenuhrgarten** zwei interessante Gestaltungselemente, die durch verdeckende Bepflanzungen nicht sofort ins Auge springen. Im Garten der Sinne gibt es eine Rotationsscheibe, ein be-

Große Sonnenuhr im Kurpark.

gehbares Spiegelkaleidoskop und einiges andere mehr. Hier werden die Sinne herausgefordert, manchmal irritierend, manchmal lustig, manchmal einfach nur physikalische Gesetzmäßigkeiten reflektierend. Der Sonnenuhrgarten erinnert uns an das Sonnenobservatorium in Goseck oder das Ringheiligtum in Pömmelte, die wir in unserem Buch über den Harz beschrieben haben. Nur ist hier keine neolithische Einrichtung nachgebildet worden. Auffallend ist der parallel zur Erdachse ausgerichtete, fast 16 Meter lange Schattenmast. Der Schatten des Mastes lässt sich auf dem äußeren steinernen Ring verfolgen und zeigt so die Erdumdrehung an. Pro Minute wandert er um acht Zentimeter weiter. So vergeht die Zeit, die man natürlich auch in der **Jod-Sole-Therme** verbrin-

Der Kurpark wird von der Ilmenau durchflossen und hat mehrere Seen.

gen kann, dass neben Innen- und Außenbecken eine große Saunalandschaft und ein vielfältiges Wellnessangebot hat. Mehr erfahren Sie hier https://jod-sole-therme.eu.

Geht man einmal von der Therme quer durch den Kurpark und überquert dabei die Ilmenau, gelangt man zum **Rosenbad**, einem Freibad mit mehreren Becken, Wasserrutsche und großer Liegewiese.

In **Medingen**, einem Ortsteil von Bad Bevensen, gibt es ein Kloster. Es ist ein weiteres Heidekloster, ein Evangelisches Damenstift, das von einer Äbtissin geleitet wird. Die Struktur ist im Prinzip dieselbe wie beim Kloster Ebstorf, Kloster Isenhagen oder Kloster Wienhausen, die wir im Verlauf unserer Reise schon alle besucht haben. Das Kloster in Medingen unterscheidet sich allerdings optisch von den anderen, weil es sich hier nicht um einen Backsteinbau aus dem Mittelalter handelt. Es hat schlossähnlichen Charakter und ist der einzige Klosterneubau des Protestantismus in Norddeutschland. Es wird von Konventualinnen bewohnt. Es werden nur alleinstehende, verwitwete oder geschiedene Frauen aufgenommen, die nicht älter als Mitte 60 sind, der evangelischen Kirche angehören, ihr Berufsleben hinter sich gebracht haben und wirtschaftlich unabhängig sind.

Der Eingang zum Kloster Medingen.

Das Kloster ist für Besucher offen. Bei Führungen wird die Klosteranlage gezeigt und Sie erfahren etwas über das klösterliche Leben und was es mit den Medinger Handschriften auf sich hat. Über die Öffnungszeiten informiert diese Seite www.kloster-medingen.de. Den Klosterparkplatz finden Sie mit diesen Koordinaten [N53°05'25.7" E10°33'53.9"].

Von diesem Parkplatz fahren wir nun mit rund 35 Kilometern eine der längsten Etappen in diesem Buch ohne Unterbrechung. Der **Findlingspark Clenzer Schweiz** ist unser nächstes Ziel. Er befindet sich auf der Gemarkung der Ge-

Der Findlingspark in der Clenzer Schweiz.

meinde **Clenze** im Wendland, fernab einer Siedlung. Diese Koordinaten **[161:** N52°57'32.1" E10°54'48.7"] führen Sie hin.

Wir befinden uns hier am südlichen Ausläufer des **Drawehn**, einer Hügellandschaft, die mit dem **Hohen Mechtin** 142 Meter Höhe erreicht. Diese Hügellandschaft bildet die Grenze zwischen der Lüneburger Heide im Westen und dem Wendland und der Altmark im Osten. Entstanden ist diese Landschaft während der vorletzten Eiszeit, als mehrere Gletschervorstöße über Jahrzehntausende das Gelände dieser Region zusammenschoben, überprägten und ihre aus Skandinavien mitgebrachten Gesteinsbrocken hier liegen blieben, nachdem das Eis geschmolzen war. In der Schutzhütte an diesem Findlingspark finden Sie auf mehreren Tafeln die Vereisungsphasen erläutert und die Erdgeschichte, soweit sie bislang bekannt und erforscht ist, in ihrem Zeitablauf auf ein Jahr komprimiert. Eine schöne Idee, weil uns gewöhnlichen Menschen die Vorstellungskraft fehlt, die Jahrmillionen der Entwicklung unseres Planeten einzuordnen. Wer das liest, wird verstehen oder bekommt zumindest eine Ahnung davon, dass wir auf der Zeitachse der Erdgeschichte Augenblickskinder sind.

Ein Gneis-Gesteinsblock im Findlingspark.

Die Gesteinsbrocken, die Sie in dem Findlingspark vorfinden, haben nicht die Gletscher so arrangiert, sondern wurden von fachkundigen Geologen in einer Weise angeordnet, dass Sie geologisch betrachtet vom ältesten Gestein zum

In Bergen an der Dumme.

jüngsten Gestein gehen können. Jeder Stein trägt eine Nummer und eine Bezeichnung. Auch dazu finden Sie in der Schutzhütte eine Erläuterung und können jedes Gestein einer geologischen Epoche zuordnen.

Nach diesem kleinen naturkundlichen Seminar fahren wir weiter nach **Bergen an der Dumme**.

Es ist ein Flecken mit nicht einmal 1.500 Einwohnern der an der Grenze zu Sachsen-Anhalt liegt und damit über Jahrzehnte vom Durchgangsverkehr verschont blieb. Für den kleinen Grenzverkehr nach Salzwedel wurde der Übergang 1972 geöffnet, für den Transitverkehr blieb er jedoch bis zur Wende geschlossen.

(162) WOMO-Campingplatz: Campingpark Fuhrenkamp in Bergen an der Dumme

GPS: N52°53'14.8" E10°58'28.8"; Am Fuhrenkamp, 29468 Bergen (Dumme).
Max. WOMOs: >20, maximale Länge 12 m.

Ausstattung: Frischwasserversorgung, Abwasserentsorgung mit Bodeneinlass, Kassettenentleerung, Stromanschlüsse, Behälter für die Müllentsorgung, WLAN, Brötchenservice, Bistro, Naturbad, Sauna, Spielplatz. Im Servicegebäude gibt es Duschen, WCs, Waschmaschinen und Trockner. Der Platz ist ganzjährig geöffnet.
Beschreibung: Geräumige, überwiegend schattenlose Stellflächen auf befestigtem Rasengelände. Der Platz ist umgeben von Bäumen und Büschen. Die Ortsmitte ist ca. 1,5 Kilometer entfernt.
Preise: Erwachsene Person 4,00 €, Kinder bis 14 Jahren 2,00 €, Hund 2,00 €, Wohnmobil 9,00 €, Strom 0,60 pro kWh, Servicepauschale pro Person 2,00 €.
Zufahrt: Bergen auf der B71 in Richtung Salzwedel durchfahren. Kurz vor der Landesgrenze zu Sachsen-Anhalt befindet sich der Campingplatz auf der rechten Seite.
Reservierung/Kontakt: Tel.: 05845/348
E-Mail: post@campingpark-fuhrenkamp.de,
Web: http://campingplatz-fuhrenkamp.de.

Heute verbindet die gut ausgebaute B71 an der Bergen liegt die Städte Uelzen, Salzwedel und Gardelegen miteinander. Sie werden es selbst bemerken, es gibt Ecken in Deutschland, in der sehr viel mehr Verkehr herrscht. Ruhig ist es hier. Die ideale Voraussetzung, um in den umliegenden Wäldern Wanderungen und Radtouren zu unternehmen. Zum Beispiel den Iron-Curtain-Trail entlang des ehemaligen Eisernen Vorhangs oder eine Tour zu den Rundlingsdörfern im Wendland, die Sie von diesem Campingplatz bequem erreichen können. Im Campingpark steht man Ihnen bei der Wahl der Touren mit Rat und Tat zur Seite.

Bergen selbst hat als Ort nicht so viel zu bieten. Es gibt einige schöne Fachwerkhäuser, ein Freibad und einen Aussichtsturm. Für das Freizeitangebot steht in Bergen die Natur und die Ruhe im Vordergrund, Remmidemmi gibt es hier nicht.

Das touristische Angebot bei unserem nächsten Etappenziel ist schon wesentlich größer. Vom Campingplatz in Bergen bis nach Salzwedel sind es nur rund 13 Kilometer, die auf fast kerzengerader Strecke ohne Steigungen und Gefällstrecken schnell überbrückt sind. Wir fahren den Stellplatz am Freibad an, der sich für den Besuch der Stadt gut eignet.

(163) Offizieller WOMO-Badeplatz: Salzwedel – Freibad

GPS: N52°51'01.8" E11°08'20.8"; Dämmchenweg 41, 29410 Salzwedel.
Max. WOMOs: 6, maximale Länge 7 m.
Ausstattung: Frischwasserversorgung, Abwasserentsorgung mit Bodeneinlass, Kassettenentleerung, Stromanschlüsse, keine Behälter für die Müllentsorgung, ganzjährig geöffnet.

Beschreibung: Mit Hecken parzellierte Stellflächen vor dem Freibad. Die Innenstadt ist ca. einen Kilometer entfernt.
Preise: 3,00 € für ein Fahrzeug mit 2 Personen. Anmeldung und Bezahlung erfolgt an der Kasse des Freibades. Entsorgung kostenlos, über Münzautomaten gibt es Frischwasser für 1,00 €, Strom für 0,50 € pro kWh.
Zufahrt: Auf der B71 in Salzwedel im ersten Kreisverkehr die erste Ausfahrt nehmen, die Straße bis zum Ende durchfahren, dann links abbiegen in den Gerstedter Weg. Auch diese Straße bis zum Ende durchfahren, den Böddenstedter Weg überqueren und nach 200 Metern rechts abbiegen.

Wir gehen vom Stellplatz runter an die Salzwedeler Dumme. Dieses Flüsschen fließt wie ihre namensgleiche Schwester, die bei Bergen die Grenze zu Niedersachsen markiert, in die Jeetzel, die in Hitzacker in die Elbe mündet. In Sachsen-Anhalt nennt man diesen Fluss übrigens **Jeetze**, erst mit dem

Burggarten in Salzwedel.

Übergang nach Niedersachsen kommt ein "l" am Ende dazu. Am Fluss entlang führt ein Weg, den wir am Tierpark vorbei gehen, bis wir zu einer Straße kommen. Dort überqueren wir den Fluss, marschieren einige Meter in Richtung Stadtmitte und begeben uns dann gleich in den **Burggarten**. Hier bietet sich dieses Bild. Von der Burg sind noch Reste der Wehrmauer, des Burggrabens und der 24 Meter hohe runde Bergfried erhalten. Im Hintergrund ist die **Mönchskirche** zu sehen. Wir durchqueren die Burganlage, gelangen zu Burgstraße und wenden uns nach rechts und gehen damit in Richtung Altstadt weiter.

In der Burgstraße beim Café Kruse.

Nur wenige Meter trennen uns jetzt noch vom **Café Kruse**, einer großen Konditorei, die in einer Schaubäckerei Baumkuchen herstellt. Eine beliebte Schleckerei, das Café ist brechend voll, als wir die Innenräume betreten. Trotzdem bekommen wir vom Eigner im Schnelldurchgang die einzelnen Stationen der Zubereitung gezeigt und erklärt. Es ist reines Handwerk, keine maschinelle Produktion, wie er uns stolz verkündet. Salzwedel ist bekannt für seine Baumkuchenkonditoreien. Es gibt mehrere, die diese Kuchenspezialität herstellen. Dass wir in diesem Café gelandet sind, ist reiner Zufall. Sie können auch in die **"Erste Salzwedeler Baumkuchenfabrik"** gehen, die sich in der Sankt-Georg-Straße 87 befindet. Einziger Nachteil, sie liegt abseits des Zentrums.

Salzwedeler Baumkuchen

Das Prinzip des Backvorganges ist bei allen Konditoreien gleich. Sie unterscheiden sich nur in ihren Rezepturen. Eine Teigmischung wird dabei auf eine waagerecht rotierende Walze vor einem offenen Feuer getröpfelt und gebacken. Ist die erste Schicht gebacken und fest, kommt die nächste. Dieser Vorgang wird mehrere Male wiederholt. Schicht um Schicht wird auf dieser Walze gebacken und wird dabei in seinem Umfang stets dicker. Ist dieser Vorgang abgeschlossen, beginnt die nächste konditorische Feinarbeit mit Glasuren und verschiedenen Überzügen aus Schokolade oder anderem. Wird der Kuchen zum guten Schluss aufgeschnitten und serviert, erscheinen die Schichten des Backvorganges wie die Ringe einer Baumscheibe. Salzwedeler Baumkuchen wird auch online verkauft und in alle Welt exportiert. Wenn Sie danach googeln, werden Sie schnell fündig werden.

Fertiggestellter Baumkuchen.

Salzwedel ist eine alte Stadt. Das genaue Datum ist, wie bei so vielen alten Städten nicht bekannt. Die erste Siedlung an diesem Ort dürfte so um 800 entstanden sein. Die Burg, an dessen Bergfried wir soeben noch entlang gegangen sind, wurde Ende des 12. Jahrhunderts erbaut. Sie wurde errichtet, um den Handelsweg zwischen Magdeburg und Lüneburg zu schützen. Lüneburg war zu jener Zeit durch den Salzhandel eine mächtige Stadt, Magdeburg hatte als politisches Zentrum eine große Bedeutung. Im Schutz der Anlage lassen sich Tuchhersteller und Händler in Salzwedel nieder. Die Stadt wird in die Hanse aufgenommen, sie prosperiert. Bereits 1247 wird die Neustadt gegründet. Alt- und Neustadt sollten bis 1713 zwei rivalisierende Städte bleiben, bis sie zwangsweise von König Friedrich Wilhelm I. zusammengelegt wurden. Der Handel mit Lübeck und Hamburg erfolgte unter anderem über die **Jeetze**. Es erscheint heute kaum vorstellbar, dass auf diesem kleinen Flüsschen Handelsschiffe fuhren. Dieser Handel führte zu einem Wohlstand in der Stadt, der sich heute noch an den Gebäuden ablesen lässt. Allem voran ist die

Die Lorenzkirche in Salzwedel.

Mittelschiff der Lorenzkirche.

Lorenzkirche zu nennen, die Mitte des 13. Jahrhunderts errichtet wurde und eine Station auf der Straße der Romanik darstellt.

Auf die Straße der Romanik hatten wir bereits auf Seite 219 hingewiesen. Dort finden Sie auch den Hinweis auf ein Buch, das die wesentlichen Bauwerke der Romanik in Sachsen-Anhalt beschreibt. Diese Kirche ist darin ausführlich dargestellt.

Diese dreischiffige Basilika kann montags bis samstags zwischen 14:00 und 15:00 Uhr besichtigt werden.

Mit der Katharinenkirche, der Marienkirche und der Mönchskirche sind in Salzwedel auch sehenswerte religiöse Bauwerke der Backsteingotik anzutreffen.

Das **Alte Rathaus** wurde 1509 errichtet. Bis 1713 wurden hier die Amtsgeschäfte der Stadt verwaltet. Nach dem Zusammenschluss der Alt- und der Neustadt wurde dieses Verwaltungsgebäude aufgegeben. Die Verwaltung wurde in der Neustadt konzentriert. Das Alte Rathaus wurde für verschiedene andere Zwecke genutzt. Heute residiert in dem schmucken Backsteinbau das Amtsgericht.

Wer mehr über die Geschichte Salzwedels und der Altmark erfahren möchte, der kann in das **Johann-Friedrich-Danneil-Museum** gehen. Es ist in der in der ehemaligen Propstei

Das Alte Rathaus in Salzwedel.

untergebracht. Sie finden das Museum hinter der Marienkirche. Über diese Seite www.museen-altmarkkreis.de können Sie sich über die Ausstellungen und Öffnungszeiten informieren. Auf dieser Seite finden Sie auch einen Hinweis auf das **Jenny-Marx-Haus**. Jenny Marx wurde 1814 in Salzwedel als Jenny von Westphalen geboren. Sie heiratete 1843 Karl Marx, den berühmten Philosophen, Gesellschaftstheoretiker und Kapitalismuskritiker. Sie folgte ihm ins Exil nach London. In ihrem Geburtshaus wird mit den unterschiedlichsten Exponaten ihr Leben dokumentiert. Heute ist es "nur" ein Museum. Zu DDR-Zeiten hatte das Haus auch eine Funktion als politische Bildungsstätte. Auch das wird in einer Ausstellung thematisiert. Sie finden das Gebäude in der Jenny-Marx-Straße 20 in der Nähe des Danneil-Museums.

Der Karlsturm in Salzwedel.

Von der alten Stadtbefestigung sind in Salzwedel noch das **Steintor**, das **Neuperver Tor** und der **Karlsturm** erhalten. Das sind alles Backsteinge-

Das Ende von Max und Moritz.

Burg und Elfengarten.

bäude. Sie umschließen den alten Kern der Stadt, der zahlreiche Fachwerkhäuser aufzuweisen hat.

Vor den Toren der Stadt gibt es einen **Märchenpark** und einen **Duftgarten**. Sie erreichen beide, indem Sie diese Koordinaten verwenden [N52°49'27.8" E11°08'17.5"] oder diese Adresse "An der Warthe 5, 29410 Salzwedel" in Ihr Navi eingeben.

Die Entwicklung des Märchenparks begann mit einer Privatinitiative und einer Arbeitsbeschaffungsmaßnahme. Die ganze Geschichte können Sie hier nachlesen www.maerchenpark-duftgarten.de.

Bis jetzt sind zwischen den vielen aufwendig gestalteten Blumenbeeten 35 Märchenhütten, ein Märchenschloss und ein großer Spielplatz entstanden. Darüber hinaus werden acht Sagen erzählt. Die Entwicklung des Parkes scheint noch nicht abgeschlossen. Es kommt immer wieder etwas Neues hinzu. In diesem Park finden Sie Märchen bildhaft wiedergegeben. Man trifft auf Max und Moritz, auf Elfen, auf Zwerge und vielen andere Märchengestalten. Wer mit Kindern oder Enkelkindern unterwegs ist, wird in diesem Park keine Langeweile haben. Wenn das Wetter schlecht wird, steht noch die Spielscheune zur Verfügung. Dort können die Kleinen auch toben, ohne Nass zu werden. Neben dem Märchenpark gibt es noch einen Irrgarten und einen Duftgarten mit stark duftenden Blumen und Kräutern. Öffnungszeiten und Eintrittspreise finden Sie auf der genannten website. Wer mit Hunden unterwegs ist, der hat allerdings ein Problem, denn sie dürfen nicht in die Anlagen hinein. Es stehen Hundeboxen zur Verfügung.

Unweit des Märchenparks befindet sich ein **Bismarckturm**, darauf möchten wir noch hinweisen, bevor wir Salzwedel in Richtung Lüchow verlassen. Es ist ein fast 21 Meter hohes viereckiges Backsteingebäude mit einer Aussichtsplattform. Die Öffnungszeiten des Turmes finden Sie hier www.urania-salzwedel.de.

Offizieller Stellplatz in Lüchow.

Wir fahren nunmehr weiter nach **Lüchow** und überqueren dabei notwendigerweise die Grenze nach Niedersachsen. Lüchow ist das Herz des Wendlandes. Die Stadt mit weniger als 10.000 Einwohnern bietet den Wohnmobilisten einen Stellplatz für zwei Fahrzeuge am **LüBad** an [**164:** N52°58'12.2" E11°08'49.2"]. Das LüBad ist ein kleines Hallenbad. Offiziell dürfen Sie hier drei Tage stehen. Auf einem Hinweisschild findet sich die Adresse der Kläranlage, die zu den üblichen Öffnungszeiten für die Entsorgung angefahren werden kann. Samstags und sonntags natürlich nicht.

Parken auf dem Schützenplatz in Lüchow.

Lüchow ist ein malerisches Fachwerkstädtchen.

Markplatz mit Ratskeller und Brunnen mit Leineweberinnen in der Lange Straße.

Für eine Übernachtung ist der Schützenplatz sehr viel attraktiver. Er ist nur wenige Meter von dem Parkplatz am LüBad entfernt. Sie finden ihn mit diesen Koordinaten [**164b:** N52°58'15.5" E11°08'59.8"]. Dieser Parkplatz steht allerdings nicht immer zur Verfügung.

Die Lange Straße ist die Lebensader der Stadt. Hier finden sich die meisten Restaurants und Cafés, die Tische und Stühle nach draußen gestellt haben. Die Straße ist nicht vom Autoverkehr befreit. Doch der Betrieb hält sich in Grenzen, der Durchgangsverkehr ist mit der Umgehungsstraße aus der Stadt verbannt. In der Lange Straße treffen sich die Radler, die im Wendland und der nahen Elbtalaue unzählig viele Möglichkeiten haben, kleine oder große Radtouren auf verkehrsarmen Straßen zu unternehmen.

In der Lange Straße befindet sich das **Alte Rathaus**, in dem heute der **Ratskeller** untergebracht ist. Er bietet eine preiswerte traditionelle Küche www.ratskeller-luechow.de.

Vor dem Ratskeller ist auf dem Marktplatz eine Brunnenanlage installiert, die mit den beiden Bronzeskulpturen der Leineweberinnen an die große Tradition des Weberhandwerks im Wendland erinnert. Wer mehr darüber wissen möchte und wer sich mit der Geschichte des Ortes vertraut machen will, der geht in den **Amtsturm**, der sich rund 150 Meter hinter dem Alten Rathaus befindet. Das städtische Museum hat hier seinen Sitz. Über die Öffnungszeiten gibt diese Seite Auskunft www.amtsturm.de. Der Turm ist der verbliebene Rest des Schlosses Lüchow, das im großen Stadtbrand von 1811 in Flammen aufging und nicht wiederaufgebaut wurde. Der Turm ist ein rundes, mächtiges Backsteingebäude mit einer Aussichtsplattform auf 22 Metern Höhe.

Auf dem Marktplatz findet übrigens mittwochs und samstags vormittags ein Wochenmarkt mit Obst- und Gemüse statt.

Eine besondere und außergewöhnliche Siedlungsform sind die **Rundlingsdörfer** im Wendland. Um sich mit diesem Me-

Im Rundling Schreyahn.

tier vertraut zu machen, lohnt ein Besuch des **Rundlingsmuseum Wendland** in **Lübeln**, dessen Parkplatz Sie mit diesen Koordinaten finden [N52°58'38.8" E11°05'49.0"]. Hier nwp.rundlingsmuseum.de finden Sie mit Ausstellungen und Dokumentationen einen ersten Einstieg. Die website informiert auch über die Öffnungszeiten und Eintrittspreise.

Lübeln selbst ist schon ein hübsches Rundlingsdorf. Wie die Speichen eines waagerecht liegenden Wagenrades sind diese Dörfer aufgebaut. Jede Speiche präsentiert ein Gehöft in der Mitte, dort, wo beim Rad die Nabe ist, befindet sich der zentrale, zumeist mit Bäumen bestandene Platz des Dorfes. Hier hat jeder Bewohner jeden anderen im Blick. Es gibt bei dem idealtypisch angelegten Dorf nur eine Zufahrt. Der Idealtypus ist allerdings nicht mehr überall vorhanden. Durch viele Dörfer geht mittlerweile eine Straße hindurch, die Grundstruktur ist aber immer erkennbar: Zentraler Platz in der Mitte und giebelständige Fachwerkhäuser drumherum. Mit Radtouren lassen sich die Dörfer am besten erkunden.

Feldsteinkirche in Bussau.

Rundling-Tour im Wendland

Wir starten unsere rund 35 Kilometer lange Rundlingstour in Lübeln, einem der größten Dörfer im Wendland. Zunächst geht es nach **Gühlitz**, einem typischen Rundling, der Fachwerkhäuser aus unterschiedlichen Epochen zeigt. Von Gühlitz geht es weiter nach Meuchefitz, einem mittelgroßen Rundling mit einem Gasthof und einer Natursteinkirche am Ortsrand. Weiter führt uns der Weg nach Diahren. Hier wurde nach einem großen Brand 1808 einige Veränderungen vorgenommen und der Rundling liegt nun nicht mehr direkt an der Straße. Auch Prießeck, das nächste Dorf auf dieser Tour, wurde durch ein Feuer um 1780 zerstört. Danach aber flugs wieder aufgebaut. Brände waren zu dieser Zeit nicht selten. Die Konstruktion der Häuser bestand aus Holz, auf den Herdstellen gab es offenes Feuer. Funkenflug oder Unachtsamkeiten konnten schnell einen Brand auslösen, der dann nicht auf ein Haus beschränkt blieb.

Nächste Station auf unserer Tour ist **Bussau**, ein schöner Rundling mit einer Feldsteinkirche, die Sie auf der vorangegangenen Seite sehen. Darüber hinaus gibt es hier eine Wassermühle aus dem 15. Jahrhundert. Weiter geht die Fahrt nach **Mammoissel**. Auch dieses Dorf gehört zu den besterhaltenen Rundlingen, die das Wendland zu bieten hat. Nächster Ort auf unserer Radtour ist **Schreyahn**. Wir passieren dabei den Ort Lensian, dessen Rundlingsstruktur man dem modernen Straßenbau geopfert hat. Dafür ist Schreyahn ein Paradebeispiel für die Rundlinge im Wendland. Das Foto oben auf der vorangegangenen Seite gibt einen Eindruck vom Dorfplatz mit den giebelständigen Fachwerkhäusern. In diesem Ort wurde ein Künstlerhof eingerichtet. In dieser Einrichtung haben Schriftsteller und Komponisten die Möglichkeit, einen drei-, sechs- oder neunmonatigen Stipendienaufenthalt

Im Rundling Satemin.

zu verbringen und ihre Kunst zu verfeinern. In einem der Hallenhäuser wurde die Diele als kulturelles Zentrum für Lesungen und Konzerte eingerichtet. Wir nähern uns dem Ende dieser Tour. Als nächster Etappenort steht Jabel auf dem Programm. Auch hier wurde durch neuzeitlichere Baumaßnahmen die Struktur des Rundlings nachhaltig verändert. In diesem kleinen Ort betreibt die Bühnenkünstlerin und Buchautorin Tine Wittler ihr "Wohnzimmer". Nähere Informationen dazu gibt es hier http://tinewittler.de.

Den schönsten Rundling im Wendland haben wir uns für den Schluss aufgehoben. **Satemin** gehört auch gleichzeitig mit 20 Hallenhäusern zu den größten dieser Art. Auf dem Foto oben haben wir versucht, den Rundling im Bild einzufangen. Die Baumgruppe in der Mitte ist der zentrale Platz, der einige Häuser verdeckt, auch das Café, wo der Kaffee mitten im Rundling unter schattigen Bäumen nach dieser Rundtour besonders gut schmeckt. Bis zum Ausgangspunkt sind es dann nur noch etwas mehr als vier Kilometer.

Es ist nur eine kleine Runde, die wir hier absolviert haben, die zumeist über wenig befahrene schmale Straßen geht. Die Beschilderung für Radfahrer ist gut, zur Orientierung ist es aber nicht schlecht, eine klassische Karte dabei zu haben. Die bekommen Sie bei der Touristinfo in Lüchow oder wenn Sie auf der Reise hierher in Bergen an der Dumme auf dem Campingplatz waren, auch dort. Auf der Karte Radlerland Wendland-Elbe finden Sie zahlreiche Vorschläge für Rundtouren durch das Wendland, entlang der Elbe und durch die nördliche Altmark. Je nach Kondition und Leidenschaft können Sie in dieser überaus reizvollen Landschaft mehrere Touren zwischen 20 und 60 Kilometer absolvieren und alle 100 Rundlingsdörfer besuchen.

Damit wollen wir unseren Aufenthalt im Wendland beenden und fahren nun wieder zurück nach Sachsen-Anhalt und suchen den Arendsee auf.

Die Fahrt dorthin geht über die Dörfer und durch landwirtschaftliche Nutzflächen. Das Verkehrsaufkommen auf dieser 35 Kilometer langen Strecke zwischen dem Rundlingsmuseum und Arendsee ist gering.

Arendsee ist ein Luftkurort und nennt sich selbst "Perle der Altmark". Wir steuern den Campingplatz im Osten des Sees an, den wir Ihnen hiermit vorstellen wollen.

(165) WOMO-Campingplatz: Arendsee

GPS: N52°53'25.7" E11°30'08.8"; Harper Weg 1, 39619 Arendsee (Altmark).
Max. WOMOs: 120, maximale Länge 12 m.

Ausstattung: Frischwasserversorgung, Abwasserentsorgung mit Bodeneinlass, Kassettenentleerung, Stromanschlüsse, Behälter für die Müllentsorgung, WLAN, Brötchenservice, Restaurant, Gasflaschentausch. Im Servicegebäude gibt es moderne sanitäre Einrichtungen, Waschräume & Einzelwaschkabinen, Duschkabinen, Toiletten (auch behindertengerecht) Küche & Abwäsche, Waschmaschine & Trockner, separater Wickelraum mit Waschplatz. Darüber hinaus Kinderspielplatz, Beachvolleyballfeld, Tischtennis, Freiluftschach, Billard-, Spiel-, Fun- und TV Zimmer. Der Platz ist von Anfang April bis Ende Oktober geöffnet.
Beschreibung: Schattige Plätze inmitten eines Kiefern- und Birkenwaldes unweit des Strandbades am Ostufer des Arendsees.
Preise: Abhängig von der Saison erwachsene Person 6,50 € oder 7,50 €, Kind ab 2 Jahren 3,00 € oder 4,00 €, Hund 2,50 €, Kurtaxe Erwachsene 1,20 €, Kinder 0,60 €, Wohnmobil 5,00 oder 6,50 €, Strom 0,50 pro kWh, Dusche 1,00 €, Waschmaschine und Trockner jeweils 1,00 €.
Zufahrt: In Arendsee in Richtung Gartow fahren, dann der Beschilderung zum Campingplatz folgen.
Reservierung/Kontakt: Tel.: 039384/2587
E-Mail: camping@luftkurort-arendsee.de,
Web: https://luftkurort-arendsee.de.

An heißen Tagen ist dieser Campingplatz mitten in einem duftenden Kiefernwald, der angenehm nach Baumharz riecht, ein idealer Ort. Satellitenfernsehen ist hier fast nicht möglich, das sollte man wissen, wenn man diesen Platz anfährt. Um zum See zu gelangen, überquert man nur kurz die Straße und schon ist man im Strandbad mit Wasserrutsche, Sandstrand und Liegewiese.

Der Arendsee ist ein natürlicher See, kein Stausee, kein Baggersee und auch keine Hinterlassenschaft der letzten oder vorletzten Eiszeit, sondern ein durch Subrosion entstandener Erdfallsee. Mit der Subrosion werden im Untergrund eines Geländes wasserlösliche Gesteine wie Steinsalz oder Gips durch Sickerwasser gelöst und abtransportiert. Die dadurch entstehenden Hohlräume brechen irgendwann unter der Last der darüberliegenden Deckschichten zusammen und es entsteht eine Hohlform, die sich im Laufe der Jahre auf natürliche Weise mit Wasser füllt. So geschah es auch hier am Arendsee im 17. Jahrhundert. Innerhalb kürzester Zeit sank eine Fläche von rund 40 Hektar ab und nahm alles mit in die Tiefe, was sich auf diesem Areal befand, wie zum Beispiel eine Windmühle, deren Mahlsteine man auf den Seegrund

Badestrand am Arendsee.

in zwölf Metern Tiefe fand. Sie wurden aufwendig geborgen und sind heute im Klosterhof des Heimatmuseums zu sehen.

Der See ist bis zu 52 Meter tief. Einen Badestrand gibt es nur am Ostufer im Bereich des Campingplatzes. Das Südufer ist belegt mit privaten "Datschen". Hier ist ein Zugang zum See nicht möglich. Hinter dieser lang gezogenen Ferien- oder Wochenendhausko-

Die Queen Arendsee.

Wanderweg am Arendsee.

lonie verläuft ein Wanderweg. Auf dem See fährt ein Schaufelraddampfer, die **Queen Arendsee**, mit der Sie eine Rundfahrt machen können. An Bord gibt es ein kleines Restaurant, in dem auch Kaffee und Kuchen serviert wird. Die Anlegestelle ist nicht weit vom Campingplatz entfernt.

Für Taucher gibt es etwas Besonderes: 2006 wurde in dem See ein ehemaliges Patrouillenboot der NVA für Tauchübungen versenkt. Sie können danach tauchen, wenn Sie mögen. Auskünfte erteilt die Touristinfo.

Rund um den See führt ein Wanderweg, er ist rund neun Kilometer lang. Wer ihn geht, kommt unter anderem am Kloster Arendsee vorbei, eine weitere Station auf der Straße der Romanik in Sachsen-Anhalt (siehe Seite 219). In dieser **Klosteranlage** ist auch ein kleines Heimatmuseum untergebracht.

Wenn Sie auf Schusters Rappen den See umrunden, dann haben wir noch einen kleinen Einkehrtipp für Sie. Das Restaurant Seestern in Zießau am Nordufer des Sees hat unter anderem die **Maräne** auf der Karte, ein lachsähnlicher sehr aromatischer und grätenarmer Fisch, der im Arendsee gefangen wird.

Von Arendsee geht die Fahrt mit dem WOMO weiter nach **Seehausen**, einer alten Hansestadt in der Altmark an der Aland. Der Stellplatz, den wir auf der gegenüberliegenden Seite beschrieben haben, empfanden wir als sehr angenehm. Hier gibt es genug Raum zum Nachbarn und man fühlt sich nicht so eingeklemmt wie die sprichwörtliche Sardine in der Büchse.

Seehausen ist eine kleine Stadt mit knapp 5.000 Einwohnern. Hauptsehenswürdigkeit ist die mächtige **Petrikirche**. Das Wahrzeichen der Stadt ist ein Gebäude der Backsteingotik und zeugt von dem ehemaligen Reichtum der Hansestadt. Die dreischiffige Kirche mit dem markanten Kreuzrippengewölbe und spätgotischem Altar wurde gegen Ende des 12. Jahrhunderts erbaut. Das Hauptportal der Kirche ist noch im

Petrikirche in Seehausen.

(166) Offizieller WOMO-Stellplatz: Hansestadt Seehausen (Altmark)

GPS: N52°53'25.0" E11°45'02.9"; Schulstraße 6, 39615 Seehausen (Altmark).
Max. WOMOs: 15, maximale Länge 12 m, max. Aufenthalt 5 Tage.

Ausstattung: Frischwasserversorgung, Abwasserentsorgung mit Bodeneinlass, Kassettenentleerung, Stromanschlüsse, Behälter für die Müllentsorgung. Der Platz ist ganzjährig geöffnet.
Beschreibung: Große sonnige Rasenplätze am Stadtgraben, sehr ruhig. Innenstadtnah, die Petrikirche ist nur 250 Meter entfernt.
Preise: 5,00 € für ein Fahrzeug. Frischwasser, Strom und Entsorgung pauschal 2,00 €.
Zufahrt: Aus Arendsee kommend die B189 überqueren, der Straße folgen und hinter dem Stadtgraben rechts abbiegen. Der Stellplatz befindet sich neben der Touristinfo.

romanischen Stil errichtet worden. Neben dieser Kirche sind das **Beustertor** und die **Salzkirche** ebenfalls sehenswert. Auch diese beiden Gebäude sind im Stil der Backsteingotik entstanden. Reste der ehemaligen Stadtmauer sind noch zu sehen. Sie fallen optisch nicht so ins Gewicht, sie wirken wenig mittelalterlich.

Unweit der Petrikirche zeigt das **Turmuhrenmuseum** mit 85 Exponaten eine Geschichte der mechanischen Kunstwerke, die dem raschen Blick auf die Kirchturm- oder Rathausturmuhr verborgen bleibt. In der Ausstellung findet sich auch eine Kirchturmuhr der Firma Weule aus Bockenem im Harz wieder. Das dortige Turmuhrenmuseum haben wir bei unserer Reise durch den Harz besucht und beschrieben. Auf

Kirche St. Nikolaus in Beuster.

dieser Seite www.turmuhrenmuseum-seehausen.de bekommen Sie einen ersten Überblick zu den Exponaten und erfahren auch die Öffnungszeiten.

Im Süden von Seehausen befindet sich das Waldbad, ein Freibad in idyllischer Lage. Darauf wollten wir noch hingewiesen haben bevor wir uns nach **Beuster** aufmachen, einem Ortsteil von Seehausen mit rund 200 Einwohnern. Klein aber Oho kann man sagen.

Die **Kirche St. Nikolaus** ist eine der ältesten erhaltenen Backsteinkirchen der Romanik nördlich der Alpen. Sie wurde Ende des 12. Jahrhunderts errichtet. Diese Kirche hatte eine bedeutende Funktion in der Missionierung der angrenzenden Siedlungsgebiete der Slawen. Sie ist natürlich eine weitere Station auf der Straße der Romanik.

Unweit dieser Kirche befindet sich in der Straße " Am Burggraben" [N52°56'18.9" E11°46'50.2"] das **Blaulichtmuseum.**

Unter den vielen Museen, die wir während unserer Reisen besucht haben, zählt es sicher zu den kuriosesten zeitgeschichtlichen Technikmuseen. Aus der DDR-Zeit ist eine umfangreiche Sammlung historischer Feuerwehr-, Polizei- und Rettungsfahrzeuge zu sehen. Darunter Honeckers Sanka, der ihn auf seinen Reisen in den unterschiedlichen Landesteilen stets begleitete, Erich Mielkes letzte Dienstlimousine und ein Krankenwagen, der in dem Film Good Bye Lenin eingesetzt wurde.

Darüber hinaus gibt es eine Vielzahl an Fahrzeugen der ehemaligen NVA und der sowjetischen Streitkräfte. Hier sind sie alle versammelt die Ladas, Wartburgs, Wolgas, Barkas, die Ural-LKWs und viele anderen Gerätschaften aus der Zeit vor dem Fall der Mauer. An dem Kiosk und in einem original eingerichteten Konsum kann jeder die Einkaufserlebnisse aus den sechziger und Siebzigerjahren nachspüren. Ist es nun Ostalgie oder eine zeitgeschichtliche Dokumentation und umfangreiche Sammlung, die hier auf dem Gelände mit den Werkstatträumen einer ehemaligen LPG zusammengetragen wurde? Eigentlich ist die Beantwortung dieser Frage nebensächlich.

Klassischer "DDR-Kiosk".

Wer in der DDR aufgewachsen ist, sieht manches anders, wie diejenigen, die im Westen groß geworden sind.

Honeckers Sanka und Krankenwagen aus dem Film "Good Bye Lenin".

Es wäre jedenfalls schade, wenn diese durch ehrenamtliche Tätigkeiten aufgebaute Museumslandschaft durch das gegenwärtige Pandemieereignis Schaden nehmen würde. Eine wichtige Einnahmequelle für den Betrieb des Museums sind die Sommerfeste, die unter normalen Umständen viele Gäste aus nah und fern in diesen kleinen Ort locken. Fallen die Feste aus, hat das Museum ein wirtschaftliches Problem, das es leider mit vielen anderen Betrieben teilen muss. Aber wir blicken optimistisch in die Zukunft und hoffen, das Sie auch bald bei dem Besuch dieser Seite http://blaulichtmuseum-beuster.de nicht nur die Öffnungszeiten des Museums erfahren können, sondern auch auf zahlreiche Veranstaltungshinweise stoßen werden. Wir finden, das Museum ist es wert, besucht zu werden.

Die letzte Limousine von Erich Mielke.

Von Beuster fahren wir jetzt weiter nach **Wittenberge** und beenden dort diese Tour. Die Stadt an der Elbe haben wir bereits am Ende der Tour 11 beschrieben (siehe Seite 269).

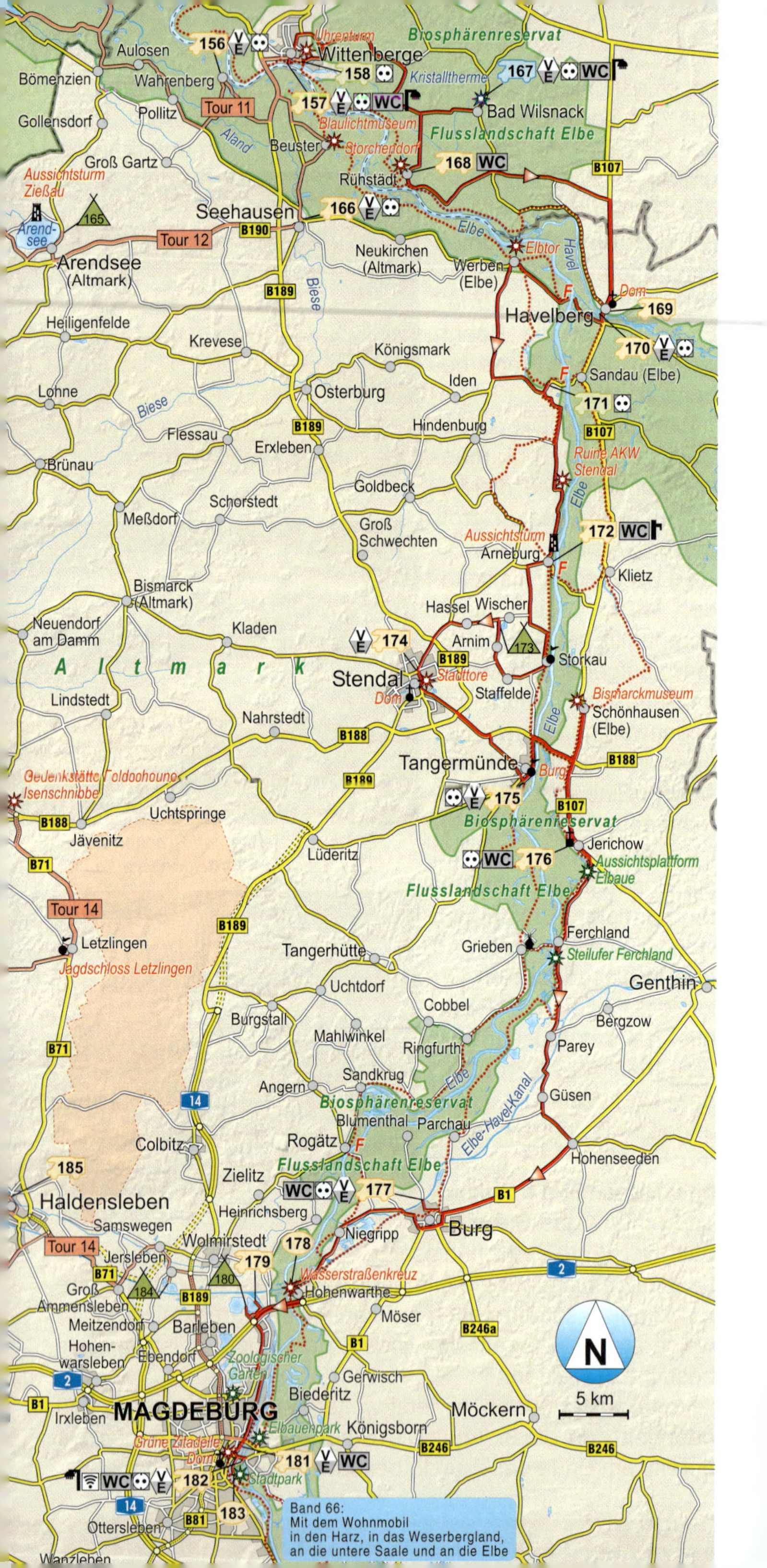
Wittenberge
Uhrenturm
Biosphärenreservat
Flusslandschaft Elbe
Kristalltherme
Bad Wilsnack
Blaulichtmuseum
Storchendorf
Beuster
Rühstädt
Aulosen
Bömenzien
Wahrenberg
Pollitz
Gollensdorf
Tour 11
Aland
Groß Gartz
Aussichtsturm Zießau
Arendsee
Arendsee (Altmark)
Seehausen
Tour 12
B190
B189
B107
Biese
Neukirchen (Altmark)
Werben (Elbe)
Elbtor
Havel
Elbe
Dom
Havelberg
Sandau (Elbe)
Heiligenfelde
Krevese
Königsmark
Iden
Lohne
Osterburg
Hindenburg
Flessau
Erxleben
Brünau
Ruine AKW Stendal
Goldbeck
Schorstedt
Meßdorf
Groß Schwechten
Aussichtsturm
Arneburg
Klietz
Bismarck (Altmark)
Hassel
Wischer
Neuendorf am Damm
Kladen
Arnim
Storkau
A l t m a r k
Stendal
Stadttore
Staffelde
Bismarckmuseum
Schönhausen (Elbe)
Lindstedt
Nahrstedt
B188
Tangermünde
Burg
Gedenkstätte Feldscheune Isenschnibbe
Uchtspringe
Jävenitz
Biosphärenreservat
Jerichow
Aussichtsplattform Elbaue
B71
Lüderitz
Flusslandschaft Elbe
Tour 14
Letzlingen
Jagdschloss Letzlingen
Ferchland
Grieben
Steilufer Ferchland
Tangerhütte
Genthin
Uchtdorf
Cobbel
Bergzow
Burgstall
Mahlwinkel
Ringfurth
Parey
Sandkrug
Angern
Elbe-Havel-Kanal
Güsen
Blumenthal
Parchau
Rogätz
Colbitz
Hohenseeden
Zielitz
Haldensleben
Samswegen
Heinrichsberg
B1
Niegripp
Burg
Wolmirstedt
Jersleben
Wasserstraßenkreuz
Hohenwarthe
Groß Ammensleben
Meitzendorf
Barleben
Möser
B246a
Hohenwarsleben
Ebendorf
Zoologischer Garten
Gerwisch
Biederitz
Irxleben
MAGDEBURG
Möckern
Elbauenpark
Königsborn
Grüne Zitadelle
Dom
Stadtpark
B246
B81
Ottersleben
Wanzleben
N
5 km
156 157 158 165 166 167 168 169 170 171 172 173 174 175 176 177 178 179 180 181 182 183 184 185
Band 66:
Mit dem Wohnmobil
in den Harz, in das Weserbergland,
an die untere Saale und an die Elbe

TOUR 13 (ca. 200 km)

Bad Wilsnack – Rühstädt – Havelberg – Arneburg – Stendal – Tangermünde – Schönhausen (Elbe) – Jerichow – Burg – Magdeburg

Stellplätze:	Bad Wilsnack, Rühstädt, Havelberg, Arneburg, Stendal, Tangermünde, Schönhausen (Elbe), Jerichow, Burg, Magdeburg.
Campingplätze:	Wischer, Barleber See.
Ver-/Entsorgung:	Bad Wilsnack, Havelberg, Stendal, Tangermünde, Schönhausen (Elbe), Burg, Magdeburg.
Besichtigungen:	Bad Wilsnack (Gradierwerk, Wunderblutkirche), Rühstädt (Storchendorf), Havelberg (Dom, Altstadt), Arneburg (Aussichtsturm), Stendal (Altstadt), Tangermünde (Burganlage, Altstadt), Schönhausen (Bismarckmuseum), Jerichow (Klosterkirche), Burg, Magdeburg (Dom, Grüne Zitadelle, Elbauenpark, Zoologischer Garten, Wasserstraßenkreuz).
Wandern/Radtour:	Elberadweg.
Baden/Wellness:	Therme Bad Wilsnack, Badesee Wa-Ca-Wi.

Diese Tour startet in Bad Wilsnack, einer Kurstadt und einem historischen Wallfahrtsort in der Prignitz im äußersten Nordwesten Brandenburgs. Von dort steuern wir mit Rühstädt erneut ein Storchendorf an. In Havelberg haben wir die Grenze zu Sachsen-Anhalt schon wieder überschritten. Hier stehen der Dom und die Altstadt auf unserem Reiseprogramm. Von Havelberg setzen wir mit der Fähre über auf die andere Seite der Elbe. Im weiteren Besuchsprogramm haben wir hier ein schönes Gasthaus stehen sowie einen Aussichtsturm, der uns in Arneburg weit über die Elbe schauen lässt. Mit Stendal haben wir dann erneut eine größere Stadt vor uns und mit Tangermünde eine malerische Altstadt und eine Burganlage an der Elbe. Mit Schönhausen besuchen wir den Geburtsort Bismarcks. Weiter geht die Fahrt nach Jerichow, wo zum wiederholten Male eine Kirche der Romanik zu besichtigen ist. Von dort geht es weiter nach Burg und wenig später folgt der Besuch des Wasserstraßenkreuzes. Ein neuzeitliches Monumentalbauwerk, das die Schiffe auf den Mittellandkanal die Elbe queren lässt. Endpunkt dieser Reise ist die Ottostadt Magdeburg. Hier gibt es eine Fülle von Sehenswürdigkeiten wie den Dom, die Grüne Zitadelle, den Elbauenpark, den Stadtpark und einiges andere mehr. Freuen Sie sich auf eine schöne Reise entlang der Elbe.

Bevor wir die Reise entlang der Elbe nach Magdeburg starten, machen wir einen kurzen Abstecher nach **Bad Wilsnack**. Diese kleine Stadt hat rund 2.500 Einwohner, ist seit mehr als 100 Jahren ein Kurort und war zwischen dem 14. und 16. Jahrhundert ein bedeutender Wallfahrtsort. Direkt neben der Therme befindet sich dieser Stellplatz.

(167) Offizieller WOMO-Badeplatz: Bad Wilsnack – Kristall-Therme

GPS: N52°57'45.4" E11°56'52.4"; Am Kähling 1, 19336 Bad Wilsnack.
Max. WOMOs: 80, maximale Länge 12 m.

Ausstattung: Frischwasserversorgung, Abwasserentsorgung mit Bodeneinlass, Kassettenentleerung, Stromanschlüsse, Behälter für die Müllentsorgung, ganzjährig geöffnet.
Beschreibung: Große sonnige Stellflächen auf Schotterrasen. Für 42 Fahrzeuge gibt es einen Stromanschluss.
Preise: 10,00 € für ein Fahrzeug plus Kurtaxe in Höhe von 1,50 € für den Erwachsenen und 0,75 € für Jugendliche ab 11 Jahren. Anmeldung und Bezahlung erfolgt an der Kasse der Therme. Entsorgung kostenlos, über Münzautomaten gibt es Frischwasser für 1,00 € (80 Liter), Strom für 0,50 € pro kWh.
Zufahrt: In Bad Wilsnack der Beschilderung zur Therme folgen. Die Zufahrt zum Stellplatz erfolgt über den PKW-Parkplatz.

Die **Kristall-Therme** wurde im Jahr 2000 neu eröffnet. Sie erfreut sich großer Beliebtheit. Besonders scheint sie Besucher aus Berlin anzuziehen. Mehr als 400.000 Gäste zählt

Gradierwerk in Bad Wilsnack.

Fachwerkhäuser prägen das Zentrum des Ackerbürgerstädtchens Wilsnack.

die Therme jedes Jahr, die im Salzsee mit einem Solegehalt von 24 Prozent bei 32 Grad Wassertemperatur baden oder in den Badebecken der Wohlfühltherme das solehaltige Wasser auf sich wirken lassen. Dazu kommen eine große Saunalandschaft, ein umfangreiches Wellnessangebot und gleich mehrere Restaurants.

Das Thermalwasser kommt aus rund 1000 Metern Tiefe. Es hat einen Salzgehalt von rund 16 Prozent und wird in zwei Gradierwerken angereichert, um die gewünschte Konzentration zu erhalten. Die Gradierwerke können von den Besuchern natürlich für die Inhalation salzhaltiger Luft genutzt werden. Das spart den Weg zur Nordsee. Neben der Therme wurde der sieben Hektar große **Karthanepark** angelegt. Ein Kurpark, der aus einem Kur-, einem Natur- und einem Freizeitgarten besteht. Er wurde erst 2010 eingeweiht. Bäume und Büsche dieser Anlage sind also noch jung. Bis aus dem Kurgarten eine altehrwürdige Anlage wird, wie man sie von anderen alten und längst etablierten Kuranlagen kennt, wird noch einige Zeit vergehen. Dafür steht man in dieser modernen Anlage praktisch direkt neben der Eingangstür der Therme. Das hat doch auch etwas.

Das gesamte Angebot der Therme mit Öffnungszeiten und Eintrittspreisen können Sie hier nachlesen https://kristalltherme-bad-wilsnack.de.

Wer zur Therme gefahren ist, der hat den Kern der Stadt mit seinen vielen Fachwerkhäusern und die **Wunderblutkirche** im Vorbeifahren schon gesehen.

Was hat es nun mit der Wunderblutkirche auf sich? Wir schreiben das Jahr 1383, die Kirche dieses Ortes brennt nieder. Doch drei Hostien erscheinen blutig nach diesem Brand

Die Kirche St. Nikolai in Bad Wilsnack.

Der heilige Nikolaus im Ornat eines Erzbischofs.

und bewirken vermeintlicherweise Wunder. Diese blutigen Hostien wurden in Wilsnack in der Kirche St. Nikolai verwahrt und machten den Ort rasch zu einem Wallfahrtsort, der Pilger aus Nord- und Mitteleuropa anzog. Von dieser Pilgerschar profitierte Wilsnack enorm und gelangte zu einem gewissen Wohlstand und Reichtum. Die Kirche wurde bald zu klein. Eine neue größere wurde errichtet, aber nicht mehr fertiggestellt.

Die Reformation griff im Land um sich. Theologen wie Martin Luther, Jan Hus und andere verurteilten diesen "Wunderglauben" und prangerten den Ablasshandel als finanzielle Ausbeutung an. Mit der Reformation wurde auch St. Nikolai evangelisch. Den katholischen Glaubensbrüdern wurde weiterhin gestattet, in dieser Kirche Messen für die Pilger abzuhalten. Die Spannungen zwischen den beiden Konfessionen und deren Protagonisten wuchsen, weil der Ablasshandel kein Ende zu nehmen schien. Joachim Ellefeld, ein lutherischer Geistlicher, öffnete 1552 schließlich gewaltsam den Wunderblutschrein, zerschlug die Monstranz und verbrannte die Überreste der Bluthostien. Damit wurden die Pilgerfahrten in diesen Ort beendet. Das hatte allerdings auch den Nachteil, dass der Ort keine Einnahmen mehr aus den Pilgerfahrten erzielen konnte und auf den Status eines gewöhnlichen Ackerbürgerstädtchens zurückgeworfen wurde. Ein wirtschaftlicher Niedergang begann.

Wir kehren zum WOMO zurück, den Besuch der in der Nähe liegenden Plaggenburg lassen wir aus. Es würde uns weiter nach Brandenburg hineinführen. Wir kehren zurück an die Elbe und fahren in das **Storchendorf Rühstädt**. Dort gibt es in der Nähe des NABU-Besucherzentrums einen Stellplatz in der Neuhausstraße [**168:** N52°55'04.0" E11°52'12.9"], für den pro Tag 10,00 € Parkgebühren nach Anmeldung im Besucherzentrum gezahlt werden sollen. Es ist ein ganz simpler, sonniger bis halbschattiger Platz auf Rasengittersteinen. Am Platz befindet sich ein Schaukasten mit einigen Informationen. Unter anderem sind dort auch die Öffnungszeiten des Besucherzentrums zu erfahren.

Stellplatz im Storchendorf Rühstädt.

Wer das Besucherzentrum betritt, kann sehr viel über "Meister Adebar" und den für ihn notwendigen Lebensraum erfahren. Hier in Rühstädt findet er gute Voraussetzungen, um zu brüten und den Nachwuchs groß zu ziehen. Das Nahrungsangebot in den feuchten Wiesen und den Uferbereichen der Elbe mit seinen Altarmen ist vielfältig. Gern schaut der Weißstorch den Bauern hinterher, die für ihn in der Feldvorbereitung die Äcker pflügen. Da findet sich auch der eine oder andere Happen in der aufgebrochenen Krume, der dem

Storchenhorst in Rühstädt.

hungrigen Nachwuchs gebracht werden kann. Es gibt mittlerweile mehr als 30 Storchenhorste in Rühstädt, die auf einem Spaziergang durch den Ort entdeckt werden können. Mit rund 450 Einwohnern ist das Dorf nicht groß und die Straßen sind rasch durchschritten.

Radler, die auf dem Elberadweg unterwegs sind, machen hier gern Station. In der Nähe des Stellplatzes finden sie, wie die WOMO-Fahrer mit dem "Hofcafè & Bistro Zur Alten Mühle" ein nettes kleines Anwesen, das zu einer Kaffeepause einlädt www.hofcafe-bistro-rühstädt.de.

Von Rühstädt machen wir uns nun auf den Weg nach **Havelberg**. Rund 25 Kilometer haben wir zu fahren, bis die Stadt erreicht ist. Zwei gute Stellplatzmöglichkeiten sind hier zu nennen.

Auf dem ersten Platz [**169:** N52°49'49.6" E12°04'03.3"; Bahnhofstraße 51, 39539 Havelberg], stehen Sie kostenlos in der prallen Sonne auf einem gemischten Parkplatz zwischen LKW und PKW. Von diesem Areal sind es bis in die Innenstadt rund 800 Meter und der Dom ist rund einen Kilometer entfernt.

Stellplatz an der Bahnhofstraße.

Der zweite Stellplatz ist nur rund 250 Meter vom erstgenannten entfernt [**170:** N52°49'42.4" E12°04'05.4"]. Er schmiegt sich an das Gelände des Campingplatzes. Die Straße "Spülinsel", an der dieser Platz liegt, ist eine Sackgasse und führt für Motorfahrzeuge nur zu dem Campingplatz. Er ist gebührenpflichtig, schattig und ruhig. Die Parkgebühren in Höhe von acht Euro sind an der Rezeption des Campingplatzes zu zahlen. Auf dem Campingplatz besteht die Möglichkeit, gegen ein kleines Entgelt eine Entsorgung vorzunehmen und Frischwasser zu tanken.

Stellplatz an der Spülinsel.

Bereits 948 wurde Havelberg als Bischofssitz erwähnt. Wurde aber dann von den heidnischen Slawen erobert und konnte erst in 12. Jahrhundert zurückerobert werden.

Der Yachthafen in Havelberg.

Kaum war der Sieg über die Slawen errungen, wurde mit dem Bau des Domes begonnen, der 1170 fertiggestellt und geweiht wurde. Der massive Westriegel ist in seinem romanischen Stil bis heute erhalten geblieben und ist das Wahrzeichen Havelbergs. Dieser 33 Meter hohe Klotz vor dem Langschiff dient nicht nur als Kirchturm, sondern in seiner mehrgeschoßigen Bauweise auch als Zufluchtsstätte für Bischöfe und Domkapitel. Die wenigen Fenster und Schlitze in dem massiven Mauerwerk sind ein deutlich sichtbares Indiz dafür. Die Basis des Gebäudes besteht aus vermauerten Bruchsteinen, in denen das romanische Hauptportal eingelassen ist. Nur der obere Bereich ist mit dem in dieser Region allgegenwärtigen roten Backstein gemauert.

Der Dom St. Marien in Havelberg wurde 1170 geweiht.

Im Inneren des Domes sieht man die Veränderungen, die in gotischer Zeit in dem Langschiff nach dem Brand von 1279 vorgenommen wurden.

Der Dom ist heute eine evangelische Kirche, sie kann außerhalb der Gottesdienste besichtigt werden. Führungen werden angeboten. Die Zeiten dazu können Sie hier erfahren https://havelberg-dom.de. Der Dom wird auch gern für Konzertveranstaltungen genutzt. Die Termine und das Repertoire finden Sie ebenfalls auf der genannten Seite.

Neben dem Dom befindet sich das Prignitz-Museum. Es nutzt die Räumlichkeiten des Domkapitels und des Kreuzganges für eine ausführliche Darstellung der Domgeschichte und der Geschichte Havelbergs. Auch dieses Museum bietet

In der Fischerstraße.

Führungen an, die über den eigentlichen musealen Rahmen hinausgehen. Informationen darüber und über die Öffnungszeiten und Eintrittspreise erhalten Sie hier www.prignitz-museum.de.

Sie erreichen den Dom, wenn Sie entlang des Yachthafens bis zur Steintorbrücke gehen, sich dort nach links wenden und dann an dem achteckigen Backsteingebäude der St. Annen- und Gertraudenkapelle den Prälatenweg hochgehen.

Die Altstadt liegt auf einer Insel. Sie ist umschlossen von der Havel und dem Stadtgraben. Drei Fahrzeugbrücken führen auf die Insel und mit der Nachbarinsel, auf der sich nur der Campingplatz befindet, ist sie mit einer Fußgänger- und Radfahrerbrücke verbunden. Die Altstadt macht einen sehr charmanten Eindruck. Nach der Wende wurden hier erhebliche Mittel in die Hansestadt investiert, um sie im alten Glanz neu erstrahlen zu lassen. Hier sind die meisten Restaurants, Cafés und Eisdielen der Stadt zu finden. Die Altstadt wird architektonisch von der Stadtkirche Sankt Laurentius dominiert, die mit ihrem 46 Meter hohen Turm alle anderen Gebäude überragt. Sie wurde in der ersten Hälfte des 15. Jahrhunderts errichtet und ist eine Hallenkirche im Stil der märkischen Backsteingotik. Es ist eine dreischiffige, vierjochige Hallenkirche mit einschiffigem Chor, die seit der Reformation eine evangelische Kirche ist.

St. Laurentius in der Altstadt Havelbergs.

Die Lage an Havel und Elbe war für die Entwicklung der Hansestadt ausgesprochen günstig. Fischerei, Holzhandel und Schiffbau waren die Haupterwerbszweige, auf denen der Wohlstand der Stadt beruhte. Die **Kurfürstliche Werft Havelberg** baute in dieser Stadt etliche seetaugliche Schiffe, obwohl das relative flache Wasser auf Havel und Elbe für die Fahrt in Richtung Nordsee nicht geeignet war. Man behalf sich damit, die Rümpfe der Schiffe in Havelberg zu bauen, sie mit Pferden auf Treidelpfaden nach Hamburg zu schleppen und dort dann die Aufbauten zu installieren und das Schiff fertigzustellen. Es war so eine Art Meyer-Werft des 17. Jahrhunderts. Gegen Ende des 17. Jahrhunderts wurde der Betrieb der Kurfürstlichen Werft eingestellt.

Berühmtester Gast Havelbergs im 18. Jahrhundert war **Zar Peter der Große**. Er hatte das **Bernsteinzimmer** des ersten Preußenkönigs Friedrich I. gesehen und war fasziniert von der Gestaltung und der Wirkung dieses Raumes. Der **Soldatenkönig Friedrich Wilhelm I.**, der dem verstorbenen Friedrich I. 1713 auf den Thron folgte, hatte wenig Sinn für diese Kunst.

Er und der Zar schlossen einen "Deal" ab, wie man heute vielleicht sagen würde. Zar Peter bekommt das Bernsteinzimmer, Friedrich Wilhelm im Gegenzug Soldaten mit Gardemaß, die sogenannten "Langen Kerls" für seine Leibgarde. Stattgefunden hat dieser Deal 1716 in Havelberg.

Havelberg, Anlegestelle für Ausflugsschiffe und Wassersportparadies.

Heute ist Havelberg in erster Linie ein Wassersportparadies. Hier legen die Freizeitkapitäne an, treffen sich die Paddler und Kanuten und geben sich mit den vielen Radlern, die auf dem Elbe- oder Havelradweg unterwegs sind, ein Stelldichein. Dazu kommen noch die Wohnmobilisten, die Camper und Tages- oder Wochenendtouristen mit dem PKW. An sonnigen Tagen ist hier rund um Yachthafen am Rande und in der Altstadt schon Einiges los.

Wenn Sie übrigens selbst ein wenig auf der Havel paddeln möchten, aber kein Boot dabei haben, so können Sie sich beim Havelberger Wassersportverein, der sich direkt neben dem Campingplatz befindet, ein Boot leihen. Hier erfahren Sie mehr dazu https://havelberger-wassersportverein.de.

Wenn Ihnen das Paddelboot zu klein ist und Ihnen eher eine Tour auf einem Ausflugsschiff vorschwebt, so können Sie bei der Reederei Kaiser vorbeischauen. Sie bietet Fahrten auf der Havel und der Elbe zwischen zwei und zehn Stunden an. Hier können Sie weitere Informationen über Fahrpläne und Reisegebiete erhalten www.reederei-kaiser.de.

Größtes Fest der Stadt ist der alljährlich im September stattfindende **Havelberger Pferdemarkt**. Dieser Markt besteht seit 1750. Wechselten zu Beginn nur Pferde ihre Besit-

zer entwickelte sich im Laufe der Zeit daraus ein Volksfest. Heute kommen rund 200.000 Besucher zu dieser Zeit auf das Festgelände westlich der Altstadt, das mit den für Volksfesten üblichen Fahrgeschäften, Imbissbuden und anderem mehr aufwarten kann. Dreh und Angelpunkt ist aber immer noch der Pferdemarkt, auf dem um die Preise für die Tiere in traditioneller Weise gefeilscht wird und der Handschlag als Kaufvertrag gilt. Zu DDR-Zeiten war dieser Markt der Schwarzmarkt der Nation, auf dem es alles gab, was sonst nicht zu haben war. Und in früheren Jahrhunderten wurden hier auch Ehen arrangiert und an Pferdegeschäfte gekoppelt.

Nun, wenn auch arrangierte Ehen heute wohl eher die Ausnahmen sind, so findet doch auf dem Jahrmarkt auch heute noch das eine oder andere Paar zueinander. Das ist aber nicht nur in Havelberg so.

Noch ein Hinweis zu den Radtouren auf dem Elberadweg. Auf dem Abschnitt zwischen Havelberg und Tangermünde gibt es auf der Distanz von 33 Flusskilometern nur drei Fährverbindungen. Daraus lassen sich von Havelberg einige Radrundwege ableiten, die wir auf der folgenden Seite zusammengestellt haben. Sie führen auf der einen Seite der Elbe den Fluss hinauf und auf der anderen Seite wieder hinunter.

Radkilometer zwischen Havelberg und Tangermünde
Havelberg – Sandau und über die Fähre Sandau und die Fähre Werben zurück nach Havelberg ca. 25 km.
Havelberg – Sandau weiter über die Fähre Arneburg nach Arneburg und weiter über die Fähre Werben zurück nach Havelberg ca. 49 km.
Havelberg – Sandau – Schönhausen weiter über die Brücke nach Tangermünde und von dort nach Arneburg und weiter über die Fähre Werben zurück nach Havelberg ca. 72 km.
Den kompletten Elberadweg mit allen Etappenbeschreibungen und gpx-Daten zum download finden Sie hier www.elberadweg.de.

Wir verabschieden uns von Havelberg und fahren mit dem WOMO weiter. Wir überqueren mit der Fähre Werben die Elbe und fahren in die kleine **Hansestadt Werben** mit rund 1.000 Einwohnern. Sie zählt zu den kleinsten Städten Sachsen-Anhalts. Die Zeit scheint hier stehen geblieben zu sein. Es ist keine pulsierende Tourismusmetropole, ganz im Gegenteil. Leerstand ist vielfach anzutreffen, ein leicht maroder Charme durchzieht den Ort. Es gibt aber einige engagierte Menschen, die sich dem Verfall entgegenstemmen und wer weiß, vielleicht erwacht die Stadt eines Tages aus ihrem Dornröschenschlaf und zieht Besucher an. Mit dem **Elbtor**, dem letzten verbliebenen der früheren fünf Stadttore und der **Johanniskirche**, einer mächtigen hochgotischen dreischiffigen Kirche, die mehr Besucher Platz bietet als die Stadt Einwohner hat, hat die Stadt zwei architektonisch herausragende und kulturhistorisch bedeutende Gebäude, die einen Besuch wert sind. Hinzu kommt die Ruhe

Die Fähre Werben.

Elbtor in Werben (Elbe).

Das Gutshaus Büttnershof.

des Biosphärenreservats mit all seinen Möglichkeiten, mit Kanuausflügen auf der Elbe und den Radfahrwegen, die den Fluss mal im größeren, mal im kleineren Abstand begleiten. Einen kleinen Campingplatz mit einem Freibad am Ortsrand gibt es auch.

Wir fahren weiter und suchen das **Gutshaus Büttnershof** auf, das Sie ganz einfach finden, wenn Sie auf der Straße in Richtung Stendal auf die Hinweise zur Fähre Sandau achten und diesen Hinweisen folgen. Mit diesen Koordinaten geht es natürlich noch einfacher [**171:** N52°47'00.8" E12°00'35.6"]. Es ist ein Platz zum "Seelebaumelnlassen". Hinter dem Gutshaus befindet sich der Stellplatz in einem himmlisch ruhigen Park. Im Restaurant finden Sie eine nicht nur sehr gute, sondern auch eine sehr preiswerte Küche. Auf der Speisekarte stehen viele Wild- und Fischgerichte und natürlich die für diese Region typische Altmärkische Hochzeitssuppe mit Spargel, Eierstich und Fleischklößchen. Wer mit Kindern unterwegs ist, wird seine Freude daran haben, dass mit 10 Volieren, Streichelzoo, Spielplatz und einem Spielhaus ein großes Betätigungsfeld vorhanden ist. Auch bei schlechtem Wetter lässt das Spielhaus, das in einer originalgetreuen Nachbildung des Gutshauses im Maßstab 1:20 untergebracht ist, keine Langeweile bei dem Nachwuchs aufkommen. Es versteht sich von selbst, dass die Nutzung dieser Einrichtungen für den Wohn-

Stellplatz im Park des Gutshauses Büttnershof.

mobilisten mit einer Einkehr in das Restaurant verbunden ist. Einziges Manko: Es gibt keine Entsorgungsmöglichkeiten für die Bordtoilette. Aber während des Aufenthalts lassen sich natürlich auch die Sanitäreinrichtungen der Anlage nutzen.

Wir fahren weiter. Arneburg ist das nächste Ziel. Auf dem Weg dorthin passieren wir die ehemals größte Baustelle der DDR. In Norden von Arneburg sollte das **AKW Stendal** entstehen. Es sollte das größte und modernste Atomkraftwerk der Republik werden. Vier 1000-MW-Blöcke sollten entstehen. 1990 waren noch 7000 Arbeiter auf der Großbaustelle beschäftigt. Machen wir es kurz: Es wurde nie fertiggestellt. Es gab Tschernobyl, es gab kein Vertrauen mehr in den Reaktortypen sowjetischer Bauart und es gab die Wende. Letztlich wurden die bereits fertiggestellten Kühltürme gesprengt, die unvollendeten Reaktorblöcke weitgehend abgerissen. Heute sind noch einige Ruinen sichtbar.

Auf dem riesigen Gelände haben sich neben einigen kleineren Betrieben eine große Zellstoff- und eine Papierfabrik niedergelassen und ihre Produktionsstätten aufgebaut.

In **Arneburg** steuern wir den Stellplatz an der Elbe an, den Sie mit diesen Koordinaten erreichen [**172:** N52°40'26.5" E12°00'34.7"]. Er befindet sich unten an dem kleinen Yachthafen. Die Stadt liegt auf einem Hang 30 Meter oberhalb der Elbe. Um zu dem Stellplatz zu gelangen, muss man zunächst den Hinweisen zur Fähre folgen und den Hang hinunterfahren und dann aufpassen, dass man die schmale Straße zum Yachthafen erwischt, bevor man ganz unten an der Elbe angekommen ist. Die Lage des Platzes sehen Sie auf dem Foto oben rechts. Es wurde während eines kleinen Hafenfestes aufgenommen. Normalerweise stehen hier nur sehr wenige Fahrzeuge, die autark sein müssen. Eine Ver- und Entsorgung gibt es hier nicht und eine Stromversorgung auch nicht. Eine Anmeldung beim Hafenmeister ist er-

Der Aussichtsturm in Arneburg.

Hafengelände und Stellplatz in Arneburg.

forderlich. Acht Euro sind pro Tag und Fahrzeug für diesen sehr ruhigen Platz direkt an der Elbe zu entrichten.

Arneburg ist eine der ältesten Städte in der Altmark. Von der Burg, die einst auf dem **Burgberg** stand, sind nur noch Reste erhalten. Einige Hinweistafeln in dem Burgareal weisen auf die Geschichte und die einzelnen Bauwerke hin. Heute lockt der Aussichtsturm hierher, der mit seinen Füßen in der Elbtalaue steht und über einen Steg vom Burgberg erreicht werden kann. Von diesem Turm geht der Blick weit in das Elbtal hinein, wie Sie auf dem Foto oben sehen können. Auch von der Terrasse des Restaurants, das sich am Beginn des Steges befindet, hat man einen wunderbaren Blick. Da schmeckt der Kuchen oder das Essen der ohnehin schon guten Qualität gleich noch mal besser.

Die zum großen Teil aus Feldsteinen gemauerte Kirche wurde in der ersten Hälfte des 12. Jahrhunderts errichtet. Die Bauweise des Turms erinnert an den Turm des Domes in Havelberg. Die Altstadt Arneburgs ist geprägt von verwinkelten Gassen mit

Kirche St. Georg in Arneburg.

vielen Fachwerkhäusern. Sie ist nicht groß, aber wenn man ohnehin schon auf dem Burgberg ist, einen Besuch wert.

Wir beenden damit unseren Besuch in Arneburg und fahren weiter zum **Schloss Storkau** [N52°37'04.6" E11°59'59.4"], dass wir allerdings nur geschlossen vorfinden. Ob das nur vorübergehend sein wird oder dauerhaft, können wir nicht sagen. Schauen Sie auf diese Seite www.schloss-storkau.de, um mehr zu erfahren.

Wir fahren weiter und nehmen uns Stendal als nächstes Ziel vor, möchten aber auf dem Weg dorthin diesen Campingplatz nicht unerwähnt lassen, der sich an einem großen Badesee mit einem breiten Sandstrand in Wischer befindet.

(173) WOMO-Campingplatz: Wa-Ca-Wi

GPS: N52°38'14.4" E11°56'58.1"; Am Campingplatz 1, 39596 Hassel.
Max. WOMOs: >20, maximale Länge 12 m.
Ausstattung: Frischwasserversorgung, Abwasserentsorgung mit Bodeneinlass, Kassettenentleerung, Stromanschlüsse, Behälter für die Müllentsorgung, WLAN, Brötchenservice, Restaurant. Im Servicegebäude gibt es Duschen, WCs, Waschmaschinen und Trockner. Der Platz ist vom 1.4. bis 31.10. geöffnet.
Beschreibung: Große schattige Stellplätze in einem Waldgelände in unmittelbarer Nähe des großen Baggersees.
Preise: Erwachsene Person 6,00 €, Kinder 6-14 Jahre 4,00 €, Hund 1,50 €, Wohnmobil 6,50 €, Stromkosten sind im Preis enthalten, WC-Entleerung 4,00 €.
Zufahrt: An der Straße von Arnim nach Wischer auf der rechten Seite.
Reservierung/Kontakt: Tel.: 03932/1538383
E-Mail: info@wa-ca-wi.de, Web: www.wa-ca-wi.de.

In Stendal fahren wir im Norden der Altstadt den Schützenplatz an, der als Parkplatz für PKW, LKW und Wohnmobile dient, solange er nicht für eine Festveranstaltung benötigt wird.

(174) Offizieller WOMO-Stellplatz: Stendal – Schützenplatz

GPS: N52°36'41.8" E11°51'35.4"; Nordwall, 39576 Stendal.
Max. WOMOs: 20, maximale Länge 15 m.

Ausstattung: Frischwasserversorgung, Abwasserentsorgung ohne Bodeneinlass, Kassettenentleerung, Behälter für die Müllentsorgung, ganzjährig geöffnet.
Beschreibung: Das Gelände ist sehr groß. Offiziell sind 20 Stellplätze ausgewiesen, inoffiziell passen auch mehr als 50 Fahrzeuge auf das Gelände. Im vorderen Bereich gibt es asphaltierte Plätze, im hinteren Bereich stehen Sie auf einem sandigen, von Bäumen begrenzten Areal sehr ruhig, trotz Innenstadtlage. Die Ver- und Entsorgungsanlage befindet sich im vorderen Bereich des Platzes. GPS 174b: N52°36'39.9" E11°51'38.4".
Preise: Kostenlos, Frischwasser 1,00 €. Abwasserentsorgung und Entleerung der Bordtoilette ist kostenfrei.
Zufahrt: Im Norden Altstadt der Beschilderung zum Schützenplatz folgen.

Mit fast 40.000 Einwohnern ist Stendal die größte Stadt der Altmark. Zur Wendezeit waren es noch fast 52.000 Menschen, die hier ein Zuhause hatten.

Das Uenglinger Tor.

Wir schauen uns die Schokoladenseiten der alten Hansestadt an, die seit jeher ein Verkehrsknotenpunkt war. Ein mittelalterlicher Handelsweg führte von Wittenberg über Stendal nach Salzwedel und Lüneburg. Er kreuzte sich in Stendal mit einem anderen Handelsweg, der von Magdeburg über Stendal nach Havelberg und Rostock führte.

Die Stadt erhielt schon früh das Marktrecht und auch das Münzrecht wurde ihr zugesprochen.

Die zu Wohlstand gekommene mittelalterliche Stadt umgab sich mit einer Befestigungsanlage, deren Verlauf auch heute noch deutlich im Grundriss der Stadt erkennbar ist. Das Areal des Schützenplatzes ist ein Teil der ehemaligen Wallanlage, die die Stadt umschloss.

Vier Stadttore gewährten einen Zugang in die Stadt. Zwei davon sind noch in schönster Backsteingotik erhalten. Das **Uenglinger Tor** ist rund 700 Meter vom Schützenplatz entfernt. Sie erreichen es, in dem Sie einfach durch die Wallanlagen in westliche Richtung gehen. In den Sommermonaten ist der fast 28 Meter hohe Turm begehbar. Von der Besucherplattform lässt sich die Altstadt mit den markant hervorstechenden Kirchtürmen sehr gut überblicken.

Unweit des Uenglinger Tores befindet sich in der Winckelmannstraße das **Winckelmann-Museum**. **Johann Joachim Winckelmann** wurde 1717 in Stendal geboren und 1768 in Triest ermordet. Er war Archäologe, Bibliothekar und Kunstgelehrter. Winckelmann gilt als einer der Begründer der wissenschaftlichen Archäologie und Kunstgeschichte. Natürlich ist man in Stendal stolz auf den großen Sohn der Stadt. In dem Museum wurde sein Leben und sein Werk nachgezeichnet. Mehr darüber erfahren Sie auf dieser Seite www.winckelmann-gesellschaft.com. Dort finden Sie auch die Öffnungszeiten und Eintrittspreise.

Die Marienkirche in Stendal.

Hauptachse durch die Stadt ist die Breite Straße. Wenn Sie diese gehen, kommen Sie automatisch an der **Marienkirche** vorbei. Es ist eine doppeltürmige Hallenkirche der Backsteingotik und wurde 1447 geweiht. Sie war der Ausdruck des Stolzes der Hansekaufleute dieser Stadt im 15. Jahrhundert. Im Chor steht ein prächtiger Hochaltar, die Chorschranke ist fein gegliedert und zeigt mit geschnitzten Figuren, die noch aus der romanischen Vorgängerkirche stammen, die Marienkrönung und die zwölf Apostel.

Die Kirche steht zwischen dem Winckelmannplatz mit einem Denkmal des Wissenschaftlers und dem Marktplatz, an dem das Rathaus der Stadt und der Roland zu sehen sind. Auf dem Marktplatz findet jeden Mittwoch von 9:00 bis 15:00 Uhr ein Wochenmarkt statt.

Der **Dom St. Nikolaus** liegt im Südwesten der Altstadt an den Wallanlagen. Sie wurde zur gleichen Zeit errichtet wie die Marienkirche. Die Türme sehen sich zum Verwechseln ähn-

Sperlingsplatz und Haackebrunnen am Ende der Breiten Straße.

Dom St. Nikolaus in Stendal.

lich. Einen sehr markanten Unterschied bildet das Querhaus mit seinem Staffelgiebel. Das Innere unterscheidet sich erheblich von der Marienkirche. Hier bildet ein massiver Lettner die Trennung zwischen Chor und Langhaus. Die zwölf hohen Fenster im Chor, die sechs Querhausfenster sowie die vier östlichen des Südseitenschiffs zeigen ein geschlossenes Ensemble an Glaskunstwerken in höchster Qualität.

Das Tangermünder Tor.

Vom Dom ist es nicht weit bis zum **Altmärkischen Museum**, das in einem ehemaligen Kloster untergebracht ist. Es widmet sich der Kulturgeschichte der Altmark und in besonderem Maße der Backsteingotik Stendals.

Öffnungszeiten und Eintrittspreise finden Sie hier https://museum.stendal.de.

Wenn Sie auf die Museumsseite gehen, können Sie einen virtuellen Rundgang durch die Ausstellungen machen.

Nah am Museum befindet sich das **Tangermünder Tor**. Durch dieses Tor machten sich die Kaufleute auf den Weg nach Tangermünde. Genau das machen wir jetzt auch.

Es sind nur wenige Kilometer von Stendal nach Tangermünde. Schon nach 20 Minuten Fahrt haben wir unser WOMO auf diesem Platz abgestellt.

(175) Offizieller WOMO-Stellplatz: Tangermünde

GPS: N52°32'17.2" E11°58'02.3"; Klosterberg, 39590 Tangermünde.
Max. WOMOs: 80, maximale Länge 12 m.

Ausstattung: Frischwasserversorgung, Abwasserentsorgung mit Bodeneinlass, Kassettenentleerung, Stromanschlüsse, Behälter für die Müllentsorgung, ganzjährig geöffnet.
Beschreibung: Eng beieinanderliegende sonnige und schattige Plätze auf Pflastersteinen im Hauptareal, Wiesenplätze im Nebenareal. Fußweg bis zum Neustädter Tor ca. 300 Meter.
Preise: 12,00 € für ein Fahrzeug inkl. aller Versorgungsleistungen und Strom.
Zufahrt: Die Stendaler Straße bis zum Ende durchfahren. Vor dem Restaurant Bella Casa halb rechts in die Magdeburger Straße und danach links in den Klosterberg abbiegen.

Das Neustädter Tor in Tangermünde.

Tangermünde schmückt sich mit vielen Attributen, sie ist Kaiser- und Hansestadt, malerisches Kleinod, schönste Kleinstadt Deutschlands und wird wegen des romantischen Flairs mit ihrem geschlossenen Altstadtensemble in den höchsten Tönen gelobt. Wenn wir einen Titel zu vergeben hätten, bekäme die Stadt den Titel eine der wohnmobilfreundlichsten Städte Deutschlands zu sein.

Die Stadt ist sehr beliebt bei Wohnmobilisten. Sie findet großen Zuspruch und das hat ja auch seine Gründe. Schauen wir uns die Stadt etwas näher an.

Vom Stellplatz ist es nicht weit bis zum Neustädter Tor. Mit der Backsteinarchitektur des Mittelalters in dieser Region sind wir ja mittlerweile vertraut. Trotzdem übt das Tor mit seinen Zinnen eine besondere Faszination aus. Der kleine viereckige Turm am rechten Rand des Bildes stammt aus der Zeit um 1300, der runde 24 Meter hohe Turm wurde im 15. Jahrhundert errichtet. Gleich hinter dem Stadttor erhebt sich der Turm der ehemaligen Nikolaikirche.

Hier ist heute die **"Zecherei"** untergebracht. Die zu beschreiben würde zu weit führen, schauen Sie einfach einmal hier nach www.exempel.de/zecherei, Sie haben doch Ihr Smartphone sicher immer dabei.

Das Rathaus in Tangermünde.

Das Rathaus, das in der Mitte des Marktplatzes steht, befindet sich wenige Meter hinter dem urigen Lokal. Es wurde in der Blütezeit der Hansestadt Tangermünde im 15. Jahrhundert errichtet. Dieses spätgotische Rathaus mit seinem 24 Meter hohen Schaugiebel erinnert in seiner Architektur und Gestaltung an andere Hansestädte wie Lübeck oder Stralsund. Auf dem Rathaus hat sich Meister Adebar niedergelassen. Auch ihm scheint es hier zu gefallen. Im Keller und im Erdgeschoss des Rathauses befindet sich das Museum der Stadt.

Storchennest auf dem Rathaus.

Wer die Kirchstraße in Richtung der mächtigen Kirche St. Stephan weitergeht, der wird eine Vielzahl von kunstvoll angelegten Haustüren sehen können. Die unterschiedlichsten Motive und Schnitzkünste sind hier zu entdecken.

Sie entstanden nach dem großen Brand, der 1617 die Stadt verwüstete und alle Holzhäuser in Schutt und Asche legte. Nur die aus Backstein erbauten Häuser, Türme und Kirchen überstanden das Feuer einigermaßen. Für das Feuer wurde **Grete Minde** verantwortlich gemacht, die es aus Rachsucht gelegt haben soll. Sie wurde zum Tode verurteilt und auf dem

Eingangstür eines Fachwerkhauses in der Kirchstraße.

Der gewaltige Kirchturm der Stephanskirche ist der höchste in der Altmark.

Scheiterhaufen verbrannt. Es war ein Justizirrtum, wie sich später herausstellte. Aber das war zu der Zeit der Hexenverfolgungen ja wohl eher die Regel als die Ausnahme. Eine Bronzefigur am Rathaus erinnert daran. Theodor Fontane hat in seiner Novelle Grete Minde diesen Fall aufgegriffen, ihn allerdings in eine andere Geschichte verpackt.

Wir nähern uns der **Stephanskirche**, die mit ihrem 87,5 Meter hohen Kirchturm nicht zu übersehen ist. Kein anderer Kirchturm in der Altmark übertrifft diese Höhe. Basis dieses riesigen Backsteingebäudes ist eine romanische Basilika aus dem 12. Jahrhundert, die über einen Zeitraum von 300 Jahren zu der heute sichtbaren gotischen Hallenkirche umgebaut wurde.

Auffallend ist der nie fertiggestellte zweite Turm. Das Geld dafür scheint ausgegangen zu sein. Der Stadtbrand von 1617 und der Dreißigjährige Krieg (1618 bis 1648) führten zu einem wirtschaftlichen Niedergang der Stadt, von der sie sich nie wieder erholt hat.

Das Innere der Kirche wurde auch ein Raub der Flammen. Auffallend sind im Langhaus die achteckigen profilierten Pfeiler. Die Orgel gilt mit ihrem Klang als größter Schatz der Kirche. Regelmäßig finden Konzerte statt, wie Sie dieser Seite entnehmen können www.sankt-stephan-tangermuende.de.

Von der Stephanskirche führt ein Weg hinunter zum Elbtor und damit an das Ufer der Elbe. Diesen Weg wählen wir nicht, wir gehen an dem **Eulenturm** vorbei zum Burggelände.

Der Kapitelturm der Burg Tangermünde.

Mit dem Bau der Burg wurde bereits im 10. Jahrhundert begonnen. Die Lage auf einer Anhöhe rund 21 Meter über dem Niveau von Elbe und Tanger war strategisch günstig. Sie wurde im Laufe der Jahrhunderte mehrfach verändert und erweitert und hat unter anderem im Dreißigjährigen Krieg einige Zerstörungen erleiden müssen. **Karl IV.**, einer der bedeutendsten Kaiser des Spätmittelalters, ließ die Burg als eine seiner Residenzen einrichten. Ein Denkmal, das der letzte Kaiser Deutschlands im Jahre 1900 einweihte, erinnert im Burggarten daran. Von diesem Garten führen Stufen hinunter an die Mündung der Tanger in die Elbe.

Stadtmauer, Elbtor und Stephanskirche bilden die Silhouette der Kaiserstadt Tangermünde.

Vor Anker liegt hier ein Restaurantschiff, das auf den Namen "Störtebecker" hört. Auf dem Deck wird griechische Küche serviert.

Kurz dahinter befindet sich die Anlegestelle für die Ausflugsschiffe auf der Elbe. Den Fahrplan der Reederei Kaiser können Sie hier einsehen www.reederei-kaiser.de.

Wer den Weg entlang der Tanger weitergeht, kommt von ganz allein wieder zum Stellplatz, wo wir unseren kleinen Rundgang durch Tangermünde beenden.

Wir setzen unser WOMO wieder in Gang und machen uns auf den Weg nach Schönhausen. Mit einer großen Brücke wird nördlich von Tangermünde die Elbe überquert und danach sind schon die Hinweisschilder auf das Bismarckmuseum in Schönhausen zu sehen, denen wir folgen. Die Parkmöglichkeiten am Museum sind sehr begrenzt. Geeignet erscheint uns der Parkstreifen in der Körnerstraße, den Sie mit diesen Koordinaten erreichen [N52°34'55.2" E12°02'08.7"].

Im Garten des Bismarckmuseums.

Von hier sind es bis zum **Bismarckmuseum** nur 200 Meter. Schönhausen ist der Geburtsort des ersten Reichskanzlers Otto von Bismarck. Hier erblickte er am 1. April 1815 das Licht der Welt. Das Museum wurde in einem Seitenflügel seines Geburtshauses eingerichtet. Es ist das einzige Gebäude, das von dem ehemaligen Herrenhaus übrig geblieben ist. Die Fundamente des 1958 von den Sowjets gesprengten Haupthauses sind heute noch sichtbar. Im Museum wird über Leben und Wirken des Reichskanzlers informiert. Die Exponate sind zumeist Geschenke, die ihm als Gunstbezeugungen und Wertschätzungen zu Lebzeiten übergeben wurden.

Auf die Person Bismarcks wollen wir hier nicht eingehen, das würde den Rahmen dieses Buches sprengen. Wir finden es nur immer wieder gut, sich mit der deutschen Geschichte zu befassen, deshalb suchen wir Museen wie dieses auf. Bismarck ist in unserer Geschichte ganz sicher eine besonders herausragende Figur, dessen Entscheidungen bis in die heutige Zeit nachwirken.

Über die Öffnungszeiten und Eintrittspreise informiert diese Seite www.bismarck-stiftung.de.

Die Dorfkirche in Schönhausen.

Wenn Sie die Seite aufrufen, werden Sie auch einen link auf Gut Friedrichsruh finden. Ein Besuch des dortigen Museums und des Mausoleums können wir ebenso empfehlen. Wir haben es in unserem Buch über Schleswig-Holstein gebührend berücksichtigt.

Kommen wir noch zu zwei Kirchengebäuden an der Straße der Romanik. Eines steht fast direkt neben dem Bismarckmuseum. Die Dorfkirche wurde 1212 geweiht. In ihr wurde Bismarck getauft.

Die Kirche stand unter dem Einfluss des **Klosters Jerichow**, womit wir gleich beim zweiten Kirchengebäude wären. Um sie anzuschauen, müssen wir aber erst noch neun Kilometer fahren.

Neben der Klosteranlage gibt es sogar einen offiziellen Stellplatz, der sich am Rande eines

Klosterkirche Jerichow.

PKW-Parkplatzes befindet und den Sie mit diesen Koordinaten erreichen können [**176:** N52°30'09.2" E12°01'03.7"]. Die Stellflächen sind für Fahrzeuge bis neun Metern Länge geeignet. Leider sind sie nicht waagerecht angelegt, wie auf dem Foto ersichtlich ist. Parkgebühren werden keine erhoben. Es gibt drei Stromanschlüsse und eine Wasserversorgung. Beides gegen Gebühr. Eine Gaststätte befindet sich direkt neben dem Platz.

Stellplatz am Kloster Jerichow.

Das Kloster ist ein ehemaliges Prämonstratenserstift. Es wurde 1144 gegründet und nach der Reformation im 16. Jahrhundert aufgehoben. Danach beginnt eine Geschichte mit Höhen und Tiefen.

Es ist eines der ältesten Backsteingebäude in Norddeutschland. Immer wieder wurden Restaurierungsarbeiten an der Klosteranlage vorgenommen, um es vor dem Verfall zu bewahren. Seit 2004 wird sie von der **"Stiftung Kloster Jerichow"** verwaltet. Kapitelräume, Sommer- und Winterrefektorium, Dormitorium, Kreuzgang und die Kirche selbst können alle besichtigt werden. Die Räumlichkeiten werden als Museum und für Ausstellungen genutzt. Es finden sehr viele Veranstaltungen in diesem Gebäudekomplex statt. Eine Übersicht dazu gibt diese Seite https://kloster-jerichow.de.

Blick in die Elbtalaue südlich von Jerichow.

Dort finden Sie auch die Öffnungszeiten und Eintrittspreise der Klosteranlage.

Von Jerichow lässt sich die Elbtalaue in diesem Bereich auch gut mit dem Fahrrad erkunden. Südlich des Ortes hat die Elbe auf der rechten Seite ein Steilufer geschaffen, die so dann und wann einen schönen Blick in die Aue zulässt.

Auf dem Elbradweg südlich von Jerichow.

Eine schöne Rundtour mit dem Rad ergäbe sich, wenn man mit dem Rad bei Ferchland mit der Fähre auf die andere Seite der Elbe kommen könnte und dann über Tangermünde und die Elbbrücke zum Ausgangspunkt zurückkehren könnte. Das wären rund 40 Kilometer und eine schöne und bequeme Tagestour. Leider wurde der Fährbetrieb zwischen Ferchland und Grieben 2020 eingestellt. Nach heftigen Protesten der Einwohner in Ferchland und Grieben scheinen die Verantwortlichen die Lage neu zu überdenken und vielleicht wird der Fährbetrieb erneut aufgenommen. Die Alternative besteht darin, die Fähre Rogätz sehr viel weiter südlich zu nehmen, dann ist die Radtour aber gleich doppelt so lang.

(177) Offizieller WOMO-Stellplatz: Wassersportfreunde Burg

GPS: N52°16'60.0" E11°50'53.2"; Am Kanal 20A, 39288 Burg bei Magdeburg.
Max. WOMOs: 4, maximale Länge 8 m.
Ausstattung: Frischwasserversorgung, Abwasserentsorgung mit Bodeneinlass, Kassettenentleerung, Stromanschlüsse, Behälter für die Müllentsorgung. Der Platz ist von 15.04. bis 15.10. geöffnet.
Beschreibung: Sonnige Rasenplätze auf dem Hafengelände.
Preise: 14,00 € für ein Fahrzeug incl. Strom, Wasser, Entsorgung. 2,00 € für eine erw. Person, 1,00 € pro Hund. Der Betrag wird von Vereinsmitgliedern am Abend kassiert.
Zufahrt: In Burg in Richtung Blumenthal fahren, den Elbe-Havel-Kanal überqueren, danach sofort rechts abbiegen.

Von Jerichow fahren wir mit dem WOMO weiter nach **Burg (bei Magdeburg)**, das den sperrigen Klammerzusatz im Ortsnamen trägt, um ihn von allen anderen Orten gleichen Namens unterscheiden und richtig verorten zu können.

Die Stadt mit rund 22.000 Einwohnern wird auch "Stadt der Türme" oder "Rolandstadt" genannt. Schon um 948 wird diese Stadt urkundlich erstmals als Marktsiedlung erwähnt. Siedlungsspuren reichen bis in das Neolithikum zurück.

Für uns Wohnmobilisten halten die Wassersportfreunde am Elbe-Havel-Kanal einen ruhigen Stellplatz bereit. Wir haben ihn auf der vorangegangenen Seite bereits beschrieben.

Von dort sind es rund zwei Kilometer bis in die Innenstadt, in der wir kein kompaktes Altstadtensemble wie in Tangermünde vorfinden. Die sehenswerten Türme, romanische Kirchen und andere Sehenswürdigkeiten sind über die Stadt verteilt. Um sie nacheinander aufzusuchen, ist das Fahrrad mal wieder als Verkehrsmittel die erste Wahl.

Der Wasserturm in Burg am Ende der Weinbergstraße.

Beginnen wir im Westen der Stadt. Hier fällt in der Nähe des Bahnhofs das sowjetische Ehrenmal mit dem Panzer T 34 auf. Mit diesem Ort wird 539 namentlich bekannter und 13 unbekannter sowjetischer Bürger gedacht, die im Zweiten Weltkrieg oder kurz danach in Burg und der Umgebung getötet wurden oder gestorben sind.

Von diesem Ehrenmal geht es nahtlos in den Goethepark über, den die Stadt als ihre "Visitenkarte" bezeichnet. Er umfasst eine Fläche von fast 10 Hektar und ist das Bindeglied zwischen dem Bahnhof und der Altstadt.

Im Süden der Altstadt hat Burg mit **St. Nicolai** die größte romanische Granitbasilika östlich der Elbe vorzuweisen. Sie wurde zwischen 1162 und 1186 erbaut.

Im Norden der Altstadt in der Nähe des Wasserturmes befindet sich an dem Südhang über dem Flüsschen Ihle ein

Weinberg. Für die Landesgartenschau 2018 hat die Stadt 350 neue Rebstöcke setzen lassen, um damit an den hiesigen Weinbau im Mittelalter zu erinnern. Während der mittelalterlichen Wärmeperiode wurde hier, wie in anderen Orten Wein angebaut. Es lässt sich für Burg ab dem 12. Jahrhundert nachweisen. Nach Gifhorn und Hitzacker ist das nun schon der dritte Ort in dieser Großregion, in dem uns dieses Phänomen begegnet. Die Weinpresse befand sich dort, wo heute der Wasserturm steht. Die Straße, an der er steht, heißt Weinbergstraße. Erst als die Temperaturschwankungen nach dem Beginn der kleinen Eiszeit dauerhaft zu einem kühleren Klima führten, wurde Anfang des 18. Jahrhunderts der Weinbau eingestellt.

Unser Lieben Frauen in Burg.

Im Flickschuhpark von Burg.

Unweit des Weinberges ist eine historische Gerberei zu besichtigen und wenige Schritte weiter ist mit der Kirche **Unser Lieben Frauen** ein weiteres bedeutendes sakrales Bauwerk zu verzeichnen. Es ist romanischen Ursprungs und wurde nach Zerstörungen durch einen Stadtbrand gotisch stark verändert, wieder aufgebaut. Um 1500 wurde auf dem Nordturm eine Türmerwohnung eingerichtet. Vor dem Umbau waren die Dachhauben identisch angelegt. Diese Kirche und St. Nicolai sind Stationen auf der Straße der Romanik.

Zum Abschluss gehen wir noch in den Flickschuhpark, eine Parkanlage mit mehreren kleinen Seen, die entlang der Ihle in die offene Naturlandschaft außerhalb der Stadt übergeht.

Damit verabschieden wir uns von Burg und wenden uns einem infrastrukturellen Großbauwerk zu.

Wasserstraßenkreuz Magdeburg

Es ist ein gigantisches Bauwerk, das mit vielen Superlativen aufwarten kann. Hauptbauwerk ist die **Trogbrücke**, mit der die Elbe überquert wird. Zum Wasserstraßenkreuz gehören aber auch die **Sparschleuse Rothensee**, das **Schiffshebewerk Rothensee** sowie die **Schleuse Hohenwarthe**.

An zwei Stellen können Sie Ihr Fahrzeug abstellen und sich diese Bauwerke anschauen. Sie erreichen den Parkplatz an der Trogbrücke mit diesen Koordinaten [**178:** N52°13'49.7" E11°42'13.4"] und den Parkplatz an den Parkplatz am Schiffshebewerk mit diesen Koordinaten [**179:** N52°13'19.5" E11°40'15.2"].

Stellplatz an der Kanalbrücke.

Stellplatz an der Schleuse Rothensee.

Die Schleuse Rothensee.

Mit dem Bau des Mittellandkanals war die Vision verbunden, eine durchgehende Wasserstraße als Ost-West-Verbindung einzurichten. Der Bau des Kanals wurde 1905 begonnen. Bis 1938 war er vom Dortmund-Ems-Kanal bis zum Schiffshebewerk fertiggestellt. Auch die Schleuse Hohenwarthe, die sich östlich der Elbe befindet, war bereits im Bau. Dann kam der Zweite Weltkrieg, an den Bau einer Trogbrücke über die Elbe war nicht mehr zu denken. Nach dem Krieg hatte die DDR weder ein Interesse daran, noch die Mittel, den Bau des Wasserstraßenkreuzes fortzusetzen. Der Transitverkehr, der auch in der Zeit des Kalten Krieges auf dem Mittellandkanal stattfand, musste den Umweg über das Schiffshebewerk Rothensee hinunter nach Magdeburg nehmen, dort die Elbe bis zur Schleuse Niegripp hinunterfahren, wo die Schiffe dann auf das Niveau des Elbe-Havel-Kanals gehoben wurden und die Fahrt nach Berlin fortsetzen konnten. Der Umweg allein war nicht das Problem. Der Wasserstand der Elbe war zumeist das größere, denn die Schiffe liefen Gefahr, in dem Fluss bei geringen Wassertiefen auf Grund zu laufen. Deshalb wurde im Hafen von Magdeburg oft ein Teil des Frachtgutes auf ein zweites Schiff geladen, was zu weniger Tiefgang führte und damit die Elbe passierbar machte. War das Nadelöhr umschifft wurde wieder umgeladen. Das war umständlich, zeitraubend und teuer.

Die Trogbrücke, Hauptbauwerk des Wasserstraßenkreuzes Magdeburg.

Nach der Wiedervereinigung wurde dann mit dem Verkehrsprojekt Deutsche Einheit Nr. 17 die Trogbrücke in Auftrag gegeben und zwischen 1998 und 2003 gebaut. Sie ist 918 Meter lang, besteht aus 24.000 Tonnen Stahl und rund 70.000 Kubikmeter Stahlbeton. Etwa 10.000 Schiffe passieren jährlich die Trogbrücke.

Sie können die Brücke zu Fuß oder mit dem Fahrrad überqueren. Auf der Ostseite der Elbe können Sie die Trogbrücke auch mit dem WOMO unterqueren und auf dieser Seite gibt es in Hohenwarthe mehrere Einkehrmöglichkeiten.

Nach diesen monumentalen Bauwerken ist der Campingplatz am Barleber See unser nächstes Ziel.

(180) WOMO-Campingplatz: Barleber See

GPS: N52°13'09.1" E11°39'35.0"; Wiedersdorfer Str. 30, 39126 Magdeburg.
Max. WOMOs: 34, maximale Länge 12 m.
Ausstattung: Frischwasserversorgung, Abwasserentsorgung mit Bodeneinlass, Kassettenentleerung, Stromanschlüsse, Behälter für die Müllentsorgung, WLAN, Restaurant. Im Servicegebäude gibt es Duschen, WCs, Waschmaschinen und Trockner. Der Platz ist von Anfang April bis Anfang Oktober geöffnet.
Beschreibung: Große sonnige parzellierte Stellflächen. Bewuchs aus Bäumen, Hecken und Büschen an den Rändern. Badestrand, Liegewiese und Spielplatz, sehr ruhig. Die Innenstadt von Magdeburg ist 12 Kilometer entfernt.

Preise: Erwachsene Person 6,00 €, Kind 4,00 €, Hund 2,50 €, Wohnmobil inkl. Strom 11,00 €, Wasser, Abwasser 3,00 € pro Tag, Strandbad 2,00 € pro Tag und Person.
Zufahrt: Auf der A2 die Abfahrt 71 Rothensee nehmen, dann rechts abbiegen und dem Verlauf der Straße bis zum Campingplatz folgen.
Reservierung/Kontakt: Tel.: 0391/503244
E-Mail: campingplatz@cvbs.de, Web: www.cvbs.de

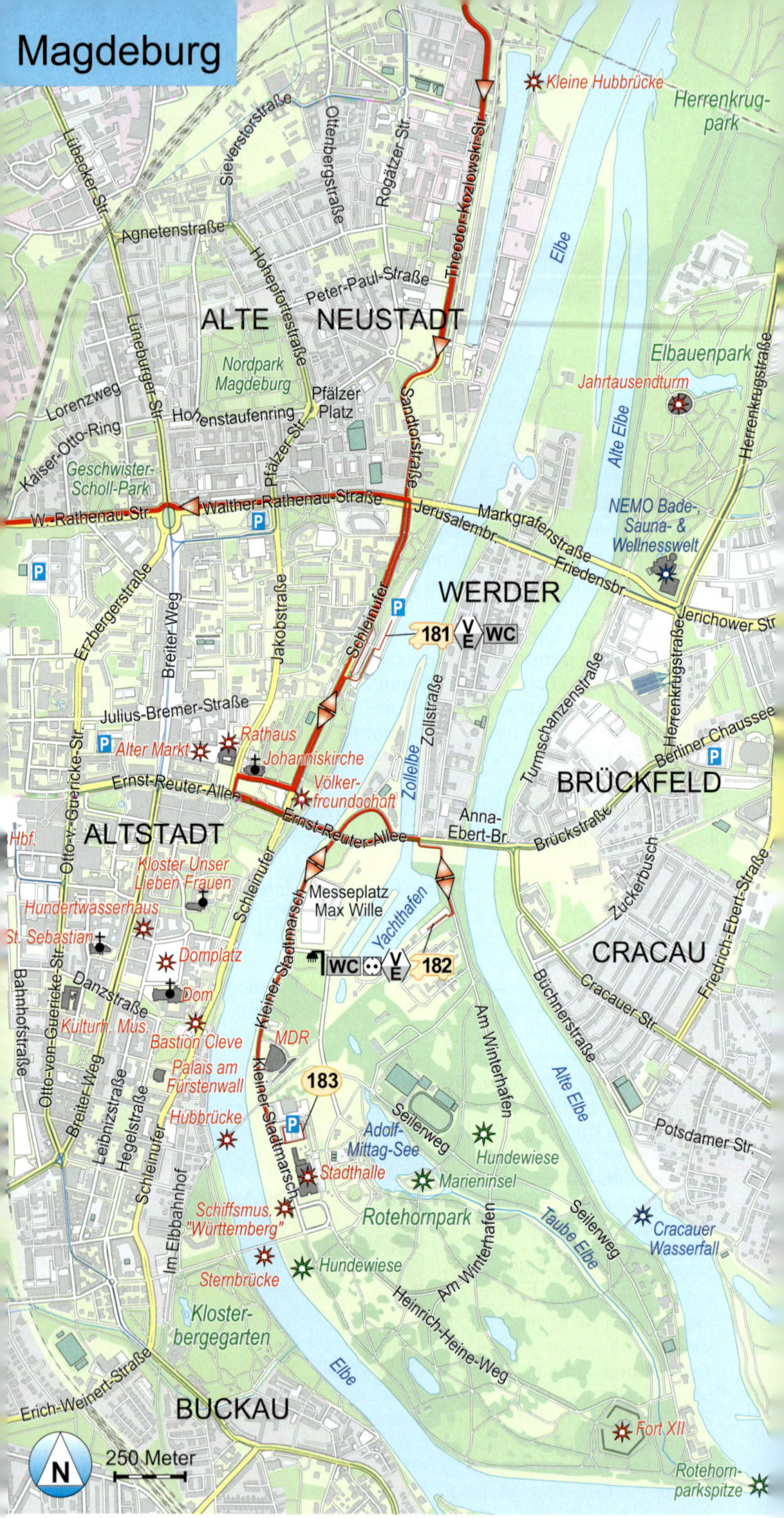
Magdeburg
Kleine Hubbrücke
Herrenkrug-park
Lübecker Str.
Sieverstorstraße
Ottenbergstraße
Rogätzer Str.
Theodor-Kozlowski-Str.
Agnetenstraße
Hohepfortestraße
Peter-Paul-Straße
Elbe
ALTE NEUSTADT
Lüneburger Str.
Nordpark Magdeburg
Pfälzer Platz
Sandtorstraße
Elbauenpark
Jahrtausendturm
Herrenkrugstraße
Lorenzweg
Hohenstaufenring
Kaiser-Otto-Ring
Pfälzer Str.
Alte Elbe
Geschwister-Scholl-Park
W.-Rathenau-Str.
Walther-Rathenau-Straße
Jerusalembr.
Markgrafenstraße
NEMO Bade-, Sauna- & Wellnesswelt
Friedensbr.
WERDER
Erzbergerstraße
Breiter Weg
Jakobstraße
Schleinufer
181
WC
Jerichower Str.
Turmschanzenstraße
Herrenkrugstraße
Julius-Bremer-Straße
Rathaus
Alter Markt
Johanniskirche
Otto-v.-Guericke-Str.
Zollstraße
Zollelbe
Berliner Chaussee
BRÜCKFELD
Ernst-Reuter-Allee
Völkerfreundschaft
Hbf.
ALTSTADT
Anna-Ebert-Br.
Brückstraße
Kloster Unser Lieben Frauen
Messeplatz Max Wille
Yachthafen
Zuckerbusch
Hundertwasserhaus
St. Sebastian
Domplatz
Kleiner Stadtmarsch
182
CRACAU
Friedrich-Ebert-Straße
Bahnhofstraße
Danzstraße
Dom
Kulturh. Mus.
Bastion Cleve
MDR
Am Winterhafen
Büchnerstraße
Cracauer Str.
Otto-von-Guericke-Str.
Palais am Fürstenwall
183
Seilerweg
Alte Elbe
Leibnizstraße
Hegelstraße
Hubbrücke
Adolf-Mittag-See
Hundewiese
Potsdamer Str.
Schleinufer
Im Elbbahnhof
Stadthalle
Marieninsel
Schiffsmus. "Württemberg"
Rotehornpark
Taube Elbe
Cracauer Wasserfall
Sternbrücke
Hundewiese
Heinrich-Heine-Weg
Klosterbergegarten
Erich-Weinert-Straße
BUCKAU
Elbe
Fort XII
N
250 Meter
Rotehorn-parkspitze

Wir machen uns nunmehr auf den Weg nach Magdeburg, der letzten Station auf dieser Tour. Wer unser Buch über den Harz hat, wird hier nichts Neues entdecken, dort ist Magdeburg ebenfalls enthalten. Diese Stadt ist für uns einer der Orte, von der es von dem einen Buch in das nächste übergeht. Für Magdeburg bieten sich diese beiden Stellplätze in besonderer Weise an.

(181) Offizieller WOMO-Stellplatz: Magdeburg – Petriförder

GPS: N52°07'58.4" E11°38'49.1"; Petriförder 1, 39104 Magdeburg.
Max. WOMOs: 50, maximale Länge 12 m, max. Aufenthalt 3 Tage.
Ausstattung: Frischwasserversorgung, Abwasserentsorgung ohne Bodeneinlass, Kassettenentleerung, Behälter für die Müllentsorgung, WLAN, WCs. Der Platz ist ganzjährig geöffnet.

Beschreibung: Große gepflasterte leicht abschüssige Stellflächen mit Blick auf die Elbe. Innenstadtnah, bis zum Dom sind es zu Fuß 1,5 km. Die Ver- und Entsorgungsanlage befindet sich neben der WC-Anlage auf dem PKW-Parkplatz.
Preise: 8,00 € für ein Fahrzeug, Frischwasser 1,00 €. Entleerung der Bordtoilette 1,00 €.
Zufahrt: Siehe Stadtplan. Bei der Einfahrt mittig bis zum Poller vorfahren (Abstand maximal 1 Meter). Dann am Münzautomat die Parkgebühren zahlen. Das geht nur mit 50 Cent-Stücken und 1 € + 2 €-Münzen. Dann senkt sich der Poller und der Weg zum Stellplatz ist frei. Bei der Ausfahrt senkt sich der Poller automatisch.

(182) Offizieller WOMO-Stellplatz: Yachthafen Magdeburg

GPS: N52°07'30.4" E11°38'56.1"; Am Winterhafen 1, 39114 Magdeburg.
Max. WOMOs: 20, maximale Länge 12 m, max. Aufenthalt 5 Tage.
Ausstattung: Frischwasserversorgung, Abwasserentsorgung mit Bodeneinlass, Kassettenentleerung, Stromanschlüsse, Behälter für die Müllentsorgung, WLAN. Im Servicegebäude gibt es Duschen und WCs. Der Platz ist ganzjährig geöffnet.

Beschreibung: Fünf Meter breite schattenlose geschotterte Stellflächen mit Blick auf den Yachthafen, sehr ruhig. Innenstadtnah, bis zum Dom sind es zu Fuß 2 km.
Preise: 10,00 € für ein Fahrzeug, Frischwasser 1,00 € und Strom 0,50 € pro kWh. Entleerung der Bordtoilette 1,00 €, Dusche 3,00 €.
Zufahrt: Siehe Stadtplan.

Eine weitere gute Parkmöglichkeit besteht an der Stadthalle [**183:** N52°07'10.2" E11°38'20.5"]. Auch dieser Platz ist auf dem Stadtplan verzeichnet, das 24-Stundenticket kostet hier 5,00 €.

Der Domplatz und das Landtagsgebäude in Magdeburg.

Für Magdeburg brauchen Sie ein wenig Zeit. Die Liste der aufzuzählenden Sehenswürdigkeiten dieser Stadt würde schnell mehrere Seiten füllen und wäre doch unvollständig.

Die **Ottostadt**, wie sich Magdeburg gern selber nennt, hat sich in den letzten Jahrzehnten prächtig entwickelt. Mit Otto ist nicht der Komiker aus Ostfriesland und auch nicht das Versandhaus in Hamburg gemeint. Mit dem Namen verbinden wir zunächst **Otto den Großen**, der Magdeburg zu seiner heimlichen Hauptstadt machte und von hier aus das Heilige Römische Reich regierte, wenn er sich nicht gerade in einer anderen Kaiserpfalz aufhielt oder in eine Schlacht zog. Er sorgte dafür, dass in Magdeburg ein Erzbistum errichtet wurde und ließ es zu einem bedeutenden Missionsstützpunkt ausbauen, um die heidnische Bevölkerung des Ostens zu christianisieren. Dort, wo heute der Dom steht, ließ er das St.-Mauritius-Kloster errichten, das dann zwei Jahrhunderte später dem gotischen Dom weichen musste, in dem er und seine Gemahlin ihre letzte Ruhestätte haben.

Die Stadt Magdeburg nennt mit **Otto von Guericke** einen weiteren Namenspatron für die Ottostadt. Er war Bürgermeister der Stadt, Politiker, Jurist, Physiker und Erfinder in einer Person und hatte im 17. Jahrhundert einen großen Anteil daran, die Stadt zu einem Wissenschaftsstandort zu entwickeln. Er war der Erfinder der Hubkolbenpumpe und gilt als Begründer der Vakuumtechnik. Mit seinen **"Magdeburger Halbkugeln"** versetzte er auf Ausstellungen und Veranstaltungen die Zuschauer immer wieder in Erstaunen.

Darüber können Sie auch heute noch staunen, und zwar im **Jahrtausendturm**, den Sie im Elbauenpark finden. Die Straßenbahn Linien 4 und 5 bringen Sie hin. Oder Sie nehmen das Fahrrad, das in dieser radfahrerfreundlichen Stadt für uns ohnehin das beste Fortbewegungsmittel ist. Bis zum Jahrtausendturm sind es von den Stellplätzen zwei, bzw. zweieinhalb Kilometer. Im Jahrtausendturm werden nicht nur die "Magdeburger Halbkugeln" präsentiert, sondern noch eine ganze Reihe anderer physikalischer Phänomene, die Sie ebenfalls in Erstaunen versetzen werden. Darunter das Foucaultsches Pendel, die Impulskugeln, ein Glasprisma zur Spektralzerlegung weißen Lichts, eine Röntgenröhre und vieles andere mehr. Sie werden Zeit brauchen, bis Sie die insgesamt 250 Exponate und Darstellungen auf den fünf Ausstellungsebenen gesehen und erlebt haben. Aber die Zeit vergeht wie im Flug, es ist faszinierend, was geboten wird. Es ist gleichzeitig eine Zeitreise durch die Technik- und Wissenschaftsgeschichte der Menschheit.

Der Magdeburger Dom.

Die sechzehneckige Kapelle im Dom.

Bei schönem Wetter lohnt es sich auch den Turm, der eine Kegelform hat, von außen über die 450 Meter lange Rampe zu begehen. Über die Öffnungszeiten und Eintrittspreise informiert diese Seite www.jahrtausendturm-magdeburg.de.

Es lohnt sich, ein Tagesticket für den **Elbauenpark** zu erwerben. Damit stehen Ihnen alle Attraktionen des Parks offen und auch der Eintritt in den Jahrtausendturm.

Der Jahrtausendturm im Elbauenpark.

Der Elbauenpark ist eine Mischung aus Parkanlage, Zoologischer Garten und überdimensionalem Abenteuerspielplatz. Das ganze Angebot können Sie hier nachlesen www.elbauenpark.de.

Geht es im Elbauenpark zuweilen bei hohem Besucherandrang recht turbulent zu, so ist der **Rotehornpark** auf der Insel in der Elbe sehr viel beschaulicher und ruhiger.

Es ist ein alter Landschaftspark, dessen Gestaltung bereits 1871 begann. Mit 200 Hektar Fläche ist er der größte Stadtpark in Magdeburg. Wer mit einem Hund unterwegs ist, wird diesen Park dem Elbauenpark vorziehen. Hier gibt es eigens für die Vierbelner eingerichtete Wiesen, im Elbauenpark dürfen Hunde nicht hinein.

Am Rande des Parkes liegt der Raddampfer Württemberg, ein Museumsschiff, das auch ein Restaurant beherbergt.

Von diesem Schiff ist es nicht weit zur Sternbrücke, die auf die andere Seite der Elbe führt. Entlang der Elbe führen ein Fuß- und ein Radweg zu den Sehenswürdigkeiten der Innenstadt. Es beginnt mit der **Hubbrücke**, einer stillgelegten Eisenbahnbrücke, die heute als Fußgängerübergang genutzt wird und führt weiter zur **Bastion Cleve**, einem mittelalterlichen Wehrturm der ehemaligen Festung Magdeburg.

Der Raddampfer Württemberg.

Diese Anlage wird überragt vom Dom, der nur wenige Schritte entfernt ist. Für die Besichtigung der ersten gotischen Kathedrale wird auch ein wenig Zeit benötigt. Nicht nur, um sich in der Kirche umzusehen, sondern auch um den besten Blick über Magdeburg zu haben. Der Preis, der dafür gezahlt

Das Hundertwasserhaus "Grüne Zitadelle" in Magdeburg.

werden muss, ist der Verlust einiger Schweißperlen, die bei den 433 Stufen für die Turmbesteigung automatisch anfallen. Bevor es so weit ist, sind noch 5,00 € Eintritt zu zahlen.

Die sechzehneckige Kapelle im Dom beherbergt ein thronendes Herrscherpaar. Gewöhnlich werden die Skulpturen als Darstellung Kaiser Ottos und seiner Gemahlin gesehen. Die Forschung zweifelt daran.

Der Domplatz ist eine große Freifläche, auf der einst dic Pfalz Ottos des Großen stand, die aber um 1200 durch ein Feuer vernichtet wurde. Am Rande des Platzes befindet sich das Landtagsgebäude und in einer Ecke des Platzes wird das Hundertwasserhaus **Grüne Zitadelle** sichtbar.

Nicht weit davon entfernt befindet sich das **Kloster Unser Lieben Frauen**. Es ist ein sehr bedeutendes romanisches Bauwerk, sogar das älteste der Stadt und wird heute als Kunstmuseum und für Konzertveranstaltungen genutzt. Über die Ausstellungen und die Eintrittspreise erfahren Sie alles Notwendige auf dieser Seite http://kunstmuseum-magdeburg.de.

Wer von dieser Anlage zur Elbe hinunter geht und den Weg am Fluss Richtung Stellplatz fortsetzt, der kommt an diesem Monument der Völkerfreundschaft vorbei, das 1974 geschaffen wurde. Im Hintergrund ist die Johanniskirche zu sehen, die sich unweit des Rathauses befindet. Dort ist auch der Alte Markt zu finden, auf dem der vergoldete Otto der Große zu sehen ist.

Monument der Völkerfreundschaft.

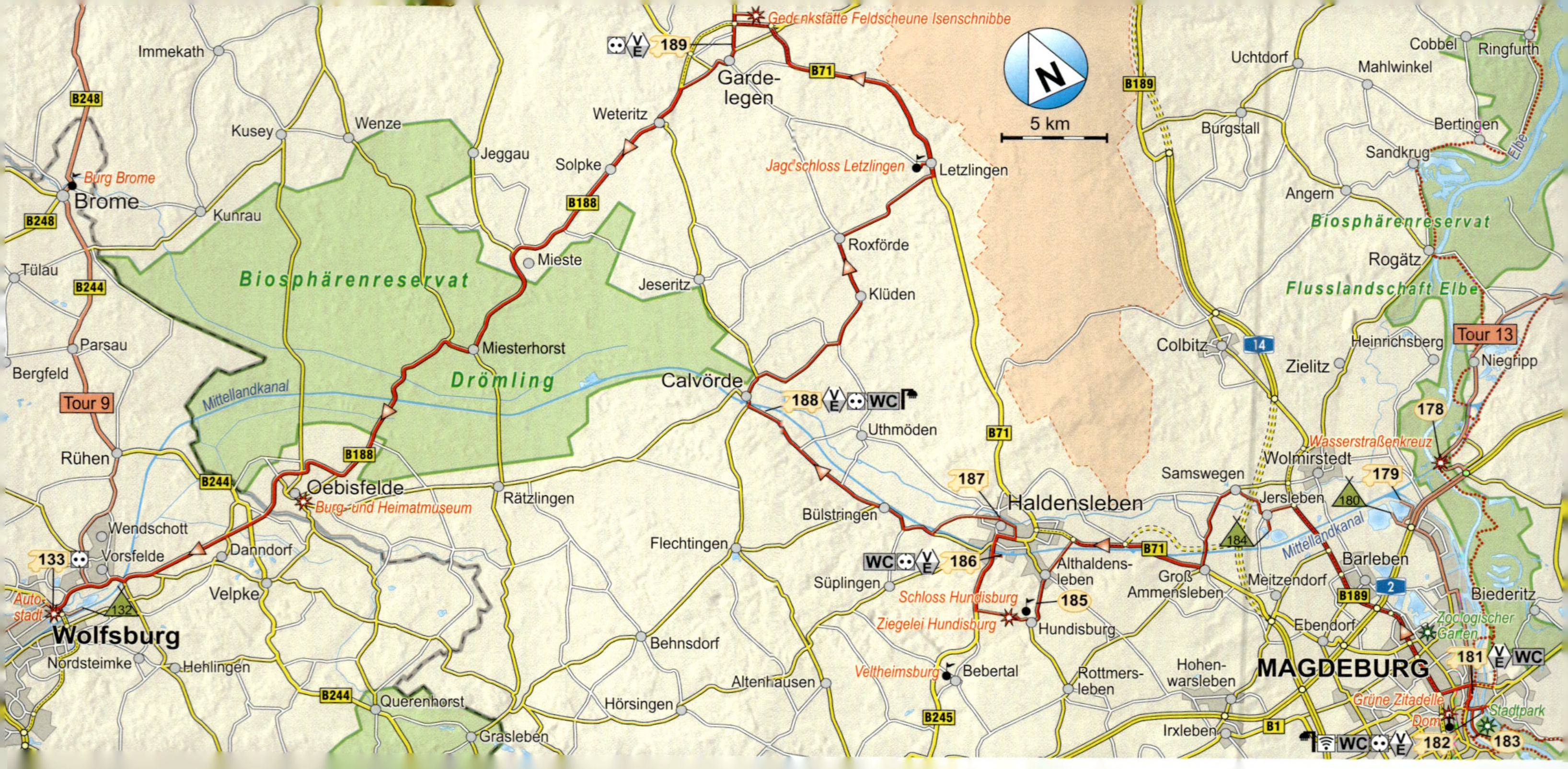

Gedenkstätte Feldscheune Isenschnibbe
189
Gardelegen
B71
5 km
B189
Uchtdorf
Cobbel
Ringfurth
Mahlwinkel
Immekath
B248
Kusey
Wenze
Weteritz
Burgstall
Bertingen
Jeggau
Solpke
Jagdschloss Letzlingen
Letzlingen
Sandkrug
Elbe
Burg Brome
Brome
Kunrau
B188
Angern
Biosphärenreservat
Roxförde
Rogätz
Mieste
Tülau
B244
Jeseritz
Klüden
Flusslandschaft Elbe
Parsau
Miesterhorst
Colbitz
14
Heinrichsberg
Tour 13
Zielitz
Niegripp
Bergfeld
Drömling
Calvörde
Mittellandkanal
Tour 9
188
WC
Uthmöden
178
B71
Wasserstraßenkreuz
Rühen
Wolmirstedt
Samswegen
179
187
180
Oebisfelde
Rätzlingen
Jersleben
Haldensleben
Burg- und Heimatmuseum
Wendschott
Bülstringen
184
Mittellandkanal
133
Vorsfelde
Danndorf
Flechtingen
186
Althaldensleben
Barleben
Groß Ammensleben
Meitzendorf
Süplingen
Velpke
185
Schloss Hundisburg
2
Biederitz
Autostadt
132
Zoologischer Garten
Ziegelei Hundisburg
Hundisburg
Ebendorf
Wolfsburg
Behnsdorf
181
Nordsteimke
Hehlingen
Hohenwarsleben
MAGDEBURG
Veltheimsburg
Bebertal
Rottmersleben
Altenhausen
Grüne Zitadelle
Querenhorst
Hörsingen
Stadtpark
Dom
B245
B1
Irxleben
Grasleben
182
183

TOUR 14 (ca. 190 km)

Jersleben – Hundisburg – Haldensleben – Calvörde – Letzlingen – Gardelegen – Wolfsburg

Stellplätze:	Hundisburg, Haldensleben, Calvörde, Gardelegen, Wolfsburg.
Campingplätze:	Jersleben, Wolfsburg.
Ver-/Entsorgung:	Haldensleben, Calvörde, Gardelegen.
Besichtigungen:	Hundisburg (Schloss, Barockgarten, Landschaftspark, Ziegelei), Haldensleben (Altstadt), Letzlingen (Jagdschloss), Gardelegen (Altstadt, Gedenkstätte Feldscheune Isenschnibbe).
Wandern/Radtouren:	Radtouren entlang des Mittellandkanals.
Baden/Wellness:	Jersleben (Badesee), Wolfsburg (Attersee, BadeLand).

Die letzte Tour in diesem Buch führt uns von Magdeburg nach Wolfsburg. Touristische Hotspots sind auf dieser Fahrt nicht zu erwarten. Langweilig wird es deshalb aber nicht. Wir werden zwei außergewöhnliche Schlösser besichtigen, eine Weile am Mittellandkanal verbringen und in Gardelegen nicht nur die Altstadt, sondern auch eine Gedenkstätte besuchen, die an eine dunkle Zeit deutscher Geschichte erinnert.

Wir durchqueren das Biosphärenreservat Drömling, das für den Wohnmobilisten keine Infrastruktureinrichtungen aufzuweisen hat. Dieses große Feuchtgebiet wird weitgehend landwirtschaftlich genutzt und ist in großen Teilen naturbelassen.

Am Ende der Reise steht Wolfsburg. Die Stadt haben wir schon in der Tour 9 besucht beschrieben, wie Sie ab Seite 224 lesen können. Wir werden die Beschreibung am Ende dieses Kapitels nicht wiederholen.

Brechen wir also nun zu dieser Reise auf und fahren von Magdeburg zunächst nach **Jersleben**. Das Dorf zählt rund 600 Einwohner. Es ist eine sehr alte Siedlung, die 1144 erstmals urkundlich erwähnt wurde.

Mit dem Bau des Mittellandkanals in den Jahren zwischen 1928 und 1935 traten einschneidende Veränderungen im Landschaftsbild südlich des Ortes ein. Um die Dämme des Kanals aufschütten zu können, wurden Unmengen Sand abgebaggert und abtransportiert. Die Bagger hinterließen eine große Grube, die sich mit Grundwasser füllte. Eine Wasserfläche von rund 40 Hektar Fläche entstand. Der **Jersleber See** wird heute für vielerlei Freizeitaktivitäten genutzt. Am Südufer stehen zahlreiche Ferienhäuser, am Nordufer gibt es einen

Der Badestrand am Jersleber See.

(184) WOMO-Campingplatz: Erholungscenter Jersleber See

GPS: N52°14'18.4" E11°34'55.9"; Kanalstraße, 39326 Niedere Börde.
Max. WOMOs: >100, maximale Länge 12 m.
Ausstattung: Frischwasserversorgung, Abwasserentsorgung mit Bodeneinlass, Kassettenentleerung, Stromanschlüsse, Behälter für die Müllentsorgung, WLAN, Restaurant, Brötchenservice. Im Servicegebäude gibt es Duschen, WCs, Waschmaschinen und Trockner sowie Babywasch- und -wickelraum. Der Platz ist von Mitte April bis Mitte Oktober geöffnet.

Beschreibung: Große sonnige, teilweise auch schattige Rasenplätze mit unmittelbaren Zugang zum Naturbadesee mit sehr guter Wasserqualität und einem sehr schönen Sandbadestrand. Restaurant mit einfacher Küche. Freie Sicht auf den See, Außenterrasse.
Preise: Die Preise sind in Haupt- und Nebensaison unterteilt. Erwachsene Person 7,00 €/6,00 €, Kind 5,00 €/4,00 €, Hund 3,50 €/3,00 €, Wohnmobil 7,00 €/6,50 €, Strom 0,50 pro kWh, Dusche 0,50 € (5 Min.).
Zufahrt: Auf der B189 in Richtung Wolmirstedt/Colbitz fahren und nach der Überquerung des Mittellandkanals die erste Abfahrt nehmen, in die Ortsmitte von Jersleben fahren und dort links in die Kanalstraße abbiegen und der Straße bis zum See folgen.
Reservierung/Kontakt: Tel.: 039203/5654190
E-Mail: info@jerslebersee.de, Web: www.jerslebersee.de.

großen Campingplatz sowie einen Zugang zum Badesee für Tagesgäste. Die Wasserqualität des Sees ist ausgezeichnet. Die Anlage ist nicht überlaufen und die Wahrscheinlichkeit, auch in der Hochsaison einen Platz zu bekommen, sehr groß. Trotzdem sollte eine Anfrage oder eine Reservierung vorgenommen werden.

Von diesem schönen See machen wir uns nun auf nach **Hundisburg**. Das Schloss und der Barockgarten sowie der benachbarte Landschaftspark Althaldensleben wurden nach der Wende aus dem Dornröschenschlaf erweckt und erstrahlen seit einigen Jahren in neuem Glanz. Bislang gehören Sie zu den weniger beachteten Garten- und Schlossanlagen. Wer sich dieses Areal anschaut, wird überrascht sein. Wir waren es jedenfalls, denn so richtig auf dem Schirm hatten wir diese Anlage bislang nicht. Nun gut, schauen wir uns die Anlage an. Den Parkplatz erreichen Sie mit diesen Koordinaten [**185:** N52°15'01.0" E11°24'25.1"]. Er ist sehr viel größer, als das Bild vermuten lässt. Hier können Sie eine ruhige Nacht verbringen, wenn Sie sich die Füße in dem weitläufigen Landschaftspark müde gelaufen haben und nach einem ausgiebigen Abendessen im Schloss-Restaurant nicht mehr weiterfahren möchten. Von diesem Parkplatz sind es nur 400 Meter bis zu dem Schloss. Sie durchschreiten auf dem Weg dorthin bereits einen kleinen Teil des Landschaftsparks. Große Hinweistafeln geben eine Orientierung über das gesamte Areal, das wir nun besuchen wollen.

Parkplatz Schloss Hundisburg.

Die Geschichte des Schlosses und des Landschaftsparkes haben wir für Sie kurz zusammengefasst.

Schloss Hundisburg.

Schloss Hundisburg
Barockgarten und Landschaftspark

Das Schloss und der Barockgarten haben eine äußerst lange wechselvolle Geschichte.

Erstmals erwähnt wurde das Schloss 1140. Zu diesem Zeitpunkt handelte es sich noch um eine Burganlage, die als Grenzsicherung des Erzbistums Magdeburg diente. Der Bergfried aus dieser Zeit ist noch erhalten.

Mitte des 15. Jahrhunderts übernimmt die Adelsfamilie von Alvensleben die Burganlage. Mitte des 16. Jahrhunderts wird die Burg zu einem Renaissanceschloss ausgebaut. Zwischen 1693 und 1712 lässt **Johann Friedrich II. von Alvensleben** die Anlage zu einem prächtigen Barockschloss umbauen und parallel dazu einen Barockgarten anlegen, der einen Vergleich mit dem Großen Garten in Hannover Herrenhausen nicht scheuen musste, wenn man sich die alten Stiche dieser Anlagen anschaut. Berühmte Gäste verweilten in dem Schloss. Unter anderem **Gottfried Wilhelm Leibniz**, der Kurfürstin Sophie bei der Gestaltung des Großen Gartens in Hannover beriet (siehe Seite 149). Alvensleben wird sich mit ihm über die Gestaltung des Gartens ausgetauscht haben. Weitere berühmte Gäste waren u.a. Friedrich I., Friedrich Wilhelm I. und Friedrich II. von Preußen.

Zu Beginn des 19. Jahrhunderts übernimmt der Magdeburger Kaufmann **Johann Gottlob Nathusius** Schloss Hundisburg und beginnt mit der Anlage von Landschaftsgärten. Seine Söhne erweitern den gesamten Komplex, bis Ende des 19. Jahrhunderts ein großer zusammenhängender Park entstanden ist, der bis zu der Klosteranlage in Althaldensleben reicht, die heute als Berufsschulzentrum genutzt wird.

Nach dem Zweiten Weltkrieg werden sowjetische Truppen in das Schloss einquartiert. Im November 1945 kommt es durch Unachtsam-

Ein Teil des Barockgartens von Schloss Hundisburg.

keit zu einem verheerenden Brand, der zwei Drittel des Schlosses zerstört.

Die Gartenanlagen werden in den Folgejahren als Volksgut betrieben, die Schlossruine verfällt mehr und mehr. Der Barockgarten wird als Fußballplatz genutzt.

Nach der Wende beginnt die Zeit des Umbruchs. Ab 1991 wurden nach und nach das Schloss, der Barockgarten, das Wegenetz und der Landschaftsgarten wieder in ihren ursprünglichen Zustand versetzt. Der Prozess ist noch nicht abgeschlossen, aber das, was bislang erledigt wurde, kann sich sehen lassen. Das Schloss ist wieder Treffpunkt kultureller Veranstaltungen. Es gibt verschiedene Ausstellungen. Die Werke des Bildhauers Heinrich Apel haben hier einen dauerhaften Platz gefunden. Im Nordturm des Schlosses ist heute das **"Haus des Waldes"** untergebracht, ein Informationszentrum, das sich der Ökologie des Waldes und der Forstwirtschaft angenommen hat. Ein Restaurant bewirtet hungrige Gäste. Die Öffnungszeiten können Sie hier nachlesen https://schlossrestaurant-hundisburg.de und dabei auch gleich einen Blick in die Speisekarte werfen.

Das gesamte kulturelle Angebot des Schlosses finden Sie auf dieser Seite www.schloss-hundisburg.de. Dort sehen Sie auch eine kartographische Darstellung des weitläufigen Landschaftsparks und des Barockgartens. Wenn Sie sich Schloss und Garten näher erläutern lassen möchten, so können Sie sich einer Führung anschließen. Die notwendigen Informationen dazu gibt es ebenfalls auf der genannten Seite. Da diese Anlage zu den "Gartenträumen" Sachsen-Anhalts gehört, finden Sie auch hier https://gartentraeume-sachsen-anhalt.de eine Beschreibung der Parkanlagen, die mit zahlreichen Fotos ausgeschmückt ist. Der Landschaftspark und der Barockgarten sind über das gesamte Jahr hinweg frei zugänglich.

In den Gartenanlagen von Schloss Hundisburg.

Mit dem WOMO geht es nun weiter nach Haldensleben. Auf dem Weg dorthin passieren wir die **Ziegelei Hundisburg**. Es ist ein technisches Denkmal, das noch in Betrieb ist. Es produziert auf althergebrachte Weise Ziegel, die für die Instandsetzung von Denkmälern Verwendung finden. In diesem Betrieb lässt man sich gern von Besuchern auf die Finger schauen. Öffnungszeiten und weitere Informationen zu diesem Denkmal finden Sie hier www.ziegelei-hundisburg.de.

Wir fahren weiter nach Haldensleben und steuern dort den Stellplatz am Sportboothafen am Mittellandkanal an.

(186) Offizieller WOMO-Stellplatz: Wassersportfreunde Haldensleben

GPS: N52°16'45.3" E11°24'08.1"; Kronesruhe 25, 39340 Haldensleben.
Max. WOMOs: 15, maximale Länge 10 m.

Ausstattung: Frischwasserversorgung, Abwasserentsorgung mit Schlauch möglich, Kassettenentleerung, Stromanschlüsse, Behälter für die Müllentsorgung, WLAN, Brötchenservice, Duschen, WC, Grillstelle. Der Platz ist von Anfang April bis Ende Oktober geöffnet.
Beschreibung: Sonnige Rasenplätze am Hafenbecken, sehr ruhig. Innenstadt rund 2 Kilometer, Supermarkt rund 500 Meter entfernt.
Preise: 12,00 € für ein Fahrzeug mit 2 Personen, Frischwasser 1,00 € und Strom 0,50 € pro kWh. Dusche 1,00 € (4 Min.). Abwasserentsorgung und Entleerung der Bordtoilette ist kostenfrei, WLAN ebenso. Hunde sind auf dem Gelände angeleint erlaubt. Die Bezahlung erfolgt bei der Hafenmeisterin.
Zufahrt: Am Ortseingang von Haldensleben im ersten Kreisverkehr die erste Ausfahrt nehmen, die Straße bis zum Ende durchfahren, dann links abbiegen und wenige Meter später rechts in das Hafengelände abdrehen und noch ein paar Meter weiterfahren.

Der Stellplatz eignet sich gut für einen längeren Aufenthalt. Wer nur kurzfristig parken will, um sich Haldensleben anzuschauen, der findet hier am Stendaler Tor einen kostenlosen Parkplatz [**187:** N52°17'35.8" E11°24'45.2"].

Das Stendaler Tor in Haldensleben.

Die Altstadt von Haldensleben ist von einer fast zwei Kilometer langen Stadtmauer umgeben, die sich in einem Oval um die Altstadt schmiegt. Diese ist durch die Anlage von rechtwinkelig zueinanderstehenden Straßen gekennzeichnet. Zwei Türme der ehemaligen Stadtbefestigung sind noch erhalten. Der **Stendaler Turm** ist einer davon.

An zentraler Stelle befindet sich der Marktplatz mit dem klassizistischen Rathaus. Davor steht der **Haldensleber Roland**. Es gibt noch einige Fachwerkhäuser in dieser Stadt, von denen das **Kühnsche Haus** in der Hagenstraße sicher das schönste ist.

Haldensleber Roland.

Die Zahl der Restaurants und Cafés ist sehr überschaubar. Ein Besuchermagnet ist die Innenstadt ganz sicher nicht.

Wir beenden unseren Besuch in Haldensleben und fahren weiter nach Calvörde. Dort werden wir uns nicht lange aufhalten. Wir suchen nur kurz den Stellplatz am Mittellandkanal auf, schauen uns dort das Wassersportangebot an und fahren danach gleich weiter nach Letzlingen.

(188) Offizieller WOMO-Stellplatz: Sportboothafen Calvörde

GPS: N52°23'01.0" E11°18'00.9"; 39359 Calvörde.
Max. WOMOs: 9, maximale Länge 8 m.

Ausstattung: Frischwasserversorgung, Abwasserentsorgung mit Bodeneinlass, Kassettenentleerung, Stromanschlüsse, Behälter für die Müllentsorgung, WLAN, Brötchenservice. Im Servicegebäude gibt es Duschen, WCs. Der Platz ist ganzjährig geöffnet.
Beschreibung: Schattige Plätze zwischen der Landstraße und dem Hafenbecken. Vermietung von Drachenboot, Tretboot- und Fahrradverleih.
Preise: 10,00 € für ein Fahrzeug, Frischwasser 2,00 € und Strom 2,00 € pro Tag. Abwasserentsorgung und Entleerung der Bordtoilette ist kostenfrei. Drachenboot inkl. Steuermann 80,00 €, Tretboot 10,00 € für eine Stunde oder 50,00 € für einen ganzen Tag, Fahrrad 5,00 € pro Tag. Bezahlung erfolgt beim Hafenmeister.
Zufahrt: Den Hinweisschildern zum Hafen folgen, kurz vor Calvörde rechts abbiegen.

Über die Dörfer geht es von Calvörde nach **Letzlingen**. Große landwirtschaftliche Betriebe, die auf großen Feldern mit überdimensional großen Traktoren und Maschinen auf diesen arbeiten, prägen diesen Landstrich. Wenn auf den schmalen Straßen so ein Ungetüm von Traktor mit mannshohen Reifen entgegenkommt, dann verkrümelt man sich so weit es geht an den rechten Straßenrand und lässt ihn passieren.

Jagdschloss Letzlingen.

Kurfürst Johann Georg von Brandenburg ließ an diesem Ort die Hirschburg als herrschaftliches Jagdhaus errichten. Unter dem Preußenkönig Friedrich Wilhelm IV. wurde dieses Haus 1843 zu einem Schloss im neugotischen Tudorstil umgebaut. Auch die repräsentative Kirche wurde im Tudorstil errichtet und 1861 durch den späteren Kaiser Wilhelm I. geweiht.

Schlosskirche Letzlingen.

Monarchen und Staatsmänner aus ganz Europa wurden hierher eingeladen. Die Letzlinger Hofjagden waren gesellschaftliche Ereignisse von hohem Rang. Die letzte Jagd fand 1912 statt. Danach wurde es als Schulgebäude genutzt. Im Zweiten Weltkrieg wurde es ein Lazarett und nach dem Krieg diente es bis 1991 als Krankenhaus.

Heute sind hier ein Restaurant und ein kleines Museum untergebracht, die Kirche wird neben Gottesdiensten für kulturelle Veranstaltungen genutzt.

In dem Restaurant lässt es sich königlich speisen. Die Preise halten sich im Rahmen. Das Jagdschloss zu finden ist nicht schwer. Es ist gut ausgeschildert, den Parkplatz erreichen Sie mit diesen Koordinaten [N52°26'47.2" E11°28'57.4"].

Von Letzlingen fahren wir weiter nach **Gardelegen**. Bevor wir die Stadt besuchen, begeben wir uns zu der **Gedenkstätte Feldscheune Isenschnibbe**. Wir erreichen den Besucherparkplatz mit diesen Koordinaten [N52°32'22.0" E11°25'25.6"]. An diesem Ort wurden in den letzten Kriegstagen am 13. April 1945 in einer Feldscheune 1016 KZ-Häftlinge aus vielen europäischen Ländern ermordet. Auf dem Ehrenfriedhof sind die Opfer des Massakers beigesetzt.

Gräber auf dem Ehrenfriedhof.

Auf zahlreichen wetterfesten Tafeln werden die Ereignisse, die sich hier in den letzten Kriegstagen zugetragen haben, mit vielen Fotos präsentiert. Es ist nicht schön, das zu lesen. Einfach unfassbar!

Da braucht man einen Moment, um wieder auf Tagesbetrieb umzustellen.

Wir fahren den Stellplatz in Gardelegen an, den wir hier kurz vorstellen und machen im Anschluss daran einen kleinen Stadtbummel.

(189) Offizieller WOMO-Stellplatz: Gardelegen – Wohnmobilstellplatz der Lebenshilfe

GPS: N52°31'52.4" E11°24'09.8"; Bismarker Str. 18, 39638 Gardelegen.
Max. WOMOs: 10, maximale Länge 12 m.

Ausstattung: Frischwasserversorgung, Abwasserentsorgung mit Bodeneinlass, Kassettenentleerung, Stromanschlüsse, Behälter für die Müllentsorgung. Der Platz ist von November bis Februar geschlossen.
Beschreibung: Große schattige Plätze auf Asphalt.
Preise: 5,00 € für ein Fahrzeug, Frischwasser 1,00 € und Strom 0,50 € pro kWh. Entleerung der Bordtoilette 1,00 € Abwasserentsorgung kostenlos.
Zufahrt: Nach der Abfahrt von der B188 im ersten Kreisverkehr die zweite Ausfahrt nehmen, am Friedhof vorbeifahren und dann rechts abbiegen.

Die Wallanlagen der ehemaligen Stadtbefestigung wurden zu einer großen Grünanlage umfunktioniert, die die Stadt mit

Das Salzwedeler Tor, markantes Bauwerk der Stadtbefestigung.

ihren Sehenswürdigkeiten umschließt. Von der Stadtbefestigung ist das **Salzwedeler Tor** das markanteste Gebäude, was noch erhalten geblieben ist.

In der Innenstadt ist das Rathaus, das auf einem dreieckigen Platz steht und eine spätgotische Backsteinfassade und einen markanten Turm aufzuweisen hat, besonders auffallend. Es wurde als Kauf- und Schauhaus 1241 errichtet. Der **Roland** zu Füßen des Rathauses, Zeichen von Macht und Größe der alten Hansestadt, ist jüngeren Datums, wie deutlich zu sehen ist. Diese Figur ersetzte eine ältere, die dem Zahn der Zeit nichts mehr entgegenzusetzen hatte. Backsteingotik tritt in der Kirche **St. Nikolai** deutlich zutage. Sie wurde bei einem Bombenangriff am 15. März 1945 stark zerstört und blieb eine Ruine. Die Marienkirche zeigt einen Stilmix hier lassen sich sowohl romanische wie gotische Element erkennen.

Rathausturm in Gardelegen.

Am meisten Leben herrscht rund um den Marktplatz. Hier gibt es einige wenige Restaurants und Cafés. Wie bei Haldensleben müssen wir auch hier feststellen, das diese Stadt kein Touristenmagnet ist.

Wir begeben uns nun auf den Weg nach Wolfsburg. Wir passieren dabei das **Biosphärenreservat Drömling**, in dem wir aber noch keine ausgewiesenen Rundwanderwege oder Informationszentren, wie sie sonst bei anderen Reservaten üblich sind, entdecken können. Aber das kommt sicher noch, das Biosphärenreservat ist ja noch jung. Auf dieser Seite können Sie mehr darüber erfahren www.biosphaerenreservat-droemling.de.

In **Oebisfelde** gibt es ein **Burg- und Heimatmuseum**, das Sie mit diesen Koordinaten erreichen [N52°25'40.9" E10°59'12.7"]. Es ist ein regionalgeschichtliches Museum, das sich neben dem Lebensalltag auch mit der ehemaligen innerdeutschen Grenze beschäftigt. Darauf möchten wir noch hinweisen, bevor wir unsere Reise und dieses Buch in Wolfsburg (siehe Seite 224) beenden.

Tipps und Infos – alphabetisch sortiert

Baden/Wellness

Es gibt eine große Summe an Frei- und Hallenbädern auf die wir immer wieder hingewiesen haben, ohne jedoch dabei den Anspruch auf Vollständigkeit erheben zu wollen.

Ein großes Thema sind in den letzten Jahren die Kurbäder geworden, die in der Regel nicht nur verordnete Kuren durchführen, sondern ihre Angebote auch auf das Thema **Wellness** ausgerichtet haben. Viele davon haben einen Wohnmobilstellplatz in unmittelbarer Nähe, manche so nah, dass man theoretisch im Bademantel vom Womo in das entsprechende Bad gehen kann. Wir haben sie aufgenommen und sie im Stichwortverzeichnis aufgeführt.

Campingplätze

Die Zahl der Campingplätze ist groß in Niedersachsen und Sachsen-Anhalt. Wir haben nicht alle aufgenommen, sondern sehen sie als Alternative zu nicht vorhandenen Stellplätzen. Wir wählen einen Campingplatz aber auch dann, wenn er besonders schön an einem Fluss oder einem See liegt, während der ausgewiesene Stellplatz nur eine Ecke auf einem Großparkplatz an einer viel befahrenen Straße ist oder in der Nähe einer viel befahrenen Bahnstrecke liegt.

e-bike Ladestationen

Mittlerweile sind sehr viele Radler mit einem sogenannten e-bike unterwegs. Wir haben an vielen Stellen in unserem Reisegebiet Ladestationen vorgefunden, die ein kostenloses Nachladen des Akkus ermöglichen. Es empfiehlt sich also bei einer längeren Tour das Ladekabel für das eigene Rad mitzuführen, um unterwegs neue Kraft für das Rad tanken zu können.

Freies Campen/Freies Übernachten

Nicht jeder traut sich auf einem Waldparkplatz oder an einem still verschwiegenen See ohne eine Menschenseele um sich herum sein Womo abzustellen und zu übernachten. Uns stört es nicht, wenn in der Nacht der Waldkauz ruft oder wenn es im Gebüsch auch einmal knackt. Unter Sicherheitsaspekten betrachtet erscheint uns dies sogar besser, denn Spitzbuben, die auf Diebestour sind, gehen eher dort hin, wo sie nicht lange suchen müssen. Außerdem haben wir immer unsere drei treuen Begleiter dabei, die schlagen jeden in die Flucht, wenn es denn sein muss.

Gasversorgung

Graue Campinggasflaschen werden in fast allen Baumärkten zu den üblichen Ladenöffnungszeiten zum Tausch angeboten. LPG-Tankstellen gibt es mittlerweile sehr viele. Sie aufzuführen würde den Rahmen dieses Büchleins sprengen.

Gaststätten und Spezialitäten

Kulinarisch haben die Regionen, die wir in diesem Buch durchfahren haben, einiges zu bieten. Nicht alle Restaurants fühlen sich der traditionellen Küche verpflichtet. Wer aber bekannte traditionelle Gerichte probieren möchte, der sollte auf den Speisekarten oder beim Bäcker und Metzger nach folgenden Gerichten Ausschau halten:

Baumkuchen

Vor offener Flamme gebackener mehrlagiger Kuchen, der aufgeschnitten wie eine Baumscheibe mit Jahresringen aussieht. Eine besondere Spezialität, die in Salzwedel hergestellt wird.

Heidehonig

Der Nektar der Heideblüten, den zigtausende Bienen in der Lüneburger Heide einsammeln, führt zu einem besonderen Honig mit geleeartiger Konsistenz.

Heidschnuckenpfanne/-braten

Lammkeule mit Wacholderbeeren, Kartoffeln und Gemüse. Hier hat jedes Restaurant in der Heide sein eigenes Rezept.

Heidschnuckensülze

Wie eine klassische Sülze, nur das hier Heidschnuckenfleisch zum Einsatz kommt. Die Sülze gibt es in Dosen bei Schlachtern und in Supermärkten zu kaufen.

Heidschnuckenwurst

Salamiartige Wurst, die hauptsächlich aus dem Fleisch der Heidschnucken besteht.

Hochzeitssuppe

Eine Spezialität, die besonders in der Altmark auf keiner Speisekarte eines gutbürgerlichen Restaurants fehlt. Sie besteht aus einer Brühe, mit Spargel, Eierstich und Gehacktesklößchen.

Luffen

Luffen sind kleine Rosinenbrote aus Hefeteig. Es ist eine Spezialität aus der Lüneburger Heide und dem Hildesheimer Raum. Sie werden ohne Belag gegessen.

Soljanka

Eher ein Überbleibsel aus der DDR-Küche. Diese herzhafte Suppe aus Zwiebeln, Tomaten, Sauerrahm, Gewürzgurken und Wursteinlage finden Sie auf fast jeder Speisekarte in Sachsen-Anhalt.

Verdener Pferdeäpfel

Sie sehen aus wie Pferdeäpfel, werden allerdings aus Schokolade gemacht. Eine süße Versuchung, die besonders in Verden an der Aller angefertigt wird.

GPS/Navigation

Ohne ein Navigationsgerät ist heute kaum noch jemand unterwegs. Wir halten diese Geräte für äußerst nützlich, nur blind vertrauen sollte man ihnen nicht. Hinter jeder Programmierung und Datenerfassung steht ein Mensch und der macht nun einmal Fehler, falsche Wegweisung ist deshalb nicht ausgeschlossen. Navigationsgeräte führen zwar zielgenau zu den eingegebenen Koordinaten, eine Übersicht bieten sie jedoch nicht und eine räumliche Orientierung vermitteln sie auch nicht. Nehmen Sie ergänzend zu Ihrem Navi eine gute Landkarte zur Hand, damit Sie ein Gefühl dafür bekommen, in welcher Lage sich die einzelnen Städte oder Sehenswürdigkeiten zueinander befinden.

Internet/WLAN

Neben den Navigationsgeräten hat die mehr oder minder starke Konnektivität mit dem Internet in den letzten Jahren stark zugenommen und wird in den nächsten Jahren noch sehr viel stärker zunehmen. Nicht überall sind auf den Stellplätzen schnelle Verbindungen vorhanden. Wenn das Smartphone 3G oder H anzeigt, wissen Sie, dass Sie keine hohe Surfgeschwindigkeit erwarten können. Erscheint GPRS oder ein E in der oberen Displayecke kann von Geschwindigkeit keine Rede mehr sein. Bei 4G oder LTE in der Anzeige ist die Geschwindigkeit relativ hoch. Bei schnellen Verbindungen macht es Sinn, sich die Webseiten anzuschauen, auf die wir in diesem Buch hingewiesen haben. Darunter befinden sich auch Hinweise auf Videos. All diese Informationen betrachten wir als Unterstützung für einen interessanten und unterhaltsamen Urlaub.

Bis der 5G-Standard installiert ist und das alles noch schneller geht, wird es wohl noch eine Weile dauern. Dort, wo es an Stellplätzen einen WLAN-Zugang gibt, haben wir es vermerkt.

Kartenmaterial und Literatur

Ergänzend zu Ihrem Navi sollten Sie gutes Kartenmaterial mit sich führen. Wir waren mit Kartenmaterial im Maßstab 1:300.000 vom ADAC-Verlag unterwegs und haben auch immer Kartenmaterial aus dem Kunth-Verlag an Bord. Aus den jeweiligen Verlagsverzeichnissen lassen sich die Karten und Autoatlanten für Ihr Zielgebiet gut entnehmen.

Für die Planung der Wanderungen bevorzugen wir die Karten der Landesvermessungsämter. Welche Karten das sind, erfahren Sie bei den jeweiligen Wanderbeschreibungen. Darüber hinaus haben wir uns auch mit den Produkten eingedeckt, die regional an den Kiosken oder Tourist-Infos angeboten werden.

Natürlich macht auch eine Internetrecherche zu den jeweiligen Zielgebieten Sinn. Auch wenn jede Tourist-Info ihre „Website" anders aufbaut und man sich immer wieder neu in den Seiten zurechtfinden muss, lassen sich doch einige nützliche Informationen gewinnen. Man sollte nur immer daran denken, dass diese Informationen nicht uneigennützig ins Netz gestellt werden. Mittlerweile werden auf den Seiten der Tourismusämter gute Karten im PDF-Format zum download angeboten. Wir haben auch diese genutzt, auf das Tablet gespeichert und das Gerät in den Rucksack gepackt. Bei unseren Beschreibungen der Wanderungen und Radwandtouren haben wir immer wieder darauf hingewiesen und links in den Texten dazugestellt. Nützlich ist es auch, Wandertafeln mit dem Smartphone oder dem Tablet abzufotografieren und das Foto unterwegs immer wieder zur Orientierung aufzurufen.

Kleingeld/Münzen

Die Parkautomaten, die Münzautomaten an den Stromsäulen und an den Sanitärstationen verlangen nach Kleingeld. Achten Sie darauf, immer einen Vorrat an 50 Cent und 1-Euro-Münzen mitzuführen. Wir haben uns dazu eine kleine Schachtel im Handschuhfach bereitgelegt, die immer wieder mit dem Wechselgeld nach Einkäufen gefüttert wird.

Toiletten/Toilettenentsorgung

Auf unseren Touren haben wir darauf geachtet, eine Vielzahl von Plätzen zu finden, die sachgerechte Ver- und Entsorgungseinrichtungen haben. Die Entsorgung ist kein Kostenfaktor und es sind genügend Stationen in diesem Buch genannt. Es gibt also wirklich keinen Grund, den Inhalt der Bordtoilette hinter irgendeinem Busch zu entleeren. Die Stationen sind in den Tourenkarten gut erkennbar. Vielleicht müssen Sie mal auf eine Station aus einer Nachbartour ausweichen, auch diese Möglichkeit ist in den Tourenkarten gut ablesbar.

Für den Notfall haben wir uns eine zweite Kassette zugelegt, die bei Bedarf gegen die volle getauscht wird. Ansonsten gilt: Vorausschauend Ver- und Entsorgen und nicht bis auf den letzten Drücker warten.

Trinkwasserversorgung/Grauwasserentsorgung

Hier gilt das gleiche wie für die Toilettenver- und entsorgung. Erfahrungsgemäß ist die Toilette schneller voll als der Abwassertank. Wir arbeiten die Frischwasseraufnahme, Grauwasser- und Toilettenentsorgung immer an einer Service-Station nacheinander ab, egal wie dringend notwendig das eine oder andere gerade auch ist.

Wandern und Radwandern

Die gesamte Region ist zum Wandern und Radeln ideal. Wir haben uns bemüht, einige der interessantesten Routen im Buch zu berücksichtigen. Es gibt jedoch noch wesentlich mehr Wege, die entdeckt, durchschritten bzw. durchfahren werden wollen. Um diese zu erkunden, empfehlen wir die amtlichen Wanderkarten und Radwanderkarten und Radwanderbücher, die z.B. entlang der Weser, entlang der Aller und entlang der Elbe zu bekommen sind. Die Beschilderung der Radwege ist durchweg als gut zu bezeichnen, die Richtungshinweise sind klar verständlich und mit Kilometerangaben versehen.

Zum Schluss: Die große Wohnmobilfahrerfamilie

Urlaub mit dem Wohnmobil ist etwas ganz Besonderes. Man kann die Freiheit genießen, ist ungebunden, dennoch immer zu Hause und lebt mitten in der Natur. Seit mehr als 30 Jahren geben wir Ihnen mit unseren Reiseführern eine Anleitung für diese Art Urlaub mit auf den Weg. Außer den umfangreich recherchierten Touren haben wir viele Tipps allgemeiner Art zusammengetragen, unter ihnen auch solche, die für einen Womo-Urlauber eigentlich selbstverständlich sein sollten. Weil wir als Wohnmobilisten die Natur in ihrer ganzen Schönheit und Vielfalt zu schätzen wissen, haben wir auch eine besondere Verantwortung ihr gegenüber, die wir nicht einfach auf andere abwälzen dürfen.

Jährlich erhalten wir viele Zuschriften, Grüße von Lesern, die mit unseren Reiseführern einen schönen Urlaub verbracht haben und sich herzlich bei uns bedanken. Wir erhalten Hinweise über Veränderungen an den beschriebenen Touren, die uns bei der Aktualisierung der Reiseführer helfen.

Aber: Wir erhalten auch Zuschriften über das Verhalten von Wohnmobilfahrern, die sich egoistisch, rücksichts- und verantwortungslos der Natur und ihren Mitmenschen – Urlaubern und Einheimischen – gegenüber verhalten. In diesen Briefen geht es um die Themen Müllbeseitigung, Abwasser- und Toilettenentsorgung. Es soll immer noch Wohnmobilurlauber geben, die ihre Campingtoilette nicht benutzen, dafür lieber den nächsten Busch mit Häufchen und Toilettenpapier „dekorieren"; die den Abwassertank nicht als Tank nutzen, sondern das Abwasser einfach durchfließen lassen, die ihren Müll neben dem Wohnmobil „vergessen" und sich davon machen.

Liebe Leser!

Wir möchten Sie im Namen der gesamten Womo-Familie bitten: Helfen Sie aktiv mit, diese Schweinereien zu unterbinden! Jeder Wohnmobilurlauber trägt eine große Verantwortung und sein Verhalten muss dieser Verantwortung auch gerecht werden. Bestimmt hat mancher, dem Sie auf Ihrer Tour begegnen und sich unwürdig verhält, das gleiche Büchlein in der Hand wie Sie. Er weiß zumindest jetzt, worum es geht. Sprechen Sie ihn an und weisen Sie ihn auf sein Fehlverhalten hin.

Der nächste freut sich, wenn er den Stellplatz sauber vorfindet, denn auch er hat sich seinen Urlaub verdient!

Vor allem aber: Wir erhöhen damit die Chance, dass uns unsere über alles geliebte Wohnmobil-Freiheit noch lange erhalten bleibt.

Helfen Sie mit, den guten Ruf unserer Womo-Familie zu wahren! Tragen Sie dazu bei, dass einzelne ihn nicht in den Schmutz ziehen! Wir danken Ihnen im Namen aller Womo-Freunde –

Ihr WOMO-Verlag

Stichwortverzeichnis

Bildnachweis:
Alle Fotos stammen von den Autoren mit Ausnahme folgender Aufnahmen: Meyerhof in Scheeßel Seite 54 © Heimatverein Scheeßel; Bibliothek der Königin Seite 145 © Patrice Kunte; Luftaufnahme Campingplatz Auf der Hude Seite 176 © Campingplatz Winsen; Kanutouren Seite 178 © Meyers Kanatour; Kanutour auf der Ilmenau Seite 201 © UC (Uhlenköper-Camp); Mühle Auguste Seite 210 © Tiedeke Heilmann; Burg Brome Seite 223 © Rüdiger Rodloff; Campingpark Seite 278 © Camingpark Fuhrenkamp

Karten:
Alle Karten wurde erstellt von Heiner Newe. Die Stadtpläne unter Verwendung der Daten von © **OpenStreetMap contributors**.

Der WOMO-Knackerschreck

* ist die universelle und **sofort sichtbare Einbruchssperre**.
* Wird einfach in die beiden Türarmlehnen eingehängt, zusammengeschoben und abgeschlossen.
* Passend für Ducato, Peugeot, Renault Master, MB Sprinter und VW (alle Typen).
* Krallen aus 10 mm massivem, einbrennlackiertem Stahl, d. h. nahezu unverwüstlich.

Nur 59,90 € – und nur bei WOMO!

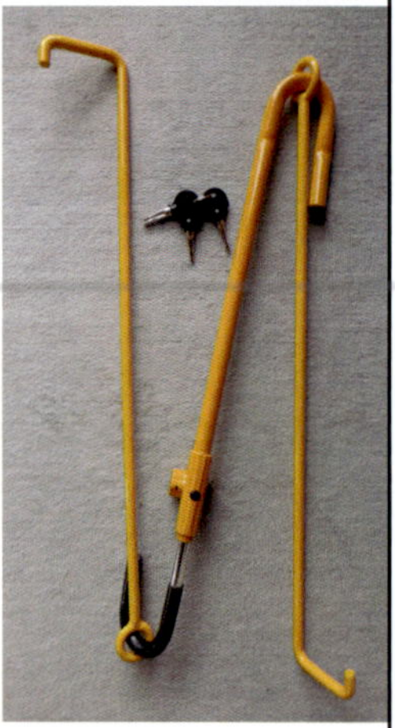

Der WOMO-Aufkleber

* passt mit 14 cm Breite auch auf Ihr Wohnmobil.
* ist das weit sichtbare Symbol für alle WOMO-Freunde.

0,00 € – und nur bei WOMO!

Der WOMO-Leserservice

Passend zu unseren Reiseführern bieten wir in unserem Online-Buchshop unter **www.womo.de** an:

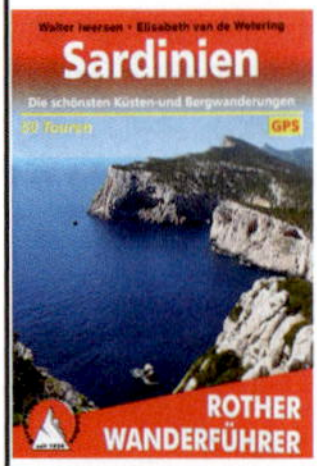

* Die besten **Autokarten** von Michelin, Freytag & Berndt, Reise-know-how, die garantiert die komplette Reiseroute abdecken.
* Die Kauderwelsch-**Wörterbücher** für jede Sprache unserer Reiseländer.
* Von jedem Reiseland mindestens einen Rother-**Wanderführer** über die schönsten Wanderregionen.
* Die **GPS-Daten** aller Bücher in den Versionen (.gpx und .kml) zum Download für die schnelle Übertragung auf Ihr Navi.

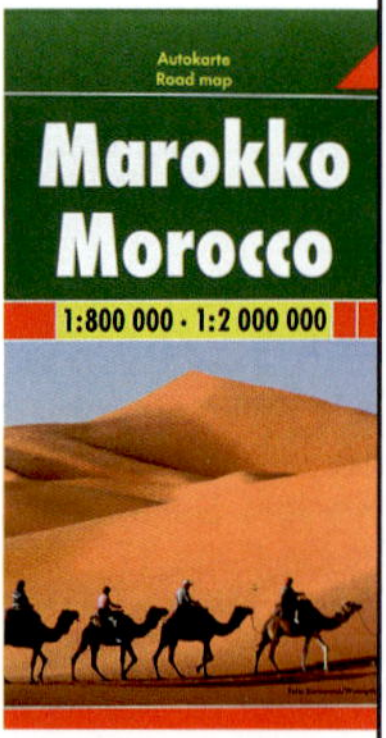

Info-Blatt aus dem WOMO-Buch: Lüneburger Heide '21

Lokalität: Seite: Datum:
(Stellplatz, Campingplatz, Wandertour, Gaststätte, usw.)

unverändert gesperrt/geschlossen folgende Änderungen:

Lokalität: Seite: Datum:
(Stellplatz, Campingplatz, Wandertour, Gaststätte, usw.)

unverändert gesperrt/geschlossen folgende Änderungen:

Lokalität: Seite: Datum:
(Stellplatz, Campingplatz, Wandertour, Gaststätte, usw.)

unverändert gesperrt/geschlossen folgende Änderungen:

Lokalität: Seite: Datum:
(Stellplatz, Campingplatz, Wandertour, Gaststätte, usw.)

unverändert gesperrt/geschlossen folgende Änderungen:

Lokalität: Seite: Datum:
(Stellplatz, Campingplatz, Wandertour, Gaststätte, usw.)

unverändert gesperrt/geschlossen folgende Änderungen:

Lokalität: Seite: Datum:
(Stellplatz, Campingplatz, Wandertour, Gaststätte, usw.)

unverändert gesperrt/geschlossen folgende Änderungen:

Meine Adresse und Tel.-Nummer:

Info-Blatt aus dem WOMO-Buch: Lüneburger Heide '21

Lokalität: Seite: Datum:
(Stellplatz, Campingplatz, Wandertour, Gaststätte, usw.)

○ unverändert ○ gesperrt/geschlossen ○ folgende Änderungen:

Lokalität: Seite: Datum:
(Stellplatz, Campingplatz, Wandertour, Gaststätte, usw.)

○ unverändert ○ gesperrt/geschlossen ○ folgende Änderungen:

Lokalität: Seite: Datum:
(Stellplatz, Campingplatz, Wandertour, Gaststätte, usw.)

○ unverändert ○ gesperrt/geschlossen ○ folgende Änderungen:

Lokalität: Seite: Datum:
(Stellplatz, Campingplatz, Wandertour, Gaststätte, usw.)

○ unverändert ○ gesperrt/geschlossen ○ folgende Änderungen:

Lokalität: Seite: Datum:
(Stellplatz, Campingplatz, Wandertour, Gaststätte, usw.)

○ unverändert ○ gesperrt/geschlossen ○ folgende Änderungen:

Lokalität: Seite: Datum:
(Stellplatz, Campingplatz, Wandertour, Gaststätte, usw.)

○ unverändert ○ gesperrt/geschlossen ○ folgende Änderungen:

Meine sonstigen Tipps und Verbesserungswünsche:

Wir bestellen: (Preisänderungen vorbehalten)

☐	Wohnmobil Handbuch	12,00 €
☐	Wohnmobil Kochbuch	12,90 €
☐	Heitere Geschichten	6,90 €
☐	Albanien	19,90 €
☐	Allgäu	19,00 €
☐	Andalusien (Spanien Süd)	22,00 €
☐	Auvergne	22,00 €
☐	Baden-Württemberg	22,00 €
☐	Baltikum	23,00 €
☐	Bayern (Nordost)	20,90 €
☐	Bayern (Nordwest)	20,90 €
☐	Bayern (Südost/Oberbayern)	22,00 €
☐	Belgien & Luxemburg	19,90 €
☐	Bretagne	20,90 €
☐	Burgund	19,90 €
☐	Dänemark	21,00 €
☐	Elsass	21,00 €
☐	England (Nord)	19,90 €
☐	England (Süd)	19,90 €
☐	Finnland	19,90 €
☐	Frankreich Südwest	22,00 €
☐	Französische Alpen	20,90 €
☐	Franz. Atlantikküste (Nord)	19,90 €
☐	Französisches Jura	21,00 €
☐	Griechenland	19,90 €
☐	Harz	22,00 €
☐	Hessen (Nord)	22,00 €
☐	Hessen (Süd)	19,90 €
☐	Hunsrück/Mosel/Eifel	22,00 €
☐	Irland	22,00 €
☐	Island	18,90 €
☐	Korsika	18,90 €
☐	Kroatien / Montenegro	19,90 €
☐	Languedoc / Roussillon	20,90 €
☐	Ligurien	18,90 €
☐	Loire-Tal/Paris	17,90 €
☐	Lothringen	17,90 €
☐	Lüneburger Heide	22,00 €
☐	Marokko	22,00 €
☐	Meckl. Vorpommern (West)	20,00 €
☐	Meckl. Vorpommern (Ost)	20,00 €
☐	Mittel-Italien	19,90 €
☐	Namibia	20,90 €
☐	Neuseeland (Nord + Süd)	je 19,90 €
☐	Niederlande	21,00 €
☐	Nord-Frankreich	19,90 €
☐	Normandie	22,00 €
☐	Norwegen (Nord)	21,00 €
☐	Norwegen (Süd)	21,00 €
☐	Österreich (Ost)	22,00 €
☐	Österreich (West)	17,90 €
☐	Ostfriesland	20,90 €
☐	Peloponnes	19,90 €
☐	Pfalz	21,00 €
☐	Piemont/Aosta-Tal	22,00 €
☐	Polen (Nord/Masuren)	21,00 €
☐	Polen (Süd/Schlesien)	17,90 €
☐	Portugal (Nord)	21,00 €
☐	Portugal (Süd)	20,00 €
☐	Provence & C. d'Azur (Ost)	19,90 €
☐	Provence & C. d'Azur (West)	19,90 €
☐	Pyrenäen	19,90 €
☐	Rumänien	19,90 €
☐	Sachsen	22,00 €
☐	Sardinien	19,90 €
☐	Schleswig-Holstein	22,00 €
☐	Schottland	19,90 €
☐	Schwarzwald	21,00 €
☐	Schweden (Nord)	19,90 €
☐	Schweden (Süd)	19,90 €
☐	Schweiz (Ost + West)	je 22,00 €
☐	Sizilien	19,90 €
☐	Slowakei	21,00 €
☐	Slowenien	21,00 €
☐	Spanien (Nord/Atlantik)	19,90 €
☐	Spanien (Ost/Katalonien)	18,90 €
☐	Südafrika (Krüger NP)	24,90 €
☐	Süditalien (Ost/Apulien)	21,00 €
☐	Süditalien (West/Kalabrien)	19,90 €
☐	Süd-Tirol	20,00 €
☐	Thüringen	22,00 €
☐	Toskana & Elba	22,00 €
☐	Trentino/Gardasee	21,00 €
☐	Tschechien	20,00 €
☐	Umbrien & Marken mit Adria	19,90 €
☐	Ungarn	18,90 €
☐	Venetien/Friaul	19,90 €
☐	Wales	18,90 €

Absender:

Datum Unterschrift

WOMO-VERLAG

Versandabteilung

OT Mittelsdorf

An der Liethe 4-6

36452 Kaltennordheim

DIE REISE- UND ERLEBNISFÜHRER

* Bequeme Touren durchs ganze Urlaubsland.
* Viele Plätzchen für freie Übernachtungen mit GPS.
* Genaue Hinweise auf viele Trinkwasserstellen.
* Die schönsten Badeplätze, die nicht jeder kennt.
* Bergtouren und Spaziergänge für groß und klein.
* Die besten Anreiserouten, Fähren, usw.
* 300 Tipps und Tricks – für Ausrüstung, Reisevorbereitung und Urlaub.
* Ausgefeilte Profipackliste.
* Spezialkarten mit präzisen Einträgen der freien Stellplätze, Trinkwasser- und Entsorgungsstellen.

DAS KOCHBUCH

* Einrichtung der WOMO-Küche.
* Lebensmittel-Grundausstattung.
* Konserven selbst gemacht.
* Backen in der Bratpfanne – Kuchen, Pizza, Brote.
* Viele, viele WOMO-Rezepte für zwei Gasflammen – einfach, schnell und lecker!
* Einkochen im Urlaub.
* Spezialrezepte für den Dampftopf.
* Der WOMO-Pfannenknecht.

DAS HANDBUCH

* Beratung bei Kauf und Miete.
* Gas-, Wasser-, Elektroinstallation.
* Einrichten des Wohnmobils.
* Tipps & Tricks fürs Wochenende.
* 3200 freie deutsche Stellplätze.
* 700 deutsche Entsorgungsstationen.
* Urlaubsvorbereitung, Profipackliste.
* .Stellplatz-Infos für ganz Europa.
* Wohnmobil und Wintersport.
* Der WOMO-Urlaubspartner-Service.
* Gastankstellen in ganz Europa.

Unsere Bücher erhalten Sie in jeder Buchhandlung oder auf Rechnung direkt vom Verlag. Hier gibt's auch die aktuellen Infos über unsere ständigen Neuerscheinungen. (Versandkosten 1,20€, ab 10€ portofrei/Ausland 7,50€, Preisänderungen vorbehalten).

Bestell-Telefon: 036946-20691 * Fax: 036946-20692**
Internet: www.womo.de * eMail: verlag@womo.de**